Réforme de l'enseignement supérieur et orientation en France

フランスの高等教育改革と進路選択

学歴社会の「勝敗」はどのように生まれるか

[編著] 園山 大祐
Sonoyama Daïsuké (dir)

[著訳]
アニエス・ヴァン゠ザンタン Agnès Van Zanten ／秋葉 みなみ Akiba Minami

アルノー・ピエレル Arnaud Pierrel ／ベルナール・コンヴェール Bernard Convert

セシル・ヴァン゠ド゠ヴェルド Cécile Van de Velde ／セドリック・ユグレ Cédric Hugrée

クレマン・パン Clément Pin ／エリーズ・ヴェルレイ Élise Verley

フェレス・ベルジス Feres Belghith ／ジャン゠リュック・プリモン Jean-Luc Primon

小畑 理香 Kobata Rika ／レイラ・フルイユ Leïla Frouillou

マリアンヌ・ブランシャール Marianne Blanchard ／ミュリエル・ダルモン Muriel Darmon

ロミュアルド・ボダン Romuald Bodin ／ソフィ・オランジュ Sophie Orange

田川 千尋 Tagawa Chihiro ／ヴァレリー・エルリシュ Valérie Erlich

渡辺 一敏 Watanabe Kazutoshi ／山﨑 晶子 Yamazaki Akiko

明石書店

はしがき

　本書は、日本におけるフランスの教育社会学研究の成果を明らかにするものである。フランスの社会階層と大学の進路選択として、高等教育に焦点を当てている。また先進国に共通した課題である高等教育改革の課題を読み解く。フランスにおける大学の大衆化がもたらした学生文化の変遷と大学教育のあり方への問いを日本語で紹介したものは皆無に等しい。そうしたなか、フランス（欧州）においては、社会学者P. ブルデューらが1960年代から重ねてきた学生研究（『遺産相続者たち』『教師と学生のコミュニケーション』）、大学研究（『ホモ・アカデミクス』）が岐路に立たされる状態にある。800年以上の歴史ある国立大学を中心とするフランス政府ですら高等教育政策のネオリベラル化に舵を切り、大学紛争以来の国立大学の危機と言ってよい。本来、欧州の大学教育は、競争とは無縁な教養主義を基底とする非選抜で無償教育機関であった。特に人文社会科学にはそうした伝統がみられた。しかし、EUのボローニャ・プロセスを始め、EU域内の調整がかえって競争を生み出し、数の論理が優勢される状況をつくりだしている。こうしたことが、留年せずに、ストレートに修了することや、複数の学位を取ることではなく、職業につながる最短期間の人材養成が目指されるよう、教育課程にまで介入する状況を生み出している。学生も教員も大学も評価の対象とされ、経済効率のみが評価の基準とされようとしている。こうした改革の導入は、費用対効果、数値達成目標など競争原理、経営力が問われ、つまりは勝者と敗者を生み出すことになる。このような状況から、国立大学の統廃合、大学教員の教育改革疲れ、大学生の閉塞感にも現れ始めている。日本においても同様の改革に加えて文系不要論や入試制度改革が言われ、教育社会学者（苅谷剛彦、広田照幸、潮木守一、喜多村和之、吉見俊哉、金子元久、中村高康）を中心に、多くの大学人から警鐘が鳴らされ対岸の火事ではなくなっている。

　なお、副題にある学歴社会の「勝敗」とは、無論、対リベラル改革を進める政府側からみた視点である。フランスの大学関係者、大学生において勝ち敗け

という考えは存在しない。この間の高等教育改革が大学ランキングや入学者選抜を通して「勝敗」を生成している点を示している。

　さらに、フランス（欧州）をモデルに、高等教育の実態、競争に主眼を置いた改革結果による弊害を社会学研究の成果から学ぼうとするものである。本書で強調したいことは、フランスの高等教育の社会学では、量的および質的データを基に政策立案者に対し反論している点にある。フランスは、2018年より大学入学事前登録システムの改革、2020年度から大学入学資格試験（バカロレア）の変更、などが実施されるなか、新型コロナウィルス対策によって深刻な打撃を高校生、大学生が受けている最中にある。対面式の入試を初めとした入試のあり方そのものの問い直しも迫られている。また大学授業料の値下げを含めた学生生活の苦難に対する支援も緊急対策が施され始めている。高等教育を含めた遠隔授業の導入など、高等教育が大衆化した欧州においても喫緊の課題となっている。予期せぬ未曾有の危機であるからこそ、どのような問題、対策が考えられるか、我が国の高等教育の実態把握および政策に少しでもヒントになることがあれば幸いである。

　本書は、4部構成となる。第1部では、高等教育における就学経路、高大接続および入学後の歩み、また職業参入に至るまでの経緯に関する分析結果をまとめている。第2部では、2018年に導入された大学入学事前登録システムの課題と、入学後の学習支援や進路変更に関する分析結果をまとめている。またこうしたシステムの導入には、ヨーロッパ空間という外圧も無視できず、フランスのイニシアチブについて考察している。第3部は、社会階層と学部・学科・専攻の選択と社会移動について量的分析をまとめている。第4部は、フランスの高等教育の特徴であるエリート養成を担うグランゼコール準備級とグランゼコールの学生に関する質的分析をまとめている。全14章から、フランスの高等教育の現状と課題について網羅的に考察した内容である。

　日本も、高等教育改革は国際社会と協調するかたちで進められているため、人文社会科学が軽視されないよう、また英語圏以外の地域との比較材料となれば、執筆者一同このうえない喜びである。

執筆者を代表して

園山　大祐

4

フランスの高等教育改革と
進路選択

——学歴社会の「勝敗」はどのように生まれるか

目　次

理工科学校（撮影編者）

【凡例】
・☞は、基本的に語彙説明の初出に記し、巻末の付録3と付録4で説明する。
・人名（研究者名）は、基本的にフランス語読みで表記している。
・翻訳章：原書におけるイタリック体は、書名と雑誌名の場合は『　』で、それ以外は傍点で示した。原書の（　）〔　〕はそのまま用いた。訳註は〔　〕で括り、原則本文中に挿入した。

頭字語・略語一覧

AES　経済・社会行政学（Administration économique et sociale）

ARWU　世界大学学術ランキング（Academic Ranking of World Universities）

APB　バカロレア取得後進路志望事前登録システム（Admission Post-Bac）

BAC, Bac　バカロレア（Baccalauréat）

BEP　職業教育免状（Brevet d'enseignement professionnel）

BT　技手免状（Brevet technicien）

BTS　上級技手免状（Brevet technicien supérieur）

CAP　職業適格証（Certificat d'aptitude professionnelle）

CDEFI　全国理工系グランゼコール校長会議（Conférence des directeurs des écoles françaises d'ingénieurs）

CÉREQ　資格調査研究所（Centre d'Études et de Recherches sur les Qualifications）

CGE　全国グランゼコール会議（Conférence des grandes écoles）

CHEPS　高等教育政策研究所（トゥウェンテ大学）（Center for Higher Education Policy Studies）

COMUE, ComUE, Comue

大学・高等教育機関共同体（Communautés d'universités et établissements）

CPU　全国学長会議（Conférence des présidents d'université）

CNRS　国立科学研究センター（Centre national de recherches scientifiques）

CPGE　グランゼコール準備級（Classes péparatoires aux grandes écoles）

DEA　研究深化学位（Diplôme d'études approfondies）

DEPP　評価予測成果局（Direction d'Évaluation, de Prospective et de Performance）

DESS　高等専門教育証書（Diplôme d'études supérieures spécialisées）

DEUG, Deug　大学一般教育免状（Diplôme d'études universitaires générales）

DUT　大学科学技術免状（Diplôme universitaire de technologie）

ECTS　欧州単位互換制度（European Credit Transfer and Accumulation System）

EHEA　欧州高等教育圏（European Higher Education Area）

ENS	高等師範学校（École normale supérieure）
FEMIS	フランス国立映像音響芸術学院（École nationale supérieure des métiers de l'image et du son）
HEC	高等商業学校（École des hautes études commerciales de Paris）
IFSI	看護師養成学院（Institut de formation en soins infirmiers）
IGAENR	国民教育研究行政監査総局（Inspection générale de l'administration de l'Éducation nationale et de la recherche）
INED	国立人口研究所（Institut national d'études démographiques）
INSEE	国立統計経済研究所（Institut national de la statistique et des études économiques）
INSERM	国立保健医学研究機構（Institut national de la santé et de la recherche médicale）
INSPE	国立教職・教育高等学院（Institut national supérieur du professorat et de l'éducation）
IUT	技術短期大学部（Institut universitaire de technologie）
LMD	学士－修士－博士（Licence-Master-Doctorat）
LRE	高等教育・研究法（Loi relative à l'enseignement supérieur et à la recherche）
LRU	大学の自由と責任に関する法律（Loi relative aux libertés et responsabilités des universités）
MEN	国民教育省（Ministère de l'Éducation nationale）
MESRI	高等教育・研究革新省（Ministère de l'Enseignement supérieur, de la Recherche et de l'Innovation）
ORE	学生の進路選択と成功に関する法（Loi relative à l'orientation et à la réussite des étudiants）
OVE	学生生活観察局（L'Observatoire national de la vie étudiante）
Parcoursup	高等教育進路志望事前登録プラットフォーム
PCS	社会職業カテゴリー（Professions et Catégories Socioprofessionnelles）
PRES	研究・高等教育拠点（Pôles de recherche et d'enseignement supérieur）
STAPS	スポーツ科学技術学（Sciences et techniques des activités physiques et sportives）
STS	上級技手養成短期高等教育課程（Sections de technicien supérieur）
UER	教育研究単位（Unité d'enseignement et de recherche）

フランスの学校系統図 （2020年度時点）

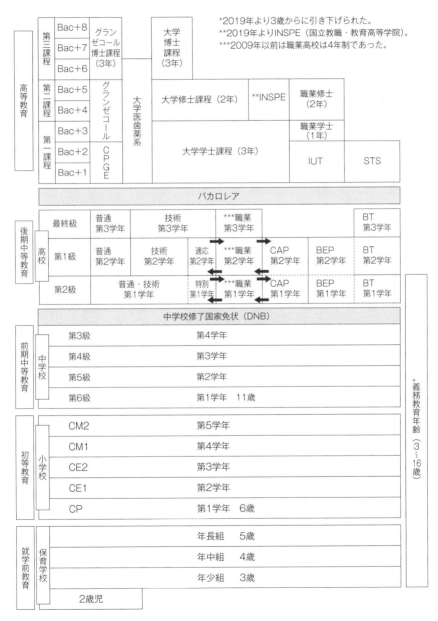

*2019年より3歳からに引き下げられた。
**2019年よりINSPE（国立教職・教育高等学院）。
***2009年以前は職業高校は4年制であった。

第1部

高等教育の現状と課題

ヨーロッパ大学誕生地図（エストニア・タルトゥ大学）（撮影編者）

第1章

民主化されないフランス高等教育の大衆化にみる課題

―21世紀の高等教育改革はどこに向かうのか―

園山　大祐

はじめに

　1980年代からの高等教育改革の特徴は、1960年代における第一次高等教育人口の爆発に由来すると考えてよい。周知のように、1968年の「5月革命」に象徴される世界中の大学紛争は、学生、大学関係者、政治家、メディアを含め、根本的な社会問題の解決には至らなかったのはフランスも同様である（Charle *et al.* 2012; Prost 1997; Beaud *et al.* 2010）。この第一次高等教育の大衆化は、中間層および女性が主な恩恵者である。新制大学の設置によって、学生数が急激に増加したのが60年代から70年代である[(1)]。その後、通信大学や、夜間、生涯学習など、対面の授業に限らず、様々な学びを保障することで、学生像も多様となる。エリートおよびテクノクラートの場としての高等教育から、中間層の再生産および経済・文化の大衆化の時代に応じた教育が求められていく。これには、フランス固有の高等教育史と制度が関係する。つまり、大学と☞グランゼコール（Grandes écoles）というエリートおよび官僚養成の峻別された社会制度に由来するものである。その前者である大学を広く開放しようとしたことが、今日まで影響している。1968年の☞フォール法の制定にもかかわらず、大学の自治の強化は達成されず、かえって大学を弱体化させたと評価される。より大学の権限が強化されたのは、2007年の☞「大学の自由と

責任に関する法（LRU法）」からである。学部組織から研究単位としての組織
や、国立科学研究センター（CNRS）との連携強化、21世紀以降の☞研究・高
等教育拠点（PRES）化政策も、2003年に始められた上海世界大学ランキング
の指標には適合せず、フランスの国際的な大学地位は少なくともメディア上は
劣化することになる。QS世界大学ランキングや、THE世界大学ランキングで
は異なる順位と大学があげられているとはいえ、大学史や人口規模としては、
英米国にくらべて見劣りしている。現在、こうした研究と教育の拠点化政策を
受けて59の国立大学に統廃合している。その結果、フランスの高等教育は、
世界有数の留学生数を受け入れ、あるいは2020年8月発表の最新の上海世界大
学ランキングでは、パリ＝サクレイ大学（旧カッシャン高等師範学校）が14
位、パリ文理大学（PSL）が36位、ソルボンヌ大学39位、パリ大学65位、グ
ルノーブル大学99位と健闘している。またこうした国際大学ランキング同様
に、フランス国民教育省自身では、修了率や就職率におけるランキングを公表
し、第8章にある☞U-マルチランクなどヨーロッパ独自の大学ランキングを
創設している。とはいえ、研究の拠点形成と競争の問題については、ミュスラ
ンによれば成功しているとは言えない（Musselin 2017: 267）。

　以下第1節では、フランスの高等教育制度の概要および現状を解説する。第
2節は、第二次高等教育大衆化の特徴（バカロレアの起源と種類、種類別進学
格差、グランゼコール準備級とグランゼコール、女子大生の優位など）につい
て考察する。第3節は、大学の大衆化にともない新たに導入された入学者選抜
は、公正な「メリトクラシーな」選抜とされたが、実際のところ高等教育にお
ける隔離的民主化と呼ばれる水平的と垂直的な社会階層間格差が拡大したとさ
れ（後述）、フランス的特徴を明示する。本章ではこうした現状把握から課題
を整理することで、第2章以降の各論につなげたい。

第1節　フランスの高等教育制度

　1980年代半ばにシュヴェーヌマン国民教育大臣の下、バカロレア取得率を
同一世代の80％とすることを目標としたことをきっかけに、必然的に高等教

育の受け皿を拡大することになる。当時、バカロレアの取得率は2割台であり、高等教育進学率も1割台である。現在、8割がバカロレアを取得し、約5割がいずれかの高等教育機関に進学するようになった。ただし、学士課程入学者で4年以内に卒業できるのは4割である。残りの2割はそのまま継続、1割は別の専攻に転部、1割が短期大学（IUT、STS）へ編入、2割が退学している。それでも、進学率の拡大を可能にしたのは、従来の伝統的なエリート養成を担うグランゼコールとその準備級（CPGE）における特に商業系の私立校の拡大と、短期大学に加えて、大学の定員拡大と併せて職業学士課程の設置にある。高等教育には、非選抜の59校の国立大学と、グランゼコールと呼ばれる、独自の入学試験を課すものがある。☞グランゼコール（1992年8月27日付省令、教育法典715条-1）には、各省庁が所管する☞高等師範学校（ENS）のような伝統的な名門校や、専門特化した映画の学校（FEMIS）まであるが、近年は全国グランゼコール会議（CGE）に登録している学校を指す。ただ主流である200校近くの、中央学校（École Centrale）などのエンジニア学校と高等商業学校（HEC）などの商業・経営学校が特徴である[2]。また後者の多くは私立校であり、学生文化も異なる。そのほか同じく各省庁が所管する、☞学術高等研究院（Grands établissements）が33校ほどある（教育法典717条-1）。代表的なのはコレージュ・ド・フランス、国立鉱業学校、国立土木学校、☞理工科学校、パリ政治学院などである。

　本書の各章でも触れられるように、伝統的なグランゼコールも大学も、その内実および数において大きく変化している。バカロレア取得者の増大もあるが、同時に社会的需要の変化に高等教育も適応する必要があったからである。さらに言えば、ヨーロッパにあるフランスは、高等教育の空間的な拡大においてもリーダーシップを発揮したことにある。第8章（小畑）の指摘にあるように、1998年パリソルボンヌ大学において当時のアレーグル国民教育大臣の下、ボローニャ宣言〔☞欧州高等教育圏創設〕の前年にソルボンヌ共同宣言をパリにて採択し、ヨーロッパにおける高等教育の調和（ハーモナイゼーション）がフランス、イタリア、イギリス、ドイツの間で約束された。高等教育の教育課程の基準、均一化がはかられ、学生・教職員の流動性を高め、世界経済の競争力を安定化するためにも、研究職の確保や、高度人材の安定供給を目指すこと

になる。大学間の☞欧州単位互換制度（ECTS）や、各教育課程修了までの期間の調和として、ヨーロッパの各高等教育機関に均一の学士（Bac+3年）―修士（Bac+5年）―博士（Bac+8年）という☞LMD（3-5-8制）改革を導入させた。1年間の教育課程は60単位（ECTS）とした。この結果、フランスの高等教育機関の1割強は外国人留学生（国外の大学入学資格取得者）となっている。

　短期大学の2年制課程は、こうしたLMDに組み入れることができなかったこともあり、☞職業学士（licence professionnelle）の1年課程を用意することで、短期大学卒業後に職業学士を取得し、学士号を最終学歴とする学生も増加傾向にある。さらには、職業修士も用意したため、修士課程修了者も増加している。

　フランスの高等教育の大衆化は、確実にこの半世紀間で進められた。隣国のイギリスやドイツよりも急速だったと評価できる。他方で、☞民主化（démocratisation）と呼ばれる、学生の出身社会階層間格差の縮小には成功していない。1960年代の第一次高等教育の爆発以来、フランスの社会学研究において課題とされ、学生運動の中心的社会課題としても広く国民に認識されているため、高等教育政策の重要課題として今日まで継承されてきた。

第2節　フランスの高等教育の特徴
― 20世紀末の第二次拡大路線を支えるもの ―

バカロレアという国家試験の起源と現在

　☞バカロレアとは、そもそも200年前に遡る国家試験であり、大学の文学部において認定していた資格である（Mergnac *et al.* 2009）。理学部や医学部に進学する学生も、まずはこの文学部におけるバカロレア資格を取得する必要があった。1809年7月に最初のバカロレア試験（口述試験）が開始され、31名の国家貴族が受験している。筆記試験は1840年から義務化され、試験の難易度が高まる。とはいえ、受験者は限られていて、長らくごく一部に限定されたものである。同時に、バカロレア試験にラテン語科目が必須であったため、当時女性はラテン語を受講できなかったために実質は閉ざされた試験となってい

た。現行のバカロレア試験のように高校2年（フランス語の筆記試験）と3年（フランス語に代わる哲学とその他全教科）の2期制になるのは、1874年からである。1890年に7,000人の合格者が、1926年には3万7,000人にまで増えている。1880年のJ.フェリー法による初等教育の義務化および公教育化が、その背景と考えられる。また、最初の女性のバカロレア合格者（J.-V. Daubié）から66年を経た1927年には、男女共通の課程（現代バカロレア）を制定する。戦後のベビーブームを始め、大きな社会変動により、複線型教育制度から中学校までの単線型への移行にともない、中学生の生徒数が倍増し、また16歳までの義務教育年齢の延長が、1960年の3万2,000人から10年で23万7,000人に合格者を増やすことに成功している。この間、バカロレアは普通教育課程のみ存在するものの、哲学文学系（A）、経済社会系（B）、数学物理系（C）、数学生物系（D）と、科学と工業技術（T）（後の（E）、そして1968年に分離して技術バカロレアとなる）に細分化される。☞技術バカロレアは、工業と科学技術（STI）と、実験と科学技術（STL）、医療社会科学（SMSさらにST2S）など8つないし9つ（ホテル・レストラン業）に分かれる。また当時は中学校から高校に向けた職業教育課程は存在するが、新たに☞職業バカロレアが設置されたのは1985年である。

　1985年に当時国民教育大臣を務めたシュヴェーヌマンは、2000年代に向けた目標として同一世代80%のバカロレア取得率を掲げる。発表当時は3割台前半であった。1995年からは、☞普通バカロレア課程は、現行の文系（L）、経済社会系（ES）と、科学系（S）の3つに分類される。戦後70年で、取得者の拡大によって、社会的エリートから基礎資格に格下げされた。そのため、教育界では、バカロレアの略称であるバック（Bac）に年数を入れた☞「Bac±年数」と表記する。例えば（Bac-3）は中卒を意味し、（Bac+3）は大（学士）卒を意味する（以下本書でもバカロレア取得前後の年数で表すときに、フランス語と同様の表記とする）。

　2019年に、新たなバカロレア課程を制定し、2020年度高校の最終級（高校3年）から施行される。12の分野から選択するより複層的な教育課程となっている。技術バカロレア課程においては、2011年の改革を維持し、8つの専攻から成り立つ。職業バカロレア課程においては、現在職業分野別に100の専攻が

存在する。ただ高校入学時に、バカロレア課程以外に、☞職業適格証
（CAP）、または☞職業教育免状（BEP）を選択し2年後に就職するか高校2年
のバカロレア課程に進学するか選ぶこともできる。バカロレアが技術・職業分
野に拡大したため、☞庶民階層（一般事務職と労働者）と言われる社会階層の
学生も、高等教育に進学するようになる。

　現状では、9割が高校に進学し、4割が普通バカロレアを、3割が職業バカロ
レアを、そして2割が技術バカロレアを取得している（図1.1参照）。また普通
バカロレアの52％が高等教育に進学し、技術バカロレアの多くは短期大学
（BTS40％、DUT12％）に、19％は大学に進学し、職業バカロレアの多くは就
職し、30％は短期大学（BTS）、そして6％は大学にストレートに進学している
（ここでは、就職後に教育訓練機関に戻る人は含まない）。とはいえ、第6章の
ボダンらが示すように、その内実はより複雑で、各学生の就学経路を追跡する
と、様々な経路を通じて、より長い年数（進路変更）をかけて高等教育機関の
修了資格を取得していることがわかる。特に、短期大学課程において、全国に
約100校ある☞技術短期大学部（IUT：その免状をDUTと呼ぶ）は大学に付
属して設置されているのに対し、全国に約2,500校ある☞上級技手養成短期高
等教育課程（STS：その免状をBTSと呼ぶ）は高校に付属して設置されてい
ることが、高校生の進路選択に影響を与えている（オランジュ　2016）。

　なお、バカロレアという国家免状は、高校の修了試験であると同時に大学入
学資格と言われる所以でもある。バカロレアに不合格であっても、中等教育の
終了を証明する証書（Certificat de fin d'études secondaires）はもらえる。他
方、バカロレアは生涯有効な国家免状（diplôme national）であるため、社会
人が非選抜型大学に入学するときの、必要要件の一つとなる。

　普通、技術、職業バカロレアのそれぞれの取得率は、1970年の16.7％、3.4
％、0％から、1990年の27.9％、12.8％、2.8％、2000年の32.9％、18.5％、11.4
％、2010年の34.3％、16.3％、14.4％、2019年の42.6％、16.5％、20.9と変遷
している。合計においても1970年20.1％から1990年に43.5％に倍増し、さら
に2019年[3]に80.0％とシュヴェーヌマン大臣が1985年に掲げた目標を達成し
た。こうした国家統一試験に相当するものでフランスに近い取得率は類まれ
で、例えばドイツのアビトゥアで3割、スイスでも2割とされている。

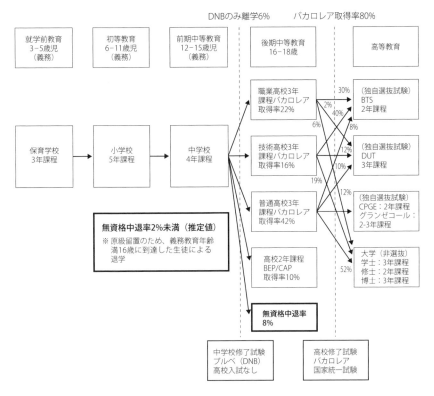

出典：DEPP, 2019, *Repères et références statistiques,* MEN を基に筆者作成。

図1.1　フランスの教育制度と進学状況（％は同一コホートに占める単年度率）（2019年度）

　なお、本書でも触れるように、バカロレアには☞特記評価（mention）がある。バカロレア取得率が8割に達した今日の選抜基準は、むしろ評価にある。20点満点評価のうち、12点以上14点未満で「良」、14点以上16点未満で「優」、16点以上で「秀」となる。

　普通バカロレアの特記評価取得率は、平均で「良」が24.0％、「優」が16.8％、「秀」が11.7％で、技術バカロレアは、それぞれ26.7％、11.0％、2.5％で、職業バカロレアは、28.3％、11.3％、2.0％となっている（Fanny 2020）。こうした特記評価の取得者が増えていることも、この200年以上の歴史上の変化でもあり、バカロレアの価値や、社会的評価が下がったとされる要因である。こ

れら大学入学前後の進路選択や変更、あるいは中途退学に関する詳細は本書第
1部にて扱う。この第二次大衆化においても大学は形式上非選抜型であった
が、実質的には高校（バカロレア）までの学業成績における「メリトクラシー
な」選抜システムが強化され、黙認されてきたことが2000年代の改革の背景
であると同時に大学関係者、学生からの反発も生じさせたと考えられる
（Cahuc *et al.* 2017; Beaud *et al.* 2015; Musselin 2017; Charle *et al.* 2007）。

バカロレア80%達成と高等教育進学率４割

　2019年度の高等教育在籍者数は、272万5,000人に上り、この10年間で上昇
し続けている。1980年に118万人だったのが、1990年に172万人、2000年に
216万人、2010年に230万人に達している（表1.1）。つまり、80年からの20年
間で100万人増えており、後半の2000年からの20年ではその半分近い50万人
程度の増加となる。なお近年の背景には、2000年のベビーブーム世代の影響
によるため、今後実数は減少するとされている。大学の登録者数は、163万
5,000人を数え、1980年の85万8,000人の倍となる。短期課程のIUT（DUT）

表1.1　高等教育人口の変遷（実数と割合）

	1980年	1990年	2000年	2010年	2019年（速報値）	割合（%）
高等教育人口	1,181,100	1,717,100	2,160,300	2,299,200	2,725,300	100
大学	858,100	1,159,900	1,396,800	1,420,600	1,635,400	60
うちDUT	53,700	72,300	116,100	115,700	120,600	(5)
うちエンジニア養成	8,300	10,500	23,200	23,900	31,800	(1)
CPGE	40,100	64,400	70,300	79,900	85,100	3
STS	67,900	199,300	238,900	242,200	262,500	10
エンジニア学校（大学外）	31,600	47,100	73,300	101,600	135,800	5
商業・経営・会計専門学校	15,800	46,100	63,400	121,300	199,200	7
医療福祉補助関連学校*	91,700	74,400	93,400	137,400	138,600	5
そのほか	75,800	125,700	224,300	196,200	268,800	10

* écoles paramédicales et sociales
出典：DEPP, 2020, *Repères et références statistiques*, MEN, p.12を基に筆者作成。

が12万1,000人で、やはり1980年の5万4,000人の倍以上、STS（BTS）が26万3,000人で1980年の6万8,000人の4倍、商業・経営・会計専門学校が19万9,000人で1980年の1万6,000人の12.5倍、そしてCPGEが8万5,000人で1980年の4万人の倍以上となる。この40年で、いずれの高等教育機関も拡大しているが、特に商業・経営・会計専門学校は私立学校も含め、2010年頃まで急増傾向にある。そのほかについては、この10年ではほぼ横ばい状態にある。全高等教育機関に占める私立は21％（56万1,000人）であり、なかでも大学外のエンジニア学校で4割、そして商業・経営・会計専門学校が99％が私立校となる。逆に大学は100％、STSでも7割、CPGEで83％が公立校となっている（MESRI 2020c）。なお、修士課程の教員養成については、本書では取り扱わなかったため、含めていない。

　地理的な偏りも存在するが、伝統的に出身高校の大学区（教育行政単位であり、2016年から地方（région）行政単位に一致）の高等教育機関に進学する。首都圏のイル・ド・フランス（パリ、ヴェルサイユ、クレテイユ大学区）において全学生数の約4分の1を受け入れている。そのほか、リヨン、リール、トゥールーズ、ナント、ボルドーといった大都市圏に集中している。これら5つの大学区で約3割を占める。前年比で3％以上の増加傾向にあるのは、クレルモンフェラン、ナント、海外県となっている。私立の割合が多いナントとパリで3割である。2割台でも、ボルドー、リール、リヨン、ヴェルサイユ大学区のみである。また、パリは大学生が46％と最も低く、全国平均の6割と比べて顕著に他の高等教育機関の選択肢が多いことや、私立の選択も可能なため大学以外が多数を占める例外となる（MESRI 2020b）。

　2019年度の新入生の10月20日時点の登録状況をみると、27万5,000人のバカロレア取得者が大学（22万人）とIUT（5万人）の第1学年に登録している。そのうち、80.8％は普通バカロレア取得者、15.6％は技術バカロレア取得者、3.6％は職業バカロレア取得者となる。大学に限ってみると、それぞれ84％、11％、4％である。なかでも科学系普通バカロレア取得者が全体の41％と一際目立って多い。職業バカロレア取得者が増えているにもかかわらず、大学およびIUTにおける職業バカロレア取得者がこの7年連続して減少傾向にある（MESRI 2019c）。

　大学の学部別にみると、法学（16％）、経済（11％）、芸術・文学・外国語・人文社会（34％）、理学（15％）、スポーツ科学技術学（STAPS）（7％）、医療系（Santé）（16％）の構成となっている（*Ibid.*）。

　なお、上記以外の大学新入生には、他に留年・進路変更（3万1,300人）、バカロレア免除者（2万3,100人）、あるいは外国の大学入学資格等取得者（1万9,500人）などがいる（*Ibid.*）。

　先述したように、学術学士とは別に職業学士が存在する。例えば、2016年には、4万8,000人の職業学士取得者がいて、そのうち37％は学業を継続している。卒業生の92％が18か月以内に就職していて、社会的高評価を得ている（MESRI 2019a）。

グランゼコール準備級（CPGE）とグランゼコールという特徴

　高等教育機関のなかでもエリート養成校とされる☞グランゼコール準備級（Classes préparatoires aux grandes écoles ＝以下、CPGE）の学生（étudiants）は、全国に8万5,070人いる。表1.2のように、全体として男性が6割、女性4割の構成となっている。そして理系が63％を占めている。首都圏のイル・ド・フランスのみで全国の3割の学生を占める。なお、CPGEは、高等教育機関の一環であるが約450の高校に付属して設置している。

表1.2　グランゼコール準備級（CPGE）の学生数と割合

	男性	女性	総数
1年生	23,773（56％）	18,560（44％）	42,333
2年生	25,359（59％）	17,378（41％）	42,737
うち留年生	4,220（64％）	2,368（36％）	6,588
総数	49,132（58％）	35,938（42％）	85,070
理系	36,798（43％）	16,684（20％）	53,482
経済系	9,058（11％）	10,221（12％）	19,279
文系	3,276　（4％）	9,033（11％）	12,309

出典：MESRI, 2020a.

　2019年の入学者のうち、普通バカロレア取得者が93.2％を占め、なかでも科学系バカロレア取得者が70.8％を占めている。CPGEの文系コースに在籍して

いる学生でも約半数しか文系普通バカロレア取得者がいない。理数科目を得意とする学生で圧倒的に占められているのがCPGEの特徴と言える。なお、技術バカロレア取得者（6.3％）や、職業バカロレア取得者（0.2％）にとって狭き門ではあるが、入学者は存在する（MESRI 2020a）。

　グランゼコールに入学するには、一般的にCPGEに入学する必要がある。CPGEは、古くは名門高校とされる伝統校に付設している高等教育機関となる。バカロレアを優秀な成績で卒業した者が進学するコースである。CPGE入学試験は、以前は学校別の独自試験であったが、現在は統一試験である（詳細は第12章、山﨑）。試験結果に応じて入学する学校が指定される。以前の選抜では、推薦書なども必要とされていた。あるいは、高等師範学校における理数に重点をおいた口述試験におけるジェンダー差別や、高等美術学校における男性の割当制が指摘されるところであり、審査委員による偏見が課題となる（Fontanini 2016）。2年間の課程で理系、経済系と文系に分かれている。グランゼコールの入学試験に不合格（進路変更）となった場合は、大学の3年生に編入することができる。グランゼコール入学試験は、特に文系のグランゼコールが少ないこともあり、狭き門とされている。その頂点の一つが、高等師範学校である。なお、一部名門校の入学試験は3回までに限られている場合もある。CPGEは無償で、公立がほとんどである。教師も高等教育教授資格（アグレジェ教授）という各教科において最高位の資格保持者となっている。グランゼコール教授を目指す登竜門ともされていて、フーコーやブルデューなどもこうしたCPGEや高校のアグレジェ教授歴を持つ。基本的に2年間のCPGEでは、グランゼコールの入学試験の受験勉強に費やされ、筆記と口述試験に向けた論理的な思考と知識が求められる。バカロレア以上の長時間における論述形式の試験に備えることが目指される。こうしたCPGEの勉学についての研究は、古くはブルデュー（Bourdieu 1981）の論稿があるが、日本語で書かれたものは少なく、本書の第4部でバカロレア大衆化後の現況を分析してみた。

　グランゼコールに入学すると、無償ないしは、準国家公務員として給与が支給される。ただし、卒業後は公務員として一定期間（10年）勤めることが義務付けられている。商業・経営学系のグランゼコールにおいては、有償で高額な授業料の場合もある。

　フランスのエリートとされる高級官僚、政界、経済界のトップを、こうした
CPGEからグランゼコール、なかでも政界においてパリ政治学院から国立行政
学院（ENA）といった経路をたどる人が多く、エリートの多様性のなさが逆
に問題ともされている⁽⁴⁾。

大学における隠れた選抜

　他方で、グランゼコールにないエリート養成部門として大学が担う分野が、
医学部と法学部である。大学という非選抜のなかにあって、バカロレアの成績
が入学を左右するとされている。こうした非選抜型高等教育機関として最も多
くの高校生を受け入れる大学における書類選抜の公正なシステムの開発が待た
れていた。そこで、2002年から一部の大学区で行われていたものを2009年に
全国に新たに導入されたのが、☞バカロレア取得後進路志望事前登録システム
（APB）であり、さらに2017年の☞「学生の進路選択と成功に関する法
（ORE法）」を受けて2018年1月からは☞Parcoursup に取って代わった（詳細
は第5章田川、第7章フルイユら）。2019年度入学者の初年度においても、少
なくともバカロレア取得者の93％、57万人が利用し、80％の進学先が決定さ
れた。大きな変化は、複数の進路志望先に順位付けをしないところにあるが、
このことがかえって混乱を招いている。Parcoursup の結果で提案された一つ
目の進学先を拒否した人（9.4％）と、希望する進学先がないか、すべて拒否
された人（7.5％）を合わせると17％にのぼる（MESRI 2019b）。それでも
Parcoursup は継続され、2年目となった2020年度入学者において、さらに多
くの高校生が活用し、一人の生徒の進路志望先の数も平均10件を超えてい
る。大学を希望先とする者は、普通バカロレア課程で44％、技術バカロレア
課程で15％、職業バカロレア課程で6％となっている。他方、最も人気がある
のは、短期大学課程の一つであるBTSであり、普通バカロレア課程で9％、技
術バカロレア課程で50％、職業バカロレア課程で76％となっている。高校生
全体においても、主な進学先として学士（大学）課程進学希望は30％、短期
大学課程のDUTが12％、BTSが31％、CPGEが6％となっている（MESRI
2020c）。
　この間の進路志望登録システムの導入については、多くの研究において、

元々の原理原則とされていた非選抜の大学に対し選抜が強化されること、そして不透明で不公正な選抜であることが問題とされている（Chauvel *et al.* 2019, 2020; Frouillou *et al.* 2020; 第10章）。また公共政策の評価を担う会計検査院の報告書においてもParcoursupの導入がAPBの課題であった選抜の透明性を克服できているとはされていない（Cour des comptes 2020）。

女子大生が優位なフランス

フランスでは、バカロレアの結果において、女性のほうが男性よりも取得率が高く、普通バカロレア取得者に多く、逆に職業バカロレア取得者に少ない特徴がある。その結果、大学進学者においても、多くの学問分野において女性の割合が高い（表1.3）。一般学部で6割弱が女性を占め、医歯薬学系では7割近くなる。修士課程においても同様に女性優位であるが、博士になると医歯薬学系で半数以上を占めるものの、一般学部においては半数を超えるのは、芸術・文学・外国語・人文社会科学に限定される。学問分野および職業分野における

表1.3　各機関、学部別における女性（2018年度）

学部（専攻）	学士	修士	博士	全体	
	女性率（%）	女性率（%）	女性率（%）	女性数	女性率（%）
法学、政治学	68.0	65.9	48.9	137,640	66.6
経済、経済・社会行政学	52.1	56.0	45.4	102,089	53.4
芸術、文学、外国語、人文社会科学	69.6	70.4	59.1	351,683	69.5
理学	41.6	36.7	41.0	119,704	39.8
スポーツ科学技術学	30.4	36.0	40.1	17,606	31.0
一般学部（小計）	58.1	58.4	48.1	728,722	57.8
医学	76.0	62.0	52.1	88,841	63.2
歯学	66.7	56.3	56.8	5,630	56.3
薬学	78.7	64.6	55.2	15,384	64.8
医療系	67.0	81.4	0.0	39,048	67.0
医療・医療系（小計）	68.7	62.0	52.8	148,903	64.0
IUT製造業	25.1	—	—	12,619	25.1
IUTサービス業	51.2	—	—	36,147	51.2
IUT（小計）	40.4	—	—	48,766	40.4
大学合計	56.7	59.4	48.2	926,391	57.4

出典：MESRI, 2020c, *Note d'information du SIES*, 2020-no. 03, p. 6を基に作成。

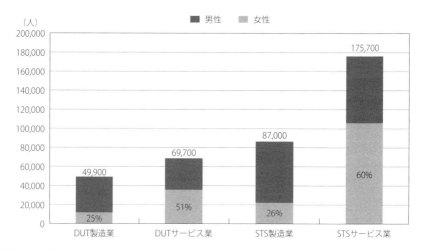

出所：MEN, *Filles et garçons sur le chemin de l'égalité de l'école à l'enseignement supérieur*, 2020, p. 27を基に作成。

図1.2　DUTとSTSの在籍者数と女性率（2018年度）

ジェンダー格差が維持されている側面が、この数値の背景要因と考えられるが、確実に女性の進学および社会進出が進んでいる（ボードロ　2009）。なお、紙幅の関係で詳細は触れることができないが、初年次登録の専攻や、進路変更における選択行為に男女には差異がみられる（Fontanini 2016）。

　他方で、図1.2に示されている技術短期大学においては、依然ジェンダー格差がみられ、労働市場にみる製造業とサービス業の差異がそのまま反映されている。

　女性同様に健闘しているのは、移民の子孫たちである。本書では取り扱えなかったが、サンテリ（2020: 75-102）などに詳しい。

第3節 ┃ 大衆化が生み出す大学教育の課題

高学歴化と社会階層間格差

　これまでにみてきたように、フランスの高等教育進学率は、この40年間で急激に変化している。そのことは、EU諸国と比較しても顕著である。2018年

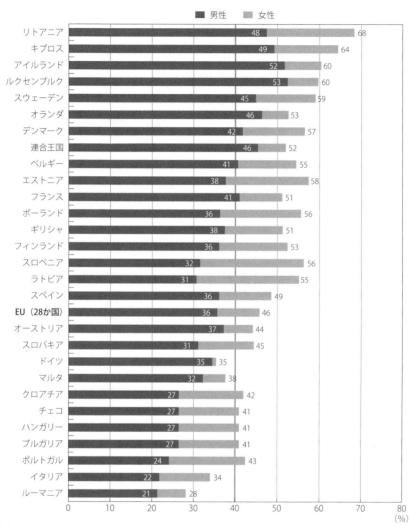

出典：Eurostat：enquêtes européennes sur les forces de travail. Eurostat Data Explorer（edat_lfse_03）.

図1.3　EU加盟国別にみる高等教育修了率（30-34歳）（2018年度）（単位：％）

度現在の若者の30-34歳の高等教育修了率は、男性で36％、女性で46％であり、フランスの場合は、それぞれ41％と51％とより高い結果である。EUの共通目標は、2020年の40％であるが、すでに達成している状況にある（図1.3）。

　こうした高等教育進学人口が増えた要因は、中等教育の促進、特に技術課程や職業課程の設置がある。他方でそれらの進学先として短期大学課程を用意したことも大きい。1960年代後半からオイルショックを経て、第2次産業から第3次産業への社会構造の転換に応じた中等・高等教育改革の政策によるところが大きい。同時期の女性の社会進出も進学率の上昇を促進した。また皮肉なことに、こうした学歴インフレに追いつかなかった労働市場を受けて学業継続、さらなる高学歴化、つまり学士から修士への進学者を増やし、進路変更あるいは、複数の学位取得者を増やすことになった（第4章プリモン）。

　とはいえ、冒頭にも述べたように、フランスの学生研究において、社会階層の再生産の装置の象徴とされたグランゼコールおよび大学の、民主化（社会階層の再生産の緩和）という課題は、どこまで実現できたのだろうか。上述したように、女性に対して高等教育は、確実に門戸を開放し、より民主化された一方で、労働者層あるいは、一般事務職の親を持つ学生は、短期大学課程や医療福祉系には半数程度を占める（図1.4）。もう一方、大学のなかでも芸術・文学・外国語・人文社会科学、経済と経済・社会行政学以外は明らかに管理職の占める割合が3割以上と多い（第9章コンヴェール）。フランスの25-49歳における社会職業カテゴリー（PCS）のなかの管理職の割合は2割[5]であるため、単純計算するとその1.5倍の数が大学に進学していることになる。逆に労働者19％と一般事務職25％に対して、大学生の11％と17％という数値はPCSの割り当てに対して低いことになり、これら庶民階層における大学の民主化は不十分となる。むしろ高等教育進学者にみる社会階層と専攻と職業化の分化が強まっている（第11章エルリシュら）。CPGEについては、より深刻な社会階層間に不平等な結果が生まれている。高等教育機関のエリート養成の象徴である、大学以外のエンジニア学校や、高等師範学校も管理職と高度知識専門職の出身者が半数以上を占めているため、極端な偏りがあることを示している。例えば高等師範学校では、労働者の親を持つ入学者は2％であり、こうした学校が1学年100名程度であることを考えると、労働者文化はほとんど皆無な存在である。高等教育における社会階層間格差については、本書第3部で詳述する。

　この社会階層間格差が、学問分野間においてあるのと同時に、さらに大学院において拡大することも注意が必要である。管理職の割合は、学士課程で3割

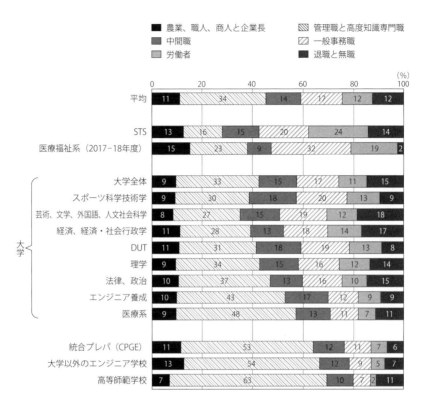

凡例：
- ■ 農業、職人、商人と企業長
- ▧ 管理職と高度知識専門職
- ■ 中間職
- ▨ 一般事務職
- ▤ 労働者
- ■ 退職と無職

	農業等	管理職等	中間職	一般事務職	労働者	退職と無職
平均	11	34	14	17	12	12
STS	13	16	15	20	24	14
医療福祉系（2017-18年度）	15	23	9	32	19	2
大学全体	9	33	15	17	11	15
スポーツ科学技術学	9	30	18	20	13	9
芸術、文学、外国語、人文社会科学	8	27	15	19	12	18
経済、経済・社会行政学	11	28	13	18	14	17
DUT	11	31	18	19	13	8
理学	9	34	15	16	12	14
法律、政治	10	37	13	16	10	15
エンジニア養成	10	43	17	12	9	9
医療系	9	48	13	11	7	11
統合プレパ（CPGE）	11	53	12	11	7	6
大学以外のエンジニア学校	13	54	12	9	5	7
高等師範学校	7	63	10	7	2	11

（大学全体〜医療系は「大学」に分類される）

出典：MESRI, 2020d, *Note d'information du SIES*, 2020-no. 2, p. 5 を基に作成。

図1.4　各高等教育機関と学部別にみる出身階層（2018年度）（単位：%）

だったのが修士課程では4割になる。逆に庶民階層では、3割から2割に減る（DEPP 2020: 178-179）。デュリュ＝ベラらの言う「水平の不平等」に加えて「垂直の不平等」の存在が生じる（Duru-Bellat, Kieffer 2008）。あるいは、☞「隔離的民主化（démocratisation ségrégative）」と呼ぶ（Merle 2002）。首都圏の大学院における選抜強化と社会階層の閉鎖性については、ブランシャールらの最新の研究において明らかとなっている（Blanchard *et al.* 2020）。

　紙幅の関係で、ここでは詳細を述べることはできないが、大学の大衆化によって社会階層間格差以外にも、例えば大学間の違い、学校の効果研究の視点から、学生同士の影響や教員文化の違いなども考慮した分析が必要である。フラ

ンスの国立大学は形式的にはパリとそれ以外の地方大学における差異はないと
されつつも、その実態にはキャンパスをはじめ、大学教員の研究と教育水準に
は差異が存在する。こうした差異が学生の進路に与える大学効果の研究もある
(Felouzis 2003)。特に大学間の差異は、大学院進学においてより顕在化する
(Blanchard *et al.* 2020)。

職業バカロレア取得者にみる入学後の進路変更

　以下では、こうした高等教育の大衆化において、労働者を代表する職業バカ
ロレア取得者に注目してみたい。詳細については第3章のベルジスの論稿に譲
る。

　高等教育への進学が最も少ないのは、職業バカロレア取得者である。また、
進学した職業バカロレア取得者のその後の追跡において、非常に厳しい結果が
示されている。例えば、表1.4において、2007年度に中学校に入学し、2014年
から2016年の間に職業バカロレアを取得した者の進路先をみると、学士課程1
年に7%、STSに34%、そして最も多いのが進学を選ばなかった不就学が37%
である。さらに、表1.5では、第1学年で退学した理由を聞いている。不本意
入学が39%と最も高く、学業継続に対して動機付けがなくなったというのが
29%と、この2つが退学理由の3分の2を占めている。

表1.4　職業バカロレア取得者の進路先

進路先	%
学士1年	7
STS	34
医療補助関連領域（CPGE含む）	3
その他高等教育課程	5
高等教育以外の就学	13
不就学	37
合計	100

出典：Ndao et Pirus, 2019.

表1.5　第1学年で退学した理由

理由	%
成績不振または、免状未取得	17
不本意入学	39
学業継続に対する動機づけがない	29
学業水準に到達	10
遠距離通学	11
経済的理由	9
事務手続きに問題あり	19
就職	20
健康、引っ越し、家庭の理由	11
そのほか	8

出典：Ndao et Pirus, 2019.

表1.6　職業バカロレア取得者の短期大学課程STSにおける成功率（単位：%）

	第2学年進級率	2年間による修了率
職業バカロレア取得者の平均	71	49
特記評価		
評価なし	57	22
「良」	72	55
「優」あるいは「秀」	85	79
留年経験		
留年なし	73	55
1回以上の留年	67	40
親の社会職業分類		
農民	83	62
職人、商人、企業長	72	46
管理職、自由業、教師	69	55
中間職	70	50
一般事務職	68	44
熟練労働者	72	50
非熟練労働者	72	52
無職、失業者	59	36
※養成機関の種類		
見習い訓練	80	51
学校	73	52

注：2007年度に中学校に入学し、2014年または2015年度に職業バカロレアを取得したもので、翌年度にSTSに入学した者を対象。※養成機関の種類については、最初の半年で退学した人を含めずに、1年半の期間で計算しているため数値が高い。
出典：Ndao et Pirus, 2019.

　表1.6は、職業バカロレア取得者の進学先として人気のある短期大学において成功する要因を調査したものである。図1.2にあるように、職業バカロレア取得者の3割は短期大学STS課程に進学する。STS課程の進学者で2年間での修了は約半分である。バカロレア取得時の特記評価が特に「優」や「秀」の成績者の8割近くが2年で修了している。中学入学からの留年の経験は成績との相関があるにもかかわらず、未経験者でも、55％しか2年間で修了できない。親の社会職業カテゴリーにおける差異は農民に優位な点と、逆に無職や失業者の親を持つことが不利に働いていることがあるが、それ以外の社会職業カテゴ

リーでは44％から55％の範囲に収まっている。STSは高校に付属して設置されていることから、同一校の敷地内にあるため、通学も継続されやすかったり、教員と学生も顔なじみであったり、免状取得に導きやすい学校文化の連続性を重視した選抜システムとされている（オランジュ 2016）。それでも、修了率は2人に1人と厳しい実態がみられる。ただ、学士課程のような社会職業カテゴリー間の格差は縮小している。事前の選抜システムに加えて、大学よりはるかに小さな学校の規模による、学生と教師の関係が近いことも、その成功の要因と思われる。職業バカロレア取得者に庶民階層が多く、またかれらの高等教育進学を支えている高等教育機関の一つである。

おわりに

　以上みてきたように、フランスの高等教育は、大学を中心としながらも、短期大学の拡大や、エンジニア養成、サービス業、医療福祉補助関連分野の拡大を通じて、学生数の増員をもたらしてきた。そのなかで、女性が最も高い進学上昇率を示している。庶民階層においても増大傾向はみられるが、高等教育機関の選抜によって分化していて、高等教育全般における民主化には至っていない（第1部と第3部）。その最たる例は、エリート養成の象徴であるCPGEおよびグランゼコールや学術高等研究院にみられる（第4部）。そのため、近年高大接続のあり方や、初年次教育ならびに進路支援制度の促進が図られてきた（第2部）。これらの課題の詳細については、以下の各章の論稿に委ねたい。以下、各論は、ここ十年程度の代表的な論者と論文であり、フランスの高等教育研究の中核をなす論点を示している。いずれも、欧米の先進国はもとより、日本の高等教育政策に対しても示唆的な問題を明らかにしている。

　なお、本書では、学生が非直線的な就学経路をたどることは必ずしも悪いことではなく、就職との関係における進路選択は、選択した教育課程でその後の職業が決まるような単純な目的に束縛されるわけではないことを共通の理解としている。それは、選択した教育課程と、数年後の就職先の職種の間に適合性があるのが標準的なケースだとはまったく言えないからである（Boras *et al.* 2008）。新自由主義を基調とする先進国において、フランスにおいても近年の

高等教育政策および改革の意図に反して、Society 5.0やデジタル社会に向けて
どのような資格、学問分野を専攻することが職業参入に有利なのか、予測不能
である。より多元的な能力が求められることは間違いないが、ストレートな進
学や卒業以上に、螺旋状に学際性、国際性、実践性を身に付けた学びが求めら
れ、それには学業と就業の往来が必要と考える。

　日本社会の労働市場、また経済成長が縮小しているなか、高等教育の拡大路
線からの転換は喫緊の課題となっている。奇しくも2020年度は、COVID-19禍
における新しい入学試験の導入（共通テスト）を迎え、需要と供給のズレが生
じかねないタイミングとなる。フランスは、この40年間、高等教育の拡大路
線を継続してきたが、同時に構造的な失業を抱えており、高学歴プア問題を含
め、高等教育修了者の労働市場とのミスマッチが改善されない状況が続いてい
る。日本も、同様の状況が一部の定員割れ大学における修了者の労働市場への
参入実態に社会的レリバンス（有用性）の課題がみられ、このCOVID-19禍に
おける就職状況においてはさらなる厳しい結果も今後生じかねない。

　フランスは、2019年7月26日制定の「信頼できる学校のための法律」（法律第
2019-791号）の第15条において、18歳までの教育訓練の義務化が2020年9月か
ら施行されるため、さらなる高校生と大学生の進路指導のより丁寧な支援体制
を学校（就学期間）の内外に保証する方向で施策を打ち出している。若者の社
会的排除との闘いや、中途退学対策として今後さらに強化される（園山 2021）。

　これまでフランス社会では、大学生の中途退学は、主体的積極的な進路選択
あるいは、自己責任と判断してきたが、国際大学ランキングによる外圧や、国
内の修了率と就職率など人的資本論（経済）が先行する改革へと向かってい
る。大学、グランゼコールともに、その人材配分機能が問われ始めている。学
士1年目における中退や進路変更は、大学評価の一部として各機関の改善努力
が待たれる。そうした高等教育研究は数多くなっている（Beaupère *et al.* 2007,
2009; Chevallier *et al.* 2009; David *et al.* 2014; Delès 2018; Giret *et al.* 2016,
2019; Lazuech 1999; Lebègue *et al.* 2008; Lemaire 2005; Zibanejad-Belin 2020）。

　あるいは、フランスの大学においては、かつては考えられなかった授業の改
善や教授陣に向けた研修などもこの10年で普及し始めている。例えばリヨン
第1大学の初年次教育プログラム（AUP）として、理系学部の技術バカロレア

取得者向けの理数科目の補習授業の実施や、第2セメスターにおける進路変更のための理系や文系の履修体験プログラム（SUR）などは初年次からの離学に向けた対策の一つである[6]。ながらく、大学教育は高度な教養人の場とされていたことが、社会的な需要に遅れた要因となった。そこには、日本でよく知られている英米加豪とは異なるフランス語圏の特徴もあり、本書から感じていただければ幸いである。より先進地域とされるベルギーやカナダの事例を直接扱わないが、フランスがこうしたフランス語圏を参照していることは間違いない（Romainville *et al.* 2012）。

　COVID-19禍にデジタル教育に移行せざるを得ないなか露呈した、そもそも大学における教育とは何か、授業とは何か、オンライン授業の何が対面と異なるのか、あるいは同じなのか。根本的な大学教育の理念の問いなおしが起きている今だからこそ、他国の成果だけではなく、失敗も含めた状況から学ぶことの意義があるのではないだろうか。

注

(1)　当時は、大学（ほぼすべて国立大学）が、高等教育の主要機関であった。学校数こそ多いが、学生数では限られるグランゼコールと私立、さらに女性は、高等教育改革の主要テーマとはされていない。特に各省庁が所管するグランゼコールは政治的にタブーな存在であった。

(2)　例えば、少し古いため数値には注意が必要だが、松坂（1999）が参考になる。

(3)　2020年度の取得率（91.5％）も判明しているが、新型コロナウィルスのため2020年5月からの試験は中止となり平常点を基にしたため、ここでは含めていない。

(4)　グランゼコールの存在は、「フランスの例外」として取り上げられることが多いが、こうしたフランスモデルの限界を指摘する論稿も少なくない。例えば、Lazuech（1999）、Cytermann（2007）、Lebègue *et al.*（2008）などに詳しい。また国際比較研究としては、Allouch（2017）の研究がある。

(5)　国立統計経済研究所のウェブサイトより［https://www.insee.fr/fr/statistiques/2489546#tableau-figure1（2020年9月30日閲覧）］。

(6)　［http://reussirlyon1.univ-lyon1.fr］AUP＝Année universitaire préparatoire. SUR＝Semestre universitaire de réorientation.

参考文献・資料

Allouch A., 2017, *La société du concours L'empire des classements scolaires*, Seuil.

ボードロ，クリスティアン（2009）「女性に役立つ学校」園山大祐／ジャン＝フランソ
ワ・サブレ編『日仏比較　変容する社会と教育』明石書店，245-258頁.

Beaud S. *et al.*, 2010, *Refonder l'université*, La Découverte.

Beaud S. *et al.*, 2015, *L'université désorientée*, La Découverte.

Beaupère N., Chalumeau L., Gury N., Hugrée C., OVE, 2007, *L'abandon des études supérieures*, La documentaion Française.

Beaupère N. et Boudesseul G. (s.dir), OVE, 2009, *Sortir sans diplôme de l'Université*, La documentaion Française.

Blanchard M., Chauvel S., Harari-Kermadec H., 2020, « La concurrence par la sélectivité entre masters franciliens », *L'Année sociologique*, vol. 70, no. 2, pp. 425-444, e23-e27.

Bourdieu P., 1981, « Epreuve scolaire et consécration sociale », *Actes de la recherche en sciences sociales*, vol. 39, pp. 3-70.

Boras I., Legay A. et Romani C., 2008, « Les choix d'orientation face à l'emploi », *Bref Céreq*, 258, 4p.

Cahuc P., *et al.*, 2017, *La machine à trier*, Eyrolles (3e édition).

Charle Ch., Soulié Ch. (s.dir), 2007, *Les ravages de la « modernisation » universitaire en Europe*, Syllepse.

Charle Ch., Verger J., 2012, *Histoire des universités XIIe-XXIe siècle*, PUF, pp. 141-280.

Chauvel S., Hugrée C., 2019, « Enseignement supérieur: l'art et les manières de sélectionner », *Sociologie*, vol. 10, no. 2, pp. 173-177.

Chauvel S., Delès R., Tenret E., 2020, « Introduction », *L'Année sociologique*, vol. 70, no. 2, pp. 275-281.

Chevaillier Th., Landrier S., Nakhili N., OVE, 2009, *Du secondaire au supérieur*, La documentaion Française.

Cour des comptes, 2020, *Un premier bilan de l'accèes à l'eneignement supérieur dans le cadre de la loi orientation et réussite des étudiants*, 200p.

Cytermann J. -R., 2007, « Universités et grandes écoles », *Problèmes politiques et sociaux*, no. 936, La documentation Française.

David S. et Melnik-Olive E., 2014, « Le décrochage à l'université, un processus d'ajustement progressif ? », *Formation et Emploi*, no. 128, pp. 81-100.

Delès R., 2018, *Quand on n'a « que » le diplôme…*, PUF.

DEPP, 2020, *Repères et références statistiques sur les enseignements, la formation et la recherche*, MEN, 408p.

DEPP, 2020, *Repères et références statistiques sur les enseignements, la formation et la recherche*, MEN, 410p.

Duru-Bellat M., Kieffer A., 2008, « Du baccalauréat à l'enseignement supérieur en France », *Population*, vol. 63, no. 1, pp. 123-157.

Fanny Th., 2020, *Note d'information*, no. 20.10, MEN-DEPP, 4p.

Felouzis G., 2003, « Les effets d'établissement à l'université : de nouvelles inégalités ? », Felouzis G. （s.dir）, *Les mutations actuelles de l'université*, PUF, pp. 211-228.

Fontanini Ch., 2016, *Orientation et parcours des filles et des garçons dans l'enseignement supérieur*, PURH.

Frouillou L., Pin C., Van Zanten A., 2020, « Les plateformes APB et Parcoursup au service de l'égalité des chances ? », *L'Année sociologique*, vol. 70, no. 2, pp. 337-363.

Giret J.-F., Van de Velde C., Verley E. （s.dir）, OVE, 2016, *Les vies étudiantes*, La documentation Française.

Giret J.-F., Belgith F., Tenret E. （s.dir）, OVE, 2019, *Regards croisés sur les expériences étudiantes*, La documentation Française.

松坂浩史（1999）「フランス高等教育制度の概要─多様な高等教育機関とその課程─」『高等教育研究叢書』59, 広島大学大学研究教育センター, 1999年.

MEN, 2020, *Filles et garçons sur le chemin de l'égalité de l'école à l'enseignement supérieur*, 39p.

Mergnac M.-O., Renaudin C., 2009, *Histoire du baccalauréat*, Archive et Culture.

Merle P., 2002, *La démocratisation de l'enseignement*, La Découverte.

MESRI, 2019a, *Note Flash du SIES*, No. 20, Octobre 2019, MESRI, 2p.

MESRI, 2019b, *Note Flash du SIES*, No. 24, Novembre 2019, MESRI, 2p.

MESRI, 2019c, *Note Flash du SIES*, No. 27, Décembre 2019, MESRI, 2p.

MESRI, 2020a, *Note Flash du SIES*, No. 02, Février 2020, MESRI, 2p.

MESRI, 2020b, *Note Flash du SIES*, No. 06, Avril 2020, MESRI, 2p.

MESRI, 2020c, *Note Flash du SIES*, No. 14, Juillet 2020, MESRI, 2p.

MESRI, 2020d, *Note d'information du SIES*, 2020-no. 02, 10p.

MESRI, 2020e, *Note d'information du SIES*, 2020-no. 03, 9p.

Musselin Ch., 2017, *La grande course des universités*, Presses de Sciences Po.

Ndao G. et Pirus C., 2019, « Le devenir des bacheliers professionnels qui poursuivent des études », *Note d'information*, 2019-12, MEN-DEPP, 4p.

オランジュ，ソフィ（2016）「上級技術者証書（BTS）という選択」園山大祐編『教育の大衆化は何をもたらしたか：フランス社会の階層と格差』勁草書房，24-50頁．

Lazuech G., 1999, *L'exception française Le modèle des grandes écoles à l'épreuve de la mondialisation*, PUR.

Lebègue Th., Walter E., 2008, *Grandes écoles La fin d'une exception française*, Calmann-Lévy.

Lemaire S., 2005, « Que deviennent les bacheliers après leur baccalauréat ? », *France portrait social 2004/2005*, INSEE, pp. 133-150.

Prost A., 1997, *Éducation, société et politiques*, Seuil, pp. 117-139.

Romainville M. et Michaut Ch.（s.dir）, 2012, *Réussite, échec et abandon dans l'enseignement supérieur*, De Boeck.

サンテリ，エマニュエル（2020）『現代フランスにおける移民の子孫たち：都市・社会統合・アイデンティティの社会学』園山大祐監修，村上一基訳，明石書店.（Santelli E., 2016, *Les descendants d'immigrés*, La Découverte.）

園山大祐編（2021）『学校から離れる若者たち』ナカニシヤ出版（刊行予定）．

Zibanejad-Belin M., 2020, *Réussir sa première année à l'université: Les enjeux de la transition entre secondaire et supérieur*, Thèse, Université de Lorraine, 428p.

第2章

「出来の良い」生徒とは？

—どのように大学で学士号を手にするのか—

セドリック・ユグレ

（田川千尋　訳）

はじめに

　学業不平等に関して、2010年代のフランスの大学は、大学の☞第一課程の在籍学生数が増加した第二次教育爆発期である1990年代初頭における状況とはまったく違った状況にある。しかし、フランスの大学の「危機」に関するとめどない議論において、学業不平等は、しばしば☞バカロレアの種別〔バカロレアには、普通、技術、職業バカロレアと称する3種類がある〕、あるいは学生の社会的出自というようないくつかの統計指標に単純化され、このことが現在進行中の小さな変容について考えることを不可能にしている。実際、大学入学時における選抜を新たに批判する者たちは、新しいバカロレア取得者（Vatin, Vernet 2009）によって大学の第一課程の「水準が下がり」そして「流出」が起きていると競って騒ぎ立てている。そしてこのようなことを言う者たちは、文学、人文科学、理学などの専攻における学生数の減少を心配し、☞普通バカロレアの取得者や、とりわけ☞特記評価つきのバカロレア取得者が第一課程から「逃げ出す」のではないかと不安になっている。

　学問の場が分裂しているということをこのように認識することが有益であるのは、それによって、知的な場に面した大学における、教育的効果のための学校的（scolaire）条件とはいかなるものかという問いが再び置かれるからであ

る。しかし、現実的には、この認識は、大学の第一課程（医学系を除く）における学校的内部選抜の一般化という命題について、あまりにも考証を行っていないために、第二次教育爆発後の大学の特徴を考えるための知識的妨げとなる（第1節）。本章は、1995年に第6級に入学した生徒たちの追跡パネル調査のデータの一次処理から、学士号（Licence）取得学生の中学校入学以降の学校〔学業〕的（scolaire）・社会的道のりを描きだすことを試みる（第2節）。最終的にこれらの定量的一次データにより示されることは、2000年代初頭における学士号取得学生の学業水準が全般的に低下しているとの指摘には程遠く、大学は今日、多くの専攻や学士課程のなかで、しだいに長い期間に渡り二極化した学歴が共存する状態にあるという特徴がある、ということである。

第1節　大学における内部選抜
── 先行研究および経験的要素 ──

　学生の理想的‒典型的特徴としての☞遺産相続者たちの終焉（Bourdieu, Passeron 1964）は、特に中等教育の生徒数が非常に増加したことを受けて1960年代に大学で起きた第一次教育爆発にともなうものであったようである。すなわち、当時すでに複数の調査が、新しいバカロレア取得者たちへの〔バカロレア後の〕養成は、ほぼ大学でのみ行われており、大学の活動が社会的・学業的に少しは開かれてきていたことを示している。しかし実際には1990年代に、第二次教育爆発と大学の第一課程の大衆化を機に、学生‒遺産相続者という理想的‒典型的〔学生〕像は決定的に☞「新しい学生たち」（Erlich 1998）という像に置き換わった。

　ブロスとエルリシュ（Blöss, Erlich 2000）はこれらの学生の大学の専攻への到来を分析し、そこから高等教育空間の新しいマッピングを作成し、いくつもの専攻で在籍する学生の持つ学校的価値（la valeur scolaire）が変容していることを明らかにした。彼らはまた、☞技術バカロレアおよび☞職業バカロレア取得者は特定の専攻の最初の2年に集中しており、そこでは彼らは1年次の登録者の25％を超える比率を占めていることを指摘している。その専攻とは、経済・社会行政学（AES）、エンジニア〔養成〕のための科学技術学、人文科

学、そしてスポーツ科学技術学（STAPS）、である（*Ibid.*: 757）。この事実は、ボーとピアルーが行った、地方の小さな大学分校の一般的専攻〔職業課程ではないの意〕（特に歴史学）の1年次に登録している職業バカロレア取得者についてのエスノグラフィー調査の延長線上に見出される。ボーとピアルーはこのなかで、これら「職業バック（bacs pros）〔バックはバカロレアの略称であり俗称〕取得者たち」が大学の一般的専攻への進路選択を行う社会的・学校的動機を描いている。中学校以来これらの生徒が積み重ねてきたネガティブな学業的判定は「しだいに彼らの上を通り過ぎる〔彼らはしだいに気に留めなくなる〕ようであり」これらの生徒を「堅牢で、そして彼らの学校的・社会的エゴを人為的に強める一つの様式により作られる、非常に特殊な型の非現実性」へと誘う（Beaud, Pialoux 2001）。

これらのバカロレア取得者が大学での一般的学業を進路選択することは、ほぼ例外なく、大学からの多少なりとも強制的な排除をもたらす。それは大学の求める最低限の要件から彼らが大きくかけ離れていることが理由であることは、国民教育省（MEN）、学生生活観察局（OVE）による当時のデータにより確認できる（Yahou, Raulin, Ducatez 1996; Cam, Molinari 1998）。学生の歩み（進路）の定量化操作が改善されるにつれ、これらの事実は明確にされる。こうして2000年代初めには、大学に登録する学生（全専攻混合）のうち、職業バカロレア取得者の5％が大学の3年次に標準修了年限通り3年で到達し、11％が5年かけて、つまり大学入学後最初の2年間で留年したのちに到達していることが分かっている。これは技術バカロレア取得者ではそれぞれ12％と30％、普通バカロレア取得者では43％と71％である（MEN 2006）。

2000年代初頭までは、技術バカロレアおよび職業バカロレア取得者は、ブロスとエルリシュ（Blöss, Erlich 2000）の表現によれば、マス化した大学のなかでの主な「大学における選抜の当事者」として現れている。しかし、より広くみれば、これは大学の第一課程における学校選抜の新たな体制がこの時姿を現しているのである。実際、この頃より、1960年代にブルデューとパスロン（Bourdieu, Passeron 1964）によって明らかにされた、☞庶民階層出身のバカロレア取得者の学校的過剰選抜のプロセスへの回帰がみられる（Convert 2003: 6）。ブルデューとシャンパーニュ（Bourdieu, Champagne 1992）により

☞ 「内部からの排除者（Les exclus de l'intérieur）」のなかに見出された、大学における学校選抜体制のこのような中心的変容は、技術バカロレアと職業バカロレアの取得者のみならず、また一定数の普通バカロレア所得者にも関係しているようである。この仮説は2000年代初めになってやっとコンヴェールによって定量的に立証された。リール大学区のデータに基づき、彼は「庶民階層出身の生徒のバカロレアにおけるパフォーマンスは、他のすべての条件が同じだった場合、管理職の子ども（バカロレア到達が遅れた者も含む）の平均よりも劣り」「"文化的ハンディキャップ"は、少し前までは過剰選抜により埋め合わされていたが、もはやそうではない。（中略）生徒数の増加と結びついた不十分な選抜は、実質的な選抜を高等教育入学時へ移し、延期している」（Convert 2003: 7-8）と指摘している。

　「学校的価値の混信（brouillage）」（Beaud 2002: 315）として描かれたこのプロセスは、大学内の最も被支配的な専攻に「出来の悪い生徒」であった者がアクセスをし、彼らのそこでの成功が一般化したこととは何の関係もない。このプロセスは、学生、特に庶民階層出身学生の高等教育における進路の分裂化の中心にあるのである（Hugrée 2009, 2010, 2011）。したがってこのような筋書きを最近の論争のなかで道具として扱うと、2000年代の大学における大きな新規性とは、今や同一の専攻において、また学士課程3年目において、様々な学業水準の普通バカロレア取得者を併存させていることである、ということが忘れられてしまう。すなわち、学校的多様性は、第一次教育爆発期〔1960年代〕の大学においては「遺産相続者たち」という事実であったが、今ではそれは、技術・職業バカロレア取得者由来であるよりも、「新しい男子・女子学生たち」という、彼らもまた庶民階層出身であるが普通バカロレアを取得している学生に起因するものである。したがって問題はまさしく、これらの普通バカロレア取得者が2000年代に、大学において、そして彼らの専攻において学校選抜をされる新しい方式を描写することにある。

　1995年に第6級〔中学1年〕に入学した世代の3分の1がBac+3段階の免状（ディプロム）を少なくとも1つ取得していることが今日では明らかになっている（Lemaire 2012）。どの段階で学校制度を出るかの差は、社会的出自に〔今日も〕関連し続けているが、しかしまた同時にそれは第6級入学時の学業

的状況にも関連している。1995年に第6級に入学した子どものうち、親が教員である子どもの3分の2（67％）が少なくともBac+3段階と同等の免状を1つ取得して学校制度を出ているのに対し、非熟練労働者を親に持つ子どもではそれは12％でしかない。同様に、庶民階層のなかでも実際には差異がみられ、熟練労働者の子どもでは5人に1人（19％）、一般事務職（employés）の子どもの4人に1人（24％）がBac+3を取得している。しかし第6級入学時のフランス語と数学の水準もまた決定要因のようである。すなわち、第6級入学時にこれらの教科で成績の上位4分の1に入る生徒のうちの3分の2（67％）が少なくともBac+3と同等の免状を1つ取得しているのに対し、下位4分の1に属している生徒では5％である。バカロレアの種別と取得方法も同様に大学における進路の決定要因であることも明らかである。すなわち「普通バカロレア取得者で☞特記評価が『優』あるいは『秀』を持っている者の4分の3が、修士課程まで進学するが、再試験の口頭試験〔再試験は口頭試験だけである〕でバカロレアを取得した者では5人に1人でしかなく、さらにこれら再試験による取得者の5人に1人は高等教育を何の免状も取得せずに離脱する」（*Ibid.*: 5）。

　大学の専攻空間は、今日とりわけ特記評価付きバカロレア取得者および女子の比率により構成されている（Convert 2003, 2010; Hugrée, Poullaouec 2011）。庶民階層出身学生の大部分は大学の文学、人文社会科学、経済学、法学、そして理学、これらの専攻に登録している（Hugrée, Poullaouec 2011: 19）が、そこでは、その前の中学・高校における学業的道のりが特に識別的であることが明らかになっている。実際、ブロッコリシとサントンが指摘しているように（Broccolichi, Sinthon 2011: 22）、「1年単位だけでみると、出身社会階層による習得の差は、時に非常にわずかである（特に小学校段階では）が、学年を重ねるごとにこれが累積し、中学校で増大する」。

　したがって、高等教育そして大学における不平等は今日、学歴のある一時点（*t*）における（第6級、バカロレア、など）学力の値だけでなく、この学歴の複数の時点と組み合わせて学生の社会的出自から観察されなければならない。よって、現在の大学の特徴〔どこにどのような学生がいるという配置〕のなかでの争点は、「学業的に同じプロフィールの生徒の変化を（中略）彼らの進路選択と社会階層により」比較することであり、それは「ギリギリのケース」に

とりわけ注意を払いながらされなければならない（*Ibid.*: 27）。

第2節 ┃ 大学に入学する３つの方式
── 学士号を取得する方法は２つだが、成功するのは１つだけ？──

　1995年のパネル調査データからは、全中等教育課程（中学校および高校）から高等教育への到達する道のりを正確に特徴付けることが可能である。この縦断パネルは高等教育内における進路の決定要因の分析を、バカロレアといったような単一の指標だけで行うことを超えていくことを可能にする典拠である。バカロレアは、国民教育省（MEN）により出される高等教育および／あるいは大学における学業成功の分析のなかで、出身社会階層、特に庶民階層であること（Hugrée 2009, 2010）、あるいは両親の文化資本（Caille, Lemaire 2009）よりもしばしば前面に置かれている。バカロレア取得の翌年度に即時に高等教育に登録したバカロレア取得者の出身社会階層と、全国学力調査の第6級時の結果、バカロレア取得時の年齢、そして高等教育の最初の2年の教育課程のタイプに関する情報あるいは取得した免状〔☞ボローニャ・プロセスにより整理されるまで、高等教育最初の2年間である第一課程では☞DEUG（大学一般教育免状）を取得した。これが大学の学士課程3年目（Licence）に進む条件であった。学士課程が3年となった現在でも希望者は2年目を修了した場合に取得が可能である〕、これらを組み合わせ、以下では学生の学業的（scolaires）・社会的（sociales）道のりの多面的描写を行う。

　これらの基準を組み合わせた後、最終的に大学入学および学士号を3年あるいは4年で取得する道のりを4つに分類することができる。

- 「出来の良い」バシュリエ（bacheliers：バカロレア取得者の意味）の道のり。第6級の学力調査における結果が中間値よりも上に位置し、2002年にバカロレアを取得している。
- 留年したバシュリエの道のり。第6級の学力調査における結果が中間値よりも上に位置し、バカロレアを少なくとも1年遅れ（2003年のセッションあるいはそれ以降）で取得している。

- 学業的に（scolairement）「弱い」バシュリエの道のり。第6級の学力調査における結果が中間値より下に位置し、標準年限通りに（2002年セッション）バカロレアを取得している。
- 「不安のある（fébriles）」「バシュリエの道のり。第6級の学力調査における結果が中間値より下に位置し、バカロレアを少なくとも1年遅れ（2003年のセッションあるいはそれ以降）で取得している。

　今日、庶民階層出身学生の大学までの道のりには3つの、上流階層では2つの特徴的なものがある（図2.1）。これら2つの社会階層において、大学への進学は、多くが中等教育での良い学業的道のりからなされる。すなわち、「出来の良いバシュリエ」は大学入学者のうちそれぞれ45％と61％を占める。しかしながら、これら2つの社会階層出身で大学に入学している学生のうち、かつて「出来の良い」バシュリエだった者の割合に格差があること（上流階層が+16ポイント）は、大学の1年次における出身社会階層による不平等の背後で作用するものがあることを想起させる。

　すなわち、2000年初頭に大学に入学した上流階層の学生の大部分が中等教育での良い、さらには、とても良い道のりを経ている。大学に入学した庶民階層の学生もまた、大部分が中学校および高校で良い道のりを経ている。これら2つの社会階層において、第6級入学時の学力調査の結果が中間値よりも優れているが、バカロレアを少なくとも1年遅れで取得した学生（「留年したバシュリエ」）は同比率（約20％）である。著しい違いは、小学校卒業にあたり学業困難にある生徒であり、バカロレアを少なくとも1年遅れで取得した学生（「不安のあるバシュリエ」）の比率である。これらの学生は、上流階層の大学入学者にはほとんどいないが（6％）、庶民階層出身の大学入学者では5人に1人近く（19％）に及ぶ。最後に、1995年追跡縦断データからわかることは、2000年代初頭に大学に入学した庶民階層の学生のうち4人に1人以上（27％）が中学入学時における基礎的な〔初等学校の〕学校的知識の操作に困難をみせていたということである。

　この道のり描写に、バカロレアで取得した系（filière）を統合すると、フランスでは大学のそれぞれの専攻（filière）が、そしてさらに全般的に高等教育

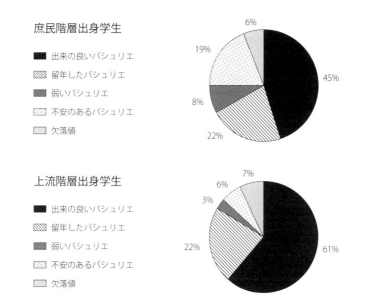

庶民階層出身学生

- ■ 出来の良いバシュリエ
- ▨ 留年したバシュリエ
- ▨ 弱いバシュリエ
- ▧ 不安のあるバシュリエ
- ▫ 欠落値

上流階層出身学生

- ■ 出来の良いバシュリエ
- ▨ 留年したバシュリエ
- ▨ 弱いバシュリエ
- ▧ 不安のあるバシュリエ
- ▫ 欠落値

範囲：上図：バカロレア取得の翌年度に大学登録した庶民階層（1998年に保護者が労働者あるいは一般事務職）の学生；下図：バカロレア取得の翌年度に大学登録した上流階層（1998年に保護者が上級管理職）の学生。
読み方：（上図）大学に登録している学生で庶民階層出身者100人のうち、45人が以前の「出来の良いバシュリエ」、すなわち第6級学力調査（フランス語、数学）で成績上位50％の生徒であり、バカロレアを標準年限通りに取得した。（下図）大学に登録している学生で上流階層出身者100人のうち、61人が以前の「出来の良いバシュリエ」、すなわち第6級学力調査（フランス語、数学）で成績上位50％の生徒であり、バカロレアを標準修業年限通りに取得した。
出典：1995年に第6級に入学した生徒の高等教育までの追跡調査。

図2.1　出身社会階層別大学までの道のり（単位：％）

が、強く分割されていることがさらに明確になる（図2.2）。上流階層の子ども
は庶民階層の子どもよりも多くフランスの高等教育へ進学している（第1節参
照）。

　また他方で、庶民階層の子どもは非常に異なる学業条件のなかで高等教育進
学を行っている。すなわち、高等教育に進学する上流階層出身学生の55％（全
教育課程混合）は、第6級入学時の学力調査結果が中間値よりも高く、普通バ
カロレアを標準修了年限通りに合格しているが、このケースは庶民階層出身学
生では27％だけである。これらの比率はバカロレア後の進路選択により非常
に異なる。☞グランゼコール準備級（CPGE）の学生は、出身社会階層にかか

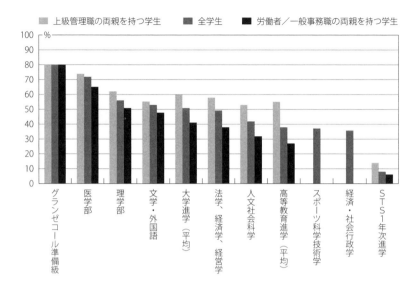

範囲：バカロレア取得の翌年度に大学登録した学生。

読み方：大学の法学／経済学／経営学に登録している学生100人のうち、49人が第6級における学力調査結果が中間値より上で、普通バカロレアを標準修了年限通りに取得した者である。これは上流階層の子どものケースでは58％、庶民階層の子どもでは38％である。

出典：1995年に第6級に入学した生徒の高等教育までの追跡調査。

図2.2　標準修了年限通りに普通バカロレアを取得した者で、第6級における学力調査結果が、中間値と等しいかあるいはそれ以上だった者の社会階層ごとの進路選択

わらず、中等教育において同じ学校的道のりを経ている。すなわち、上級管理職の子どもであっても庶民階層出身の子どもであっても、80％は中学校に学業的に良い状況で入学し、普通バカロレアを標準修了年限通りに取得している。ところが、全般的に大学においては、上流階層出身者と庶民階層出身者では、学業的道のりの差は大きく（上流階層出身者と庶民階層出身者では、普通バカロレアを標準修了年限通りに取得し、第6級学力調査結果が、中間値より上かあるいは中間値に等しい者の比率には、19ポイントの差がある）、そして特定の専攻で大きい（法学／経済学／経営学では20ポイントの差、人文社会科学では21ポイントの差である）。

　したがって、スポーツ科学技術学（STAPS）と経済・社会行政学（AES）の専攻を例外として、普通バカロレアを標準修了年限通りに取得し、第6級の

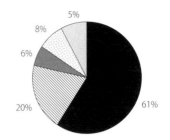

庶民階層出身学生

- ■ 出来の良いバシュリエ
- ▨ 留年したバシュリエ
- ▦ 弱いバシュリエ
- ▨ 不安のあるバシュリエ
- ☐ 欠落値

上流階層出身学生

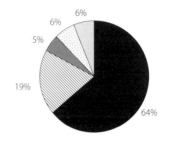

- ■ 出来の良いバシュリエ
- ▨ 留年したバシュリエ
- ▦ 弱いバシュリエ
- ▨ 不安のあるバシュリエ
- ☐ 欠落値

範囲：上図：バカロレア取得後3年ないし4年で大学において学士号を取得した庶民階層（1998年に保護者が労働者あるいは一般事務職）の学生；下図：バカロレア取得後3年ないし4年で大学において学士号を取得した上流階層（1998年に保護者が上級管理職）の学生。
読み方：（上図）バカロレア取得後3年ないし4年で大学において学士号を取得した庶民階層出身学生100人中61人がかつての「出来の良いバシュリエ」である。つまり、彼らは第6級学力調査（フランス語および数学）で成績上位50％に位置し、バカロレアを標準修了年限通りに取得している。（下図）バカロレア取得後3年ないし4年で大学において学士号を取得した上流階層出身学生100人中64人がかつての「出来の良いバシュリエ」である。つまり、彼らは第6級学力調査（フランス語および数学）で成績上位50％に位置し、バカロレアを標準修了年限通りに取得している。
出典：1995年に第6級に入学した生徒の高等教育までの追跡調査。

**図2.3　学士号をバカロレア後3年ないし4年で取得した者の学業的道のり
（社会階層および彼らの中等教育の学業的道のりごと）（単位：％）**

フランス語と数学の結果が中間値よりも高いかあるいは中間値に等しい、というのが、大学の専攻で最も多くみられる学業的道のりである。しかし、大学入学を、学業的道のりの二時点（第6級およびバカロレア）から、出身社会階層ごとに分析するこれらのデータは、同じ専攻の大講義室には学業的・社会的に非常に不平等な道のりを経た学生が同席していることも同様によく説明している。そして、これらの道のりは、学士号を適切な期間で取得することの非常に直接的な条件となっている。

　バカロレア取得後3年もしくは4年で学士号取得に至るかどうかは、上流階

層のバカロレア取得者と庶民階層のバカロレア取得者の間で、大学入学よりも
学業的にはるかに同質的である（図2.3）。本章で提案する類型分類は、大学の
第一課程に関する調査で頻繁に強調される点に、ここで著しい正確性をもたら
すものである。高等教育入学の学業条件が、上流階層と庶民階層の学生では非
常に異なるのに対して、学士号を3年ないし4年で取得することによる大学の
第一課程成功の条件は、最終的に非常に近いことがわかる。すなわち、これら
2つのグループ〔庶民階層と上流階層の学生〕の学士号取得者において、かつ
ての「出来の良いバシュリエ」は約10人に6人（61％対64％）であり、留年
したバシュリエは10人に2人（20％対19％）を占める。このことから、「出来
の良い」バシュリエの割合は、上流階層では、大学入学と学士号取得の間でわ
ずかに（+3ポイント）増加することがわかる。ところがこの比率は庶民階層
においては、学業的に最も弱いバカロレア取得者の淘汰という犠牲のうえで、
大きな割合で増加する（+16ポイント）。いずれにせよ、以下のことに言及せ
ねばならない。今日学士号取得に至るのは、庶民階層出身のバカロレア取得者
の約10人に4人であること、そして彼らは就学のなかで少なくとも一度の衝突
の後に学士号を取得していること、すなわち、中学校あるいは高校途中での一
度の留年、あるいは、基礎的な学習が弱いこと、である。

おわりに

2000年代の高等教育における社会的・学業的不平等に関するこの描写の終
わりには、中等教育における学業歴と出身社会階層に関連した、大学進学およ
び大学における成功の新たな諸条件を、多少よりよく識別することができた。
庶民階層の学生において、大学には3つの入り方がある。主たる方法（学業歴
〔パターン〕の45％）は、中等教育を通してずっと「出来の良い」生徒であっ
たこと、すなわち、初等のフランス語と算数の知識を習得して第6級に入学
し、バカロレアを標準修了年限内に取得していることである。次に、数的には
〔最初のパターンよりも〕少なくなるが、別の2つの典型的な学業歴が存在す
る。一つは、留年したバシュリエ（22％）の学業歴であり、彼らは、第6級入
学時に初等知識をよく習得しているにもかかわらず、最も多くは高校におい

て、学業的なきずを経験している。もう一つは、学業的に最も弱いバシュリエの学業歴であり、第6級に学業困難を抱えながら入学し、バカロレアを1年ないしそれ以上遅れて取得している。上流階層の学生では大学入学は主として中等教育を通し「出来の良い」生徒であり（61%）、留年を経るのは周辺的やり方（22%）である。次に、社会的出自（庶民あるいは上流）にかかわらず、最終的には学士号を3年ないし4年で取得するやり方は2つしかない。それは、「出来の良い」生徒という学業歴を持っているか（約60%）、留年をしているか（約20%）である。

　つまり庶民階層の学生にとって、大学への入り方は3つあり、そのうち学士号取得に至るのは2つである。しかしこの結果を一つの成功と判定すると、問題がそのまま残る。大学の危機に関する最近の評言のうち、大学における成功という評価のどれだけが、一定の学業的エスノセントリズム形式〔自己の学歴を基準に他の学歴を評価すること〕と無縁ではなかったか、ということを我々は知っている。一般に教員、そしてとりわけ大学教員（enseignants-chercheurs）の学歴は、彼らの子どもの就学とまったく同様に、「良の就学」ではほとんど満足しない傾向の学業的野心によって特徴付けられている。「良の就学」とはすなわち、庶民階層の学生の大部分がそうであるような、総じて良いがしかし優秀であるには遠い、という就学である（Hugrée 2010）。また同様に、大学の第一課程の大衆化による不調と、大学の争点の最新の変容とを相対化して現状に満足するような態度が、どれだけ満足のいかないものであるかも我々は知っている。

　すなわち争点は、今後大学を☞民主化することであり、中等教育における習得が時に弱いバカロレア取得者が、ただ〔高等教育〕機関に進学するという高い賭けや、あるいは〔進学した先での〕内部における選抜といった賭けをしなくてもよいようにすることである。学士号に到達するいくつかの学業歴からは、彼らは大学に入り、知的欠陥を大きく挽回し埋め合わせて、卒業していくということが垣間見える。確実であるのは、そのような野心は、これらの学生に多くを要求し、そして彼らに多くのものを与えることでしか可能ではないということである。今後は、せいぜい幾人かの優秀なバカロレア取得生徒が享受している学校機関における特別な動員〔グランゼコール準備級などを始めとす

る少数の学校機関が行っている手厚い教授体制を批判しているものと思われる〕を、大部分のバカロレア取得者にも行っていくべきである。

これらの結果は、学士号を3年ないし4年で取得した者に限らず、全学士号取得者の経路（trajectoires）を観察しても確認されることである（Brinbaum, Hugrée, Poullaouec 2018）。

制度的には、フランスでは教育システムのなかで異なる道のりを経ていても、学士号を取得できる。学士号を取得した学生の大部分（61%）はバカロレア取得後すぐに大学に入学しているが、一定数の学士号取得者は、高等教育を☞IUT（技術短期大学部）から（15%）、☞STS（上級技手養成短期高等教育課程）から（12%）、そして／あるいはグランゼコール準備級から（8%）始めている[1]。

しかしながら、学士号へのこのような様々な制度的到達の道は、中学入学の第6級時以来異なる学業歴と結び付いている。フランスでは、学士号取得者の半数（54%）が中学に良い状況で入学しており（彼らは第6級時の成績評価で中間値以上である）、普通バカロレアを標準修了年限内通りに取得している。残りの者は、普通バカロレアを遅れて取得しているか（15%）、技術もしくは職業バカロレアの取得者（10%）である。学士号取得者のうちたった15%だけが、第6級入学時の成績が悪い方の半数である。学士号〔取得〕における学業的・社会的選抜があることは明らかであり、学士号取得にかける年数にかかわらず（3、4年、あるいはそれ以上）、取得の仕方が多様であることもまた確かなことである。そして、このような学業歴の多様性は社会的に中立ではない。この多様性は、まず初めに庶民階層出身の学士号取得者に関係しており、彼らの学士号取得は、中流・上流カテゴリーの学士号取得者とは、分野も学業的条件も同様ではない。

注

(1) この他の教育課程を経て来る者は3%である。

参考文献・資料

Beaud S., Pialoux M., 2001, « Les "bacs pro" à l'université. Récit d'une impasse », *Revue française de pédagogie*, no. 136, pp. 87-95.

Beaud S., 2002, *80% au bac… et après ? Les enfants de la démocratisation scolaire*, La Découverte.〔ステファン・ボー「第1章 『バック取得率80%』から30年」園山大祐編『教育の大衆化は何をもたらしたか：フランス社会の階層と格差』勁草書房, 2016年, 12-23頁.〕

Blöss T., Erlich V., 2000, « Les nouveaux "acteurs" de la sélection universitaire : les bacheliers technologiques en question », *Revue française de sociologie*, vol. 41, no. 4, pp. 747-775.

Bourdieu P., Passeron J. -C., 1964, *Les Héritiers. Les étudiants et la culture*, Minuit.〔ピエール・ブルデュー／ジャン＝クロード・パスロン『遺産相続者たち：学生と文化』石井洋二郎監訳, 藤原書店, 1997年.〕

Bourdieu P., Champagne P., 1992, « Les exclus de l'intérieur », *Actes de la recherche en sciences sociales*, no. 91-92, pp. 71-75.

Brinbaum Y., Hugrée C., Poullaouec T., 2018, « 50 % à la licence… mais comment ? Les jeunes de familles populaires à l'université en France », *Economie et Statistique*, no. 499, pp. 81-106.

Broccolichi S., Sinthon R., 2011, « Comment s'articulent les inégalités d'acquisition scolaire et d'orientation ? Relations ignorées et rectifications tardives », *Revue française de pédagogie*, no. 175, pp. 15-38.

Caille J.-P., Lemaire S., 2009, « Les bacheliers de première génération des trajectoires scolaires et des parcours dans l'enseignement supérieur "bridés" par de moindres ambitions ? », *France, portrait social*, INSEE, pp. 171-193.

Cam P., Molinari J.-P., 1998, « Les parcours des étudiants, enquête 1994 », *Les Cahiers de l'OVE*, no. 5, La documentation Française, 175p.

Convert B., 2003, « Des hiérarchies maintenues. Espace des disciplines, morphologie de l'offre scolaire et choix d'orientation en France 1987-2001 », *Actes de la recherche en sciences sociales*, no. 149, pp. 61-73.

Convert B., 2010, « Espace de l'enseignement supérieur et stratégies étudiantes », *Actes de la recherche en sciences sociales*, no. 183, pp. 14-31.（本書第9章）

Erlich V., 1998, *Les nouveaux étudiants, un groupe social en mutation*, Paris, Armand Colin.

Hugrée C., 2009, « Les classes populaires et l'université : la licence… et après ? »,

Revue française de pédagogie, no. 167, pp. 47-58.

Hugrée C., 2010, « Le Capes ou rien ? Parcours scolaires, aspirations sociales et insertions professionnelles du "haut" des enfants de la démocratisation scolaire », *Actes de la recherche en sciences sociales*, no. 183, pp. 72-85.

Hugrée C., 2011, « Aux frontières du"petit"salariat public et de son encadrement : de nouveaux usages des concours ? », *Travail et emploi*, no. 127, pp. 67-82.

Hugrée C., Poullaouec T., 2011, « Qui sont les étudiants des milieux populaires ? », Galland O., Verley E., Vourc'h R. (dir.) *Les mondes étudiants. Enquête Condition de vie 2010*, La documentation Française, pp. 15-26.

Lemaire S., 2012, « Les parcours dans l'enseignement supérieur : devenir après le baccalauréat des élèves entrés en sixième en 1995 », *Note d'information* 12.05, MEN, 4p.

MEN (Ministère de l'Éducation nationale), 2006, « Les étudiants », *Repères et références statistiques sur les enseignements, la formation et la recherche 2006*, pp. 206-207.

Vatin F., Vernet A., 2009, « La crise de l'Université française : une perspective historique et socio-démographique », *Revue du MAUSS*. no. 33, pp. 47-68.

Yahou N., Raulin E., Ducatez S., 1996, « De l'entrée à l'université au deuxième cycle : taux d'accès réel et simulé », *Les dossiers d'éducation et formations*, no. 78, MEN, 183 p.

【付記】

　本章は、Hugrée C., 2015, « De "bons" élèves ? Comment décroche-t-on une licence à l'université », *Regards croisés sur l'économie (L'université désorientée)*, 2015/1 no. 16, La Découverte, pp. 51-68を改稿したものである。ユグレ氏のご快諾、ご協力に感謝申し上げる。また、本章は大学の学士課程における学業成功について、中等教育における学業の履歴を追跡調査をもとに考察したものである。このため筆者はタイトルにおいて考察対象の学生を「学生（étudiant）」ではなく「生徒（élève）」という表現を使っており、訳出も原語に沿って「生徒」とした。

第3章

高等教育における技術バカロレア・職業バカロレア取得者

フェレス・ベルジス

（秋葉みなみ 訳）

はじめに

　1980年代の就学の拡大は、☞バカロレアの多様化とバカロレア取得者のプロフィールの変化をともなって中等教育の状況を根本から再構築した（Duru-Bellat et Kieffer 2008）。この長期に渡った動きは近年にも影響を及ぼし続けており、2010年から2016年の間に同一世代におけるバカロレア取得者の割合は65％から79％へと増加した（MENESR-DEPP 2017）。なお、☞普通バカロレア取得者が依然として過半数を占める一方で（2016年に51％）、☞職業バカロレア取得者は幾らかの伸びをみせ（2010年の22％から2016年には29％へ）、その代わりに☞技術バカロレア取得者の割合は減少した（2010年の25.1％から2016年には19.9％へ）。職業バカロレアと技術バカロレアは、異なる2つの時期に、中等教育への☞庶民階層の特権的なアクセスであった〔技術バカロレア、職業バカロレアの順で制定され、技術バカロレアそして職業バカロレアの順で取得割合の増加した時期もずれている〕。こうした意味では☞民主化だったのだろうが、高等教育での学業継続率が突出して高いバカロレアの系（série）とは違う経路でバカロレアへのアクセスの拡大がなされた点から、これはセグリゲーションと呼べるのかもしれない（Merle 2000）。技術バカロレアと職業バカロレアが成功するにつれて、それは論理的に高等教育への進学の

増大となって現れ、バカロレアへのアクセスはこの新しい集団にとって学業継続への正当性を打ち立て、労働市場への参入を先延ばしにすることを可能とした。これらの☞新しい学生たち（Erlich 1998）は特有の社会的プロフィールを持ち合わせており、なかでも庶民階層出身の学生が多く（2016年には職業バカロレア取得者の34.4％と技術バカロレア取得者の19.5％が労働者層の出身であるのに対して、普通バカロレアではこの率は11.2％）（MENESR-DEPP 2017）、また、両親がどちらもバカロレアを取得していない「バカロレア第一世代（bacheliers de première génération）」が多いことが特徴である（Caille, Lemaire 2009）。

　本章においてはまず、保有するバカロレアの種類に応じての、高等教育の各課程への異なる進路、および学生の社会的・学業的なプロフィールに注目していく。次いで、一見したところ高等教育の世界から学業的にも社会的にも最もかけ離れている技術系・職業系のバカロレアを保有する学生たち（Blöss, Erlich 2000）の学習条件と、彼らにとって高等教育での経験がどのようなものかに的を絞って分析していく。これらの学生たちは、高等教育で学ぶ準備はできているのだろうか。中等教育の軌跡が当然のように高等教育に繋がっている普通バカロレア取得者と比べて、高等教育でどのような経験を得るのだろうか。進学する課程によってその経験は変わるのだろうか。

第1節　｜　バカロレアの種類に応じて異なる進路とプロフィール

　バカロレア取得者の数が増えたにもかかわらず、高等教育への進学は依然としてバカロレアの種類によるところが大きい（図3.1）。

　2000年代以降、普通バカロレア取得者の高等教育進学率は比較的安定しており、バカロレアを取得した後にほぼ全員が高等教育へと進んでいる（2014年には99％）。これに比べて割合は下がるが技術バカロレア取得者についても同様の安定がみられ、2000年以降、新規技術バカロレア取得者の約4分の3が高等教育へと進学している（2014年には79％）。これに対して、職業バカロレア取得者の状況はまるで異なる。調査対象期間に高等教育機関における登録率

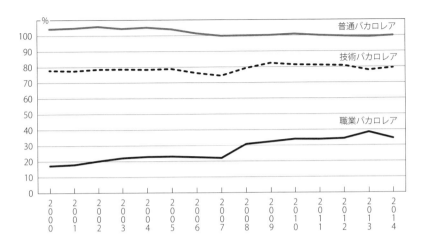

図3.1　バカロレア取得後の高等教育への進学者の割合の推移（単位：%）

が最も伸びたのが職業バカロレア取得者で、その率は2000年から2014年の間に倍増し、17.1％から34.4％となった。とはいえ、こうした伸びにもかかわらず、職業バカロレア取得者の高等教育への進学率は、依然として普通バカロレアと技術バカロレアの取得者をはるかに下回っており、2014年には3分の1のみが高等教育に進学した。2009年の職業バカロレアの改革は、普通バカロレアと技術バカロレアと同等の資格で、職業バカロレアを教育プログラムの一般制度のなかに組み込むことを目的としていたが、職業バカロレアは、バカロレア取得後に迅速に労働市場に参入できるようにするという本来の使命を失うことはなかった。ただし、職業バカロレア取得者の大半が就職への流れのなかにとどまる一方で、次第に多くが高等教育への進学を選ぶようになっている。

　こうした者たちにとって高等教育へのアクセスは、序列化されたバカロレアのシステムにおいて最も狭き門を通って行われ、このことはその後の就学経路に影響を及ぼしている。つまり、高等教育へのアクセスの先には高等教育の各

課程への異なるアクセスがあり、それぞれの課程自体が世間の評判や就職に有利かどうかという点で大きな差があるわけだが、各課程へのアクセスは「最終級〔高校3年〕の系の構造と高等教育の課程の構造との相同性」(Convert 2003)を確かなものとしている。バカロレアの種類による序列はここでは、高等教育における進路の可能性の幅が広いか狭いかで見て取れる。

　普通バカロレア取得者は、最も広い選択肢を持つ者たちだ。例えば、普通バカロレア取得者の3分の2（65％）は大学に登録している（「S（科学系）」は理学や医療の分野、「ES（経済・社会系）」は法学、経済、マネジメント、文学、人文社会科学、「L（文系）」は文学、人文科学といったように、普通バカロレアのそれぞれの系に対応する教育課程に優先的に進学している）（表3.1）。大学以外では、普通バカロレア取得者は入学に際し選抜のある課程へも多く進学している点が特徴的で、特に☞グランゼコール準備級（4.7％）とエコールと称される各種高等専門学校（エンジニア学校、商業（・経営）学校、建築・美術・文化系学校など）（20％）が進学先として目立つ。一方、技術バカロレア取得者をみてみると、進路の幅は一気に縮小し、☞上級技手養成短期高等教育課程（STS）と☞技術短期大学部（IUT）ではバカロレア全体平均を上回る比率を占めるが、大学とエコールと称される各種高等専門学校では全体平均を下回っている。最後に、職業バカロレア取得者をみてみると、進路の幅はさらに

表3.1　バカロレアの種類に応じた高等教育の異なる課程への学生の振り分け（単位：%）

	普通	技術	職業	バカロレア全体
大学	64.9	40.4	37.9	60.4
技術短期大学部（IUT）	4.4	13.4	5.7	5.6
上級技手養成短期高等教育課程（STS）	2.8	31.3	51.9	9.0
グランゼコール準備級	4.7	2.3	0.1	4.1
エンジニア学校	8.3	3.3	0.9	7.3
商業（・経営）学校	6.2	5.6	1.3	5.8
建築・美術・文化系学校	1.9	1.4	1.3	1.8
☞学術高等研究院	3.2	0.4	0.3	2.7
教職・教育高等学院（ESPE）〔現INSPE〕	3.6	1.8	0.6	3.2
合計	100	100	100	100

解説：普通バカロレアを保有する学生の64.9%が大学に登録している。
出典：2016年学生生活実態調査。

狭まり、主にSTS（52％が進学。これは全体平均より43ポイントも高い）と
大学という2つの課程に集中している。すでに他の研究で分析されてきたよう
に（Convert 2003）、密接に絡み合う2つの対比が存在するのは確かなよう
だ。一つ目の対比は、優先的に高等教育のなかでも最も高名な課程と大学の一
般課程に進む普通バカロレア取得者と、何よりもまず就職に繋がる短期課程に
進学する技術バカロレア・職業バカロレア取得者の対比である。二つ目は、技
術バカロレア取得者と職業バカロレア取得者の間の選抜面での対比で、職業バ
カロレア取得者の進学先が主にSTSに集中しているのに対して、技術バカロ
レア取得者の一部はSTSの代わりに、評価の高い短期職業課程（IUT）に進
むことに成功している。

　志望先に入れずにやむを得ず進んだ進路についての分析は、高等教育の各課
程におけるこれら異なる進路の制約的な側面を明るみに出す（表3.2）。この視
点からみると、職業バカロレア取得者は普通バカロレア取得者と明確に一線を
画しており、高等教育に進んだ際に本来は別の課程への進学を希望していたと
答えた学生の割合がより高いのが職業バカロレア取得者たちである。実際、職
業バカロレア取得者のなかでそう答えた者の割合は、普通バカロレア取得者の
ほぼ2倍である。高等教育において志望とは異なる課程に進むことを余儀なく
された学生の割合は、大学およびIUTに進んだ職業バカロレア取得者で一番
高く、半数以上（各々については大学で48％、IUTで58％）が本来は違う課
程への進学を希望していたと回答している。

表3.2　バカロレアの種類に応じた高等教育における初回登録時の志望課程以外への進学
（単位：％）

	大学（IUT以外）	IUT	STS	グランゼコール準備級	エコールと称される各種高等専門学校・学術高等研究院	全体
普通バカロレア	21.5	30.4	38.9	15.0	25.1	22.8
技術バカロレア	37.0	29.5	39.7	13.8	27.7	35.3
職業バカロレア	47.7	57.5	32	0.0	27.4	39.4
全体	23.5	32.0	37.2	15.1	25.0	25.0

解説：職業バカロレア取得者の39.4％が、高等教育機関に初めて登録した際、もともとは他の課程に進学しよう
としたができなかったと回答している。
出典：2016年学生生活実態調査。

　一方、分析の範囲を、〔初回登録時から時間が経った〕調査実施時点現在でも当初の希望とは異なる課程に在籍し続けている者に限ると[1]、IUTに在籍しており、本来目指していた課程に行けず仕方なくここにいると答えた職業バカロレア取得者の率は、28％へと下がる。つまり、調査実施時点でIUTに在籍する職業バカロレア保有学生のうち、かなりの割合の者たちが、こうしてIUTに通うようになる前に一旦どこか他の課程に在籍してきたということだ[2]。これとは反対に、大学に通う職業バカロレア取得者については、大学は希望していた課程ではなかったと回答する者は〔調査実施時点でも〕依然として非常に多いままである（44％）。本来の志望課程についての分析は、大学に在籍する職業バカロレア取得者の大多数が当初はSTSに進学したかったが、できなかったことを示している（67％）。比較してみると、技術バカロレア取得者で「志望課程に行けずに仕方なく」大学に在籍している者たちは、本来はSTS（49％）および／またはIUT（29％）への進学を望んでいたがかなわず、同じシチュエーションの普通バカロレア取得者たちは、本来は入学に選抜試験や面接や書類審査のある課程（40％）および／またはIUT（24％）および／またはグランゼコール準備級（21％）への進学を望んでいたがかなわなかった。高等教育の入り口での志望課程以外への進学に関する説明変数のなかでは、当然ながら学業成績が支配的な役割を果たしている。例えばバカロレアの☞特記評価で「秀」を取った場合に志望課程に進学できる可能性（85％）は、「可」の場合や「良」を取った場合の進学可能性（68％）よりも高い。

　しかしながら、バカロレアでの成績の良さが志望課程への進学の可能性を高めるという点については、取得したバカロレアの種類に応じて効果の度合いが異なる。バカロレアで「秀」の特記評価を取った場合、普通バカロレア取得者と技術バカロレア取得者の間では行きたい課程へ行けなかったと答えた者はそれぞれ14％と13％にとどまっている。ところが、たとえバカロレアで「秀」を取った場合でも、職業バカロレア取得者の30％が本来行きたかった課程へ進学できなかったと回答している。このように、学業成績の優秀さは、保有するバカロレアの種類がもたらす影響を打ち消すことはできず、職業バカロレア取得者はその犠牲となっている。

第2節 ▎技術バカロレア・職業バカロレア取得者の 社会関係資本と学校資本

　保有バカロレアが高等教育での就学に与える影響は、バカロレアの種類に応じた学生の社会経済的および教育的な異なる特性のうえにさらに重ねられることから、ますます不平等な要素だと言える。すでにみてきたように、技術バカロレアと職業バカロレアはもともと、バカロレアおよび高等教育への、庶民階層の特権的なアクセス方法であった。

　学生の特性の分析（表3.3）はこのように、保有バカロレアの種類に照応した3種類の社会的・教育的プロフィールを描き出すことに成功している。普通バカロレア取得者の間では、上流階層出身の学生、両親の所得が最も高い層の学生、両親が高等教育の学位を保有している学生の割合が、高等教育全体における各々の平均値をわずかに上回っている。同様に、バカロレアを通常の年齢で、あるいは〔飛び級などで〕通常より若い年齢で取得した者、およびバカロレアで「優」または「秀」の特記評価を得た者も、全体平均より多い。これに比べて、技術バカロレアと職業バカロレア取得者の社会的・教育的な特性は、普通バカロレア取得者の特性とはかけ離れており、対照的だ。つまるところ、庶民階層出身の学生が占める割合は技術バカロレア取得者の間では全体平均に比べて多く（48％）、また職業バカロレア取得者の間ではこの傾向がさらに顕著で、およそ3人に2人が庶民階層出身者だ。必然的に技術バカロレアと職業バカロレア取得者の両親の収入はより低く（技術バカロレア取得者の両親の46％、職業バカロレア取得者の両親の58％は、月収が2,500ユーロ以下である）、社会的基準に則り奨学金を受給している学生の割合はより高い。同様に、両親が高等教育の学位を持っている学生の割合は、普通バカロレア取得者と比べた場合、技術バカロレア取得者の間では半分へ、職業バカロレア取得者の間では約4分の1へと減る。

　高等教育課程に入る前の学業の優秀さは、ここではバカロレアを取得した年齢とバカロレアでの特記評価の有無とで測られているが、バカロレアの種類に応じた同じような不揃いな配分となっているように見受けられる。技術バカロ

表3.3　バカロレアの種類に応じた学生の教育的および社会経済的な特性（単位：%）

	普通バカロレア	技術バカロレア	職業バカロレア	全体
社会階層				
上流	36.6	18.2	10.4	33.0
中流	33.9	34.1	29.4	33.7
庶民	29.5	47.7	60.1	33.3
両親の収入				
月収0～1,500ユーロ	10.7	18.8	27.6	12.6
月収1,501～2,500ユーロ	18.2	27.4	30.2	20.0
月収2,501～3,500ユーロ	20.5	24.3	21.5	21.0
月収3,501～5,000ユーロ	23.7	18.6	12.5	22.6
月収5,000ユーロ以上	27.0	10.9	6.3	23.9
両親の学歴				
初等教育修了あるいはそれ未満	6.8	12.9	18.3	8.1
前期中等教育修了証明書（BEPC）レベル	8.7	12.8	10.0	9.3
職業適格証（CAP）・職業教育免状（BEP）レベル	21.4	33.1	36.3	23.6
バカロレアレベル	12.1	13.4	16.8	12.5
バカロレア取得後の職業教育	12.4	9.4	8.3	11.8
高等教育	38.6	18.4	10.3	34.6
奨学金				
非受給者	59.8	45.0	36.2	56.7
受給者	40.3	55.0	63.8	43.4
バカロレア取得年齢				
通常より前に取得	7.9	2.4	1.6	6.9
通常の年齢で取得	71.0	43.9	31.5	65.5
通常より遅れて取得	21.1	53.6	67.0	27.6
バカロレアの成績				
可（Passable）つまり特記評価無し	33.4	41.9	30.5	34.3
良（Assez bien）	29.4	37.9	42.8	31.2
優（Bien）	22.1	15.6	23.4	21.4
秀（Très bien）	15.1	4.6	3.3	13.2

解説：職業バカロレア取得者の60.1%が庶民階層の出身である。
出典：2016年学生生活実態調査。

レア取得者の半分強と職業バカロレア取得者の3分の2は通常年齢より遅れて
バカロレアを取得したのに対し、普通バカロレア取得者ではその割合が5分の
1にしか過ぎない。バカロレアの成績についても同じことが言え、「秀」の特

表3.4　バカロレアの種類に応じた学生の収入（単位：ユーロ）と財務状況（単位：%）

	普通バカロレア	技術バカロレア	職業バカロレア	全体
平均月収（ユーロ）	810	637	549	775
家計における両親の支援の割合				
両親の支援なし	20.1	30.2	40.9	22.4
25%未満	13.1	15.9	17.0	13.6
25%以上50%未満	15.1	14.5	13.0	14.9
50%以上75%未満	18.0	15.0	11.9	17.3
75%以上	33.8	24.4	17.2	31.8
経済的な困窮				
困っていない・ほとんど困っていない	50.2	34.6	24.3	46.9
それなりに困っている	30.7	36.5	41.5	32.0
困っている・非常に困っている	19.2	28.9	34.2	21.2

解説：普通バカロレア保有学生の33.8%は、両親からの支援が月収の75%以上を占めている。
出典：2016年学生生活実態調査。

記評価を取った者の割合は、普通バカロレア取得者の場合、技術バカロレア取得者の3.3倍、職業バカロレア取得者の4.6倍も多い。

　保有するバカロレアの種類に応じた学生の社会的特性の差異は、学生の経済的・財務的な状況においてもみられ（表3.4）、これは特に、両親が費用を負担し、子どもの家計を支援できるかどうかを通して見て取れる。

　こうして、普通バカロレア取得者の月収は、技術バカロレア取得者の月収を173ユーロ、職業バカロレア取得者の月収を261ユーロ、それぞれ上回っている。これらの差異は同一学位水準〔Bac＋年数〕の課程でも存在し続け、その理由の一つは両親が子どもを経済的に支援できる力があるかないかに関係している。例えば、普通バカロレア取得者の52%が収入の少なくとも半分を両親からもらい受けている一方で、この比率は技術バカロレア取得者では40%、職業バカロレア取得者では29%にとどまっている。その逆の立場をみてみると、職業バカロレア取得者の41%、技術バカロレア取得者の30%が両親から一切金銭的な支援を受けていないのに対して、普通バカロレア取得者ではこの比率が20%にとどまっている。こうした財務状況の違いは特に、大きな金銭的困難を抱えているという気持ちとなって現れ、職業バカロレア取得者と技術バカロレア取得者のほぼ3分の1が金銭的な困窮を強く感じているのに対し、

普通バカロレア取得者ではその率が20％にしか過ぎない。

　これら幾つかの要素を通じて、学生たちのかなり明瞭な社会的・教育的構造化が浮かび上がる。保有するバカロレアの種類は、異なる社会的・経済的な状況を明るみに出しており、そういった状況が就学中の学生の置かれている物理的な環境に影響を及ぼすことは必至だ。

第3節　高等教育の要求に対する学習習慣の適応度の差

　保有するバカロレアの種類に応じて、高等教育に至るまでの学歴の根底には、特にバカロレア自体とその「元来の使命」に固有の特徴に結び付いた、学校教育における異なる社会化（socialisation）がある。「元来の使命」というのは、普通バカロレアでは主に高等教育での学業継続であり、技術バカロレアでは就職に結び付く短期の学業継続であり、職業バカロレアでは労働市場への迅速な参入である（Moullet 2005）。これらの学歴は、バカロレアの種類に応じて異なる学業への取り組み方や学習習慣との関係の形成に貢献している。実際、学校秩序の組織は、普通バカロレア課程と、技術および職業バカロレア課程とでは異なり、普通課程の自己組織化（auto-organisation）と自己抑制（autocontrainte）に対して、技術課程と職業課程では強制を柱とする体系的な措置がとられている（Beaud 2002）。というのも、これらの異なる学校の社会化機能は、高等教育での学習継続を同じような形では準備していないのだ。その点からすると、普通課程における学校での社会化は、学習継続を見越して考えられているだけあって、高等教育への進学を上手に準備している。なぜなら高等教育では、自己組織力、学習の自主性、学習メソッドの獲得が成功を導く要素となっているためだ。その逆に、「技術および職業バカロレア取得者は、高等教育で必要とされているものから彼らをさらに遠ざける断絶に（中略）直面する。語彙の活用、概念化、読書習慣、文章作成力、思考力、すなわち大学での勉学を性格付ける一連の知的作業という面での断絶である」（Coulon 1997）。

　中等教育と高等教育との間にある断絶の第一の要素は時間との関係で、根本

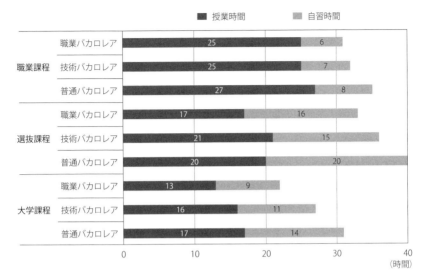

解説：大学の一般課程に在籍する技術バカロレア保有学生は、週に16時間授業を受けていると回答している。
出典：2016年学生生活実態調査。

図3.2　バカロレアの種類と高等教育の課程に応じた学習時間（単位：時間）

的に非常に異なる。つまり、高校における制度化され組織化された時間割が、高等教育では課程に応じて緩みに幅がある時間割に取って代わられ、それは、中等教育にどちらかというと近い非常に組織的で厳格に枠を定めた時間割もあれば（グランゼコール準備級）、大学での不規則で散発的なあまり組織化されていない時間割もある（Boyer, Coridian, Erlich 2001）。

　基本的なレベルでは、学習時間の組織化は教育機関のタイプと学位水準に固有の組織形態と制約に拠る（図3.2）。したがって学習時間は、グランゼコール準備級では週34時間の授業と週21時間の自習であり、大学では週17時間の授業と週16時間の自習である。この基本的なレベルを超えると、それ以降は学生たちのある種の特性に応じて変化があり、その特性とは例えば保有するバカロレアの種類である。

　大学の一般課程であろうが、選抜課程であろうが、短期の技術課程であろうが、技術バカロレア・職業バカロレア取得者は、普通バカロレア取得者よりも学習に割く時間が少ないと回答している。一般的に、学習に割いている時間が

最も多いのは普通バカロレア取得者（週34時間）で、次いで技術バカロレア取得者（週30時間）、職業バカロレア取得者（週27時間）となっている。最も差が大きいのは、大学の一般課程に通う職業バカロレア取得者と普通バカロレア取得者で、週当たり、職業バカロレア取得者の方が授業時間が4時間少なく、自習時間も5時間少ない。大学の一般課程における週の学習時間の差は、この課程において、学業成功に必要な学習の質と量に関してはっきりとした規定がないことが理由の一つとなっている（Beaud 2002）。この不透明で明確ではない枠組みを前にして、論理的に、学業面で最も準備が整っていない学生たちは、学校側の要望を十分に理解できずに気が緩みがちである。

　学習に割いている時間とは別に、学習方法においても習慣の大きな違いが見て取れる。実際、授業に出席することに加えて、授業を補い、また授業を総体的に捉える方法は、知識の獲得過程には大切な要素だ。この過程において、学習のための読書時間の重要性は課程により、また知識の伝達においてどの方式が重視されているかにより異なる。この点で、普通バカロレア取得者は学習方法でも他のバカロレア取得者とは一線を画しており、学習のための読書時間は技術バカロレア取得者に比べて週当たり2倍で（技術バカロレア取得者の1時間半に対して3時間）、職業バカロレア取得者（1時間）に比べては約3倍である。この読書習慣の差は各課程でも存在し、特に大学の一般課程においてはそれが目立つ。大学の一般課程では、学習のための読書が知識の獲得過程において極めて重要な位置を占めており、職業バカロレア取得者の21％、技術バカロレアの20％が学習のために一冊も本を読んでいないと回答する一方で、普通バカロレア取得者の間ではその率は13％に留まっている。

　学生の自習の場としては自宅が依然としてトップだが（Erlich 1998）、図書館が「勉学、知識、学習状況との関わりを実現し、また象徴する」ような学習のための特別な場所となっている（Lahire 2000）。

　ここでもまた、技術バカロレアと職業バカロレアの取得者は、学習の場としての図書館の利用（表3.5）がまばらである点で普通バカロレア取得者と異なっており、例えばすべての課程を通じてみた場合には、職業バカロレア取得者の38％と技術バカロレア取得者の32％が自ら通う教育機関の図書館を利用したことが一度もないと回答する一方で、普通バカロレア取得者ではこの率は僅

表3.5　バカロレアの種類と高等教育の課程に応じた自校の図書館の利用状況（単位：％）

	定期的に利用する	時々利用する	利用しない	図書館がない
大学課程				
普通バカロレア	46.2	43.7	9.6	0.5
技術バカロレア	37.1	49.6	13.0	0.3
職業バカロレア	43.5	38.6	17.0	0.9
選抜課程				
普通バカロレア	31.8	44.1	20.2	4.0
技術バカロレア	23.6	40.7	25.2	10.5
職業バカロレア	32.6	41.8	19.6	6.0
技術課程				
普通バカロレア	12.6	41.8	41.8	3.9
技術バカロレア	9.1	36.2	50.7	4.1
職業バカロレア	8.3	33.7	54.0	4.0
全体	35.6	43.1	19.0	2.3

解説：大学の一般課程に通う普通バカロレア取得者の46.2％が自校の図書館を定期的に利用していると回答している。
出典：2016年学生生活実態調査。

か16％にとどまっている。その場合、大学で学ぶ学生が最も定期的に図書館に通っているわけだが（45％）、まさに大学の各専攻間でこそ保有バカロレアの種類によって学生の図書館の不利用に最も大きな差があり、結果的に職業バカロレア取得者の17％が大学図書館にまったく通っていないと回答する一方で、その率は普通バカロレアでは10％、技術バカロレアでは13％となっている。

　学生生活実態調査では、学習の組織化の方法についてより細かい情報を得ることはできないが、調査からみえてくる学習努力（授業の受講状況、自習、学習のための読書、あるいは図書館利用）の違いは学習習慣の大まかな様子を描き出しており、高等教育の要求に対する適応度に格差があるようにみえる。大学の一般課程のように学習の組織化が最も強制的ではない課程においては、学習に対する自己組織化の準備が最も整っていない学生、つまり職業バカロレア取得者は、重大な困難に直面する可能性がある。ところが、まさにこうした課程にこそ、自分たちが本来行きたかった課程に行けなかった者たちの多くが進学しているのだ。

第4節　より困難な統合、処遇格差の感情

　学校環境への学生の統合は、学生体験のまた別の重要な一面である（Dubet 1994）。実際、所属と統合のプロセスは☞「学生というメチエ」の入門修業に最も重要であり、学生はこのプロセスを介して自分を取り巻く環境に社会的に根を下ろす（Coulon 1997）。学生生活実態調査の指数に基づく統合意識の分析は（表3.6）、普通バカロレア取得者に比べて、職業バカロレア取得者の（そして職業バカロレア取得者ほどではないものの技術バカロレア取得者の）統合の欠如を明らかにしている。

表3.6　バカロレアの種類と高等教育の課程に応じた社会活動への統合と参加の度合い（単位：%）

	学生グループへの統合	学校生活への統合	学生パーティーへの参加	文化イベントへの参加
普通バカロレア				
大学課程	60.7	33.4	44.6	34.6
選抜課程	70.5	51.0	69.8	49.9
技術課程	74.5	43.4	56.7	41.5
普通バカロレア全体	65.3	40.7	54.8	40.8
技術バカロレア				
大学課程	56.2	35.6	38.7	30.0
選抜課程	68.7	43.2	70.6	59.0
技術課程	73.2	44.2	42.9	30.7
技術バカロレア全体	65.7	40.6	45.5	34.8
職業バカロレア				
大学課程	48.1	32.2	38.4	36.8
選抜課程	63.2	36.2	59.8	58.5
技術課程	68.7	40.9	35.2	31.1
職業バカロレア全体	60.7	37.4	37.6	34.6
全体	65.1	40.5	52.7	39.7

解説：大学課程で学ぶ技術バカロレア取得者の56.2%が、自分の在学している課程の学生グループへの統合に満足あるいは非常に満足と回答している。
出典：2016年学生生活実態調査。

　職業バカロレア取得者は、自分の在学している課程の学生グループへの統合に満足していないと回答する者が他のバカロレア取得者よりやや多く、すべての課程を通じて自分の在学課程の学生グループへの統合に非常に満足あるいは満足と回答している者の率が61％であるのに対して、普通バカロレア取得者ではこの率が65％、技術バカロレアでは66％となっている。しかし、ここでもまた、大学課程で最も大きな差がみられ、学生グループに統合していると感じている者の率は職業バカロレア取得者では半分以下（48％）であるのに対し、この比率は普通バカロレア取得者では61％、技術バカロレア取得者では56％となっている。大学での職業バカロレア取得者の統合の難しさは、主に同級生との関係にあるようで、その理由として学校生活への統合についてはさほど目立った違いがみられないことがあげられる（保有バカロレアの種類が何であれ、学生の約3人に1人が学校生活への統合に満足あるいは非常に満足と回答している）。同級生との関係の難しさは、学生によって組織された、または学生のために組織された交流イベントへの参加が最も低い点からも間違いがないようだ。こうして、大学に在学する職業バカロレア保有学生たちは、学生パーティーへの参加率が低い一方で（普通バカロレア取得者の45％に比べて38％）、学校の文化イベントへの参加については他とそう大きな違いがみられない（職業バカロレア取得者の37％に対して普通バカロレア取得者は35％）。この統合の難しさは、一部の職業バカロレア取得者たちと大学の他の学生たちとの関係を特徴付ける社会的・文化的な距離と繋がりがあると考えられ（Beaud 2002）、短期技術課程においては学生グループへの統合意識についてこのような規模の差はみられない。

　処遇に格差があるという感情もまた、職業バカロレアおよび技術バカロレアを保有する一部の学生の学生体験を形作る一つの要素となっており、職業バカロレア取得者の34％、技術バカロレア取得者の27％は、少なくとも一度は他の学生よりも悪い扱いを受けたと感じていると回答しており、普通バカロレア取得者の19％とは差がある[3]（表3.7）。

　他の学生と違う処遇を受けたという感情は、課程の種類にかかわらず技術バカロレアと職業バカロレアの取得者にかなり根強い。ただ、ここでもまた、大学の一般課程でその感情が一番強い（職業バカロレア取得者の36％、技術バ

表3.7　バカロレアの種類と高等教育の課程に応じた処遇格差の感情（単位：％）

	他の学生と比べて処遇が悪い	他の学生と比べて処遇が良い	他の学生と比べて処遇が良い時も悪い時もある	他の学生と同じ処遇を受けている	無回答あるいは回答拒否
普通バカロレア					
大学課程	16.5	10.5	3.8	63.8	5.3
選抜課程	12.0	10.6	3.6	69.3	4.5
技術課程	15.6	14.1	6.1	60.6	3.7
普通バカロレア全体	14.8	10.8	3.9	65.6	4.9
技術バカロレア					
大学課程	23.1	8.5	4.6	55.5	8.3
選抜課程	17.5	10.6	6.8	59.7	5.4
技術課程	21.3	12.3	5.0	55.6	5.8
技術バカロレア全体	21.5	10.5	5.1	56.2	6.7
職業バカロレア					
大学課程	25.9	9.3	10.4	45.2	9.3
選抜課程	18.5	20.9	2.0	47.4	11.2
技術課程	24.7	11.0	8.4	47.2	8.6
職業バカロレア全体	24.8	10.9	8.9	46.5	9.0
全体	16.2	10.8	4.3	63.4	5.3

解説：大学課程に通う職業バカロレア取得者の25.9％が、少なくとも一度は他の学生に比べて悪い扱いを受けたと回答している。
出典：2016年学生生活実態調査。

カロレア取得者の28％に対し、普通バカロレア取得者は20％）。この全体平均を上回る処遇格差の回答率の高さは、職業バカロレアと技術バカロレアの取得者による高等教育での経験に呼応しており、その経験は、普通バカロレア取得者に比べてより困難な道のりと、より厳しい学校生活をともなっている（Ferry, Tenret 2017）。一方で、この処遇格差の感情は高等教育以前にまで遡っており、その理由として、職業バカロレアと技術バカロレアの取得者は、高等教育に進む際の進路決定においても悪い処遇を受けたと感じている者が多いことがあげられる（職業バカロレア取得者の13％、技術バカロレア取得者の8％に対し、普通バカロレア取得者の5％がそう感じている）。なお、この進路決定時の処遇格差の感情は、大学課程に通う職業バカロレア取得者の間で最も大きく、19％が高等教育に進む前の進路決定において処遇に差があったと感じ

ている。

　高等教育におけるこれらの処遇格差が何に関係しているのかをより詳細にみてみると、処遇に他と差があるという感情は、第一に教員を巡って持たれていることがわかる。実際、教員のつける成績や教員が学生にどう話しかけどういった態度を取るかについて、職業バカロレアないしは技術バカロレアの取得者は（すべての課程を通じて）他の学生と比べて自分の処遇はたいていの場合良くないと感じており、職業バカロレア取得者の17％と技術バカロレア取得者の12％が（普通バカロレア取得者の8％に対して）成績評価の際に他の学生に比べて悪い扱いを受けたと感じており、また、職業バカロレア取得者の14％と技術バカロレア取得者の10％が（普通バカロレア取得者の6％に対して）教員の自分たちへの態度が他の学生に対してよりも悪かったと回答している。仕方なく大学に在籍する職業バカロレア保有学生が多いことと、必ずしも自分の希望通りに進路先を選べずに来たという感情とに呼応するように、教員による否定的な処遇を受けているという感情を最も強く抱いているのは大学課程に通う職業バカロレア取得者で、18％が成績評価において、15％が教員の話しかけ方や態度において、処遇に差別を受けたと回答している。

第5節　保有バカロレアと高等教育の課程に応じた学業成功の差異

　学歴、学習努力、社交の慣習、あるいはまた学生生活への統合の度合いにみられるバカロレアに応じた相違は、高等教育における異なる経験を生み出しており、学業の進展と成功に影響を与える。学生生活実態調査は年度末試験の結果をカバーしていないために、学業成功の如何に直接的に触れることはできないが[4]、前年度の試験結果と現行年度の前期の試験結果をベースに、とりあえずの概算を算出することは可能だ。これらのデータに基づき、他の条件はすべて同じと仮定して、前年度（N－1）における上の学年への進級の確率と、当該年度（N）の前期試験をクリアする確率とを、保有バカロレアに応じて見積もることができる（表3.8)。

　2つのモデルにより、普通バカロレアを保有するのに比べて、技術バカロレ

表3.8　バカロレアの種類に応じた学業成功の確率

	モデル1： 全試験合格　N−1（前年度）		モデル2： 全試験合格　N（当該年度）前期	
	オッズ比	有意水準※	オッズ比	有意水準※
普通バカロレア	参照カテゴリー	参照カテゴリー	参照カテゴリー	参照カテゴリー
職業バカロレア	0.709	0.0002	0.312	<.0001
技術バカロレア	0.812	0.0004	0.510	<.0001

解説：オッズ比が1未満である場合、参照カテゴリー（＝普通バカロレア）の状況と比べて試験に合格する確率が低いということを示している。
制御変数：性別、年齢、国籍、進学課程、学業水準、奨学金、両親の職業、出身が移民系家族の如何。
※訳注：有意水準の値は示されていない。
出典：2016年学生生活実態調査。

アあるいは職業バカロレアを保有することは（特に後者の場合）、上の学年に進級する確率および前期の試験で合格点を取る確率の減少に繋がることが見て取れる（社会的・教育的な特性が比較可能な場合に）。ここでもまた、バカロレアの種類と高等教育の課程に応じた結果を細かくみてみると、大学課程に通う職業バカロレア取得者は最も学業成功の道から外れかかっており、57％のみが前年度の試験全体で合格点を取れたと回答しており（この比率は技術バカロレア取得者では70％、普通バカロレア取得者では79％）、25％のみが今年度前期の試験を追試を受けずにクリアしたと回答している（この比率は技術バカロレア取得者では40％、普通バカロレア取得者では58％）。比較してみると、短期技術課程に在学する職業バカロレア取得者は学業でより成功しており、65％が前年度の試験全体で合格点を取れたと回答し、43％が今年度前期の試験を追試を受けずにクリアしたと回答している。

　大学に通う職業バカロレア保有学生の学習面での特性を、学業成功（前期の試験で合格点を取る）という視点から分析してみると、複数の目立った特徴がみえてくる。例えば、前期試験で合格点が取れなかったと回答した者たちは、週当たりの自習時間が他の学生より短く（合格点を取った職業バカロレア保有学生の11時間に対して7時間）、幾つか授業に出席できなかったと回答した者が多く（合格点を取った職業バカロレア保有学生の11％に対して23％）、学習のための読書にあまり時間を割かず（週当たり平均1時間57分に対して1時間12分止まり）、そして、自校の図書館を一度も利用したことがないと回答した

者が多い（前期の試験全体で合格点を取った学生の9％に対して17％）。

おわりに

　職業バカロレア取得者、そしてそれより度合いは低いものの技術バカロレア取得者の道のりと学生生活は、普通バカロレア取得者と比べてより問題が多く、より困難だということが明らかである。しかしながら、特に進学という面でいまだにかなり差が開いているとはいえ、技術バカロレア保有学生は少しずつ職業バカロレア保有学生から離れ、緩やかながら、幾つかの特徴において、普通バカロレア保有学生に近づきつつあるように思える。この展開において職業バカロレア取得者は、特に大学の一般課程に在学している場合、今でも高等教育における最大の犠牲者であるようにみえる。とはいえ、これら職業バカロレア取得者は、幾つかの面からみれば高等教育への進学による利益の享受を期待することが可能であり、特に就職の際に学歴反映による高めの給与などを見込むことができる（Moullet 2005）。

注

(1)　調査ではN年（2016年）時点の学生たちに高等教育機関への初回登録時に本来の志望課程とは違うところに選ぶ余地なく進学したかどうかを尋ねている（高等教育への初回登録はN年、その前年度のN−1年、またその前のN−2年、N−3年等々で行われた可能性がある）。初回登録時に選ぶ余地なく進学した学生のうち一部はその後本来の志望課程に入りなおすことができたが、その他は、仕方なく進んだ課程に残ることを余儀なくされたり、残ることを選んだ（ここではこれらの結果的に残った学生たちに範囲を絞っている）。
(2)　志望課程に行けずに選ぶ余地なく進学したかどうかの問題は、高等教育における最初の年に関係している。
(3)　悪い扱いを受けたとのみ回答した者と、ある時は悪い扱いを受けたが別の時は良い扱いを受けたと回答した者との合計。
(4)　同調査は年度末試験の前にあたる3月から5月の間に実施される。

参考文献・資料

Beaud S., 2002, *80% au bac... et après ? Les enfants de la démocratisation scolaire*, La Découverte.〔ステファン・ボー「『バック取得率80%』から30年」園山大祐編『教育の大衆化は何をもたらしたか：フランス社会の階層と格差』勁草書房，2016年，12-23頁。〕

Blöss T. et Erlich V., 2000, « Les nouveaux "acteurs" de la sélection universitaire : les bacheliers technologiques en question », *Revue française de sociologie*, vol. 41, no. 4, pp. 747-775.

Boyer R., Coridian C. et Erlich V., 2001, « L'entrée dans la vie étudiante. Socialisation et apprentissage », *Revue française de pédagogie*, no. 136, pp. 97-105.

Caille J.-P. et Lemaire S., 2009, « Les bacheliers de "première génération" : des trajectoires scolaires et des parcours dans l'enseignement supérieur "bridés" par de moindres ambitions ? », *France, portrait social*, INSEE, pp. 171-193.

Convert B., 2003, « Des hiérarchies maintenues. Espace des disciplines, morphologie de l'offre scolaire et choix d'orientation en France, 1987-2001 », *Actes de la recherche en sciences sociales*, no. 149, pp. 61-73.

Convert B., 2010, « Espace de l'enseignement supérieur et stratégies étudiantes », *Actes de la recherche en sciences sociales*, no. 183, pp. 14-31. （本書第9章）

Coulon A., 1997, 2005, *Le métier d'étudiant. L'entrée dans la vie universitaire*, Economica Anthropos.

Dubet F., 1994, « Dimensions et figures de l'expérience étudiante dans l'Université de masse », *Revue française de sociologie*, 35-4, pp. 511-532.

Duru-Bellat M. et Kieffer A., 2008, « Du baccalauréat à l'enseignement supérieur en France : déplacement et recomposition des inégalités », *Population*, no. 63/1, pp. 123-157.

Erlich V., 1998, *Les nouveaux étudiants. Un groupe social en mutation*, Armand Colin.

Ferry O. et Tenret E., 2017, « À la tête de l'étudiant.e ? Les discriminations perçues dans l'enseignement supérieur », *OVE Infos*, no. 35.

Lahire B., 2000, « Conditions d'études, manières d'étudier et pratiques culturelles », in Grignon C. (dir), *Les conditions de vie des étudiants, Enquête OVE*, PUF, pp. 241-381.

Merle P., 2000, « Le concept de démocratisation de l'institution scolaire : une typologie et sa mise à l'épreuve », *Population*, no. 55/1, pp. 15-50.

MENESR-DEPP, 2001-2017, *Repères et références statistiques sur les enseignements, la formation et la recherche*, Ministère de l'Éducation nationale, de l'Enseignement supérieur et de la Recherche - DEPP.

MENESR-DGESIP, 2017, *L'état de l'enseignement supérieur et de la Recherche en France*, Ministère de l'Éducation nationale, de l'Enseignement supérieur et de la Recherche– DEPP.

Moullet S., 2005, « Après le bac professionnel ou technologique : la poursuite d'études jusqu'à bac + 2 et sa rentabilité salariale en début de vie active », *Économie et Statistique*, no. 388-389, pp. 15-36.

Orange S., 2010, « Le choix du BTS. Entre construction et encadrement des aspirations des bacheliers d'origine populaire », *Actes de la recherche en sciences sociales*, no. 183, pp. 32-48.〔ソフィ・オランジュ（田川千尋訳）「上級技術証書（BTS）という選択」園山大祐編『教育の大衆化は何をもたらしたか：フランス社会の階層と格差』勁草書房, 2016年, 24-50頁.〕

【付記】

本章は、Feres Belghith, 2019, « Les bacheliers technologiques et professionnels dans l'enseignement supérieur », Giret J.-F., Belghith F. et Tenret E.（dir.）, *Regards croisés sur les expériences étudiantes*, La documentation Française, pp. 155-169の全訳である。ベルジス氏およびLa documentaion Française社の翻訳の快諾に感謝申し上げる。

はじめに

　フランスの大学で学生がたどる道は、☞第一課程での学業失敗が多いことが特徴で、これは「早期挫折（démaillage）」（Coulon 1997）〔démaillageは、原義としては、編み物の目落ちや網目のほつれを意味する言葉で、大学入学後から数か月以内に学業に挫折してしまうことを指す〕の後での中途退学、あるいは1年後または数年後の進路変更という形を取ることが多い。かつての予備課程に関する分析（Bisseret 1974）にまで遡らずとも、今から20年以上前のピジュレとポティエによる資格調査研究所（CÉREQ）の研究（Pigelet, Pottier 1983）はすでに、1970年代末の大学制度において多くの学生が第一課程を途中または末期にやめて、短期高等教育に鞍替えしたり、学業自体を放棄して就職する（30％）ことを明らかにしていた。20年以上前から、大学第一課程〔DEUG＝大学一般教育免状2年課程〕での学業失敗や中退を防止するための対策が、高等教育に関する様々な公の報告書や診断において勧告されたり、推奨されたりしてきた。

　2006年春に、当時の首相が設置したエッツェル大学区総長を委員長とする全国大学雇用委員会の予備報告書（Hetzel 2006）の提案も例外ではなかった。同委員会は、首相と政府が職業生活の初期段階にある若者に対して、新た

な有期雇用契約である「初期雇用契約（CPE）」を一般的な制度として強制しようとして失敗した直後に設置された。CPEは、従業員（salarié）の雇用主に対する従属を強化し、現代資本主義経済の「フレキシプロイテーション（柔軟化による搾取）」の要請に従って、従業員に認められる権利と保証を減らすものだった。

　大学と雇用の関係を検討することを任務とする同委員会は、その結論において、大学教育の職業化を継続することを促した。大学教育の職業化はすでに、☞「LMD」改革と通称される抜本的改革で確定していた方針で、☞「職業学士」や見習い訓練などの制度が展開され、職業選択や就職活動に関する教育が普及した[1]。職業化の目標は、教育課程を市場経済の需要に適応させ、教育と雇用の関係という問題を中心に大学教育を再編成することで、大学での学業失敗を防ぎ、学術的知（savoir académique）と科学的知識（connaissance scientifique）に基づく大学制度の相対的な自律性を弱めることにある。

　時勢を反映して、委員会は、数人の大学長を別にすると、主に市場経済の利益代表者（アクサ、ヴェオリア、ダノン、オルデールSA、レ・ゼコー）で構成され、公共部門（2001年の学士2万3,700人の就職先の46％を占めた）や研究部門の代表は一人もおらず、従業員や学生の代弁者もいなかった。

第1節　大学第一課程での中退

選抜効果

　1990年代後半に、大学はすでに学生数の大幅な増加に対処しなければならなかったが、これは人口増に加えて、一部の教育課程への入学者の学歴面と社会面での☞民主化も原因だった。こうした状況で、バイルー法[2]はすでに、上の学年への進級に関する規則を改革し、科目間での調整により人為的に学業の成功を促し、学生の流れを円滑化しようとした。バイルー法は共和主義的かつ民主的な善意に基づいていたが、それ以上に、大学の大衆化を維持しつつ、教育の費用と支出を制限するという経営上の理由によって制定された[3]。しかし、学業の放棄や失敗を食い止め、☞バカロレアよりも上の学位を取得せずに

高等教育を離れてしまうことを避けるためには、このような対策では不十分だったことは明らかだ。

　実際、次の2点が確認できる。1点目は、☞技術短期大学部（IUT）を除く大学教育の初期段階での成功率は比較的低いままだということだ。2点目は、学位を取得せずに高等教育を離れた男女学生の就職状況は2000年代初めに悪化したということだ。

　1点目は公的統計で明らかである。2003-2004年に、狭義の大学教育（IUT、écoles post-bacと称される各種高等教育機関、☞グランゼコール準備級＝CPGEなどを除く）の1年次が終わった時点で、2002年のバカロレア取得者が同じ専門課程の2年次に進級した割合は47.5％だった。同じ専門課程にとどまった場合と他の専門課程に変更した場合を合わせた留年率は30％だった。最後に、2002年のバカロレア取得者の16％は大学教育を放棄して、主に短期職業教育に鞍替えした（Dethare 2005）。

　入学者を選抜し、学生数を厳密に制限する閉鎖的な教育課程（CPGE、IUT、☞上級技手免状＝BTS、écoles post-bacと称される各種高等教育機関）においては、当然のことながら2年次への進級率ははるかに高く、CPGEで76.4％、☞上級技手養成短期高等教育課程（STS）で84.1％、IUTで76.9％である。ただし、CPGEに進んだバカロレア取得者の22％は、1年次の終わりにCPGEをやめて、大学に進路を変更することを指摘しておく必要がある。これは公的支出にとってコストの高い失敗だが、容認されており、問題視はされていないように見受けられる。また、IUTの1年次が終わった時点で、12％の学生がBTSまたは大学に進路を変更し、8％は留年する。

　大学の課程のなかでは、1年次が終わった時点での進級率が最も低いのは薬学と医学で、それぞれ27.6％と14.5％である。これらの課程では、翌年も同じ専攻で留年する学生の比率がそれぞれ51.7％と54.8％という記録的水準に達している。経済・経営科学でも、2年目への進級は非常に難しい（38.7％）。それ以外の専攻分野では進級率は大学教育全体の平均（47％）と同じか、それを上回り、最も高いのは文学専攻の60.5％である。

　根強い通念とは逆に、大学の1年次での学業失敗は文学・人文科学課程に特に偏ってはいない。さらに、文学・人文科学課程で失敗した学生は、通常は翌

年に同じ専攻で留年するか、大学教育以外の選択を含む進路変更に向かい、高等教育を完全に放棄することはまれだ。大学で1年目を過ごしただけで、最初に選択した課程を放棄し、高等教育を断念してしまう学生の割合は6%に過ぎず、これはSTSの場合（6.2%）と同じだ。たしかに、大学の課程のなかでも専攻による度合いの違いはあり、経済・社会行政学（AES）では9.4%、人文・社会科学で8%、外国語では7.9%と比較的高めだ。しかし、STSのサービス業関連専門課程でも学業放棄の割合は無視できない高さ（8%）に達していることを認めざるをえない。

　マスコミや一部の公的報告書の論評は大学教育（IUT、écoles post-bacと称される各種高等教育機関などを除く）における学業の失敗や放棄に集中しがちで、公立・私立高校のSTSにおける学業の失敗や放棄を無視しがちだ[4]。STSは、現行の大学教育課程の大部分と逆に、選抜的であり、また大学第一課程よりも指導体制や設備が整っており[5]、しかも技術・職業教育を目的として経済界と直接に連携している。マスコミや一部の公的報告書の論評はまた、医学・薬学課程の1年次の終わりに行われる競争試験で多数の学生が不合格になることにも沈黙を保ち、学業失敗・放棄の割合がより低い文学・人文科学課程をやり玉にあげている。

　すでに数十年前から、大学の1年次（医学部とIUTを除く）は〔学生がとりあえず進学してみる〕暫定的な年としての役割を担っており、時として〔大学に適応できない学生を振るい落とす〕排除の年の役割も果たしてきた。したがって、1年次での学業の失敗や放棄は新しい問題ではない。学位なしに大学をやめるケースに基づいて大学第一課程での学業失敗の割合を評価するには、学業成功、失敗、放棄に関する毎年の指標に頼るよりも、コホートを観察（あるいは再構築）する必要がある。1年ごとの指標は、学生の様々な流動を集計したものであり、誤った結論に導きがちだからだ。

　1989年に第6級〔中学1年〕に入学した2万2,000人の生徒を、国民教育省評価予測局（DEP）[6]が2004年まで追跡したパネル調査の結果により、今日では、高等教育への進学の客観的なチャンスと学位を取得せずに高等教育を離れてしまう実際のリスクとを正確に知ることができる。息の長いこの調査によると、対象者の63%が最終的にバカロレアを取得し、55%が何らかの高等教育

課程（大学、STS、IUT、CPGE、など）に進学した（Lemaire 2006）。全体としては、1989年のパネル対象者の43.4％が高等教育の学位を取得して学業を終えた。しかし、11.5％は高等教育を受けたものの、学位は取得せずに、教育制度から離脱した。

　バカロレアの取得後すぐに大学第一課程（IUT、STS、écoles post-bacと称される各種高等教育機関などを除く）に入学した学生のうち、73％は「Bac+3」以上の高等教育学位（大学学位またはほかの高等教育学位）を取得した。高等教育学位を取得せずに大学をやめてしまった学生の比率は23％だった。

　つまり大学の学生の4分の1が学位を取得せずに中退したわけで、これは高率ではあるが、経済誌が時々報じる40％の失敗率[7]からは程遠い。経済誌が報じるこうした統計値は明らかに過大で、間違っているが、その流布は大学の存在意義や価値を貶めようとする現在進行中の企てを支援している。このような企ては大学の自由化と商品化の追求に不可欠な前提条件である。しかし、バカロレアの取得後すぐにSTSに入学した学生でも、24％はやはり高等教育学位を取得せずに学業をやめており、大学第一課程の場合と大差はない。ところが、こちらはめったに否定的なコメントの対象にはならない。STSが選抜的で、しかも職業教育に特化しているため、これを貶したくないからだ。

　全体として、2004年には、高等教育への進学者の21％（つまり、1989年に第6級に入学したパネル調査対象者の11.5％）が、学位を取得せずに高等教育を離れた。高等教育制度における大学教育の位置を考慮すると、その半数を、最初にDEUG課程〔☞第一課程〕に登録したバカロレア取得者が占めたことになる。エッツェル予備報告書はこの21％という数値を取り上げ、このような学業失敗は「社会的に受け入れがたい」と形容したが、これは正しいと言わざるをえない。

　大学での学業放棄の原因は、大学入学以前の学歴によって部分的に説明がつく。パネル対象者のうちで、学位を取得せずに大学をやめた者の割合は、高校の最終学年を終えた後にDEUG課程に入学した☞技術バカロレア取得者では64％に達したのに対して、☞普通バカロレア取得者では14.5％に過ぎないからだ。この違いは大きい。ちなみに、これらの技術バカロレア取得者の半数はほかに進学の選択肢がないため、やむを得ず大学に登録していた。

　大学第一課程での学業失敗の大部分は入学者の消極的選抜の結果であること
を強調しておく必要がある。消極的選抜とは、大学と競合する閉鎖的で職業化
された並行的な教育課程（IUT、STS、など）の存在による選抜の負の効果の
ことで、これらの教育課程への入学を拒否された技術バカロレアや☞職業バカ
ロレアの取得者が、やむを得ず大学の学部に入ることを指す。こうしたバカロ
レア取得者は、たいていはその知識やコード（学歴資本）が大学の学科の教育
内容や教育形式（formes d'enseignement）に適していないのだが、多くの場
合に一時的で虚しいだけの逃げ場を大学第一課程に見出す。大学第一課程に登
録する職業バカロレア取得者の割合が1996年から2002年にかけて倍増した
（2002年には8％）ことは、大学入学者に対するこうした選抜効果の恒常的な
存在を示している（Lemaire 2004a）。

　普通バカロレアの取得者のほうは大学以外の進路を選択するケースが増えて
おり、特に17歳または18歳でバカロレアに合格した若くて比較的優秀な者の
場合にその傾向が強い（17歳または18歳で普通バカロレアを取得した者のう
ちで大学第一課程に登録したのは1996年に58％だったが2002年には51％に低
下した）（Lemaire 2004a）。普通バカロレア取得者はCPGEやIUTをはじめと
する選抜的で閉鎖的なコースを優先しており、大学第一課程に登録する一部の
普通バカロレア取得者もやはり、他に選択肢がないためにやむを得ずそうして
いる。また、普通バカロレア取得者のなかでは取得以前に留年を経験した者が
大学第一課程に進むケースが増えている。例えば、2004年にDEUGに登録し
た科学系普通バカロレア（Bac S）取得者のうち、20％は自分が希望する課程
に登録しておらず、また、38％はその前に選抜コース（CPGEが主だがIUT
も）に願書を提出していた。基礎科学系のDEUGではこの割合は47％に上っ
ていた。全国調査によると、全体として科学系DEUGの登録者の50％近くが
自分の望む教育課程に入れなかったと認めている（Lemaire *et al.* 2005）。

　こうした失敗は特に学業放棄という形をとりがちだが、これには構造的原因
があり、中等教育におけるバカロレアの構造の変換にも一因がある。中等教育
は、特にサービス業向けの技術バカロレアを重視する傾向を強めているが、技
術バカロレア取得者の89％は高等教育に進学し、そのうちのかなりの部分
（2002年には17％）は学業面での準備ができていないまま大学第一課程に入る

（または入った）[8]。しかも、選抜効果により、技術バカロレア取得者のうちでも最も成績が悪い層が長期高等教育に進学するだけに、なおさらだ。2002年には、過去に留年を経験した技術バカロレア取得者の18.5％が大学に進学したのに対して、留年したことがない技術バカロレア取得者では13％だった。

　しかしここでの課題は、大学のレベル低下に警鐘を鳴らすことではなく、現状での中退問題が、進路選択に関する個人主義的な考え方が提起するような情報提供、透明性、指標発表、あるいは個人的選択の問題だけには還元されないことを示すことにある。進路選択に関する個人主義的な考え方は、合理的な行為者の存在を前提とし、学生のことを就職のために自分の教育を自分自身で企画する事業者（de Montlibert 2003, 2004）のようなものとみなす〔de Montlibertは著書 *Savoir à vendre* の37頁および66頁で、ネオリベラリズムの考え方に基づく大学の運営では、学生は、自らの教育投資について最良の判断を下し、「自らの教育の請負事業者（entrepreneur de sa formation）」として行動する「合理的行為者」であるとみなされると批判的に論じている〕。そのせいで、こうした考え方は、社会的再生産と社会的選抜の問題、つまり高等教育の「様々な機能不全」（不適合性、不適応性など）の根源にある社会的格付けの論理を無視するか、見過ごしてしまうのである。学生の観点からすれば、情報提供や進路選択の問題は現実であり、軽視していいわけではないが、これらの問題は大部分が構造的効果の産物であり、二義的な問題と言えよう。

　大学での学業失敗を防ぎ、高等教育の社会的民主化を促すための闘いには、思い切った構造的・政治的選択が必要である。その理由は次のようなものだ。高等教育の選抜システムは多かれ少なかれ不透明なもので、上流階層および中流階層の社会的再生産戦略を客観的に助長するものであり、その犠牲者は☞庶民階層の子どもたちである。何をどう言おうと、最終的に庶民階層の子どもたちにはほとんど選択の余地が与えられていない。職人、一般事務職、商人、熟練労働者の子どもたちが高等教育に進む場合、その4分の1以上が学位を取得せずに高等教育を離れてしまう。また、非熟練労働者や無職者の子どもたちが高等教育に進む場合には、その3分の1以上が学位を取得せずに学業を放棄する。これに対して教員の子どもたちでは、このような学業失敗の割合は10分の1未満である（Lemaire 2006）。

　ただし、フランスの高等教育の機能構造に起因する選抜効果に注目することが、（この選抜効果によりさらに強化される）大学の教育指導の不足、管理行政や設備の不足を覆い隠してしまってはならない。大学は1980年代末から学生数の大幅な増加に直面し、さらにそれに加えて入学者の学歴の異質性の増加にも対処しなければならなかったが、これに見合うだけの大幅な予算の増額を得ることはできなかった。つまりSTSやIUTの予算に少なくとも匹敵するような予算を得られなかったのである。

　成績優秀者が大学に行きたがらず、CPGEを選び、またより最近の現象としてはIUTに進学するという状況は、過去25年以上にわたり繰り返し指摘されてきたような就職難、市場経済への不十分な開放ないしは不十分な従属、つまり大学教育の職業化の不足だけでは説明がつかない。

　成績優秀者のこうした傾向は、上述の通り、高等教育の二極化が助長する（あるいは積極的に組織する）社会的格付けの戦略に起因しているが、学歴向上の欲求が高まり、学校に対する要望も高まっている時期に教育サービスが劣化していることにも原因がある。学校に対する要望が高まっている背景には、雇用危機、失業の拡大、職業参入に要する時間の延長、不安定な雇用形態の増加などによる職業的将来の不確実性があり、学位の取得が失業から身を守る手段としての役割を担い続けているという事情がある。

　対照的に、選抜的な教育課程では、指導が行き届き、「地位向上のモデル」（Baudelot *et al.* 1981）を再生産するための手段を備えている。その手段とは、明確に特定された最終目標に向けて計画された教育の漸進的組織であり、これは学生が同輩集団に同化し、将来に自信を持つことを容易にする客観的条件である。

　職業化された大学教育は職業参入に際して相対的な成功を収めているものの[9]、それは主に選抜効果あるいはフィルター効果によるもので、こうした効果は大学の内部でと、労働市場で、同時に作用している。大学の内部では、教育供給の多様化と増強という口実の下で、職業化が徐々に、速度の異なる2種類の教育サービスを生み出している。つまり選抜的な教育部門と、より開かれているが、設備や予算はより乏しい部門である。大学の外部では、学位の職業化は「〔労働市場の将来の状態とそこから由来する〕学位取得者の需要に関す

る無理解を、少数エリートの優秀さに対する認知」（Frickey 1983）に転換することができるが、それには、学位保有者の希少性と社会的質とを可能な限り維持できる選別的マルサス主義に依拠しつつ、学生を文化的あるいはイデオロギー的に、権利要求の倫理から競争の精神へと転向させることに成功することが条件となる。公式ドクトリンによれば、大学教育の職業化は大学の民主化に繋がるはずだが、実際にはそれと逆に、民主化と職業化は対立関係に入るのである。

第2節　高等教育学位を持たない技術バカロレア取得者のプロレタリア化

　学位を取得せずに高等教育から離脱することはプロレタリア化に繋がりやすい。1980年代の初めにはまだ、課程を最後まで修了して学位を取得せずとも、高等教育を経験したことはバカロレア取得後にすぐに労働市場に参入する場合よりも付加価値があった（Pigelet *et al* 1983）。しかし、それから20年ないし25年を経て、学位を取得せずに高等教育を終えることは、下級の従業員職、公的支援を受ける労働契約、失業などに繋がることが多い。

　この現象は、CÉREQにより1990年代末にはっきりと感知され、分析されており、CÉREQはこのテーマに特化した調査を発表した（Thomas 2003）。1998年の時点で学業を終えた若者のうち、高等教育学位を取得せずに高等教育を離れた者の数は9万1,000人と推定され、これはバカロレア取得後にすぐに就職した者（8万8,000人）を大きく上回る[(10)]。学位を取得せずに高等教育を終える者は、毎年高等教育を終える者全体のほぼ25％を占め[(11)]、この割合自体は1990年代初めと比べて特に増えてはいないが、その人数は学生数の増加につれて増えた。

　2001年には高等教育を離れた者のうち、学位を取得しなかった者の数は少し減少した（8万4,000人）。しかし、その割合は1998年とほぼ同じで、高等教育を離れた者の4分の1（25％）を、学位を取得しなかった者が占めた。このうち、60％はDEUG、35％はBTSまたは大学科学技術免状（DUT）に在籍していた者で、BTSまたはDUTのうちでは、工業系よりもサービス業系（63

89

％）が多かった（Giret *et al.* 2006）。学位を取得せずに大学（IUT、STS、écoles post-bacと称される各種高等教育機関などを除く）を中退した者の場合、30％は法学、経済学、またはAES、27％は文学または外国語、24％は人文・社会科学の第一課程で挫折した[12]。

　学位を取得せずに高等教育を離れて労働市場に参入する人々の構造は1998年から2001年にかけてほとんど変化がないが、就職状況はこの間に大きく悪化した。1998年に学業を終えた者の職業参入の分析は、それに先立つ時期（1993-1997年）と比べて雇用の回復と失業の減少が顕著な経済情勢に対応していた。失業の減少は、若者の雇用に対する公的支援の発展に支えられていた（Fondeur *et al.* 2006）。それにもかかわらず、学位を取得せずに高等教育を離れた者にとり、学業をやめてから3年後の就職状況はすでに劣悪で、「Bac+2」の学位取得者の就職状況よりも、バカロレア取得者や単なる☞職業適格証（CAP）または☞職業教育免状（BEP）の保有者の就職状況に近い場合もあった。

　例えば、学位を取得せずに大学を退学した者の場合、失業率は2001年に12％に達したが、DEUG取得者の失業率は8％だった。学位を取得せずに大学を退学した技術バカロレア取得者の場合には、失業率は14％に上り（普通バカロレア取得者では10％）、CAPまたはBEPの保有者の失業率を上回った。

　失業に関するこのような脆弱性にもかかわらず、若者向けの雇用支援政策のおかげで、学位を取得せずに大学（STS、IUT、CPGEなどを除く）を退学した者のかなりの部分は、バカロレア取得で学業を終えたバカロレア取得者や学位を取得せずにSTSをやめた者と比べると、賃金労働者として中間的な立場を維持することが多かったが[13]、同時に公的支援を受ける雇用への依存度もより大きかった。ただし、大学教育（DEUG〔最初の2年〕）を途中で放棄した者のうちで、労働市場で最も運が悪いのは技術バカロレアまたは職業バカロレアの取得者で、その失業率は、同じように学位を取得せずに大学を退学した普通バカロレア取得者や、BTSを取得せずに高等教育を放棄した技術・職業バカロレア取得者の失業率を上回っている。DEUGを途中で放棄した技術・職業バカロレアの取得者の場合、賃金労働者として中間的な地位にまで到達する割合も低く、37％に過ぎない。これに対して、DEUGを途中で放棄した者全体

の平均では、中間的な地位を得る割合は47％に上っている。

　大学での学業に失敗した技術・職業バカロレアの取得者は、高等教育への進学における選抜効果の犠牲者であるうえに、短期職業教育課程（STSや、特にIUT）に進めなかったことが理由で、労働市場においても特に不利を被る。彼らは職業生活のスタート地点で、求人や採用において作用する別の選抜の仕組みに直面する。しかし、こうした仕組みは、教育の職業化を議論する際にほとんど問題にされず、分析もされない。

　学位を取得せずに高等教育を離れる者のうち、過半数を女子が占め、男子よりも雇用の規制緩和の影響を被りやすい。学位を取得せずに高等教育を離れる者のうちにはまた、庶民階層出身の若者も多数含まれているが、人材採用手続きにおいては庶民階層や移民家庭の出身であることのハンデが学歴水準や学位取得によって完全に打ち消されるわけではなく、就職困難の一部は、労働市場に根強くある差別（特に人種差別）に原因がある（Lopez *et al.* 2006）。学位を取得せずに大学、STS、IUTをやめた者にとって、2001年から2004年にかけて状況は改善しなかった。彼らの失業率は18％に達しているからだ（Giret *et al.* 2006）。これはDEUG取得者（10％）やBTS取得者（9％）の失業率と比べてはるかに高い。また技術・職業バカロレア取得者の失業率（13％）、さらにCAP/BEP取得者の失業率（14％）をも上回っている。学位を取得せずにDEUGをやめた者の13％、BTSをやめた者の15％が、2001年から2004年にかけて12か月以上の失業を経験した。この割合は、技術・職業バカロレア取得者の長期失業率（10％）やCAP/BEP取得者の長期失業率（12％）を上回っている。

　このように、学位を取得せずに大学を退学した者の就職状況は悪化しており、特に法学、経済学、およびAESの専攻出身者（22％が失業）や、理学およびスポーツ科学技術学（STAPS）の専攻出身者（24％が失業）で顕著である。しかし、通念と逆に、失業の増加は大学中退者だけに限らず、学位を取得せずにSTSをやめた者でも失業は増加しており、特にサービス業系のSTS出身者で目立つ（20％が失業）[14]。

　それにもかかわらず、2001年と同じく、学位を取得せずにDEUGをやめた者は、職業領域において中間または上級の地位を得るうえで有利であり（2004

年には55％がこうした地位を獲得）、学位を取得せずにSTS（またはDUT）をやめた者はプロレタリア化している。STS（またはDUT）のサービス業系出身者の60％、工業系出身者の55％が労働者または一般事務職である。

　しかし、1990年代にすでにバカロレア（Bac）取得者において可視化していたプロレタリア化（Baudelot *et al.* 2000）がいっそう拡大し、今や、大学の法学、AES、経済学、人文社会科学などの課程を、学位を取得せずにやめた者もプロレタリア化を免れなくなっていることは確かだ（Giret *et al.* 2006）。しかも、学位を取得せずに大学教育またはSTSをやめた者が長期的かつ安定的な雇用に就く割合（順に60％と66％）は、短期雇用に就く割合よりもはるかに高いものの、高等教育を経ずにすぐに就職した技術・職業バカロレア取得者（69％）やCAP/BEP取得者（65％）を下回りつつある。

　このように賃労働の不安定化が強まり、学位を取得せずに高等教育を離れた者の間にも広がっている。学歴インフレ（Duru-Bellat 2006）と雇用獲得競争が高まり、「フレキシプロイテーション」が発展するにつれて、学位を持っているか、それとも単にそれと同水準の学業経験があるだけかにより、職業生活のスタートにおける待遇はますます違ってきている。

　こうしたプロレタリア化が最も著しいのは、大学第一課程（IUT、STS、CPGEなどを除く）で挫折した技術（または職業）バカロレア取得者である。最初に選択した大学の課程をやめてから3年後の2004年に、これらの「大学での選抜の当事者たち」（Blöss *et al.* 2000）のうち、就業している者では65％が労働者・一般事務職であり、しかも有期雇用であることが多い。また22％は失業している。このような社会職業的状況の著しい悪化は、大学第一課程の象徴的価値にももちろん影響を及ぼすが、その負担が最も重くのしかかるのは庶民階層出身の学生たちである[15]。彼らは学校教育が民主化された後の子どもたちで（Beaud 2002）、その多くは大学進学に際して消極的選抜の犠牲者であり[16]、その後の就職においても、職業的格下げ、雇用の細分化または不安定化の犠牲になる。これらの若者は、特に親が北アフリカ出身者である場合には、就職に際して人種差別に直面することが多い（Frickey *et al.* 2006）。彼らは学歴を得ることで、こうした社会的境遇から逃れようと試みるのだが、いざ就職しようとすると、結局は差別に直面することになるのである。

おわりに

　締めくくりに、2002年から2004年にかけての短い時期に立ち返る必要がある。この時期に、高等教育出身者〔学位を取得しなかった者を含み、下記の「大学を出た者」と「高等教育を出た者」も同様（Giret *et al.* 2006: 6）〕の失業水準は大きく上昇した。2004年には、その3年前（2001年）に高等教育を出た者の失業率は11％に達したが、2001年には1998年に高等教育を出た者の失業率は6％に過ぎなかった〔Giret *et al.* 2006の8頁では、11％の失業率は〔本章の原文に記されている〕「大学を出た者」ではなく、それより範囲が広い「高等教育を出た者」の失業率であり、当然のことながら、1998年世代の「高等教育を出た者」と同じベースで比較しているので、翻訳もこの参考文献に合わせた〕。2001年から2004年にかけて失業率がほぼ倍増したことが見て取れる。このような就職状況の明らかな悪化のうちに、全国大学雇用委員会の予備報告（Hetzel 2006）がまたしても示唆しているように、雇用に対する大学の構造的な不適応や、職業生活に対する学生の準備不足を見て取るべきなのだろうか。

　しかし2002年以後に経済情勢が大きく悪化したことはよく知られているとおりだ。労働力人口全体の失業率（ILOの定義による）は1997年上半期から2001年6月にかけて低下したが（8.6％）、その後2003年末までに大きく上昇し（10.1％）、2004年半ばまでこの水準で高止まりした（INSEE 2006）。この期間中に、25歳未満の若者の失業率は労働力人口全体の失業率と似通った推移を辿ったが、その水準ははるかに高く、また、より早期に上昇に転じた。25歳未満の失業率は2002年末に20.2％だったのが、2003年末には21.9％に上り、2004年末には22.5％のピークに達した[17]。

　したがって、若者の失業率は特に2003年から2004年にかけて大きく上昇したわけだ。ところが、この2年間というのは、賃金雇用が全体として減った時期に当たり、これは1990年代初め以来、観察されたことがなかった現象だった。フランス経済において、2003年から2004年にかけての雇用喪失は工業部門で特に大きかったが（2万2,000人が減少）、同時に、高等教育出身者の伝統

的な就職先である医療・健康、教育、社会福祉などの諸部門でもみられ、また1990年以後に雇用が増えていた行政部門でも2003年からは雇用が減少した（INSEE 2006）。

　逆説的だが、雇用が後退し、若者の失業率が高まっていたのに、新自由主義的な政策により、雇用への公的支援は前例がないほど大幅に削減された。ジョスパン内閣下で、雇用は2001年まではプラスの成長を記録し、一方で労働時間短縮のプラス効果（＋35万人）、他方で雇用政策（社会保障負担の軽減、公的支援をともなう雇用契約、「若者雇用」と命名された公共部門での5年間の有期雇用契約の導入）が雇用の増加を強化した。「若者雇用」政策は、周知の通り非営利部門の雇用創出がターゲットだったが、高水準の教育を受けた若者の雇用に大いに貢献した。実際、この措置を利用した者の8割がバカロレア以上の学歴の持ち主だった（Fondeur *et al.* 2006）。しかし、雇用の増加が鈍化し、ついには減少に転じた際には、国が支援する若者向けの雇用もやはり減少し（*Ibid.*）、同水準に維持されたり増加したりはしなかった。「若者雇用」政策は2003年1月に、ラファラン内閣の決定により停止された。

　学業の終わり〔学位を取得しない場合も含む。以下も同様〕の3年後に測定した高等教育出身者の失業率は、2001年から2004年にかけてほぼ倍増したが、それだけではなく、2001年に学業を終えた者の失業率は非常に変則的な推移を記録した。2年後（2003年）よりも3年後（2004年）のほうが失業率が高くなったからだ。1992年あるいは1998年に学業を終えた者を対象とする調査ではこのような推移は一度も観察されたことがなかった。一般的に、高等教育出身者の失業率は労働市場で過ごした時間が長くなるほど低下するからからだ。すべての高等教育出身者のうちで、経済情勢の悪化と自由主義政策の影響を最も強く被ったのは学位を取得しなかった者たちだった。長期および短期の高等教育を中退した者の失業率は2003年にそれぞれ12％と13％だったが、2004年には18％に達した。

後　記

高等教育中退者のプロレタリア化は続く

　2000年代の最初の10年間以来、大学（STS、IUT、écoles post-bacと称される各種高等教育機関などを除く）の教育課程が学士・修士・博士（LMD）に再編されたことにともない、フランスの大学制度にはいくつかの変化が訪れた。バカロレア後の初めての大学学位となるDEUGの取得に繋がる2年間の第一課程〔1973年から2003年〕が廃止され、その代わりに、理論的には学士（L）の取得で終了する3年間の課程〔現在の大学第一課程〕が登場した。高等教育への進学のルールも変わり、学生の登録申請を非物質化〔デジタル化〕し、高等教育への進路選択を「合理化」し、自動化された処理によって教育機関や教育課程の側による志願者の（権利上の選抜ではないにせよ）事実上の選抜を促進するためのITアプリケーションが導入されが、こうしたすべての変化は、大学へのニュー・パブリック・マネジメント（NPM）の導入において優先される「経営上の植民地化（colonisation managériale）」の精神に適合している（Lorenz 2007）。

　しかし、近年は多少減速したとはいえ、大学またはSTSにおける中途退学がなくなったわけではない（Merlin 2018a）。教育省の統計によると、2008年のバカロレア取得者のうち、次年度（2008-2009年度）に高等教育に進学した者の52％が、最初の登録から4年後の2011-2012年度に学位をまだ取得していなかった。同じく2011-2012年度に、2008年のバカロレア取得者の38％がまだ学位取得を目指して高等教育に登録し続けていたが、14％はバカロレアしか持たないままに高等教育を離れてしまっていた（Jaggers 2014）。大学の学士（L）課程登録者中で中退者が最も多いのは相変わらず技術バカロレア取得者であり、2008-2009年度に学士課程に登録した2008年のバカロレア登録者のうちで学位を取得せずに中退した者は、技術バカロレア取得者では40％近いが、普通バカロレア取得者では18％だった。STSでも中退は頻繁で（Merlin 2018b）、実際、BTSは理論的には（学士のように3年ではなく）2年で取得できるにもかかわらず、2008-2009年度にSTSに登録した2008年のバカロレア登

録者の4分の1近くが4年後も学位を取得していない。この割合は先行する調査結果で観察された割合に非常に近い（STSに登録した1995年のバカロレア取得者の26％が学位を取得せずに中退した）。STSでは、職業バカロレア取得者は、学業放棄あるいは自己排除による選抜の重い代価を支払い、半数は4年ではBTSを取得できず、また44％はBTSを取得せずに学業を放棄する。

　高等教育の中退者の社会的および学歴的な特徴を検討すると、以前と同じく、これらの学生が他の学生よりも貧しい階層の出身であり、また高等教育進学の前の学業歴で留年を経験していることが判明する。以前と同様に、高等教育中退という形での隠れた選抜あるいは狡猾な選抜が、文化的および社会的な再生産に貢献している。

　学位を取得しなかった高等教育の中退者にとり、就職は特に難しくなる。学校から雇用への移行を対象とする統計調査は、2007年と2008年の連続的な危機が学校教育を終えた者のその後の経歴に及ぼした打撃を明らかにしたが、これは高等教育を終えた者の場合でも同じであり、特に中退者に強い打撃を及ぼした。実際に、2010年に学校教育を終えた世代（2010年世代）を対象とする2013年のCÉREQの調査（Ménard 2014; Calmand *et al.* 2015）は、高等教育を終えた者の失業の全般的な増加を明らかにした（医師、エンジニア、医療系および社会福祉関連の学位取得者を除く）。この調査では、学校教育を終えた者の世代を追うに連れて、高等教育中退者の失業に対する脆弱性が増すことも再確認された。2013年には高等教育中退者のほぼ24％が失業している。これに対して、銀行・金融危機より前の2004年世代では、高等教育中退者の失業率は16％に過ぎなかった。

　学士課程中退者にとり、雇用条件も悪化し続けており、雇用形態の不安定化（フレキシプロイテーションの兆候）が、例えばパートタイム雇用の増加などを通じて拡大し続けている。無期限雇用は、高等教育を終えてから3年後の時点で過半数（55％）を占め続けてはいるものの、その割合は縮小しており、その証拠に、2004年世代では3年後の時点で高等教育中退者の42％が有期雇用に就いていたのに対して、2010年世代の高等教育中退者では45％が有期雇用に就いている。

　2013年に学校教育を終えた世代に関する最新のデータでは、高等教育中退

者の割合が少し低下しているものの（2010年世代の23％に対して2013年世代では21％）、中退者のプロレタリア化が進んでいることが再確認される。高等教育中退者は、就職している場合でも、60％以上が下級の賃金労働者となっている（Merlin 2018a）。

注

(1) この「LMD」改革は、現在では大学関係者により「抜本的」と形容されているが、当初は欧州レベルでの高等教育制度の調和化を目的とする単なる大学課程の再編として提示された。その後の推移をみると、*Livre noir des réformes universitaires*『大学改革黒書』（Abélard 2003）の著者らが正しかったことが分かる。同書の著者らは、LMDの導入が自由主義的な対抗改革にほかならないと非難していたが、この対抗改革は新たな契約職員化キャンペーンにより継続されている〔職業学士は1999年に設置され、大学3年目の1年課程である。修士課程には進学できない。約4分の1はBTS取得者、同じく4分の1はDUT取得者であり、4割は大学外からの編入者となる。大学の学術学士課程からの進路変更は6％程度とされている。職業学士の主な専攻は、経済・社会行政学（AES）と理学である〕。

(2) バイルー法（1997年）は1996年の全国大学評議会（CNU）により準備された。同法はリオネル・ジョスパン複数左派内閣のクロード・アレーグル国民教育相により適用されることになる。

(3) これに関しては、高等教育の学生数は大きく増加したが（1991年の170万人が1997年には210万人に）、学生1人当たりの支出は1990年から1995年まで横ばいで、大学とその学部（UFR）に最もしわ寄せが行った。全体的にフランスの教育支出は1974年から2000年にかけて24％増加したが、初等・中等教育と比べて高等教育では増加幅がはるかに小さかった。最終的に、過去四半世紀の高等教育の予算の増加幅は、学生数の増加幅をわずかに上回ったにすぎない（CERC 2003）。

(4) しかしながら、STSにおける学業失敗はバカロレア後の職業教育に関する教育・経済高等委員会の報告書（HCEEE 2003）で入念かつ詳細に取り上げられた。

(5) 2004年に、STSの生徒または学生1人当たりの平均支出は1万1,990ユーロと見積もられた。これはCPGEの生徒のための平均支出である1万3,170ユーロを大きく下回った。これに対して大学（IUTを除く）では学生1人当たりの年間支出は6,820ユーロ、IUTでは9,320ユーロだった（Matinez *et al.* 2005）。

(6) 現在の国民教育省・評価予測成果局（DEPP）の前の名称。

(7) 2006年6月29日と30日の *Les Echos*。2006年5月10日の *La Tribune*。

(8) 1989年のパネル対象者中のサービス業系科学・技術（STT）バカロレア取得者の4分の1が大学に入学したのに対して、工業系科学・技術（STI）バカロレア取得者で大学に入ったのは5％のみだった。

(9) 新たな職業学士がその一例（Giret *et al.* 2006）。ただし、科学バカロレアの取得者が職業学士課程の最多数派であり（29％）、職業学士取得者の75％がすでにBTSまたはDUTを取得済みで、選抜的な教育分野の出身であることを即座に付け加えておくことが重要である（Massé 2006）。

(10) CÉREQの「世代（Génération）」と呼ばれる調査は、ある年に最初に選択した教育課程を終えた者全体の代表サンプルに同時に質問を行うものだが、この新方式の調査が開始する以前に行われていた「SUP」という調査では、このようなタイプの分析はできなかった。「SUP」調査では対象は高等教育の学位（BTSとDUTを含む）取得者のみであり、学位を取得しなかった者は観察対象から除外されていたためである。

(11) 1989年のパネル対象者のうちで学位を取得しなかった者の推定割合（21％）は、CÉREQのそれ（25％）と明らかに異なるが、大きくかけ離れているわけでもない。前者の場合は、教育システム内部のコホート（1989年に第6級に入った生徒たち）の分析に基づいた推定値であるのに対して、後者は最初に選択した教育課程を離れた（1998年に学業を終えた）者の動向である。

(12) 学業分野の分類は国民教育省傘下のDEPPの学生調査情報システム（système d'information sur le suivi de l'étudiant, SISE）の学業分野一覧と合致している。

(13) 学位を取得せずにDEUGを途中放棄した者の47％、学位を取得せずにBTSを途中放棄した者の38％が、2001年に中間的職業または上級管理職に分類される地位に就いていた。これに対してバカロレア取得後にすぐに就職した者の場合は、社会・職業的序列で中間レベルおよび上級レベルとされる雇用に就いていた者は31％以下であり、すでにプロレタリア化が標準になっていた。

(14) 学位を取得しなかった者の失業率の高さは一般化しつつあるが、多くの専門研究報告が信じさせたがるように、これを教育の欠陥とのみ捉えることは、学位を取得せずに最初に選択した教育課程をやめた若者の就職に対する（民間あるいは公共の）雇用主または雇用仲介業者の採用方針や人材方針の影響、および、公的雇用政策の影響を意図的に無視することにほかならない。

(15) 1998年に学位を取得せずに高等教育を離れた技術バカロレア取得者の55％以上が庶民階層（父親が労働者、一般事務職、失業者あるいは無職者）出身、20％が外

国系フランス人だった（Moullet 2004）。

(16) これと逆に、ルメールによると、1989年のパネル対象者のうちの技術バカロレア
　　取得者の15％が3年間でDEUGを取得できたのだが、その4分の3は、自分の教
　　育課程を積極的に選択しており、また3分の2は明確な職業計画を抱いていた。
　　教員になることを計画する者が最も多く、これは大学教育と適合している
　　（Lemaire 2004b）。

(17) 2005年5月以降、失業水準は安定化した。

参考文献・資料

Abélard P.（coll.）, 2003, *Universitas Calamitatum. Le Livre noir des réformes universitaires*, Le Croquant.

Baudelot Ch., Benoliel R., Cukrowicz H., Establet R., 1981, *Les étudiants, l'emploi, la crise*, Maspero.

Baudelot Ch., Establet R., 2000, *Avoir 30 ans en 1968 et en 1998*, Seuil.

Beaud S., 2002, *80% au bac... et après ? Les enfants de la démocratisation scolaire*, La Découverte.〔ステファン・ボー「『バック取得率80％』から30年」園山大祐編『教育の大衆化は何をもたらしたか：フランス社会の階層と格差』勁草書房, 2016年, 12-23頁.〕

Bisseret N., 1974, *Les inégaux ou la sélection universitaire*, PUF.

Blöss T., Erlich V., 2000, « Les nouveaux "acteurs" de la sélection universitaire : les bacheliers technologiques en question », *Revue française de sociologie*, vol. 41, no. 4, pp. 747-775.

Calmand J., Ménard B., Mora V., 2015, « Faire des études supérieures, et après ? Enquête Génération 2010 - Interrogation 2013 », *Nef*, no. 52, 2015, Céreq, 60p.

CERC, 2003, *Éducation et redistribution*, La documentation Française.

Coulon A., 1997, *Le métier d'étudiant*, PUF.（=2004, Economicaより再版）

de Montlibert Ch., 2003, « La "professionnalisation" des enseignements universitaires », *Agone*, 29/30, pp. 195-202.

de Montlibert Ch., 2004, *Savoir à vendre*, Liber-Raisons d'agir.

Dethare B, 2005, « Que deviennent les bacheliers, les deux années après le bac ? », *Note d'information*, 05-19, DEPP/MEN.

Duru-Bellat M., 2006, *L'inflation scolaire*, Seuil.〔マリー・ドュリュ＝ベラ『フランスの学歴インフレと格差社会：能力主義という幻想』林昌宏訳, 明石書店, 2007年.〕

Fondeur Y., Minni C., 2006, « L'accès des jeunes à l'emploi », *Données sociales. La société française*, INSEE, pp. 283-291.

Frickey A., 1983, « Réforme de l'université : démocratisation et professionnalisation », *Esprit*, no. 5-6, mai-juin, pp. 305-309.

Frickey A., Primon J. -L., 2006, « Une double pénalisation pour les non-diplômés du supérieur d'origine nord-africaine ? », *Formation Emploi*, no. 94, La documentation Française.

Giret J.-F., Molinari-Perrier M., Moullet S., 2006, « 2001-2004 : les sortants de l' enseignement supérieur face au marché du travail », *NEF*, no. 21, Céreq, 42p.

HCEEE（Haut Comité éducation-économie-emploi), 2003, *L'enseignement supérieur court face aux défis socio-économiques*, La documentation Française, 101p.

Hetzel P., 2006, *Commission du débat national Université-emploi, Bilan d'étape*, 29 juin 2006, Remis par P. Hetzel aux ministres Gilles de Robien et François Goulard. ［https://cache.media.enseignementsup-recherche.gouv.fr/ file/2006/55/7/bilan_etape_ 29juin_225 57.pdf］

INSEE, 2006, *L'Economie française en 2006*, Le Livre de Poche.

Jaggers Ch., 2014, « Les bacheliers entrés dans l'enseignement supérieur : où en sont-ils la quatrième année ? », *Note d'information enseignement supérieur & recherche*, 14.03, Ministère de l'Éducation nationale, de l'Enseignement supérieur et de la Recherche.

Lemaire S., 2006, « Le devenir des bacheliers : parcours après le baccalauréat des élèves entrés en 6e en 1986 », *Note d'information*, 06-01, DEPP/MEN.

Lemaire S., Leseur Benoît, 2005, « Les bacheliers S : motivation et choix d'orientation après le baccalauréat », *Note d'information*, 05-15, DEPP/MEN.

Lemaire S., 2004a, « Que deviennent les bacheliers après leur baccalauréat ? Evolutions 1996-2002 », *Note d'information*, 04-14, DEPP/MEN.

Lemaire S., 2004b, « Les bacheliers technologiques dans l'enseignement supérieur », *Éducation et formations*, no. 67, DEPP/MEN, pp. 33-49.

Lopez A, Thomas G., 2006, « L'insertion des jeunes sur le marché du travail : le poids des origines socioculturelles », *Données sociales. La société française*, INSEE, pp. 293-305.

Lorenz Ch., 2007 « L'économie de la « connaissance », le nouveau management public et les politiques de l'enseignement supérieur dans l'Union européenne. », Charle Ch. et Soulié, Ch. *Les ravages de la « modernisation » universitaire en Europe*, Syllepse, pp. 33-52.

Massé S., 2006, « Les licences professionnelles en 2004-2005 », *Note d'information*, 06-12, DEPP/MEN.

Matinez F., Moutin S., Jeljoul M., 2005, « Le coût de l'éducation en 2003. Evaluations provisoire du compte », *Note d'information*, 05-05, DEPP/MEN.

Ménard B., 2014, « Sortants du supérieur : la hausse du niveau de formation n'empêche pas celle du chômage », *Bref du Céreq*, no. 322, Céreq, 4p.

Merlin F., 2018a, « 25 - L'insertion à 3 ans des sortants de l'enseignement supérieur en 2013. », France. Ministère de l'Enseignement supérieur, de la Recherche et de l'Innovation. *L'état de l'Enseignement supérieur et de la Recherche en France -* : MESRI pp. 60-61.

Merlin F., 2018b, Le « décrochage » en STS : l'autre échec dans l'enseignement supérieur, *Céreq Bref*, no. 366, Céreq, 4 p.

Moullet S., 2004, *Après le baccalauréat professionnel ou technologique : la poursuite d'études jusqu'au niveau III et sa rentabilité économique, Net.doc 2*, Céreq, 27p.

Pigelet J.-L., Pottier F., 1983, « Les étudiants et le marché du travail », *Formation Emploi*, Céreq, La documentation Française, pp. 38-54.

Thomas G., 2003, « Les jeunes qui sortent sans diplôme de l'enseignement supérieur. Parcours et insertion professionnelle », *Bref du Céreq*, no. 200, Céreq, 4p.

【付記】

　本章は、Jean-Luc Primon, 2007, « Abandon des études universitaires et insertion professionnelle des étudiants en France », Christophe Charle, Charles Soulié（dir.),
Les ravages de la « modernisation » universitaire en Europe, Syllepse, pp. 209-229 の全訳である。プリモン氏、編者のCh.シャルルとCh.スーリエの両氏およびSyllepse社の翻訳の快諾に感謝申し上げる。

第2部

新自由主義的な改革と選抜制度

パリ政治学院（撮影編者）

第5章

高校から高等教育への進路選択システム

―高大の接続支援と公平性に関する考察―

田川　千尋

はじめに

　フランスでは中等教育修了証かつ大学入学資格である☞バカロレアを取得すると、高等教育機関へ登録することが可能となる。中等教育の拡大の結果、今日バカロレアは一世代当たり約80％が持つ大衆的な資格となった。2019年には取得率は80.0％に達している（MEN 2020）。なお、現在バカロレアには普通・技術・職業の3つの系（séries）がある。高校の課程は各バカロレアに対応したものとなっている。

　今日、バカロレア取得者の75％が高等教育機関に登録することからは（MESRI 2019）、高等教育への進学は大衆化したと言える。しかし大衆化の様相は、高等教育機関によって大きく異なる。フランスの高等教育機関には、歴史的に入学時に選抜を行う機関と非選抜である機関の2つがある。前者には☞グランゼコールや☞IUT（技術短期大学部、大学に置かれる短期職業課程、DUT（大学科学技術免状）を取得）、BTS（上級技手免状）を取得するための☞STS（上級技手養成短期高等教育課程、高校に置かれる短期の職業準備高等教育課程）等がある。グランゼコールは長期の教育課程で、バカロレア取得後、選抜を経て、高校に設置されている☞CPGE（グランゼコール準備級）において2年間の準備教育（主にグランゼコールへの受験準備）を受けた後に、

選抜を経て入学する。一部のグランゼコールの選抜性は非常に高く、学力の最も高い層を集めている。後者の非選抜制が大学である。大学は非選抜であるがゆえに大衆化により量的にも（学生数の増加）質的にも（学生の多様化）大きく変化し、最も多くの課題を抱えている。最も大きな課題は、学士成功率の低さ（中退・留年問題）である。

　高等教育の各教育課程⑴における社会階層の分布（水平方向）や、免状取得（垂直方向）には階層ごとの大きな差がみられる。CPGE（グランゼコール準備級）およびそこから進学するグランゼコールは、学生の学力のみならず出身社会階層も非常に高く偏っており、これを頂点に、大学も学部・専攻ごとにヒエラルキー化している。STSはこのヒエラルキーの下方に位置付いている。高等教育の中で唯一STSには実際の社会階層の配分と同じような比率で学生が所属している（Observatoire des inégalités 2019）ことからは、STSが☞庶民階層（ブルーカラーの労働者など）出身の高等教育進学第一世代がアクセスしやすいことが示される。

　ブランシャールとカユエット＝ランブリエール（2020）は、大衆化したことで社会的差異化、不平等の問題が高等教育に先送りされていると指摘する（「引き伸ばされた排除」）。これらの不平等は中等教育における各系への進路振り分けの問題に遡る必要性は十分に認識しつつ（本書第1章参照）、本章では、特に高大の接続に焦点を当てる。具体的には、2007年から始まった高等教育への志願者振り分けシステムAPB、2018年に策定された☞「学生の進路と成功に関する法（ORE法）」により置かれた方策である、新しい進路選択システムParcoursup、大学における高大接続支援を検討し、フランスの高大の接続およびその後の高等教育へのアクセスにおける不平等は解消される方向へ向かっているのか考える。そして、このことを本書における高等教育の☞民主化ついての考察の一助としたい。

第1節　高大の接続における問題

　高大の接続における主要な問題として、2つのことがあげられる。一つに

は、進路の不一致問題、もう一つは、進路選択における不平等問題である。

　前述のように大学は非選抜制であり、大衆化の大きな影響を受けている。学生の留年・中退率が高いことは、長年に渡り政治的関心事となっている。学士課程の修了率は、2013年入学者の追跡調査（18万6,000人対象）によれば、規定の3年で修了する学生は全体の27.8％、4年で修了した者を入れた累計でも39.6％、5年累計で44.7％であり（MESRI 2020）、半数以上が留年、中退あるいは進路変更をしていることになる。取得しているバカロレア別では、☞普通バカロレア（追跡対象者の70％、13万1,000人）では3年修了率が34.9％、4年累計49％、5年累計55％、☞技術バカロレア（同16％、2万9,000人）では同9.5％、16.6％、20.6％、☞職業バカロレア（同8.9％、1万6,000人）では同3.4％、6.0％、7.5％、であり、技術・職業バカロレア取得者の修了率が特に低いことがわかる。

　中退の原因については様々な見解があり（田川 2020）、これを構造的な問題であり、進路選択のモラトリアム期間として捉える見方もあるが（ボダン2018; Bodin, Orange 2015; 本書第6章など）、政府はこれを看過できない問題[2]として、政策的に解消を試みてきた。進路不一致の解消は、直近の改革である2018年のORE法（後述）によっても焦点となる目標として掲げられている。

　進路選択について、進路形成にあたっては生徒がその主役であることが重要であり、生徒の「自律性（autonomie）」がうたわれている（1990年6月14日付政令第90-484号）。しかし、自律性というこの理念を実現するための生徒の進路決定支援は不十分だという指摘がされている（S. ショヴェル 2018; オランジュ 2016）。例えばオランジュは、高等教育への進路選択において、社会階層により見えている（見せられている）高等教育機関が異なることを指摘している（オランジュ 2018）。オランジュによるバカロレア取得後の高等教育への進路選択システム（APB、後述）上で提出された志願書の解析からは、庶民階層と上流階層では志願書の出し方が異なっていることが明らかになっている[3]。Bac+2の短期で職業訓練を行う高等教育機関であるSTSは、庶民階層出身の生徒にとって最適な進学先かのように映し出されており、彼らの前には高等教育機関のマッピングは一部が切り取られた形で提示されている。学校関係者の教えを反映したこのような切り取られた空間が庶民階層出身の生徒にの

み現れるのは、彼らが、家庭内で進路に関する情報を得にくく、教員の教えを聞く者であるからである[4]（オランジュ 2016）。オランジュはこれに関連して、進路選択の戦略が社会階層ごとに異なることも指摘している[5]（オランジュ 2018）。

　このように、大衆化が進んでいるとはいえ高等教育における進路は社会的に差異化されていると言える。2005年には「学校の未来のための基本計画法（フィヨン法）」で高等教育免状の取得者を一世代当たり50％に高める方針が出されるが、これを達成すべく、2013年の☞「高等教育・研究法（LRE法）」では、技術バカロレアおよび職業バカロレアに、それぞれIUT、STSにおける定員割り当てを行う制度がつくられた。これは進路不一致を解消し、高等教育における免状取得に至る学業成功を推し進めることを目的とする策であるが、中等教育から社会的に差異化された進路を固定することになるとの批判がある（Bodin, Orange 2015; 本書第6章に改稿版の翻訳、割り当て政策および高等教育における各バカロレア取得者の進路については、田川（2020）および夏目（2020）を参照されたい）。

第2節　高等教育機関への出願の仕組み
— APBからParcoursupへ —

　バカロレアを取得すると高等教育機関に進学が可能となる。これは、どのバカロレアを取得している者にも与えられている権利である。ただし高等教育機関には、選抜を行う機関と、非選抜で学生を受け入れる機関とがあり、後者である大学へのみバカロレアの取得だけでの登録が可能であった。2018年からは、☞Parcoursup（parcoursは「あゆみ」、supは「高等」の略であり、直訳すると高等教育へのあゆみ、という意味である）という高等教育出願のためのインターネット上のプラットフォームシステムが開始され、非選抜機関である大学の教育課程も、志願書の序列化（classement）を行うことになった[6]。とはいえ、ほとんどの教育課程では定員を超過して志願が殺到することはなく、非選抜制を保ったままであるが、いくつかにおいては実質的な選抜が行われるに至っている。ここでは、プラットフォームによる出願システムについて、

Parcoursupおよびその前システムであるAPBについて概略を述べる。

　高等教育機関への出願は、インターネット上のプラットフォームで行われている。☞APB（Admission Post-Bac、バカロレア取得後進路志望事前登録システム）は2007年に始まった志願者振り分けシステムである。このシステムが作られる以前は、☞第一課程への志願は紙の書類を提出することで行われていた。志願者は5つの教育課程まで希望することができ、これには希望順位がつけられた。高等教育機関における入学許可は、定員に鑑み社会的基準（居住地等）によって行われ、抽選であった。書類は第一希望の大学にまず郵送され、そこで入学許可を得られなかった書類は、第二希望の大学に転送される。増え続ける高等教育進学者数を背景に、このような手続きは非常に時間がかかるため、大学にも受験生にも不都合なものだった。より同時性を目指し、手続きの簡便化を測るべく一括システムとして立ち上げられたのが、インターネット上のプラットフォームAPBである。

　APBは、志願書および志望動機書をプラットフォーム上で提出するシステムである。APBにおいても、志願者は優先順位をつけて志願書を提出する。学力での選抜は行われず、APB上でアルゴリズムを使って抽選が行われ、適切な進路が提案される（IGEN 2012）。APBはまた、進路情報を提供するプラットフォームでもあった。

　APBはしかし、アルゴリズムが不明瞭であるとの批判を受け、改革すべきだとの意見が高まった（Cour des comptes 2017）。また、マクロン政権が大学にも入学選抜のシステムを導入することを政権の目玉政策としたことから、新システムParcoursupへ移行した。

第3節　学生の進路と成功に関する法（ORE法）の目指すものとParcoursup

　1980年代に急激に大衆化したフランスの高等教育機関では、学生の学業失敗が問題とされてきた（田川 2020）。大衆化で生まれたこの問題への対策は、2つの方向性で行われてきた。一つには、高等教育の職業専門化（professionnalisation）である。Bac+2、Bac+5など様々な免状レベルの職業的課程を設置すること

で、大衆化により多様化した高等教育への要請へ対応しようとした。

　もう一つが、学業支援策である。すでに1980年代にはチューター制度など
の学業支援策が開始されていたが、本格的な政策としては、2007年、サルコ
ジ政権下、ペクレス高等教育・研究大臣が掲げた学士課程成功計画（Plan
Réussite en Licence: PRL）が初めてのものであると言える。ヨーロッパ内の
高等教育ランキングの創設を行い、フランスの高等教育機関の評価向上に取り
組んだペクレスの施策（第８章第２節参照）と並行して行われたこの計画は、
各大学における学士成功支援策に予算を大きくつけた初めての試みであった。
計画では、大学で大きな問題となっている落第率を５年間で当時の半数にする
ことが目的とされ、☞LRU法（大学の自由と責任に関する法）による大学の
自律性を押し進める政策に乗せる形で、大学独自の学び支援対策を大学に求め
た。この計画の予算は５年で7.3億ユーロと多額なもので、その額からもその
重要性が窺われる。これにより各大学は、チューター制度の拡充や、クラス当
たりの学生数を半分にするなど、学びを支援する制度を個々に打ち出した[7]。

　Parcoursupは、マクロン政権下、2018年３月に学生の学業成功をより高め
る目的で出されたORE法の中の一つの施策である。ORE法は、ヴィダル高等
教育・研究革新大臣がPRLのさらなる発展策として提案したもので、次の３つ
を柱としている。高校における進路選択支援、学生の高等教育機関への割り当
て、学士課程における成功、である。より具体的には、大学が学生の適応のた
めのツールを持つこと、成功に向けて支援すること、そして教育課程をより分
かりやすく（lisibles）し学生のモビリティを開くことを目的としている[8]。そ
して、高校から高等教育へ（「Bac-3/+3」）の進路をより一貫性のあるものに
する進路選択支援がうたわれている。なお、進路選択支援については、ORE
法以前の2017年度よりすでに、「高校における進路週間」が設置され、各高校
が進路選択強化の策を置いている（オープンキャンパス訪問、大学生や教員の
話を聞く機会を設ける、など）。2020年度の高校改革後は、年間54時間の進路
指導を高校１年・２年・３年の各学年で行うことになり、さらに進路選択支援は
強化されている。

　進路の一貫性を目指し、Parcoursupでもまた、プラットフォーム上におけ
る情報提供を充実させている。高等教育機関の教育課程についての情報、そし

てそこで求められる学業の準備状況や資質（後述する「各学問領域で期待される要素」）などが示され、志願者が自己チェックを行うことが促されている。

　プラットフォーム上での志願書提出時には、APB同様、志願書の他、志望動機書が添付される。これに新たに加わったのが、高校の成績、推薦書である。これらは高校から直接システム上に提供される。APBでは志望には優先順位をつけて提出したが、Parcoursupでは優先順位をつけずに最大10まで提出する。

　受け入れの決定にあたっては、各教育課程は、志願者が定員を上回っていた場合には、志願書の序列化を行う。序列化の方法は各教育課程に任されており、高校までの学習歴、バカロレアの種別などがあるようであるが、提出書類への係数のかけ方も含め、これらの基準は公開されていない（Bluteau 2020）。ただし、公にされていることは、序列化の際には、奨学生（フランスでは社会的基準による）を一定の割合で入れることである。例えば序列の上から10人ごとに入れる、というようにである。この割合は、教育行政単位である大学区により定められる。社会的格差の是正に向けた姿勢がこのことからは窺える。

　条件付き入学（「Oui-si」）制度ができたことも新たな点である。条件は、受け入れる教育課程により定められ、リメディアル教育の受講などがある（SNESUP 2020）。なお、リメディアル教育の受講およびテストによるその成果判断により進級を認めるといった方策は、Parcoursupによる制度化に先立ち、ナント大学の理系学部などで以前より実施されていた。

　ORE法による改革の中心に位置付けられるParcoursupは、高等教育機関への志願書の提出を行うだけのプラットフォームではなく、情報提供を行う進路選択支援ツールであり、また、その前後、すなわち、高校における進路指導から、大学における学習支援も視野に入れた施策である。以下に詳しくみていくことにする。

Parcoursupのスケジュール

　2020-2021年度のParcoursupのスケジュールは以下の通りである。parcoursup.frのサイトでは、以下の3期に分けて生徒・学生にスケジュールおよび進め方

が示されている（2020年11月15日最終閲覧）。

① 「情報を収集し、教育課程を発見する」

- 11月初旬〜1月：terminales2020-2021.frおよびparcoursup.frのサイト上で2020年度に提供されている教育課程の検索ができるので、これを参考にしながら、進路計画を準備する。
- 12月21日：parcoursup.fr2021の情報サイトオープン。手続きの進め方を知る。2021年度に提供される〔登録可能な〕教育課程の検索が可能となる。

② 「志願書を作成し書類を仕上げるために登録を行う」

- 第2セメスター中：高等教育機関のオープンキャンパスや、進路情報フォーラムに参加し、進路を熟考する。高校生の場合、高校における2週間の進路指導週間に参加する。
- 1月20日〜3月20日：志願書（dossier candidat）を作成するためにParcoursupに登録する。志願書を作成し、志望動機を表す。（10まで志願が可能）
- 3月11日：志願書作成最終日
- （2月〜3月：高校生の場合、第2回目の学級委員会において担任の所見と校長の意見が記された内申書（Fiche Avenir）が各志願書に付される）
- 4月8日：高等教育機関により求められる書類と合わせ書類を仕上げる最終日。
- 4月〜5月：志願先による書類選考委員会が開催される。基準は教育課程ごとに定められ、Parcoursupプラットフォーム上に示されている〔後述「各学問領域で求められるリスト」を指しており、序列化の基準の詳細のことではない〕。

③ 「教育課程からの返事を受け取り、決断する」

- 5月27日：メイン・アドミッションフェーズの開始。教育課程は入学の可否（あるいは条件付き入学「Oui-si」）を志願者に回答。各教育課程の示す期限までに志願者は進路を決定し、回答する。
- 6月16日：補足受け入れフェーズが開始される。

- 6月29日〜7月1日：志願者は補欠待ちリストに志願書を残している場合、教育課程からの回答があるかどうかを随時参照する。
- 7月6日：バカロレア結果発表。これにより教育課程からの回答は正式決定となるため、登録〔入学〕手続きを行う。
- 7月14日：教育課程は最後のメイン・アドミッションフェーズでの入学可能提案を送付する。
- 7月16日：メインフェーズ終了。入学可能提案への志願者による回答最終日。

＜入学許可をどこからも得られなかった場合＞

- 5月27日以降：選抜制教育課程から一つも入学許可が下りなかった場合、高校あるいは情報・進路指導センター（CIO）で個人・グループによる支援指導を受け、他の教育課程を探し、補足フェーズへの準備を行う。
- 6月16日〜9月16日：補足フェーズ。定員に余裕がある教育課程（6月16日以降に検索可能）の中から10まで志願できる。
- 7月2日以降：志願者は自分の大学区の高等教育アクセス委員会（CAES）に個別支援を願い出ることができる。当委員会は志願者の書類を検討し、教育課程の定員を鑑み、志願者の希望にもっとも近い教育課程を見つけることを支援する。

このように、Parcoursupプラットフォーム上での志願書提出および入学許可はバカロレア受験以前から始まっており、バカロレア合格を持って正式な決定となる。入学許可が得られない志願者にも、最後まで個別の支援によって入学先が得られるシステムになっている。

「各学問領域で期待される要素」の全国的な共通枠組みの策定とParcoursup上での情報提供

中退問題の多くを進路不一致だとみる政府は、この問題を解決しようと、2018年1月、「学士課程各学問領域とグランゼコール準備級で期待される要素の全国共通枠組み」を全国的な共通枠組みとして策定、公開した。これは、高等教育の各学問分野において学業を行うのに求められる知識、コンピテンシー、態度などを、「要素（éléments）」として、免状あるいは教育課程ごとに提

113

示したものであり、46学問分野においてそれぞれ求められる力がリスト化されている。学士のほか、BTS、グランゼコール準備級、DUT、芸術職免状、について定められ、高等教育省、国民教育省、全国学長会議、全国グランゼコール会議、全国理工系グランゼコール校長会議など、高等教育に関わるすべてのアクターの連携により策定された。以下はいくつかの学問領域の「求められる要素」事例である。各項目の下には、求められる理由も記されているがここでは省略する。

各学問領域で期待される要素の全国共通枠組み
（4つの学問領域に関する事例）

法学（mention droit）
- 筆記・口頭両面において、文章表現と口頭表現の資質を証明できるような能力活用ができること
- 文章の理解、分析、総括ができる力を備えていること
- 概念を論理的・論証的にとらえる力を備えていること
- 自律的に学習し、学習を自ら組織できること
- 社会に向けて開かれた者であり、言語知識を備えていること
- 歴史的・社会的・政治的問題に関心があること
- 自己評価質問書に回答していること

社会科学（mention sciences sociales）
- 筆記・口頭両面において、論証ができるための表現力の活用ができること
- 外国語を少なくとも一言語、優れたレベルで使いこなせること（Bレベル）
- 学術的過程に興味を持っていること
- 知的好奇心、とりわけ人文社会科学への知的好奇心を示していること
- 自律的に勉強を組織できること
- 文献研究に興味を持っていること
- 政治、経済、社会問題に興味を持っていること

化学（mention chimie）
- 科学的能力があること

- コミュニケーション能力があること

- 学習方略的・行動的能力があること

- すべての理系学士の専攻では、高校生は最低限、高校最終学年クラスが目標とする主要な科学的能力を正しく操作できること

　この他、高校最終学年修了時には、物理―化学において期待されるコンピテンシー、実験的コンピテンシーを非常に良く操作できることが強く推奨される。また、専攻（mention）によって数学において期待されるコンピテンシーを非常に良く操作できることが強く推奨される。また、各専攻は第二学問分野が含まれ、これに対応する高校の科目を非常に良く操作できることが強く推奨される。

医学系教育課程（PACES）

- 非常に高い科学的知識・能力があること

- 非常に高いコミュニケーション能力があること

- 非常に高い学習方略的・行動的能力があること

- PACESやこれに続く専攻で想定される困難を鑑み、これを乗り越える強い行動力（engagement）の資質があること

- 医療・保健関連職業に開かれた全専攻において、人間性、共感の資質、親切心、傾聴の資質があることは不可欠である

出典：http://www.enseignementsup-recherche.gouv.fr/cid125090/elements-de-cadrage-national-des-attendus-pour-les-mentions-de-licence-et-les-c.p.g.e.html（2020年11月15日最終閲覧）を筆者が訳出。

　このように、「各学問領域で期待される要素」は、資質、態度、能力、学力、高校での関係科目の履修、そして分野によっては質問書への回答という条件、から構成されている。これらの要素はParcoursupのプラットフォーム上で、志願先をクリックすると提示される。志願者が要素リストをもとに、自分の進路選択が、高校での科目選択と一致したものかどうか、自分が求められる能力を備えているかどうか、チェックした上で選択をすることが期待されている。また、同じ学問分野でも大学によりアプローチが違うことを知ることもできる。例えば、心理学を人文科学として学ぶ大学なのか、精神分析重視で学ぶ大学なのか、「期待される要素」リストからは判断できるように作られている

（2019年3月12日試験センターでの国立教育職業情報機構［ONISEP］イル・ド・フランス代表ローラン・ユーゴ氏への筆者によるインタビュー）。

「各学問領域で期待される要素」は大学の入学案内のページにも掲載されている。全国的枠組みをそのまま示している大学もあれば、独自に編集して示している大学もあるが、全国枠組みと大きく異なることはない。理系分野においては、選択する学科と高校の教科が対応していることが示され、「高校最終学年で学習の」というように高校での履修科目やレベルについて表現が踏み込んだものになっている。

自己評価質問書

「期待される要素」リストに条件としてあげられているものに、自己評価質問書への回答、がある。これは、terminales2020-2021.fr（2020-2021年度の場合）サイト上で入力を行うものである（terminalesは高校最終学年の意味で、高校3年生に向けた高等教育進学のための情報サイト。国民教育省と国立教育職業情報機構（ONISEP）により運営されている）。リスト策定時の2018年には一部であったが、現在は法学および14の理系教育課程への登録の際に求められている。このツールは、Parcoursupサイト上で「完全に情報提供および教育的な性質のもの」であると説明されており、志願先はその内容を見たり、志願書の序列をつける際に考慮されることはないとのことである。

自己評価質問の前には、「期待される要素」が表示されており、これを読んでから回答に進む。自己評価質問書の構成は、理系の場合、3部から構成されている。第一部では、理解力、科学的テクストの分析力を使いこなし、表現力・語彙力を動員して科学的資質を証明するものである。6つの質問項目がありそれぞれに選択肢式で答える。第二部は、科学的問題提議に興味があるかどうか、映像資料から情報を抜き出せるかどうか、科学的に優れたセンスや相当の科学的文化を持っているかどうかを調べるものであり、16のテーマから一つを選び、それについて6つの質問項目それぞれに選択肢式で答える。テーマは例えば「レーザーはどのように機能するか」「DNA解析はどのように行うか」といったものである。第三部は、高校で習得した全般的知識を志願者が入学したい専攻に合わせて2つの学問領域（デュオ）を選んで動員できるかどう

か調べるものである。第二部でも提示された16のテーマについて、各々に12の学問分野のデュオが示されている（例えば数学／物理、生物／情報）。ここでも、6つの質問項目に対し選択肢式で回答を行う。

　大学で行う学問に対し高校での履修科目が不十分である問題は、大学が行う全学の進路説明会においても、「生物学に来るには化学が必要である」ということが副学長の説明の中で強調されるなど、注意喚起を強く行っている様子がみられた（2019年3月セルジー・ポントワーズ大学、筆者調査による）。自己評価質問書への回答という条件は、「各学問領域で期待される要素」による自己チェックをさらに強く求めた形だと言える。

　以上のように、各教育課程に関する情報の、より一層充実した提供とあわせ、「各学問領域で期待される要素」がParcoursup上で提示されること、学問領域によってはさらに自己評価質問書を用意していることからは、進路の一致のために志願者自身によるチェックが促されていることがわかる。

第4節　ORE法およびParcoursupへの評価

　Parcoursupを含む2018年のORE法実施については、2020年2月にフランス会計検査院より最初の総括が行われている（Cour des comptes 2020）。この報告は、ORE法による諸策は、Bac-3/+3、すなわち高校1年から学士課程までを一貫したものとすることについては、各アクターの努力は評価するものの、実際には課題は多く残されていると指摘している。Parcoursupについては、プラットフォームとしての機能は評価されており、APBからの改善が認められるものの、各教育課程における学生受け入れの基準は透明性という公正さの保障に欠けると指摘されている。また、中等教育における進路指導は顕著な進歩をしてはいるものの、例えば2018年より設定された進路指導の時間（年間54時間）は授業時間として数えられていないために実施にばらつきがあるなど、学校により大きな不均質性が認められることが指摘されている。さらに、学生の成功については、十分な予算が取られたが、追跡調査が不十分であり効果については測れていないとある。学生の成功への支援に関し、条件付き入学

の学生に向けた初年次教育を行うことで、学士課程1年次から2年次への進級率が上がったという報告も見受けられ、効果を上げている大学もあるようである[9]。

知識やコンピテンシー、態度、能力などといった条件が提示された「各学問領域で期待される要素」をParcoursupのプラットフォームで提示する仕組みや、一部の学問領域で始められた、自己評価質問書への回答というさらに踏み込んだ登録条件は、志願先の学問内容に関する理解不足や、進路選択とそれまで行ってきた学業との不一致をできるだけなくし、高等教育を問題なく履修するために必要な学力をもつ学生を受け入れるようにすることで、学業失敗の問題を改善しようとしている。これらのことは、情報提供やチェックシステムを導入し、志願者ができるだけ自己選抜を行うよう促しているのが特徴である。しかし、自己チェックに多くを委ねるこのような進路選択システムは、それを使いこなせる生徒にはよりよい情報提供ツールとなっているだろうが、格差を大きくする危険性もある。高校における進路選択支援が生徒によっては一層必要となるものではないだろうか。この点については、フルイユら（Frouillou *et al.* 2020）によるParcoursup一年目実施後に行った最新の調査においても、社会的構成の異なる高校における調査結果を比較したところ、情報操作には社会格差があることが指摘されている。

おわりに

以上にみたように、Parcoursupを含むORE法による諸策は、高校の課程およびそこで行われる学習と高等教育との一致を目指し、そのことで学士課程の成功率を上げることを目標としている。前節でみたように、Parcoursupの機能自体は一定の評価を得ているようである。しかし、Parcoursupを使った高大接続の効果、すなわち、改革の目的とする、進路不一致を解消し、最終的には学士課程の成功率を上昇させることについては、一部大学において条件付き入学制度による留年率の減少が示されるなど効果もある様子であるが、多くは今後の追跡調査に拠る必要がある。

一方、より広く、本改革および近年取られた政策によって、高等教育が民主

化に向かっているのかどうかという点については、強い批判もみられる。その一つには、Parcoursupにおける志願書の序列方法への懐疑である。例えば高校の学習歴を検討して志願書の序列化を行っているとすれば、取得しているバカロレアの種別や、さらには成績の標準化、すなわち高校の序列化が行われる可能性も考えられる。APBが廃止に至った大きな批判も、抽選のアルゴリズムが不明瞭であるというものであった。フランスにおける高等教育へのアクセスの民主化とは、非選抜で受け入れる高等教育機関があることである、という社会的な合意と、学士成功率を上げたい政府が、「進路不一致」や「序列化」と言葉をいわば濁しながら進めてきた様々な形による選抜化という方向性とが相容れることは難しい。Parcoursupについても、志願書の序列化の基準を各機関が公表していくことが、今後求められるかもしれない。地域間・学校間格差、社会格差が大きく残るフランスで、序列化の方法にすべてのアクターが合意することはないだろうが、少なくとも公開することはこのシステムを継続するには必要なことに思われる。

　ORE法により推進される進路不一致の解消については、この改革に至るまでに、2013年より、IUTやSTSへそれぞれ技術バカロレア、職業バカロレアを割り当てる政策が取られている。ボダンとオランジュはこれを、保守的改良主義、との表現で批判している（Bodin, Orange 2015; 本書第6章）。普通、技術、職業、という順でバカロレアは学業ヒエラルキーを成していること。それは、技術バカロレア、そしてとりわけ職業バカロレアが、そのような進路を希望して選択されているのではなく、留年をなるべくさせないという政策のもと、事実上普通課程からの学業不振者の行き先となっていることから来ていること。さらにこのヒエラルキーは社会階層と対応していること。これらの現実を踏まえると、進路の一致をはかる政策は、すべての高校課程およびその結果の3つの種別すべてのバカロレア取得者にとって、同様の意味を持つものではないだろう。進路が一致する、ということは一方で、現状のままでは、一定の階層の固定化を行うことでもある。民主化と進路の不一致の解消を同時に行うことの難しさがここにある。今後は、条件付き入学による入学者への学習支援の効果が注目されるだろう。このことと、従来いくつかの大学で行われてきた中退を考えている学生への進路変更支援策（田川 2018; 2020）をあわせるこ

とで、学業的に、そして社会的に脆弱な立場にある学生を、高等教育の入り口で過剰に選抜することなく、高等教育内でより適切に支援されていくことが望まれる。

注

(1)　フランスの高等教育機関は多様であり、「学部」や「専攻」と一様に呼ぶことはできない。各機関において学生が登録（入学）する先はformationと呼ばれるが、これを教育課程と訳す。

(2)　2007年、当時の高等教育・研究大臣ペクレスは大学に「看過できない学業失敗」があるとして大学の教育機能を強化する政策「学士課程成功計画（PRL）」を打ち出し、各大学における学士課程学生の支援策へ予算がつけられた。

(3)　オランジュの調査によれば、庶民階層の生徒は、STSをいくつも志望することが特徴である。また、例えば法律に関することが勉強したいと考えている生徒が、大学の法学部ではなく、行政秘書のSTS課程を志望する、という事例が示すように、STSは彼らにとって想定可能範囲内の現実的な高等教育機関なのである。

(4)　手に届く高等教育、という位置付けで提示されるSTSは、同じBac+2の短期課程でもIUT〔技術短期大学部〕に比べ、より実践的で卒業後の就職を主眼に置いた教育内容を提供している。

(5)　オランジュ（2018）は、バーンスティンの理論における制限コードおよび精密コードを踏まえ、庶民階層の生徒における進路選択のロジックを「共用論理」、中流階層以上の生徒におけるロジックを「公式論理」と呼んでいる。進路選択における家庭内での支援が脆弱な庶民階層の生徒の選択ロジックである「共用論理」は、可能な選択肢の幅が限定的であること、選択と直接的経験とが関わっていること（いつも行く映画館の隣にあるのを見て知っている高等教育機関である、などの例）、また、集団的な進め方であること（クラスメートが選ぶから自分も選ぶ、など）が特徴としてあげられている。

(6)　選抜制、非選抜制に大きく高等教育機関の入り口が分けられているフランスで、大学に選抜を導入する政策はこれまで長らくタブーとされてきた。Parcoursupにおいてもあくまで（書類の）序列化（classement）と呼ばれ、選抜（sélection）とは公式文書においても実際の現場でも呼ばれないことは、非常に興味深い。

(7)　全国で200の支援策が大学により行われているとの学士課程成功計画（PRL）報告書が出されている（Cour des comptes 2012）。

(8) 2018年10月2日ヴィダル高等教育大臣談話。https://www.enseignementsup-
recherche.gouv.fr/pid38616/loi-relative-a-l-orientation-et-a-la-reussite-des-
etudiants-loi-ore.html（2020年11月15日最終閲覧）

(9) パリ郊外、エヴリー大学では、2019年度に500人の学生を条件付きで受け入れ、
支援授業を行った結果、全学で学士課程1年次から2年次への進級率が、過年度
の31.5%から37%へと上昇したと報告されている（SNESUP 2020）。

参考文献・資料

Bluteau P., 2020, « Comment les candidats sont classés sur Parcoursup ? », *L'Étudiant*,
le 24 Avril 2020. https://www.letudiant.fr/etudes/parcoursup/comment-les-
candidats-sont-classes-sur-parcoursup.html（2020年11月15日最終閲覧）

Bodin R., Orange S., 2015, « Le réformisme conservateur : Examen de quelques
paradoxes des analyses et des réformes contemporaines de l'enseignement
supérieur », *Regards croisés sur l'économie* (*L'université désorientée*), 2015/1
no. 16, La Découverte, pp. 218-232.（本書第6章に改稿版）

Cour des comptes, 2012, « La réussite en licence : le plan du ministère et l'action des
universités », *Rapport public annuel 2012–février 2012*, pp. 657-704.

Cour des comptes, 2017, *Admission Post-Bac et accès à l'enseignement supérieur. Un
dispositif contesté à réformer*. Rapport public thématique.

Cour des comptes, 2020, *Un premier bilan de l'accès à l'enseignement supérieur dans
le cadre de la loi orientation et réussite des étudiants*. Communication au comité
d'évaluation et de contrôle des politiques publiques de l'Assemblée nationale.

Frouillou L., Clément P., Van Zanten A., 2020, « Les plateformes APB et Parcoursup
au service de l'égalité des chances ? L'évolution des procédures et des normes
d'accès à l'enseignement supérieur en France. », *L'Année sociologique*, vol. 70,
no. 2, pp. 337-363.

IGEN (Inspection générale de l'Éducation nationale), 2012, *Analyse de l'orientation
et des poursuites d'études des lycéens à partir de la procédure admission post-
bac*.

MEN (Ministère de l'Éducation nationale), 2020, *Repères et références statistiques sur
les enseignements, la formation et la recherche*.

MESRI (Ministère de l'Enseignement supérieur, de la Recherche et de l'Innovation),
2019, *État de l'Enseignement supérieur, de la Recherche et de l'Innovation en
France, no. 12, Enseignement supérieur*.

MESRI, 2020, *État de l'Enseignement supérieur, de la Recherche et de l'Innovation en France, no. 13, Enseignement supérieur.*

Observatoire des inégalités, 2019, « Les milieux populaires largement sous-représentés dans l'enseignement supérieur », https://www.inegalites.fr/Les-milieux-populaires-largement-sous-representes-dans-l-enseignement-superieur, « L'enseignement supérieur se démocratise-t-il ? », https://www.inegalites.fr/L-enseignement-superieur-se-democratise-t-il?id_theme=17（2020年11月30日最終閲覧）

SNESUP, 2020, « Focus sur les dispositifs « Oui Si » », le 11 mai 2020. https://www.snesup.fr/article/focus-sur-les-dispositifs-oui-si（2020年11月15日最終閲覧）

ボダン，ロミュアルド（田川千尋訳）（2018）「フランスの大学の初年次における学業「中退」−社会的事実−」園山大祐編『フランスの社会階層と進路選択：学校制度からの排除と自己選抜のメカニズム』勁草書房，63-76頁.

オランジュ，ソフィ（田川千尋訳）（2016）「上級技術者証書（BTS）という選択」園山大祐編『教育の大衆化は何をもたらしたか：フランス社会の階層と格差』勁草書房，24-50頁.

オランジュ，ソフィ（田川千尋訳）（2018）「高校卒業後の学業選択−社会階層による異なったロジック−」園山大祐編『フランスの社会階層と進路選択：学校制度からの排除と自己選抜のメカニズム』勁草書房，24-36頁.

ショヴェル，セヴリーヌ（園山大祐訳）（2018）「学校への道、進路決定を前にした教師、生徒、良心」園山大祐編『フランスの社会階層と進路選択：学校制度からの排除と自己選抜のメカニズム』勁草書房，79-90頁.

田川千尋（2018）「進路形成における自律的な生徒・学生像―ナント大学区を事例に―」園山大祐編『フランスの社会階層と進路選択：学校制度からの排除と自己選抜のメカニズム』勁草書房，13-23頁.

田川千尋（2020）「大衆化した高等教育における学生受入れの問題と改善に向けた取り組み」細尾萌子他編『フランスのバカロレアに見る論述型大学入試に向けた思考力・表現力の育成』ミネルヴァ書房，195-210頁.

夏目達也（2020）「フランスの職業高校における就職準備と進学準備をめぐる相克」細尾萌子他編『フランスのバカロレアに見る論述型大学入試に向けた思考力・表現力の育成』ミネルヴァ書房，211-225頁.

ブランシャール，マリアンヌ／カユエット＝ランブリエール，ジョアニ（田川千尋訳）（2020）『学校の社会学：フランスの教育制度と社会的不平等』明石書店.

第6章

高等教育の現代における分析と改革の いくつかの矛盾に関する検討

―保守的改良主義―

ロミュアルド・ボダン／ソフィ・オランジュ

（田川千尋　訳）

はじめに

　高等教育に関する現代的ドクサ〔自明なこととして受け入れられている意見〕をその周りで構成する象徴的トポスの一つ、つまり政治的議論、実施される改革、あるいは高等教育への多くの分析、それは「進路の不一致（désorientation）」というものである。☞バカロレア取得者の高等教育における進路選択が悪い、という一つの確信により、近年の政府は、進路のよりよい一貫性とバカロレアの前後の断絶を最小限にすることを目標とするに至った。この目標は、☞IUT（技術短期大学部）には☞技術バカロレア取得者の割り当て枠を、☞STS（上級技手養成短期高等教育課程）には☞職業バカロレア取得者の割り当て枠を置くという、☞大学の第一（学士）課程を高校の単なる延長にする原因となる近年の方策のなかに、今日特に現実となっている。ところが、進路における選択の一貫性と連続性というこの理想は、現実には、そうはみえないが、生徒のアスピレーションと実際の実践のなかにすでに十分に働いているバカロレア後の進路選択のセグメンテーションを伸張し、制度化するばかりである。そして、そうであるとすれば、その理由の大半は、「管理的エスプリ」（Ogien 1995）という認識的図式が意識的あるいはそうではなく浸透し

た制度的・政府的思考が、学歴をヒストリーとして扱わず、そして学生の随伴支援（accompagnement）という、彼らの進路を通して築かれ、今の彼ら、あるいは将来の彼らになるために時間と（可能であれば）試行を必要とすることと、単に正しい枠や場所に置くことによって不活性で（すでに）築かれた対象の管理とを混同しがちであるからである。

第1節　失敗と闘うのか、それとも不平等を制度化するのか？

　中等教育と高等教育の接続に関する近年の施策は、学生の成功を、彼らがそれまでに履修した課程と現在の課程との一貫性に関連づけている。言い換えればそれは、高等教育における〔学業〕失敗の多くは、学生が自分の学業分野と合っていないことに起因するらしい。ところが、高校最終級〔高校3年〕の生徒の進路希望と彼らの高等教育の分布を分析すると、このような失敗問題の提議の仕方はもろくなる。実際には、多くのバカロレア取得者が、自分たちに望まれ、そのうえ（特に割り当て政策により）強制された課程を自ら優先する、という一つの大きな規律があることを示している。言い換えればそれは、全員が☞グランゼコール準備級（CPGE）や医学部の第一（学士）課程を目指しているわけではないということである。それどころか、高等教育において、ある課程には志願者が殺到している一方で、また他の課程はなおざりにされ、さらには志願者がいないのである。すなわち☞普通バカロレア取得者が自分の行く先としてみている一つの高等教育とは、大学（第一志望としてあげられた先の46.2％（国内の数値。Rapport no. 2012-123 de l'IGEN 2012）やCPGE（同15.3％）そしてIUT（同15.8％）から成っている。技術バカロレアや職業バカロレアの取得者はといえば、STSと（彼らの第一志望のうちそれぞれ59.8％、87％。これに対し普通バカロレア取得者の第一志望ではその割合は13.6％である）いくつかのIUTだけにほぼ限定された一つの空間を自分の進学先としてみている。

　高等教育への入学が☞庶民階層出身のバカロレア取得者にとってまでもありふれた将来となる傾向にあるとしても、大学は未だ☞「新しい学生たち」と呼

ばれる者の大部分にとって視界の外にあるものである。高校最終級では、庶民階層の生徒の半数を少し超える程度（55.9％）が、技術バカロレア課程の生徒の36.9％が、そして職業バカロレア課程の生徒の10％が、バカロレア後の進路志望先のなかに少なくとも1回は大学をあげているが、一方、その割合は上流階層の生徒では76％、また普通バカロレアの生徒では86.9％にも達する。大学の学士課程は彼らが高等教育に描くイメージの周縁に位置しており、それはなぜなら進路指導に関わる者たちが彼らに一つの萎縮したイメージを提案しているからである。そして、両親自身も高等教育を経験している生徒とは違い、彼らはこのような情報源を修正したり補完したりすることができない。中等教育の技術バカロレアと職業バカロレア課程の生徒に、一つの完全な形の高等教育の専攻が示されること〔権利〕は減多になく、彼らには、許可された、さらには強力に提案された進路（STSのような）からなる一つの提示がされるのみであり、それは、他の、許されない、あるいは忘れられている進路、特に大学を事実上排除している。

　さらに驚かされることは、高校の職業課程で優秀な学業成績を収めても、それがその生徒に可能性を開くことには、つながらないということである。実際、学業成功（ここではバカロレアで取得した結果から推定する）は、これらの生徒がより多様なバカロレア後の進学先を望むことに貢献しないうえに、逆に彼らをSTSという下位空間（sous-espace）にますます閉じ込める傾向がある[1]。すなわち、将来的に職業バカロレアで☞特記評価（mention）を取るような成績の良い生徒たちは、特記評価を取らない生徒たちや、落第する生徒たちよりも、他の教育課程ではなく、BTS〔STSの免状〕を第一志望として出す傾向がある。そして、普通課程の最優秀者たちが、より様々な種の志願をすることを自分に許し、そのなかに大学を位置づけることがより多いのに対して、職業課程の優秀な生徒たちは、成績が劣る生徒たちとは別の可能性を求めることもせず、彼らよりも志願先に大学を入れる者が少なくすらある。さらに、自分の出身県のなかに第一志望を出すことが最も多いのは職業課程の最優秀生徒たちであり、普通課程や技術課程では、学業成功はむしろ地理的移動へのパスポートとなっている。

　進路選択のこのようなプロセスは、職業高校の生徒が学業的に優秀であれば

表6.1　高校最終級〔高校3年〕の生徒による卒業後の志願先の性質、バカロレアの種別ごとおよび学業水準ごと（単位：％）

	少なくとも1つの大学の教育課程を志願	志願した教育課程が1種である	出身県に第一志望を出している	BTSを第一志望にしている
A.　普通バカロレア				
特記評価あり	88.3	43.8	50.7	6.4
特記評価なし	85.1	52.4	57.8	16.5
不合格	82.6	56.3	59.4	20.1
平均	86.9	47.4	53.6	10.6
B.　技術バカロレア				
特記評価あり	33.1	44.1	61.0	49.2
特記評価なし	39.1	52.7	67.8	58.1
不合格	45.4	57.1	70.3	66.2
平均	37.0	49.3	65.0	54.8
C.　職業バカロレア				
特記評価あり	8.9	84.7	67.4	88.2
特記評価なし	10.0	85.3	64.9	86.6
不合格	19.1	83.6	62.4	79.9
平均	9.5	84.9	66.0	87.0
全平均	63.6	54.0	58.3	33.3

対象：2012-2013年度におけるナント大学区の高校最終級〔高校3年〕生徒（N=27,987）。
出典：ナント大学SAIO（大学区進路指導局）、APB2013年度セッション。

あるほど彼らを閉じ込めるようになるのではないかと考えざるを得ない。割り当て（定員）のメカニズムや「秀」の特記評価を持つ生徒にSTSに入る権利を与える動き（これはその現象を強化させているところである）以前にすら、職業課程の生徒のアスピレーションには上限があるようだ。バカロレア後の進学に対し、一方では普通課程と技術課程、もう一方では職業課程が、交わることのない2つの集合として機能している。前者から後者へ序列が落ちることがまったくもって操作的[2] であるのと同様に、後者から前者へ移ることはバカロレアという境界で大きく妨げられているようだ。

　バカロレア取得者の高等教育入学時における進路選択の間違いは非常に多くみられる現象であり、それが大学において遭遇する困難の主たる説明の一つである、と自明のことのように言われている。しかしこれとは反対に、最終級〔高校3年〕の生徒が提出した志願書の経験的分析が示すことは、大多数のバ

カロレア取得者には、自分に選択するよう望まれている専攻を自然に選ぶ傾向
があるということである。言い換えれば、高校生はその大多数が、学校的ヒエ
ラルキーのなかで自らのポジションを完全に内面化し、自分の「自然な⁽³⁾」地
位に応じた専攻課程を選ぶために、最も「妥当」ではない選択は自分自身で遠
ざけているのだ。

　このように、進路選択の割り当てのような「境界で管理する」という政策
は、問題となっている。中等教育における教育課程と高等教育における進路選
択との間の全般的なズレを前にして、調整の努力が必要であることは理解され
うるだろう。しかし、ここまでにみたような、今も非常に少数派である進路選
択を、消失させるとまでは言わないにしても、最大限減少させたいということ
は、自らの進路を手中に取り戻したいというすべての意思、カードを切り直し
たいというすべての希望、あるいは単にもう一つの将来の可能性を試してみた
いという希望さえも、直ちに、そして決定的に、排除する。それはつまり、事
実上、学校的運命〔将来の教育の可能性〕のすべては中等教育になるや否や、
あるいはもっと早くから、固く閉ざされることを強いるということであり、ま
た、ひとたび高等教育に到達しても（到達した先が高等教育だとして）すべて
はすでに決定されている、ということを認めさせることなのである。いくら運
命を愛する（Amor fati）と言っても、これは残念にすぎるだろう。なぜなら
そうして運命を受け入れるのは、このような決定〔割り当て政策〕を提案する
人たちやその家族ではなく、「その他の人々」、すなわち庶民階層の学生たちな
のだから。

第2節 ▌ 選抜は解決方法か？

　バカロレア取得者の割り当てという解決法と並行して、進路選択問題と大学
の☞第一課程における失敗問題への可能な解決法としての、選抜への回帰がみ
られる。どういうことだろうか。

　前述したように、高等教育へのバカロレア取得者の投影がそれぞれに異なる
ということは、学生の配置が、様々な専攻において、社会的出自により非常に

不平等であると読み替えることができる。この配置についての経験的観察によれば、選抜と学生の学業的な資質とを結び付ける非常に数多くのものには、いくつかの驚くべき点がある。学生の学業的な質に関して言えば、実際、高等教育は、最も優秀な学生を受け入れる選抜制の専攻課程と、学業的にも文化的にもより脆弱な人々を受け入れるしかない非選抜の専攻課程（この場合には、唯一の非選抜制の機関である大学）という2つの相反する対になった空間としては把握されないということがある。高等教育課程の在学生の社会的分布図は、さらに複雑なマッピング図を示す。この図の中では、ある専攻課程にとってそこに入る者を選ぶことのできるという特権が、必ずしもその専攻課程を特権的な課程にするわけではないこと、これとは逆に、大学の全学士課程をすべての者に開くことで学士課程が教育課程〔専攻課程〕の学校的ヒエラルキーの下方へと格下げになることもないことがわかる。

　一見したところ、高等教育の選抜制専攻課程は、学業的・社会的に最も恵まれた者たちを受け入れている専攻課程である（グランゼコール準備級のケースのように）ように見えるだろうが、実のところ選抜制課程は、同時に、高等教育におけるマイノリティである技術バカロレア取得者、職業バカロレア取得者、庶民階層出身者を大きな割合で受けている専攻課程でもあり、それがSTSや大多数の専門学校（école）（ソーシャルワーカー養成学校、医療補助関連学校など）のケースである。書類審査あるいは入学試験により学生を募集する教育課程は、実際、不均質な空間である。一方では、商業学校（écoles de commerce）、エンジニア学校、グランゼコール準備級は、庶民階層の学生（父親が労働者、一般事務職、無職）を非常に低い割合でしか受け入れておらず、それぞれ13.8％、15％、16％である（*Conditions de Vie 2010* de l'Observatoire de la Vie Étudiante）。他方、STS、看護師養成学院（IFSI）、ソーシャルワーカー養成学校はこれらの学生の過剰比率〔社会における庶民階層の比率よりも多いこと〕が際立っており、それぞれ46.5％、47.8％、48.2％である（Nahon 2012）。一方では、技術・職業バカロレア取得者の非常に限られた割合がみられ（文系グランゼコール準備級では皆無、商業学校では9.1％、エンジニア学校では10.3％）、もう一方では、普通バカロレア以外のバカロレア取得者の記録的割合を示している（ソーシャルワーカー養成学校では27.7％、看護師養成学院で

は39.1％、サービス系STSでは76.1％、そして製造業系STSでは89.9％にも達
している）。大学の専攻課程はといえば、この2つの極の間に位置していて、
医療系〔Santé、ここに医学・歯学・薬学が含まれる〕や法学という、社会
的・学業的に最もエリート主義的であるところから、経済・社会行政学
（AES）やスポーツ科学技術学（STAPS）のような最も庶民的な専攻課程まで
がある。

　言い換えれば、選抜することでは、最も高等教育での学業に備えている学生
のために最も学業的に劣る学生を疎外することが確実に行われることは少しも
ない。それは特に、そこに入ることを望むバカロレア取得者しか選抜できない
からであり、これまでみてきたように、進路選択、つまり志願は、すでに強力
に、社会的かつ学業的に、前もって方向付けられているからである。選抜性の
有無にかかわらず、専攻課程のヒエラルキー（STSから大学を経てグランゼコー
ル準備級まで）は、こうして常に特定の傾向が尊重されている。

第3節 ▏ 進路の柔軟性の効果

　しかし、よく言われるように、選抜は、最も優秀な学生が、ある専攻課程に
アクセスするのを保証しないとしても、少なくとも専攻課程の期待から最も離
れた志願者たちがそこにアクセスするのを減らすことはできているだろう。そ
ういう意味では、選抜はやはり、失敗と健闘していると考えられる。しかし現
実には、事はそう単純ではない。実際には高等教育の専攻課程ヒエラルキーに
おいて下位にある専攻課程のケースでは、選抜の悪影響があることが観察され
る。

　教育課程入学後2年後の免状（学士2年、〔進級〕選抜試験、BTS、DUT）
成功率〔進級あるいは免状取得率のこと〕は、一見したところ確かに選抜制専
攻課程の学生よりも大学の学生においていっそう低い。医学部の1年次の成功
率は13％、大学の全専攻課程合計で41％である〔医学部は1年次から2年次へ
の進級にあたりコンクールがありその合格率のことを指している〕一方、BTS
〔上級技手免状、STSで取得できる免状〕の2年での成功（免状取得）率は60

％、DUT〔大学科学技術免状、IUTで取得できる免状〕は68％である。しかしながら、選抜制でフレーミングされた教育課程であればより良い成功がある、という説を有効にすることになるこの事実も、入学した各専攻課程ごとの、免状を取得せずに課程を離れる学生の率に注意を向けると、不都合なものになる。例えばBTS入学者の17％が高等教育の免状を取得せずに離れるが、これは大学の学士課程入学者では10％である（Fouquet 2013）。

　つまり、進路は、一本の線的に捉えられ、最初に始めた教育課程のなかで完成される場合にのみ、肯定的に捉えられるが、その進路上にはよく考えてみるべき点がある。実際には大学の第一課程における失敗は、それがBTSで起こる時よりも多くの場合、進路変更が成功していることの表れである。そしてそうであれば、これは少なくとも2つの理由による[4]。かたやSTSは〔入学にあたり〕選抜をすることで、あるBTSから他のBTSへの進路変更の可能性を減少させているが、高等教育ヒエラルキーのなかで不利なポジションにあるために、他の専攻課程（選抜制ではないが学業的にはより厳しいところである大学の学士課程を含む）へのいかなる進路変更も難しいことに悩まされている。これと反対に大学では、選抜制ではないというその性質と教育課程の多様性（これは大学の柔軟性と呼べるだろう）を利用して、学生がそこで試行や〔進路の〕調整を成功させるのを容易くしている。

　我々が他稿でより詳細に示したように（Bodin, Orange 2013: chapitre 3）、このような特質を理由として、大学は、進路とその選択の調整空間という、高等教育のなかで、一つの中心的な場所と、他にはない一つの機能を維持している。したがって、選抜制の専攻課程間での学生の行き来がほとんどないとしても、大学の専攻課程間での行き来は頻繁であるというだけでなく、選抜制の専攻課程から大学も、そしてその逆に大学から選抜制の専攻課程への行き来もよく行われている。

　例えば2010年には、看護師養成学院（IFSI）への新入生のうち約15％が大学に登録していた者である。さらに2011年には商業学校の新入生で17％、☞グランゼコールの新入生の21.3％のケースでもそうである。第一課程レベルで大学外教育課程に学生を送り込んだ後、今度は大学がこれら大学外の第一課程（CPGE、各種専門学校、グランゼコール）から学生を送り込まれる方にな

る。例えば2002年のグランゼコール準備級への新入生のうち、「経済系」グランゼコール準備級卒業者の21％が、「理系」では17％が、「文系」では74％が、大学の課程（学士あるいは修士）に進学している（Lemaire 2008）。高等教育についてのドクサからすればさらに驚くべきことに、グランゼコールも例外ではない。2002年から2012年の間にグランゼコール（商業、経営、マネジメント、エンジニアリング）の免状を取得した学生の12〜17％が進学をしているが、彼らの大部分（この間、年によって60〜70％の間で推移）が大学（修士あるいは博士課程）へ登録している。

　現代的な大学についてのドクサは常に、〔一本の〕線状で、分岐や後退あるいは専門の進路変更のない進路をモデルとしている。しかし経験的調査は反対に、専攻課程間で頻繁に、多様な形式の行き来があるということを強調する。さらにここで明らかにされたのは、学生のこれらの軌跡における大学の役割が多様であるということである。実際この側面から観察されることは、いかに大学が、一方で学術的専門分野の教育課程を支えるものであり、そしてまた一方では、グランゼコール準備級から大学外の教育課程まで、あるいはこのうちいくつかにおいてはその先の課程をも支えるものであるかということである。多くの現代の学術的調査や少なくとも30年来のフランスの全高等教育改革の後ろに隠れたロジックは、このような経験的証明をまったくもって欠いている。それは、こうした非線状であったりさらにはもっと複雑な進路に対する無知であり、たとえそうであることが考慮されているときでも、そうした進路を誤ったものや異常なものとして、あるいはまた優先して解決すべき問題として、追い払ってしまっていることに対する無知なのである。

　ところが、そうではなく、大学が、制約なく第一課程の間ずっと（そしてその後ですら）、徐々に適合したり進路変更したりすることを、提供できるということが、一人の学生の道のりのなかで果たす肯定的な役割についてもう一度考えることは、可能だというだけではなく、必要なことなのである。多くの学生にとって初年次に、（そして時に最初の数年間に）は有益な熟慮の時を形成し、さらには、〔大学に一度入学する以外の〕他のやり方ではアクセスし得なかった将来的に〔就学する〕大学外の教育課程への予備課程としての時を形成している。他にも、専攻課程が開かれているというこのような大学の柔軟さ

は、学校的な過去によってあらかじめ決定された将来のアプリオリな強制の外に、進路の試行と構築を多少なりとも確実にするということを可能にしている(5)。つまりそれが、高等教育に対する非常に多くの議論のなかで最もしばしば忘れられている事実、すなわち、ある一つの学業進路は構築されるものであり、徐々に構築されるものである、ということだ。このことは、躊躇、分岐、段階的に学業がかみ合ったり、反対に離れたり、といった可能性を意味する。これらのことすべてが線状ではないし、一度ですべて決着がつくわけではないのだ。

第4節　ヒストリーなき学生たち

　しかしこのことを理解するためには、一部のヒストリー性（historicité）を分析において再び取り入れなければならない。なぜならそこには矛盾があるからである。教育という、個人の変容あるいは段階的な変化の代表的な場とみなされているこの場所は（「éduquer〔教育する〕」という動詞は、〔ラテン語の〕「educare」すなわち「〜の外へ導く」を語源としている）、まるで学生が、常に、そしてすでに、学生として作られたかのように、まるですべては最初から決まっているかのように、その結果、実質的に教授的行為に先在する差異を「管理する」（広く幅をきかせている用語によれば）しかないかのように、非常にしばしば、なんら時間性を照らし合わせることなく考察されている。

　したがって、このようなヒストリー性を欠いた分析はやめて、進路（parcours）上の進み方（parcours）の影響を考慮に入れた分析を再び取り入れなくてはならない。社会学や省庁の調査局（services ministériels）で行われている統計的調査は、様々な変数を使った進路や成功率の確率論的測定では分析をうまく利用できているが、忘れてはならないのは、説明なき予測は常に、説明すべきことを説明として捉えてしまう傾向があるということである。学生の進路を予測的に分析することは、説明することなく測定することにその分析が満足する時に作り上げる暗黙の順応によって、常に社会的運命と決定を甘受するほかないように仕向けかねない。

　例えば、労働者の両親を持つ子どもや職業バカロレア取得者の、高等教育へのアクセスの確率や3年で学士号を取得する等の確率が、管理職の両親を持つ子どもや普通バカロレア取得者におけるその確率よりもはるかに小さい、ということを示すことは、まったくもって公正なことでもあり絶対的に必要でもあると同時に、意味がない。実際、そのことを説明する説明的モデルをともなうことなしには少しの結果も引き出すことはできない。特に、説明なき予測は多くの分析エラーを助長する。

　実際、確率論的測定で満足することで、〔そこで終わってしまい〕それ以上のことが見えない恐れがある。つまり、最も確実でない進路を分析から消してしまったり、あるいはもっと悪いことに、その進路の評判を落としてしまったりしかねない。また、これらの分析を、それに対して闘わなくてはならないのではなく、それをしなくてはならない事項として政策に把握させる恐れがある。こうして、近年の改革は、どのように大学において良い環境で職業バカロレア取得者を受け入れ、彼らがそこで成功できるようにしていくか、ということを問う代わりに、むしろ彼らを大学から遠ざけようとしてきた。その理由は、分析がいかなる説明もともなわない場合に、確率論的分析が暗黙のうちに有効と認める確信を彼ら〔職業バカロレア取得者〕が根拠にしているからであり、また、いずれにしても、おそらく彼らが生まれた時からすぐに、彼らはそのためには作られていないからなのである。したがって、以下のことが忘れ、あるいは忘れさせられている。彼らがそうなるように期待されるものになるよう彼らを導いているのは、彼らの現状そのものというよりは、彼らの現状に対してなされていること（あるいは逆に、またより多くの場合、彼らの現状にもかかわらずなされていないこと[6]）なのである。

注
(1)　この高等教育の下位空間についてのより詳細な分析についてはOrange（2013）を参照されたい。
(2)　このテーマには特に中学校で行われる学校的・社会的選別（tri scolaire et social）プロセスがみえる（Palheta 2012）。
(3)　高等教育大臣〔2014年4月から2015年3月〕であるジュヌヴィエーヴ・フィオラ

ゾが国会において使った表現による。

(4) ここでは、実際にはより複雑である一つの調整プロセスのうち、いくつかの輪郭にだけ言及している（Bodin, Orange 2013: Chapitre 1 et 3）。

(5) しかしながらこのような進路変更が起こる確率は、学生が文化的・経済的にほとんど恵まれていない階層出身であればそれだけいっそう大きいということをあらためて言わなければならない。同様に、これらの調整は一般的に下方へと行われる（調整とは妥協することである）（Bodin, Orange 2013）。

(6) ブルデューが「差異への無関心」と称したこと（Bourdieu 1966）。〔ブルデューはこの論文のなかで、出身階層により文化資本には差異があること、この差異が学校による要求に応えられるかどうかに影響していることを指摘し、これらのことに学校が無関心であることを批判している。なお、ブルデューのこの論文は« L'école conservatrice（保守的学校）»とのタイトルであり、本章の原題« Le réformisme conservateur（保守的改良主義）»がこれを踏まえていることが推察されよう。〕

参考文献・資料

Bodin R., Orange S., 2013, *L'université n'est pas en crise. Les transformations de l'enseignement supérieur : enjeux et idées reçues*, Le Croquant.

Bourdieu P., 1966, « L'école conservatrice. Les inégalités devant l'école et la culture », *Revue française de sociologie*, vol. 7, no. 3, pp. 325-347.

Fouquet S., 2013, « Réussite et échec en premier cycle », *Note d'information* 13.10, DEPP/MEN.

IGEN（Inspection générale de l'Éducation nationale）, 2012, Rapport no. 2012-123, *Analyse de l'orientation et des poursuites d'études des lycéens à partir de la procédure admission post-bac*, IGEN, MEN.

Lemaire S., 2008, « Disparités d'accès et parcours en classes préparatoire », *Note d'information*, 08.16, DEPP/MEN.

Nahon S., 2012, « La formation aux professions sociales en 2010 », *DREES, Séries statistiques*, no. 164, 109p.

Ogien A., 1995, *L'esprit gestionnaire*, Éditions de l'EHESS.

Orange S., 2013, *L'autre enseignement supérieur. Les BTS et la gestion des aspirations scolaires*, PUF.〔ソフィ・オランジュ「上級技術者証書（BTS）という選択」園山大祐編『教育の大衆化は何をもたらしたか：フランス社会の階層と格差』勁草書房, 2016年, 24-50頁。〕

Observatoire de la Vie Étudiante, 2010, « Enquête », *Conditions de vie des étudiants 2010*, OVE.

Palheta U., 2012, *La domination scolaire. Sociologie de l'enseignement professionnel et de son public*, PUF.〔ユーゴ・パレタ「学校と庶民 – 庶民階層における教育的軌道と学業に対する関係 – 」園山大祐編『フランスの社会階層と進路選択：学校制度からの排除と自己選抜のメカニズム』勁草書房，2018年，109-127頁.〕

【付記】

　本章は、Bodin R. et Orange S., 2015, « Le réformisme conservateur : Examen de quelques paradoxes des analyses et des réformes contemporaines de l'enseignement supérieur », *Regards croisés sur l'économie* (*L'université désorientée*), 2015/1 no. 16, La Découverte, pp. 218-232を改稿したものである。ボダン氏、オランジュ氏の協力と翻訳の快諾に感謝申し上げる。

第7章

高等教育におけるバカロレア取得者の選抜ツールの役割

—アルゴリズムによる志願者振り分けの新しいガバナンス—

レイラ・フルイユ／クレマン・パン／アニエス・ヴァン＝ザンタン
（秋葉みなみ 訳）

はじめに

2009年から2017年の間、☞バカロレア取得後進路志望事前登録システム（APB）が、☞高等教育第一課程〔本章では非選抜型である大学のほか、技術短期大学部（IUT）、上級技手養成短期高等教育課程（STS）、☞グランゼコール準備級などを含む用語〕への☞バカロレア取得者の振り分けを組織した。APBは、なかでも志願者が定員を超えた非選抜課程での抽選による合否判定の実施を巡り、2017年6月にメディアから激しい攻撃を受けた。これらの批判を足掛かりに、フレデリック・ヴィダル高等教育・研究革新大臣は2017年7月半ば、抽選を中止することを発表した。次の新年度開始にあたり、その僅か数週間後に☞「学生の進路選択と成功に関する法（ORE法）」となるものを準備するため、協議目的の複数の作業部会が高等教育・研究革新省内で会合を開いた。ORE法の大綱は、2017年10月30日に発表された。これら作業部会は6つ設けられ、うち一つは高等教育第一課程へのアクセスに関わるもので、APBから高等教育進路志望事前登録プラットフォーム（☞Parcoursup）への移行を準備した。Parcoursupは、2018年3月の国会採決すら待たずに緊急に導入された。この緊急性は、クローズアップされ大騒動となった2つの事柄により

137

政治的に正当化された。一つ目はいわゆる「非選抜」の課程における「〔入学後に中退などの形で学生が事実上選り分けられていく〕失敗による選抜」、二つ目は抽選のスキャンダルであった。こうしたなかで、情報処理と自由に関する全国委員会（CNIL）は2017年の9月28日に意見を公表し、「一つのアルゴリズムを唯一の根拠として個々人について決定を下すことは中止すべきである」とした。国務院（Conseil d'État）は12月22日、抽選を許可した2017年4月の通達を無効とした。

　Parcoursupとその前身のAPBは今日、高等教育へのアクセスに関する公的行動のツールとして幅広く認識されているが、この2つのシステムが政治指導者および行政責任者らから技術分野に属するものとして公表されたことで、その根底にある社会的課題は覆い隠され、過小評価されてしまった。本章の目的は、公的行動の方向性と調整という観点、また利用者の平等な処遇という観点から国の役割の変遷とその影響を明らかにするために、2017年5月からフランスで進められた高等教育へのアクセスの改革、なかでもバカロレア取得者の高等教育へのアクセスを管理するアルゴリズムの導入と発展に、光を当てることを目的としている。APBとParcoursupという両システムの各々の歴史について振り返って分析することで、その組織的、制度的、思想的な主要課題を把握することができる。しかしながら本章においては、APBとParcoursupにより生じ得た不平等についての論争は考慮に入れないこととした。なぜなら、これらの論争は興味深い研究対象ではあるものの、国レベルでの志願者振り分け原理の手直しには寄与しなかったためである。

　本章では、APB次いでParcoursupの全国レベルの担当者ら、および首都圏の大学課程の責任者らを対象に、2017年11月から2018年12月にかけて行われた調査を主要資料として拠り所にする。同調査は、10件ほどのインタビューに加えて、省内会合の観察を集めたものだ。本章の分析の観点は、公的行動の一連のツールについての文献（Lascoumes, Le Galès 2004; Halpern *et al.* 2014）において展開された観点を取り入れている。つまり本章においては、APBとParcoursupを、多様な利益の、また相反する概念と価値の土台と産物であると同時に、制度の各立場の、さらには制度間競争の土台と産物であるような、社会技術的（sociotechnique）な方策として捉えていく。また、APBと

Parcoursupを、高等教育への進学に関する公的行動の調整の複雑さを顕現させるものとして分析していく。この複雑性の原因は、APBとParcoursupが国民教育省（MEN）に属すのか高等教育・研究省（MESR）に属すのかといった組織階層や行政機関の多重構造（省、大学区、中等教育機関、高等教育機関）、これら行政機関と純粋な意味での政治家（特に大臣や閣外大臣、各官房のメンバーら）との関係、また、これら行政機関と行政サービスの受け手や利用者（教職員、高校生、保護者）との相互関係にある。

　本章の論理展開は、国の現代改革を方向付け、国家の行政を形成する目的で政府内で現在使われている2つの規範的構想の観点から組織されている。それはすなわち、「戦略国家（État-stratège）」モデルと、「プラットフォーム国家（État-plateforme）」モデルだ。「戦略国家」モデルは、特に2000年代に☞予算組織法（LOLF法）が採択されて以来、ニュー・パブリック・マネジメント（NPM）の原理とツールをフランスに広げることに結び付いている。もう一方の「プラットフォーム国家」モデルについては、その広がりはより最近で、ビッグデータというテーマの出現に、また、より正確には公的行動部門での公共データ開放（open data）の進展に向けた近年の気運に結び付いている（公共データ開放の動きはなかでも2016年のデジタル共和国法の公布に繋がった）。

第1節　APB、あるいは戦略国家による志願者振り分け管理
── 全国的アルゴリズムの出現 ──

　2000年代は、「様々なドクトリンの集合体（puzzle doctrinal）」とも言われたNPMの原理の浸透により特徴付けられ、その原理とツールは、行政の優先任務を定義し直すことを目指している。もはや規則の遵守を管理することが優先ではなく、公共資源の最適な活用に留意するものである。その流れを汲んで発展した「戦略国家」モデルは（Bezes 2005, 2009）、戦略的役割と実用的役割との厳格な区別を基盤として国家の再編をも規定し、戦略的役割を中央官庁に、実用的役割を独立した実施機関（専門機構、地方自治体、公施設法人）に付与しており、これら実施機関の活動は新しいツール（品質基準、指数、ベンチマーキング）の展開により管理される。

　高等教育・研究の分野では、「戦略国家」モデルの適用は「制度上の立場」の変化をともなう（Musselin 2011［2001］, 2017）。フランスの同分野では歴史的に、学部（faculté）の論理と省（ministère）の論理に照らして大学（université）の制度的な弱さが顕著だが、大学は次第に完全なる実施機関となっていった。この動きは、省と大学の間における複数年計画という契約手段の導入とともに1990年代に始まり、次いで、2007年の☞「大学の自由と責任に関する法（LRU法）」で確立された。同法は、大学の学長の特権を強化し、「拡大した責任と能力（RCE）」を有する大学への移行を準備した。大学はこうして、かつて国が行使していた権限を授かることになった。それはつまり、予算の包括的な監査、給与総額の管理、使用している不動産資産の所有者となる可能性である。こうした変化は、中央官庁内の改革派グループの支持や、以前より充実した大学事務部の後押しを受け、大学の内部に、一連のツールとそれに対応する規則とともに、成果による管理という新経営管理理論を広めることを目指している（Barrier, Musselin 2015; Musselin 2017）。

　APBとParcoursupは、最初からこの動きのなかに入っていたわけではなかった。実際、これら2つのツールの源は、国立工科学院（INP）グループに発する大学外の地域限定的なイニシアチブにある。1992年、INP各校は入試の管理を統括・簡素化する目的で、ゲールとシャプレー（Gale, Shapley 1962）の安定結婚についての論文に発想を得て、志願者振り分けアルゴリズムを搭載する情報インターフェースに管理された共通サービスを導入した。この初出のイニシアチブは、国民教育省の関心、とりわけクロード・ボワショ（C. Boichot）の関心を引いた。1990年代半ばからの、特にウリアとテロ（Euriat, Thélot 1995）によるグランゼコール準備級の学生の社会的多様性の乏しさを指摘する論文が発表されて以来の準備級に対する批判に応じるために、国民教育省は準備級の入学システムの変革を試みた。元グランゼコール準備級の教員で、その後に物理学の担当地方教育視学官となったボワショは、1996年にグランゼコール準備級に関する報告書を手掛けており、そのなかでは「リール大学区をモデルとする入学願書提出の機械化と書類のデータ通信処理」が取り上げられている。ボワショは続いて、2002年から2004年にかけてグザヴィエ・ダルコス学校教育担当大臣の下で、グランゼコール準備級およびバカロレア取得後進路

に関する任務を与えられた。こうして国民教育省は2002年、INPに対してインターフェース「Admission Prépa（グランゼコール準備級への入学許可）」の構築を発注し、2003年にこれが完成した。ボワショは、ダルコス大臣の任期終了までINPとの特権的な交渉相手であり続けた。ボワショはその後、このグランゼコール準備級用の仕組みを大学にまで広げるという状況において、ヴァレリー・ペクレス高等教育・研究大臣の官房メンバーとして、またフランソワ・フィヨン首相の顧問として、2008年から2012年まで再び交渉役を務めた。

　この仕組みの高等教育の他領域への拡張は、複数の段階を通じて行われた。まずは2004年に、ナント大学区を皮切りに実験が始まった。ナント大学区は、学区内のほぼすべてのバカロレア取得後コースの入学を管理することができるシステムの開発を、INPトゥールーズ校に依頼した。この実験は総体的に満足のいく結果で、特に、「コースのオファーとニーズのわかりやすさ、利用者にとっての登録手順の簡便化、教員による生徒のフォロー、ニーズのより良い分散と重複登録の早期抹消[1]」という観点から良い結果が得られたため、システムはポワチエ大学区、ニース大学区、リール大学区へと拡大導入された。省サイドは最終的に2008年、「進学志望の統一書類（dossier unique de candidature）」の手順を国内すべての大学区へと広げることを決めた[2]。

　APBの永続化と選抜課程外への拡張利用は、公共規制に合致する、迅速な行政の形式化を生み出さなかった。実際、公務員を集めた省内部署ではなく、十名ほどの契約職員を集めて非営利団体として組織されたINPトゥールーズ校の情報処理チームが、APB全国プラットフォームの施行を請け負った。全国を統治する省内部署の設立はもっと後で、Parcoursupの立ち上げに併せて2018年6月に創設された。法的な問題点を絶対視しない理由は、「戦略国家」の新経営管理的な合理性と、成果の探求を優先する政治的レトリックとに結び付いており、この場合の成果とは、80万人近いバカロレア取得者の高等教育第一課程への最適な振り分けである。実際、2007年以来の政治的意思は、大学の自由と責任に関する法（LRU法）との整合性に即して、高等教育機関のガバナンスにおいて主に手段の論理のなかで考えることをもう止め、徐々に成果の論理を採用するよう仕向けることにあった。これは、省サイドが大学に対

して、これ以後は大学の各コース〔日本の学部、学科などに該当〕の「実際の」受け入れ能力に対応する数値を報告するよう要請したことに、強く表れている。この要請の目的は、大学に関するコストの計算を可能とすると同時に、教員一人当たりの学生数を明らかにするためで、これらすべての指標は、成果の基準に則った新しい裁定を可能にするのであった[3]。

　バカロレア人口の増大による圧力のなか、このシステムをいわゆる「非選抜」の課程へと拡張することは、毎年の状況に合わせた技術的ソリューションの応急対応措置をともなった。というのも、グランゼコール準備級に使われたアルゴリズムは、受験生各人の序列化した希望進学先リストと、受け入れ準備級ごとの全受験生のランキング・リストとを、対にすることを可能としていた。しかし、選抜のない課程においては、このランキング・リストがなかったため、入学希望者数が定員を上回った途端、一連の優先項目に基づいて希望者を順位付けしたランキング・リストを人為的に作る必要が生じたのだ。優先項目とは、まず最初に、規定の最低数の志望校を登録してシステムの決まりを遵守していること、次いで、その大学区のバカロレア取得者であること、次いで、第一志望であること。これらの優先項目では決めるに足りない場合は、抽選で志願者の当落が分けられた。中央視学局の報告書（IGEN 2012）のなかで早々に批判されたこの抽選という手段は、予算の減少が地方では大学に、全国では大学教員採用に悪影響を及ぼしている状況下で、バカロレア人口の増大という重圧を受け、ますます利用されるようになった。

　さらに、APBの手順は相次ぐ修正を受けた。例えばグループ化願書〔法学や心理学など志願者の多い幾つかの分野で、一つの願書によって地元大学区の該当分野の学士コースをまとめて受験できるシステム〕や「緑の丸ボタン」〔定員に余裕があり選抜もない地元大学区の学士コースにAPBのサイト上で緑の丸ボタンが付き、☞普通バカロレアの生徒には希望進学先に必ず一つ、この緑の丸ボタンのコースを選ぶことを義務付けるシステム〕などがそれで、後者は、普通バカロレア取得者を、滑り止めとして選んだ受け入れに余裕があるコースに振り分けることで、セーフティネットの構築に成功した。実際に振り分けの管理に携わる大臣官房メンバーの要望を受けて導入されたこれらの修正要素には、国の規定と地域の規定が加わり（地理的な優先、外国でバカロレアを

取得した者の優先、等）、システムの不透明化が進んだ。この不透明性は、アルゴリズムの総体が公表されないことで増幅し、最終的には高校生たちの訴えを通して法的な対立が生じ、CNILによりAPBに催告が行われる運びとなった。

　上述の調査はこのように、APBの失敗が（主に「抽選」の責任とされている）、とりわけ「戦略国家」の論理と、その制度的・技術的な応急対応処置に起因していることを示している。こうしてバカロレア取得者の振り分けの問題点については、選抜入学試験を課す理系グランゼコール用に考案されたシステムの副次的な修正以外の、何らかの技術的ソリューション提示に繋がるような開かれた討論が行われなかった。APBのこのような形成過程が法令遵守の規範的争点を相対化することを可能とする一方で、まさに適法性の問題こそが2017年、APBを政治的に見直すための主要な論拠となったのだった。

第2節　Parcoursup、あるいは志願者振り分けの不完全な地方分権
── プラットフォーム国家の「データ」による管理強化 ──

　「プラットフォーム国家」の概念はここ数年、デジタルデータの管理との繋がりで、国の近代化と改革を方向付ける新たな基準として政府内で定着した。デジタルデータは今後、商業的見地からも非商業的見地からも価値のある、個人行動に関する情報の数々を含んでいる限り、重要な財産であると広くみなされる。また、これらのデータの管理が、いわゆる簡素化と呼ばれるプロジェクトを生んでいる（Bartoli *et al.* 2016）。これらのプロジェクトはしばしば、諸手続きをペーパーレス化すること、また、行政機関の間に自動化された情報システムを展開することにある。「プラットフォーム国家」モデルは、どうして関心がデジタル・インターフェース（およびインターフェースが複数のエージェントの介入を調整する方法）へと、行政サービスの受け手や利用者によるインターフェースの使用へと、また、個人情報悪用から行政サービスの受け手や利用者を保護する法規範遵守へと集まるのかを、理解するのに役立つ。これらの問題は、プラットフォームが行政サービスの受け手や利用者を互いに競争関係に置くような義務的な手続きの土台となるとき、そしてこの競争が（すでにその機能自体が複雑な）アルゴリズムの使用によって規制されるとき、とりわ

け慎重な扱いを必要とするのだ。

　APBとParcoursupの分析は、「プラットフォーム国家」モデルの実現における多様な論理、さらには対立する論理をも顕在化させる。「学生の進路選択と成功に関する法（ORE法）」とParcoursupという改革についての高等教育・研究革新省の発表は、APBにもたらされた改良を強調するもので、ヴィダル大臣とその協力者たちは、入学許可手続きにおいて「人間性」を取り戻すことが改革の目的だと主張した。少人数の作業部会や個人インタビューの場で、改革の実施に携わった関係者間の、あるいは関係者とのやり取りのなかには、ParcoursupはAPBとは異なり、バカロレアの3年前からバカロレアの3年後までの連続性を優先することを目指すという構想が、はっきりと表れている(4)。「APBは一度も連続性のツールとして構想されたことはなかったが、Parcoursupは連続性のツールとなるよう、連続性のテコとなるよう、考案された(5)」のだ。確かに、改革であげられた幾つもの要素が、中等教育と高等教育の相互関係を形式化し、また拡大することを主旨としている。ただし、直接関係している教員らの不安、躊躇、反対の声はゼロではなかった。

　実際のところ、教員（中等教育の教員、大学の教員）の動員は、高校生各人の「内申書（fiche avenir）」作成のためと、Parcoursup上で志願者が出した願書の処理のために必要なのである。このような理由から、APBの設置が高等教育機関のガバナンス責任者らの間への新経営管理的な合理性の浸透を主な目的としていたのに対して、Parcoursupへの移行の推進者たちは何よりもまず、中等教育教員と大学教員の責任に頼っている点は注目に値する。また、受験生に責任を持たせる動きは、能動的進路選択（orientation active）(6)の展開を通じてすでにAPBでも実施されていたが、志望動機書を漏れずに書くことや、Parcoursupサイトに定期的にアクセスして高等教育機関からの入学提案への諾否回答をアップデートする義務付けにより、ますますもって強化された。

　中等教育と高等教育の接続は、全国レベルでの統一的運営機構の強化においてもみられた。APBの法律上の不備にもかかわらず、ガバナンス機構は次第に形を整えていった。2009年、高等教育・研究省は、同省が統率し、高等教育機関の3つの主要代表団体（全国学長会議（CPU）、全国グランゼコール会議（CGE）、全国理工系グランゼコール校長会議（CDEFI））から成るパイロ

ット委員会を設立した。同委員会は年に2回、5月と10月に会合を開いた。続いて2014年、高校生、高等教育の学生、生徒の保護者の各々の代表、また大学区総長、高等教育・研究省代表、INPトゥールーズ校のチームを集めて、年に2回あるいは3回開かれる利用者委員会が設立された。そして2018年11月、改革実施のなかで、新しいパイロット委員会が設立された。今度の委員会は毎週会合を開いており、さらに、APB時代の委員会とは異なり、国民教育省の代表（この場合は学校教育総局（DGESCO））、高等教育・研究革新省の代表（特に高等教育・就職指導総局（DGESIP））、またParcoursupプラットフォームを担当したトゥールーズのチームの責任者らが参加している。共通の場を作りたいという意志の現れはまた、会合が関係2省の建物で交互に開かれる、という点にもみられる。

　より一般的には、制度的な面から現在行われていることは、アルゴリズムを介しての、大学機関、地方行政、国家行政の三者間の役割の再配分である。実際のところParcoursupは、全国でただ一つの志願者振り分けアルゴリズムが稼働する状況から、全国の各大学コースがそれぞれの入学希望者を独自のアルゴリズム（ローカル・アルゴリズム）を使ってランク付けする状況へと移行させている。言い換えれば、それぞれの志願者に毎回一つだけ進学先を提案する「振り分けアルゴリズム」が、各大学区総長が定めた割合（学区の関係者には最後まで知らされない）に従って奨学金受給者や「学区内の生徒」をデータに統合させながら、志願者へ同時に複数の進学先を提案する「受け入れ状況通知アルゴリズム」へと変化している。各コース・各教育機関への行政責任の移譲はつまるところ、地方分散された行政の自由裁量権の強化をともなう。しかしながら、全国的アルゴリズムから、志願者の順位付けのための地方分権化プロセスへの移行は、逆説的に、全国規模での志願者振り分け管理の強化とセットになっており、プラットフォームが関与するコース数の増加、および学区割りの中央集権管理をともなっている。

　一方で、出身地区による差別と、志願者順位付けリスト（liste d'appel）の不透明性に関するメディア、学生組合、教員組合の批判を受け、数量割り当ての控え目な政策と、より野心的なコミュニケーション政策の展開がみられる。定員に占める奨学金受給者の最低割合が、新しいプラットフォームによって生

み出された、あるいは強化された不平等をやり玉にあげる者たちへの回答として、省サイドの論拠の中心となっている。にもかかわらず、特に透明性と情報へのアクセス拡大とが、利用者の期待と要望を考慮に入れた証として引き合いに出されている。高等教育・研究革新省はこうして、オープン・プラットフォーム上で志願者への受け入れ状況通知アルゴリズムのコードを公開することを受諾し（ただし各大学が志願者の順位付けに使う独自基準や、これらランキングに志願者を組み込むに際して各大学区総長が決めた各種比率は公開せず）、また、Parcoursupの結果、つまり進学先の提案を受けた生徒の数を、日々アップデートするためのウェブサイトの開設も行った。しかし、こうした数値に関して、バカロレアの系（série）に応じた違い（系により大きな差が表れる）を発表するまでには至らなかった。

おわりに

　APBとParcoursupは第一に、国の規範的構想および行動手段の変遷の優れた顕現物に思われる。両システムがたどってきた道を検証すると、実際、これまでに次々と複数の過程が展開されていったことに気付く。まず、NPMの原理の伝播、および大学機関のガバナンスにおける成果管理の広がりがみられた。次いで、教員の責任強化によるバカロレア前3年からバカロレア後3年の連続性の制度化に関連する行政再編がみられた。そして最後に、「アルゴリズム問題」を高等教育機関と地方分散行政へ移譲することで国の中枢の負荷減少がみられた。このことから、仮にこれら2つのシステムの間に大きな違いがあるにしても、APBからParcoursupへの移行は、断絶よりもむしろ国の行動（実施責任の地方レベルへの移譲、管理および利用者に関する透明性を目的とするデジタルツールの活用）を導く幾つかの原則の継続を示しており、また、APBに対する批判を利用して志願者振り分けプラットフォームをさらに発展させようという戦略的な意欲を物語っている。

　上記の展開は一見、行政機関、高等教育機関、教員へ譲る形で、中央政府が身を引いたように理解されるかもしれない。しかし、それはまったく逆で、我々の目の前で起きているのは中央行政機関の権力の強化である。中央政府は

今日、アクセスの不平等を著しく拡大し、抗議の声を巻き起こすリスクがある選抜というデリケートな作業を地方レベルに委託することで、バカロレア取得者の高等教育への進学を遠隔で上手く管理できている。なお、この抗議の声は、不透明な大学ごとのアルゴリズムの増加により、地域レベルの方がむしろ大きく、全国レベルでは抑えられたものとなるだろう。こうして、Parcoursupにより引き起こされかねない出身地区を原因とする差別や不平等を巡って2018年夏に巻き起こったメディアでの論争は、志願者振り分けプラットフォームの構想を取り仕切る政治的・行政的な論理の方向を変えるような全国レベルのものにはならなかった。それが、本章でこれらの論争を取り上げなかった理由である。その一方で、次回の志願者振り分けが必ず引き起こすであろう論争は、幾つかの大学区本部と高等教育機関に矛先を向けかねず、ある程度の状況対応的な修正へ向けて圧力がかかるリスクがある。

　これらのアルゴリズム、特にParcoursupは、高等教育へのアクセスにおいて、データの役割と制度規定者らの役割（Hatchuel 2010）とを同時に強化したようにみえる。実際、振り分けプラットフォームに送られるそれぞれの志願者の学業情報には、中等教育の教員たちの意見が添えられなければならない。高等教育の教員らによるこれら学業情報の精査が、今度は引き換えに進路の「アドバイス」を生み出す仕組みで、受験生には希望進学先における成功の蓋然性が通告される。しかしながら、新しい賞与もなく仕事を増やすばかりのこれらの新たな任務に対する中等教育の教員の抵抗（Van Zanten *et al.* 2018）、および高等教育の教員の抵抗は、結果的に「プラットフォーム国家」の成長を促し、また、この国家が利用者の間にもたらす全面的な競争を後押しすることに繋がる。デジタル・プラットフォームの根底にある原理とメカニズムを理解して戦略的に用いる能力は、利用者間で平等ではないのだ。不平等という観点からみたこうした動きとその影響については、固有の調査、すなわち、関係者の戦略を理解するための教育機関と学生を対象にした質的研究や、選択および選抜メカニズムと志願者振り分けメカニズムについての一連の影響に関する統計的分析が行われるべきである。

注

(1) 全国大学・雇用討論委員会の最終報告書（通称「エッツェル（Hetzel）報告書」）で引用された『ナントにおける進路・職業的参入全国計画の実験総括』（2006年10月, p.33）より抜粋。

(2) 進路・職業的参入全国計画（Schéma national de l'orientation et de l'insertion professionnelle）（2007年3月, p.8）。

(3) 受け入れ能力に関するデータだが、APBの管理者の一人は以下のように述べている。「すでに何年も前から各学士コースに対して、それぞれの定員をAPBのなかに書き入れるよう頼んでいる。多くの大学がデータを入力することを拒んできた。そのため我々の側としては、何年もの間、"9999"と定員数を打ち込んできて、それでうまくいっていた。なぜなら、定員の問題などなかったからだ。ところがある時点で、うちにどうしてこんなに多くの入学希望者を割り振るのか、と尋ねられた。ということは、大学がようやく動いて改め始めたのだ」（2018年1月9日のインタビュー）。この管理者によると、大半の大学が受け入れ能力についてAPBに情報を提供するようになったのは、2014年以降でしかない。

(4) 2015年1月16日付けの進路に関する大学区通達は「（このように）生徒と学生の進路と教育に一番近くで寄り添いたいとする大学区の希望を再度明示する」。

(5) 高等教育・研究革新省の学生の進路選択と成功に関する法（ORE法）・Parcoursup改革運営担当官であるテイヤール（Jérôme Teillard）氏へのインタビュー（2018年4月6日）。

(6) 広義では、能動的進路選択の概念は、雇用促進政策のモデルに則って、進学と就職の方向性模索に本人を関与させること、「見識のある」要望を述べられる力を伸ばすことを目指す公的行動の原理を指している。生涯教育・研修というEUの課題が広がるなかで、この原理はAPBに連携した仕組みの形で実現された。志望大学をAPBサイト上で入力する際、生徒は大学側が請け負う特別案内サービスを要求することができた。このサービスは、生徒が願書（高校の学業成績、将来の希望、志望動機書、等々）を志望の大学コースに出すと、「専門家委員会」が願書について裁定し、進学希望者に個別対応の面接を提案することもできるというものだった。

参考文献・資料

Barrier J., Musselin Ch., 2015, «La réforme comme opportunité professionnelle ? », *Gouvernement et action publique*, no. 4, pp. 127-151.

Bartoli A., Jeannot G., Larat F., 2016, « La simplification des formes et modalités de l'action publique : origines, enjeux et actualité », *Revue française d'administration publique*, no. 157, pp. 7-22.

Bezes P., 2005, « Le modèle de "l'État-stratège" : genèse d'une forme organisationnelle dans l'administration française », *Sociologie du travail*, vol. 47, no. 4, pp. 431-450.

Bezes P., 2009, *Réinventer l'État : les réformes de l'administration française (1962-2008)*, PUF.

Euriat M., Thélot C., 1995, « Le recrutement social de l'élite scolaire en France : évolution des inégalités de 1950 à 1990 », *Revue française de sociologie*, vol. 36, no. 3, pp. 403-438.

Gale D. & Shapley L. S., 1962, « College Admissions and the Stability of Marriage », *The American Mathematical Monthly*, vol. 69, no. 1, pp. 9-15.

Halpern C., Lascoumes P., Le Galès P., 2014, *L'instrumentation de l'action publique : controverses, résistances, effets*, Presses de Sciences Po.

Hatchuel A., 2010, « Activité marchande et prescription. À quoi sert la notion de marché ? », in Hatchuel A., Favereau O., Aggeri F. (dir.), *L'Activité marchande sans le marché ?*, Presse de l'École des Mines, pp. 159-179.

IGEN, 2012, *Analyse de l'orientation et des poursuites d'étude des lycéens à partir de la procédure admission post-bac*, MEN.

Lascoumes P., Le Galès P., 2004, *Gouverner par les instruments*, Presses de Sciences Po.

Musselin C., 2011 [2001], *La longue marche des universités françaises*, PUF.

Musselin C., 2017, *La grande course des universités*, Presses de Sciences Po.

Van Zanten A., Olivier A., Oller A.-C. & Ulhy K., 2018, « National Framing and Local Reframing of Students' Transition to Higher Education in France: Limitations and Pitfalls », *in* Ingram N. & Tarabini A. (dir.), *Educational Choices, Aspirations and Transitions in Europe*, Routledge.

【付記】

　本章は、Leïla Frouillou, Clément Pin et Agnès Van Zanten（2019）« Le rôle des instruments dans la sélection des bacheliers dans l'enseignement supérieur. La nouvelle gouvernance des affectations par les algorithmes », *Sociologie*, 2019/2 vol. 10, pp. 209-215の全訳である。著者および出版社PUF（フランス大学出版会）の快諾に感謝申し上げる。

第8章

フランスの高等教育政策とヨーロッパ統合
―EUとボローニャ・プロセスを通じた政策展開―

小畑　理香

はじめに

　ヨーロッパ統合の進展は、各国の政策形成を取り巻く環境を大きく変化させた。それは、EUの権限が加盟国の行動の支援・調整・補充にとどまるとされる高等教育政策においても同様である。一方、視点を変えれば、ヨーロッパ統合自体、そこに関わる国々を中心とした努力によって推し進められてきたものでもある。なかでもフランスはEU原加盟国として草創期から統合を主導するとともに、高等教育分野における協力の醸成に最も積極的に取り組んできた。後述の通り、1990年代末以降フランスはこの分野において度々イニシアチブをとっているが、このような国は他に例をみない。

　では、フランスはなぜこれほど積極的に高等教育分野におけるヨーロッパ統合を推進するのだろうか。それを解く鍵は、フランスの高等教育政策とヨーロッパ統合の強い結び付きにあると考えられる。しかし、両者の関係性は、これまでの研究において必ずしも十分に検討されているとは言えない。ボローニャ・プロセスに関しては、ヨーロッパ・レベルでの合意を受けた改革実施にフランスの国内的関心が大きく作用していることを明らかにした研究があるが（Musselin 2009）、個々の事例を超えてフランスの高等教育政策とヨーロッパ統合の関わりを中長期的な視点から論じた研究は管見の限り見当たらない。ま

た、近年のフランスの高等教育政策に関する研究では、ヨーロッパ統合よりも
むしろグローバルな競争環境との関わりが重視される傾向にある（Mignot-
Gérard, Normand, Ravinet 2019; Musselin 2017）。たしかに、本章でもみるよ
うに、グローバルな競争の激化はフランスの高等教育・研究システムのあり方
に大きな影響を与えている。ではしかし、そのような状況下でフランスが自ら
推進するヨーロッパ統合は、同国の高等教育政策にとっていかなる意味を持つ
のだろうか。本章では、1990年代末から現在に至る中期的な政策動向を振り
返り、フランスの高等教育政策とヨーロッパ統合の結び付きを明らかにするこ
とで、こうした問題を検討したい。

　その際、本章は、次の3つの時期に着目する。第一はリオネル・ジョスパン
内閣期の1997年から2000年にかけて、第二はニコラ・サルコジ政権下でフラ
ンスがEU議長国を務めた2008年下半期前後、そして第三はエマニュエル・マ
クロンが大統領となった2017年以降である。これらはそれぞれ、ボローニ
ャ・プロセス発足、U-マルチランク創設、ヨーロッパ大学イニシアチブとい
う、高等教育分野におけるフランスの主要なイニシアチブがとられた時期に相
当する。本章では、これらを手掛かりとして、各時期におけるフランスの高等
教育政策とヨーロッパ統合の関わりを考察する。

第1節　ボローニャ・プロセスとLMD制導入

　本章で取り上げる第一の時期は、1997年6月に成立したジョスパン社会党内
閣でクロード・アレーグルが国民教育・研究・科学技術大臣を務めた1997年
から2000年である。このアレーグルこそが、本節で扱うボローニャ・プロセ
スを実現に導いた人物である。ここでは、まずボローニャ・プロセスの概要を
示したうえで、フランスの高等教育政策との関わりを検討する。

　ボローニャ・プロセスは、高等教育分野においてヨーロッパ諸国の政策協調
を推進するプロセスであり、2010年の☞欧州高等教育圏（EHEA）創設を目
指して1999年6月にヨーロッパ29か国が署名したボローニャ宣言によって開
始したとされる。当時のEU加盟国が15か国であったことからも分かるよう

に、ボローニャ・プロセスはEU域外諸国も参加するEUとは別の汎ヨーロッパ的な政策協調枠組みである[1]。ボローニャ・プロセスにおいてはソフト・ロー的な手法がとられ、2〜3年ごとに開催される大臣会合で採択される共同宣言やコミュニケは法的拘束力を持たず、ヨーロッパ・レベルで合意された政策目標に基づき、参加国は自発的に国内改革を進める。

　具体的な政策目標としてボローニャ宣言に掲げられたのは、①容易に理解でき比較可能な学位制度の採用、②学部と大学院2つのサイクルから成るシステムの採用、③単位制度の確立、④学生・教員の流動性の向上、⑤質保証における協力、⑥高等教育におけるヨーロピアン・ディメンションの促進の6つである[2]。さらにボローニャ宣言以降も大臣会合のたびに、生涯学習の促進や域外に対するEHEAの魅力向上、高等教育への平等なアクセスの保証といった新たな政策目標が加えられた。その結果、ボローニャ・プロセスの活動領域は高等教育全般に及んでいるが、開始当初の最大のプライオリティは先にあげた①と②、すなわちヨーロッパ・レベルで比較可能な学位制度と教育課程の実現に置かれていた。つまり、法的拘束力を持たないとはいえ、ボローニャ・プロセスは各国の高等教育制度の改変を前提とした政策協調枠組みであった。これは、従来EUの枠組みで取り組まれてきた協力とは根本的に異なる点である。すなわち、EUにおける最大の成果であるエラスムス計画は、あくまで域内の高等教育機関間での人的交流促進のため行財政面での支援を行うにとどまるからである。

　以上から、ボローニャ・プロセスは高等教育分野におけるヨーロッパ統合にとって画期を成すと言える。もちろんボローニャ・プロセスはEUと無関係に発展したのではなく、エラスムス計画の下で開発された☞ECTS（欧州単位互換制度）の導入推進のように、EUの成果を基礎としている[3]。しかし、ボローニャ・プロセスの開始によって、それまでにない各国の高等教育制度の改変を含意する政策協調が実現したことは間違いない[4]。

　このような画期をもたらしたのは、本節冒頭で述べた通りフランスである。ボローニャ宣言前年の1998年5月、フランスは、ドイツ、イタリア、イギリスの高等教育担当大臣をパリでの会合に招待し、ボローニャ宣言を先取りする内容の共同宣言（ソルボンヌ宣言）を採択し、他のヨーロッパ諸国に対し参加を

呼び掛けた[5]。これが、翌年ボローニャ・プロセスが正式に発足する直接の契機である。

　実のところ、このイニシアチブは、フランスの高等教育政策と密接に結び付いている。前述の通り、ボローニャ・プロセス開始当初のプライオリティは、ヨーロッパ・レベルで比較可能な学位制度と教育課程の実現に置かれていたが、これはフランス国内における学位制度改革、すなわち☞LMD制の導入と表裏一体の関係にあった。そのことを如実に示すのが、『高等教育のヨーロッパ・モデルに向けて』（通称、アタリ報告）と題された報告書である（Attali et al. 1998）。アタリ報告は、アレーグルが大臣就任間もない1997年7月に国務院審議官であったジャック・アタリに依頼したもので、ソルボンヌ会合直前の翌年5月5日に公表された。アタリ報告では、ソルボンヌ宣言に先立って学位制度と教育課程の面においてヨーロッパ・レベルで収斂したシステム構築の必要性が提言されているが、見逃してはならないのは、そのタイトルに反して報告書の主旨がむしろフランスの高等教育が抱える国内的課題の分析とその解決のための改革案の提示に置かれている点である。そして、アタリ報告が提示した国内改革案こそが、後にLMD制として知られる学位制度の導入であった。

　ここでアタリ報告が提案したのは、学士課程（Bac+3）、新メトリーズ課程（Bac+5）、博士課程（Bac+8）から成る教育課程と学位制度である。新メトリーズ課程は後に修士課程と改められ、学士（Licence）・修士（Master）・博士（Doctorat）の頭文字からLMD制と呼ばれる。これは、ソルボンヌ宣言とボローニャ宣言に謳われる学部と大学院の2つのサイクルから成る高等教育システムを、フランスの文脈の下で具現化したものであり、その導入はボローニャ・プロセスにともなう国内改革として取り組まれることになる。

　では、LMD制導入が単なる国内改革としてではなく、ボローニャ・プロセスを通じたヨーロッパ諸国との政策協調として取り組まれたのはなぜか。その理由は、以下の2点に要約できる。第一には、フランスとヨーロッパ諸国の高等教育システムの比較可能性を高め、対外的に理解しやすいものにするためである。LMD制導入以前、フランスの高等教育課程はきわめて複雑であった。すなわち、Bac+2の☞大学一般教育課程（DEUG）の後、Bac+3のリサンス課

程、Bac+4のメトリーズ課程、さらにBac+5の研究深化課程（DEA）／高等専門教育課程（DESS）、そしてBac+8の博士課程である。さらに、高等教育の大衆化にともない大学内外に設置された多様な職業教育課程のほか、フランス特有のシステムである☞グランゼコール準備級（CPGE）および☞グランゼコールが存在する。このような状況は、フランスの高等教育システムを理解困難にし、その国際的認知を損なうものと考えられた[6]。そこで、高等教育の国際化をプライオリティに掲げるアレーグルは、ボローニャ・プロセスを通じたLMD制導入により、フランスの高等教育システムを単純化すると同時に、ヨーロッパ諸国との比較可能性を高めることで、その国際的認知度の向上を図ろうとしたのである[7]。また、ソルボンヌ宣言に謳われる高等教育システムがアメリカ・モデルに匹敵するヨーロッパの規範となるべきとのアレーグルの発言が示す通り[8]、そこには高等教育大国たるアメリカに対抗する意図も指摘できるだろう。

　第二の理由は、大学とグランゼコールの分裂の克服を成功裏に進めるためである。就任当初、アレーグルの念頭には、大学とグランゼコールが並存するフランスの特異な高等教育システムが国際競争における弊害となることへの懸念が強くあり、研究、教育、卒業資格、そして学生の流動性といった面で両者の接近を望んでいた[9]。アタリ報告自体、元はこのような問題関心に応えたものでもあり、LMD制導入によって大学とグランゼコールの橋渡しが可能になると繰り返し言及されている（Attali *et al.* 1998: 33, 41）。すなわち、一般にグランゼコールはBac+5の教育課程であることから、新メトリーズ課程の設置によりBac+5を共通項として両者の接近が容易になると考えられたのである[10]。

　こうした観点からは、LMD制はきわめて国内的な関心に基づくものに思われるが、フランスがあえてそこにヨーロッパ諸国との協調を持ち込んだのは、先にあげた第一の理由に加え、改革実現に必要な推進力をもたらすという動機が指摘できる[11]。周知の通り、フランスでは大学改革は時に大規模な抗議行動を招き、政府が改革案撤回に追い込まれることもある。国内的制約を克服するためにヨーロッパ政治を利用する戦略は珍しいものではなく、このイニシアチブもそうした戦略の一例と考えられる（Racké 2006: 3-4）。

　以上の政策意図を持って構想されたLMD制であるが、国内におけるその導

入は比較的スムーズになされた。ボローニャ宣言採択後、1999年内にはまず、☞バカロレア、学士、博士に並ぶ第4の学位としての修士、および第一課程の職業専門化を反映した☞職業学士が創設された[12]。そして、2002年4月の政令により、LMD制導入に加え、セメスター化やECTS、ディプロマ・サプリメント交付の普及促進が規定された[13]。高等教育機関への導入は、4年ごとに国との交渉により個別に締結される契約を通じて行われ、2006年にはほぼすべての大学がLMD制に基づく教育課程を採用するに至ったほか、大学外の高等教育機関にもその適用が順次進められた[14]。

　以上にみてきたように、フランスによる第一のイニシアチブであるボローニャ・プロセス発足は、LMD制導入と不可分の関係にあった。それは、大学とグランゼコールの分裂という国内的課題の解決を成功裏に進めるとともに、フランスの高等教育システムを合理化したうえでヨーロッパの規範のなかに埋め込み、その国際的認知度を向上させようとする試みだったのである。こうしたヨーロッパ統合と国内改革との結び付きは、次節で検討する第二の事例にもみられる。

第2節　U-マルチランクと高等教育・研究機関連携

　第二の時期は、サルコジ政権下の2008年下半期前後である。この時期には、EUおよびボローニャ・プロセスの議長国としてフランスがイニシアチブを発揮し、ヨーロッパ独自の国際大学ランキングである☞U-マルチランクの創設に向けた取組みが開始した。本節では、まず前提として当時の国際大学ランキングをめぐる状況を押さえた後、U-マルチランク創設に至る過程と特色を示し、フランスの高等教育政策との関わりを検討する。

　2003年に中国の上海交通大学が世界大学学術ランキング（ARWU）の公表を開始して以降、翌年にはイギリスの『タイムズ・ハイアー・エデュケーション・サプリメント（THES）』誌によるランキング[15]が創設されるなど、2000年代半ばには国際大学ランキングの台頭がみられた。こうしたランキングの急速な普及の背景には、学生や教員、研究者の国境を越えた流動性が高まるにと

もない、世界の高等教育機関を容易に比較参照できる情報が求められるようになったことがある。これらのランキングは、指標の適切性など評価手法に批判が寄せられる一方、メディアを通じて大きな社会的影響力を持つようになっていた。

このような文脈の下、サルコジ政権で高等教育・研究大臣を務めたヴァレリー・ペクレスが、2008年下半期の議長国就任にあたって取り組む事業の一つとして提案したのが、ヨーロッパ独自の国際大学ランキングの創設である[16]。イニシアチブの発端は、少なくとも2007年11月に遡る。すなわち、フランスの高等教育・研究省の担当者を含む国内外の専門家から成る学術委員会が設置され、議長国就任に先立ち国際大学ランキングをめぐる現状分析とヨーロッパ・レベルで取り得る対応について検討を開始したのである[17]。ここでの準備作業を踏まえ、2008年11月に議長国プログラムの一環としてパリで開催した国際会議の議長総括において、ヨーロッパ独自のランキングの必要性とその依拠すべき原則が示され、2010年を目処に実行可能性について検討を行うよう、欧州委員会に入札募集の要請がなされたのである[18]。

これを受けて2008年末にプロジェクトの入札募集が行われ、最終的にドイツの高等教育開発センター（CHE）とオランダのトゥウェンテ大学高等教育政策研究所（CHEPS）を中心メンバーとするコンソーシアム「CHERPAネットワーク」が落札した[19]。なお、フランスからは学術委員会設置当初より検討に加わっていた科学技術観察局（OST）が参加している。CHERPAネットワークは2年に及ぶ作業を通じて、ランキング・システムの設計とヨーロッパ域内外57か国159の高等教育・研究機関を対象とする試行調査を行った（Van Vught and Ziegele 2011: 15, 21）。その結果として設計されたランキングはU-マルチランクと名付けられ、70を超える国々から850以上の高等教育機関を対象とし、2014年に最初のランキングを公表するに至っている[20]。

U-マルチランク最大の特色は、①教育・学習、②研究、③知識移転、④地域連携、⑤国際化の5つの側面から高等教育機関を評価する多元性にある。加えて、高等教育機関全体と学問分野別、双方のランキングがあるのも特徴的である。そのため、U-マルチランクは、ARWUなどのように単一の総合ランキングは公表せず、5つの各側面に焦点を絞ったランキングや学問分野別のラン

キングといった多様なランキングを用意している。また、ユーザーが自らの関心に沿って条件を選び、オーダーメイドのランキングを作成できるユーザー主導性も重要である。

　それでは、U-マルチランクはフランスの高等教育政策とどのような関係にあるのだろうか。U-マルチランク創設のイニシアチブを取ったサルコジ政権は、フランスにおいて国際大学ランキングへの政治的関心が特に高まった時期である。サルコジは、大統領就任早々、国際大学ランキングにおけるフランスの高等教育機関の地位向上を求め、少なくとも上位20位以内に2校、上位100位以内に10校をランクインさせることを数値目標として掲げた[21]。また、2008年7月には、高等教育におけるランキングをめぐる問題に関する報告書が元老院に提出され、現状分析と政策提言を行っている[22]。

　こうした高い政治的関心の背景には、既存の国際大学ランキングにおけるフランスの高等教育機関の不振への懸念が存在した。これらの議論で特に注目されるARWUやTHESの上位は英米の大学が独占し、2007年時点で前者の上位100位以内に含まれるフランスの機関はわずか4校に過ぎない[23]。このような状況を前に、フランスでは、その評価の正当性はともかく、世界中の学生が参照しうるがゆえに留学生獲得競争に悪影響を与えかねないとして懸念が抱かれた[24]。そこで、ランキングにおける順位向上が政策目標となるのである。

　ここで重要なのは、既存のランキングにおけるフランスの劣勢の要因が、それらの評価手法と同国固有の高等教育・研究システムの不整合性にあると捉えられたことである。例えば、ARWUは、ノーベル賞、フィールズ賞を受賞した卒業生や教員の数、『ネイチャー』誌、『サイエンス』誌に発表された論文数といった指標を用いているが、これは明らかに理系の研究業績に偏った評価手法である。それに対し、フランスでは、先端的研究の多くは、国立科学研究センター（CNRS）や国立保健医学研究機構（INSERM）といった大学外の国立研究機関で行われている。これらと大学との間には共同研究ユニットが設置されているが、研究者が研究成果に大学名を記さないこともあるため、大学の研究業績が過小評価される傾向にあるという問題が指摘されている[25]。また、フランス特有のグランゼコールに関しても、国内では高い社会的評価を得ているものの、小規模であることに加え、高度専門職業人の養成を使命とし学術研

究に軸足を置いていないことから、研究業績が重きを成す既存のランキングでは必ずしも高い評価が得られないとされる[26]。

　加えて、フランスの大学が比較的小規模であることも、既存のランキングにおいては不利に働くと考えられた。フランスでは1968年に制定された☞高等教育基本法（フォール法）によって旧来の学部が解体され、1つの大学区内にいくつかの学問領域ごとに分かれた小規模な大学が並存するようになった（夏目 2012: 113）。こうした状況に対しては、前述した元老院の報告書も、既存のランキングでは大規模な大学が有利であり、フランスにとっては不利に働くと指摘している[27]。

　以上のように、フランスでは、研究志向の大規模な総合大学を高く評価する既存の国際大学ランキングは、大学・グランゼコール・国立研究機関が並立し、学問領域によって細分化された同国の高等教育・研究システムにとって不利だと考えられた。フランスの高等教育機関の地位向上のための施策はこのような認識の下で展開することになるが、それは一方では既存のランキングの評価手法に則した国内改革として、他方では既存のランキングの評価手法に対抗する試みとして表れた。U-マルチランクの創設は後者に当たるが、その説明の前に前者についてもみておこう。

　既存の国際大学ランキングの評価手法に則した国内改革とは、すなわち隣接する大学・グランゼコール・研究機関の連携によって、ランキングで高く評価されると考えられる研究志向の大規模な総合大学を擬似的に生み出そうとする取り組みを指す。なかでも重要な施策は、☞研究・高等教育拠点（PRES）の設置である。PRESは☞計画・研究のための基本法（2006年）によって導入されたが、サルコジ政権では大規模な財政支援策を通じてPRESの設置が促進された。すなわち、2007年11月、サルコジ大統領は、フランス電力（EDF）の株式売却によって得られる資金を投じて国内の高等教育機関の施設整備を行うキャンパス計画を発表したが、その公募では機関間の連携が推奨され、PRESの設置が促進された[28]。PRESは、2013年7月の☞高等教育・研究法により大学・高等教育機関共同体（COMUE）に取って代わられたが、それまでに27拠点が形成されるなど[29]、フランスにおける高等教育・研究機関の連携の発展をもたらした。

　PRESの狙いは、地域をベースに複数の高等教育・研究機関の力を結集することにより、フランスの高等教育・研究システムの国際的な知名度と魅力を強化することにある(30)。国際大学ランキングとの関連性は明白であり、2007年9月に提出された国民教育研究行政監査総局（IGAENR）による報告書でも、PRESによって期待される効果の一例として、学術的出版物への署名の単一化によるARWUにおけるフランスの大学の順位向上があげられている(31)。

　同様の狙いは、大学統合の動きにもみられる。前述の通り、フランスでは1つの大学区内に学問領域ごとに分かれた複数の大学が並存していたが、この時期以降、大学統合が相次ぐ。その最初の事例がストラスブールに拠点を置く3つの大学であり、2006年9月から統合に向けた協議を始め、2009年1月に単一のストラスブール大学が誕生した(32)。ここでも国際的な知名度の向上という目的が表明されており(33)、PRES同様、複数の高等教育機関の連携による規模の効果が期待されていることが分かる。これ以降、エクス＝マルセイユ大学（2012年）、ロレーヌ大学（2012年）、ボルドー大学（2014年）など、現在に至るまで多くの大学統合が実現している。

　以上が既存のランキングの評価手法に則した国内改革であるが、それと並行して取り組まれたのがU-マルチランクの創設である。ペクレスが、自らのイニシアチブをヨーロッパの歴史や伝統、教育システムの強みを考慮に入れたランキングを共に作るものだと説明していることからも分かるように(34)、それは米英型の研究志向の総合大学を高く評価する既存のランキングの評価手法に対抗する新たなランキングのあり方を提示する試みと理解できる。学術委員会の設置以前からフランス政府内でプロジェクトに関わったOST（当時）の専門家によれば、フランスを含むヨーロッパの高等教育・研究システムの多様性を考慮に入れ、異なる次元の卓越性を評価しうる多元的なランキングの必要性は、発案当初からプロジェクトの根幹を成していた(35)。多元的な評価手法の採用により、大学・グランゼコール・国立研究機関の並立と学問領域による細分化によりこれまで不利な立場にあったフランスの高等教育機関に、自身の強みを活かして国際的なプレゼンスを向上させる可能性をもたらすことが期待されたのである。

　このような意図は結果にも反映され、例えばU-マルチランクが2018年以降

公表している指標別のトップ25大学のリストをみると、ARWUなどの既存の
ランキングとはまったく異なる様相を呈している。例えば2018年のリストで
は、フランスの高等教育機関はアメリカ、イギリスに次いで多くランクイン
し、世界第3位の地位を獲得しているほか、既存のランキングでは冷遇されて
きたグランゼコールも多く姿を現している[36]。

　以上から、フランスによる第二のイニシアチブであるU-マルチランク創設
についても、国内改革との強い結び付きは明らかである。すなわち、フランス
は、PRESの設置や大学統合を通じて既存の国際大学ランキングの評価手法の
下では不利に働く同国固有の高等教育・研究システムの改革を試みる一方、そ
うした固有性を考慮に入れた新たなランキングをヨーロッパ・レベルで創設す
ることにより、不利な条件そのものを覆そうとした。このような国内改革と対
外的なイニシアチブは、台頭する国際大学ランキングにおけるフランスの高等
教育機関の劣勢に対処するための政策の二本柱を成していたのである。

第3節　ヨーロッパ大学による国境を越えた連携推進

　ここまでボローニャ・プロセス発足とU-マルチランク創設という2つの事
例をみてきたが、いずれの背後にもナショナルな動機が存在し、国内改革と強
く結び付く形でヨーロッパ・レベルでのイニシアチブがとられたことが分か
る。では、こうした特徴は、フランスが高等教育分野におけるヨーロッパ統合
を主導した最新の事例にも当てはまるのだろうか。

　ここで第三の時期として本節が着目するのは、マクロン政権が成立した
2017年以降である。2017年9月、マクロンは、パリ・ソルボンヌ大学において
「ヨーロッパのためのイニシアチブ」と題する演説（ソルボンヌ演説）を行っ
た[37]。約90分間のこの演説はEU改革案に関するものであり、安全保障や移
民問題と並んで高等教育に関する提案がなされている。ここではその内容を概
観したうえで、フランスの高等教育政策との関わりについての検討を試みた
い。

　ソルボンヌ演説における高等教育に関連したマクロンの提案は、以下の3点

に要約できる。すなわち、2024年までに①すべての学生が2つ以上のヨーロッパ系言語を話せるようになること、②同一年齢層の半数が25歳までに6か月以上自国以外のヨーロッパの国で過ごした経験を持つこと、そして③複数のヨーロッパ諸国の大学をネットワークで結んだヨーロッパ大学を少なくとも20程度設立すること、である。これらに加えて、マクロンは、ボローニャ・プロセスをモデルとした中等教育の卒業資格の調和や相互承認を目指すプロセスに取り組む意向も明らかにしている。

　これらの提案は、2017年12月の欧州理事会で取り上げられた。理事会総括においては、より多くの若者が母語の他に2つ以上のヨーロッパ系言語を話せるように言語学習の向上をはかること、EU域内の高等教育機関のボトムアップ型ネットワークとしてのヨーロッパ大学を2024年までに20程度設置するよう促すこと、中等教育の卒業資格の相互承認について加盟国間の協力を推進すること、そして具体的な数値は明示されないものの学生の流動性を高めることが謳われた(38)。ここでの合意内容は若者の流動性に関する数値目標や中等教育の卒業資格の調和に関する言及がみられないなど、ソルボンヌ演説と比べると後退してはいるが、マクロンによる提案が概ね受け入れられたことが分かるだろう。実際、ヨーロッパ大学については、欧州委員会による二度の募集の結果、2019年と2020年に合計280の高等教育機関が参加する41のヨーロッパ大学が選定されるに至っている。これらにはそれぞれ、EUの教育プログラムであるエラスムス・プラスから最大500万ユーロ、研究・イノベーション促進プログラムであるホライズン2020から最大で200万ユーロが3年間にわたって与えられることになる(39)。

　一般に親ヨーロッパ主義者とみなされるマクロンによるソルボンヌ演説における提案は、きわめてヨーロッパ主義的に映る。また、この場合、第一と第二のイニシアチブのようにそれに明示的に対応する国内改革があるわけではない。しかし、この第三のイニシアチブもまたナショナルな動機から理解しうる。ヨーロッパ大学は、3か国3校以上の高等教育機関から成るネットワークを指すが、2018年5月に首相のエドゥアール・フィリップが強調した通り、その設置推進により期待されているのは高等教育機関のグローバルな競争力の強化である(40)。野心的な目標の割にはEUからの予算は少ないとされるが、こ

こで期待されているのはむしろ「ヨーロッパ大学」というラベルの獲得により、国際競争で優位に立つことなのである（Mignot-Gérard, Normand, Ravinet 2019: 14-15）。加えてフランスでは、ヨーロッパ大学に参加する自国の高等教育機関に対し、未来への投資プログラム（PIA）の枠組みにおいて10年間で1億ユーロの助成金が用意された[41]。これは、ヨーロッパ大学へのフランスの高等教育機関の参加を促し、その国際的開放および国際競争力強化に繋げようとする強い意図を窺わせるものである。

　このように政府が積極的に推進するヨーロッパ大学に対しては国内の高等教育機関の関心も高く、2019年の第一次選考で選ばれた17のヨーロッパ大学には、加盟国中で最大となる16校（大学・グランゼコールいずれも含む）が参加し、うち6校はプロジェクトのコーディネーターを務めている[42]。

　ヨーロッパ大学は、いまだ開始したばかりのプロジェクトであり、その影響や国内政策との関わりについては今後さらに詳しく考察する必要がある。しかし、一見するときわめてヨーロッパ主義的なこのイニシアチブの背後に、EUとフランス政府双方からの財政的誘因による自国とヨーロッパの高等教育機関の連携推進と「ヨーロッパ大学」というラベルの付与を通じて、前者の国際競争力を強化しようとする政策意図があることは間違いないだろう。

おわりに

　以上、本章では、3つのイニシアチブを通じてフランスの高等教育政策とヨーロッパ統合の関係を考察してきた。そこからは、いずれのイニシアチブもナショナルな問題関心が原動力となっており、国内の高等教育改革とヨーロッパ統合は表裏一体の関係にあることが示された。そして、3つの事例から共通して導き出されるのは、高等教育をめぐるグローバルな競争との強い関連性である。

　冒頭でも述べたが、グローバルな競争の激化はフランスの高等教育・研究システムのあり方に大きな影響を与えている。とりわけ本章でも言及した国際大学ランキングの台頭以来、高等教育をめぐる競争は激しさを増し、フランス固有の高等教育・研究システムは、研究志向の総合大学というグローバルなモデ

ルによる挑戦を受けるのみならず、従来の原則である平等性と多様性が、卓越性と垂直的階層化に取って代わられつつあるとされる（Mignot-Gérard, Normand, Ravinet 2019: 9; Musselin 2017: 7-9）。こうしたなかで、ヨーロッパはグローバルな空間とナショナルな空間の間に介在しているのであり、フランスは、自ら統合のイニシアチブを取ることにより、ヨーロッパを介してグローバルな競争に対抗しようとしている。「ヨーロッパの規範」としてのLMD制、U-マルチランク、そしてヨーロッパ大学のいずれも、ヨーロッパの名の下にフランスの高等教育機関の国際的なプレゼンスを向上させることを狙いにしている。ここでは、ヨーロッパ統合はフランスの高等教育政策にとっての1つの手段となり、国内政策とヨーロッパ協調との境界線の曖昧さが生じている。

こうしたナショナルな政策意図に基づくイニシアチブは、ヨーロッパ的というよりもフランス的な論理を反映したものであり、大学とグランゼコールの並立、そして大学外の研究機関の存在という固有の高等教育・研究システムがもたらす問題がその根底にある。現在までのところ、これらのイニシアチブは一定の成果を生み、高等教育分野におけるヨーロッパ統合の進展に寄与しているが、ナショナルな論理が常に受け入れられるとは限らない。

加えて、本章では紙幅の都合から十分に触れることができなかったが、ヨーロッパ統合が逆にフランスの国内政策に影響を及ぼすという側面も重要である。LMD制と表裏一体に進められたボローニャ・プロセスではあったが、その活動領域は今や当初の枠を超え、質保証や資格枠組み、雇用可能性、アクセスの平等など、高等教育に関わるあらゆる側面に及んでいる。ボローニャ・プロセスは法的拘束力を持たず、また高等教育分野において欧州委員会の権限はごく限られているとはいえ、ヨーロッパ・レベルで形成される規範やピア・レビュー、グッドプラクティスの共有を通じた影響は無視できない。そうしたなかで、フランスの高等教育政策とヨーロッパ統合との間に齟齬や軋轢が生じていないか、前者に何らかの変容がもたらされていないか、今後の動向も注視しながらさらなる検討が求められる。

注

(1) その後も参加国は増加し、現在のEHEA参加国は48か国を数える。

(2) "The Bologna Declaration of 19 June 1999", Joint declaration of the European Ministers of Education, Bologna, 19 June 1999.

(3) 加えて、ボローニャ・プロセスでは、高等教育に関する資格の相互承認をめぐるリスボン協定（1997年）の調印・批准を推進するなど、欧州審議会における成果も取り入れている。

(4) 高等教育分野におけるヨーロッパ統合のなかでのボローニャ・プロセスの位置付けについて、詳しくは小畑（2015）を参照。

(5) "Joint Declaration on Harmonisation of the Architecture of the European Higher Education System", by the four Ministers in charge for France, Germany, Italy and the United Kingdom, Paris, 25 May 1998.

(6) *Le Monde*, 24-25 mai 1998, p. 7.

(7) Conférence de presse conjointe de MM. Claude Allègre, ministre de l'éducation nationale de la recherche et de la technologie, Hubert Védrine, ministre des affaires étrangères et Charles Josselin, ministre délégué à la coopération et à la francophonie, sur la coopération de leurs ministères pour la formation supérieure d'étudiants étrangers au sein de l'Agence EDUFRANCE et sur le rayonnement et l'ouverture de la France, Paris le 6 novembre 1998.

(8) *Le Monde*, 24-25 mai 1998, p. 7.

(9) Lettre de mission de Jacques Attali, le 21 juillet 1997.

(10) Ministère de l'Éducation nationale, de l'Enseignement supérieur et de la Recherche, "National Reports 2004-2005", 25 January 2005. p. 3.

(11) "National Reports 2004-2005", p. 20.

(12) Ministère de la Jeunesse, de l'Éducation nationale et de la Recherche, « France : Mise en œuvre des objectifs du Processus de "La Sorbonne/Bologne" （1998-2003）», Rapport national, le 8 août 2003, p. 3.

(13) *Ibid.*; フランスにおけるLMD導入については、大場（2005）に詳しい。

(14) Ministère de l'Enseignement supérieur et de la Recherche, "Bologna Process National Report: 2007-2009", 28 October 2008, p. 8.

(15) 『THES』は、現在は『タイムズ・ハイアー・エデュケーション（THE）』と改称している。

(16) « Universités : Pécresse veut une évaluation européenne », le 26 février 2008 [http://www.lefigaro.fr/actualites/2008/02/26/01001-20080226ARTFIG00552-

universites-pecresse-veutune-evaluation-europeenne-.php（2016年1月13日閲覧）］.

(17) Filliatreau, Ghislaine, on behalf of the Scientific Committee for the Paris Conference, "Typology and Rankings for the European HEIs: Conclusions of the Scientific Committee", presentation slides, Conference on International Comparison of Education Systems: A European Model?, Paris, 14 November 2008.

(18) Ministère de l'Enseignement supérieur et de la Recherche, « Conclusions de la Présidence sur la typologie et le classement des établissements d'enseignement supérieur : l'approche européenne », Conférence : Comparaison internationale des systèmes éducatifs : un modèle européen ?, Paris, les 13 et 14 novembre 2008.

(19) 高等教育・研究業績評価のためのコンソーシアム（Consortium for Higher Education and Research Performance Assessment）。英語での頭文字を取って CHERPA ネットワークと呼ばれる。

(20) U-Multirank Project ［https://www.umultirank.org/about/u-multirank/the-project/（2020年8月13日閲覧）］.

(21) Lettre de mission de M. Nicolas Sarkozy, Président de la République, adressée à Mme Valérie Pécresse, ministre de l'enseignement supérieur et de la recherche, sur les priorités en matière d'enseignement supérieur et de recherche, le 5 juillet 2007.

(22) *Rapport d'information*, no. 442 fait au nom de la délégation du Sénat pour la Planification （I）sur le défi des classements dans l'enseignement supérieur, Par M. Joël Bourdin, Sénat, session extraordinaire de 2007-2008, Annexe au procès-verbal de la séance du 2 juillet 2008.

(23) "Academic Ranking of World Universities 2007" ［http://www.shanghairanking.com/ARWU2007.html（2020年8月21日閲覧）］.

(24) « Universités : Pécresse veut une évaluation européenne ».

(25) 学問領域によって異なるが、フランスの論文のうち3分の2（67.5％）にしか、大学名が記されていないという。この点については、*Rapport d'information*, no. 442, p. 72を参照。

(26) グランゼコールに関して、サルコジも、大統領就任前年の2006年に刊行された著書において、「わが国の高等教育システムの花形であり、私たちが最も誇りに思っている学校である☞エコール・ポリテクニックについては、第203位から第300位の間に位置している」と関心を寄せている（Sarkozy 2006: 134-135）。

(27) *Rapport d'information*, no. 442, p. 72.

(28) Ministère de l'Enseignement supérieur et de la Recherche, « Opération Campus », Paris, 24 avril 2008, pp. 2-4；キャンパス計画とPRESの関わりについては、大場（2014: 48）を参照。

(29) 設置されたPRESの一覧は大場（2014）を参照。

(30) Ministère de l'Éducation nationale, de l'Enseignement supérieur et de la Recherche, « Les pôles de recherche et d'enseignement supérieur », dossier de presse, Paris, septembre 2006.

(31) Inspection générale de l'administration de l'Éducation nationale et de la Recherche (IGAENR), *La mise en place des pôles de recherche et d'enseignement supérieur (PRES)*, Rapport à madame la ministre de l'enseignement supérieur et de la recherche, Paris, septembre 2007, p. 1.

(32) Université de Strasbourg, « Histoire de l'Université de Strasbourg », Strasbourg, p. 3. [https://www.unistra.fr/fileadmin/upload/unistra/documentation/historique_uds.pdf]

(33) « Une université unique » [https://www.unistra.fr/index.php?id=19527（2020年8月20日閲覧）].

(34) *Journal officiel de la République française. Débats parlementaires, Assemblée nationale, Compte rendu intégral*, 2ᵉ séance du mardi 18 novembre 2008, p. 7477.

(35) 2007年当時、OST局長であったジスレーヌ・フィリアトロー氏へのインタビュー（於INSERM、2018年3月14日実施）。

(36) « Le classement U-Multirank 2018 distingue les universités françaises au 3e rang mondial », le 5 juin 2018 [https://www.lemonde.fr/campus/article/2018/06/05/le-classement-u-multirank-2018-distingue-les-universites-francaises-au-3e-rang-mondial_5310142_4401467.html（2020年8月25日閲覧）].

(37) Discours d'Emmanuel Macron pour une Europe souveraine, unie, démocratique, le 26 septembre 2017.

(38) European Council meeting (14 December 2017) Conclusions, Brussels, 14 December 2017, EUCO 19/1/17 REV 1, p. 3.

(39) European Commission, "24 New European Universities Reinforce the European Education Area", Press Release, IP/20/1264, Brussels, 9 July 2020.

(40) Discours de M. Édouard Philippe, Premier ministre, Conférence ministérielle européenne de l'enseignement supérieur, Paris, le 24 mai 2018.

(41) « Universités européennes : 16 établissements français sélectionnés en 2020 »,

[https://www.campusfrance.org/fr/universites-europeennes-16-etablissements-francais-selectionnes-en-2020（2020年8月26日閲覧）].

(42) « Universités européennes : 16 établissements français sélectionnés » [https://www.campusfrance.org/fr/universites-europeennes-16-etablissements-francais-17-projets-selectionnes（2020年8月27日閲覧）].

参考文献・資料

Attali J. *et al.*, 1998, *Pour un modèle européen d'enseignement supérieur*, Ministère de l'Éducation nationale, de la Recherche et de la Technologie, 78p.

Mignot-Gérard S., Normand R., Ravinet P., 2019, « Les(re)configurations de l'université française », *Revue française d'administration publique*, vol. 169, no. 1 pp. 5-20.

Musselin Ch., 2009, « Les réformes des universités en Europe: des orientations comparables, mais des déclinaisons nationales », *Revue du MAUSS*, vol. 33, no. 1, pp. 69-91.

Musselin Ch., 2017, *La grande course des universités*, Presses de Sciences Po, 304p.

Racké C., 2006, « The Bologna Process and the EU: Neither Within nor Without », Work in progress presented at the Third International EUREDOCS Conference, International Centre for Higher Education Research Kassel,16-18 June, 19p.

Sarkozy N., 2006, *Témoignage*, XO éditions, 288p.

Van Vught F., Ziegele, F. (eds.), 2011, « U-Multirank: Design and Testing the Feasibility of a Multidimensional Global University Ranking », Final Report, Consortium for Higher Education and Research Performance Assessment, CHERPA-Network, 183p.

大場淳（2005）「欧州高等教育圏創設とフランスの対応―新しい学位構造（LMD）の導入を巡って―」『大学論集』第35集, 171-192頁.

大場淳（2014）「フランスにおける大学の連携と統合の推進―研究・高等教育拠点（PRES）を中心として―」広島大学高等教育研究開発センター戦略的研究プロジェクトシリーズⅧ『大学の多様化と機能別分化』41-59頁.

小畑理香（2015）「戦後ヨーロッパにおける高等教育政策の展開―政府間協力と超国家統合の葛藤を通じて―」『パブリック・ヒストリー』第12号, 62-77頁.

夏目達也（2012）「フランスにおける大学ガバナンス改革と大学執行部向け研修」『名古屋高等教育研究』第12号, 111-133頁.

【付記】

　本研究の一部は、独立行政法人日本学術振興会研究拠点形成事業（A. 先端拠点形成型）「日欧亜におけるコミュニティの再生を目指す移住・多文化・福祉政策の研究拠点形成」および科研費（19K23173）からの研究助成を受けている。

第3部

大学と階層移動

パリ・ソルボンヌ大学（撮影編者）

第9章

高等教育の世界と学生の戦略

ベルナール・コンヴェール
（秋葉みなみ　訳）

はじめに

　フランスが、ヨーロッパ他国を大きく上回る度合いと速さで体験した高等教育へのアクセスの大衆化は[1]、およそ10年（1985-1995年）で学生の社会階層的な構成を根本的に変え、一般事務職と労働者〔☞庶民階層〕の子どもたちが高等教育の学位を取得する機会を飛躍的に高めた。これらの子どもたちが結果的にそれで何かを勝ち取ったのかという点については、盛んな論争があるとしても、だ。この再分配において、大学はしばしば敗者と言われている。大学は高等教育課程のなかで唯一、入学において選抜を禁止されており、他に行く場がない者たちを受け入れるしかないとみなされている[2]。1995年以降、同一世代の☞バカロレア水準到達率は驚くほど安定しており[3]、フランスの高等教育制度は新しい体制下で機能している。それは、フランスの若者の半数が高等教育にアクセスを持つという体制だが、大学は他の高等教育課程に比べて劣勢になっており[4]、定員超過で悲鳴をあげていた10年間が過ぎ去った後、今ではいかに学生を集めるかに悩んでいる。行政の指示を受けて、社会の実際を捉えんとする社会記述学的な（sociographique）研究が数多く実施され、その数は学生という身分が大衆化されると同時に増えていったが[5]、それでもなおかつ、この新しい体制のもとで、学生たちが各人の学業成績および出身階層に関

する特性に応じて、フランスの高等教育を構成する各専攻課程（filières）や学科（disciplines）〔文脈により以下「学問分野」とも訳す〕に学生時代を通じてどのように進んでいくのか、そして「各専攻課程・学問分野が構成する格差ある世界」（Bourdieu 1989: 226）にどのように進んでいくのかに関する、全体的なビジョンが欠けている。

　学生のコホートのバカロレア取得後5年間に及ぶ進路と選択についての本章の分析は[6]、学生の進学先、また、異なるタイプの学生の「戦略」、およびこれら戦略における各専攻課程と学問分野の果たす役割を明らかにする一助となる。そうすることで本分析は、学校の☞民主化の効果と大学の役割の変遷について立場を表明する目的はないものの、これらの議論に別の角度から光を当てることになるだろう（章末の「方法論」を参照）。

第1節　**高等教育への進学**
　── 2つの「マーケット」──

　フランスの高等教育の最初のイメージは、入学時に学生たちが、いかにそれぞれの学校、専攻課程、学問分野に進むかを観察することによって得られる。しかしこの段階から直ちに、その内側にある2つの「マーケット」を識別しておくことが必要だ。つまり、普通教育課程と技術教育課程の2つだ[7]。この2つの課程はそれぞれ、大きく異なる2つの就学経路と、中等教育から高等教育への大きく異なる2つの移行体験とに繋がっている。

　☞普通バカロレア取得者の大半にとっては、最終級〔高校3年〕の終わりの高等教育の選択は時に判断の難しい決定、いずれにせよ重大な結果をはらむ決定となって現れる。進路が決まった後、高等教育機関への入学はしばしば断絶として、また多くにとっては新たな旅立ちとして捉えられる。この段階で面接を行ってわかるのは、高等教育への初めの一歩が、再びすべてが可能となったかのような不安と喜びの入り混じる曖昧な雰囲気に包まれているということだ。

　☞技術バカロレア取得者にとって体験はまったく違う。ほぼすべての生徒は、成績優秀な者もそこまで優秀でない者も☞上級技手養成短期高等教育課程

（STS）に進み、多くは自身がバカロレア取得まで学んだ高校のなかでそのままその先の教育を受ける（オランジュ 2010）。技術バカロレア課程の生徒で大学に進学するのは、心理学や生物学を学ぼうとする医療社会福祉（ST2S[(8)]）系技術バカロレア取得者や法学を学ぼうとする経営・テクノロジー（STG[(9)]）系技術バカロレア取得者といった一部の生徒を例外として、看護学校や「第三次産業」のSTSに入れなかった成績の良くない者のみである[(10)]。しかし、技術系の大半の生徒にとっては、高等教育に進むことは断絶でも、ましてや新たな旅立ちとも感じられていない。今までたどってきた道の続きなのだ。進路の選択について問われた際のこれらの生徒の回答は、目指す将来よりも今までの就学歴に触れることが圧倒的に多く、示唆的だ。彼らにとって、学歴の大きな転換期は第3級〔中学3年〕時の進路にあった。第3級の終わりに技術高校へ入学することで、大部分が庶民階層出身で[(11)]中学の成績が芳しくないこれらの生徒たちは[(12)]、今後の学業と職業の可能性を比較的専門化された技術コースへと早々に絞ることを受け入れるのと引き換えに、STSを経て5年後に（あるいはST2Sの生徒にとっては看護学校を経て6年後に）良い形で労働市場に参入できる現実的な保証を暗黙のうちに提示されたのだった。これらの生徒にとって中等教育から高等教育への移行は、バカロレア取得後に医学から法学や教職まで様々な学歴や職歴を一望できる立場にいる普通バカロレア取得者が体験するような、重大な結果をはらむ決定ではないのだ[(13)]。

第2節　選び取る進路と「選択の余地がない」進路

　バカロレア取得後の進路の選択についての一つ目の説明モデルは、単純にみえるが、分散の大部分を明らかにしている。このモデルによれば、高等教育の様々なポジションへの学生の振り分けは、量と質（希少だったり、将来性があったり）で定義されるそれぞれの専攻課程の受け入れ枠というオファーと、生徒全体のニーズが出会う「市場」に似ていると言えよう。そして競争は生徒の学業成績によって決まりがつく。このオファーとニーズの調整具合をシンプルな形で明示するには、高等教育への入り口で、例えばバカロレアの成績（取得

表9.1　バカロレアの成績に応じた普通バカロレア取得者の専攻課程別進学先（リール大学区2001年度）

バカロレア取得後の最初の登録専攻課程	可	良	優	秀	全体	学生数
グランゼコール準備級	4%	21%	43%	54%	13%	1,992
商業系グランゼコール、理系グランゼコール	1%	3%	4%	4%	2%	241
大学：医学、薬学	5%	10%	14%	18%	7%	1,093
大学：理学	12%	10%	6%	6%	11%	1,595
大学：文学、外国語	13%	13%	8%	6%	12%	1,894
大学：法学、経済学、経済・社会行政学	15%	12%	10%	7%	14%	2,099
大学：人文科学	15%	9%	5%	2%	12%	1,857
大学：スポーツ科学技術学	5%	2%	2%	1%	4%	562
技術短期大学部（IUT）	14%	10%	4%	1%	12%	1,767
上級技手養成短期高等教育課程（STS）	10%	5%	3%	1%	8%	1,221
看護学校、ソーシャルワーカー養成校	5%	3%	2%	1%	4%	652
その他	1%	2%	1%	0%	1%	201
全体	100%	100%	100%	100%	100%	15,174
分類に占める比重	64%	23%	10%	3%	100%	

出典：リール・ノール・パ・ド・カレ大学拠点の高等教育地方観察局（ORES）。

した☞特記評価〔点数〕）などで測られるような生徒の学業パフォーマンスに応じて、どのように進路が決まって行くかを観察するのが一つの方法である（表9.1参照）。

　この進路についての最初の情報は、実際に選択肢がある生徒たち、つまりバカロレアで「秀」の特記評価を得た生徒たちに関するものだ。「秀」を取った生徒たち（コホートの普通バカロレア取得者全体の2.6％に相当）は、入学者選抜を実施するすべての課程に願書を出せるような成績表を持ち合わせていると想定でき、この生徒たちの進路は、課程の選択がどう行われるのかを垣間見る最初の尺度と考えられる[14]（図9.1参照）。

　普通バカロレア取得者においては、「秀」を取った生徒たちの選択はまず何より☞グランゼコール準備級（54％）であり、医学・薬学（18％）であるが、一方では大学の法学、経済学、文学、理学といった学部へも進んでいる（19％が大学のこれら学部へ）。つまり大学は、成績優秀な生徒の選択肢から外れているわけではまったくない。これは、世間一般に広がっているイメージに含み

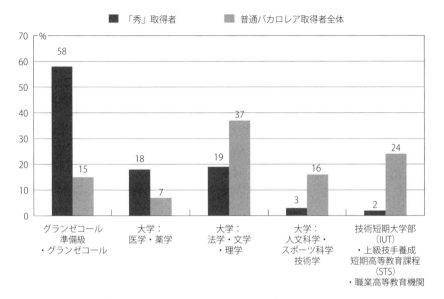

出典：リール・ノール・パ・ド・カレ大学拠点の高等教育地方観察局（ORES）。

図9.1　普通バカロレア取得者の高等教育の専攻課程別進学先：「秀」の特記評価取得者と普通バカロレア取得者全体との比較（リール大学区2001年度）（単位：％）

をもたせる一つ目の結果である。いまや入学者を選抜する課程に入れなかった生徒だけを集めている大学、というイメージに反して、大学で学ぶという選択は今でも存在し、確かにそれは医学、薬学という選択なわけだが、同時に法学、経済学、文学、理学を学ぶという選択でもあるのだ。

　逆に、入学者選抜を実施する職業課程、つまり☞技術短期大学部（IUT）、STS、あるいは医療補助関連学校には、成績優秀な生徒はほとんど集まらない。これら3つの課程へは普通バカロレア取得者全体のうち24％が進学しているものの、「秀」取得者のなかでは2％しか進学していない。ここでもまた一般的なイメージに反し、IUTが大学相手に行っている競争は成績優秀な生徒を巡って繰り広げられているわけではないのだ。IUTが選抜入学の形式をとっていること、IUTに入れなかった生徒の多くが大学に仕方なく入学していることは錯覚を生じさせるが、IUTの大半を含む職業課程の選抜は、平均して学業成績が中位か良くない受験生を対象としてだけ行われているという事実を忘れて

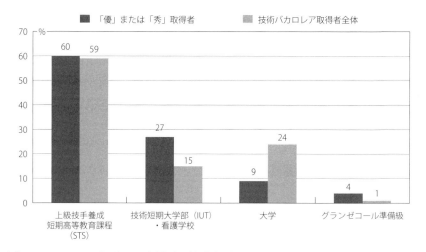

図9.2　技術バカロレア取得者の高等教育の専攻課程別進学先：「優」または「秀」の特記評価取得者と技術バカロレア取得者全体との比較（リール大学区2001年度）（単位：%）

はならない。この受験生集団はバカロレアへのアクセスが大衆化するにつれて数を増し(15)、これら職業課程のニーズを以前よりも拡大させた。

　大学における学業については、人文社会科学、経済・社会行政学（AES）、社会学、心理学、哲学、歴史学、地理学に限っては、普通バカロレア取得者の成績優秀者がほとんどいない状況で、普通バカロレア取得者全体の12％が集っているのに対し、「秀」取得者は2％、「優」取得者は4.7％という具合だ。これらの学科は「〔志望コースに入れなかった、他に行く場所がなかった等に起因する〕選択の余地がない」進路と言ってもおかしくない(16)。この表現は、実質的にこれらの「興味深く」、同時に「門戸が広い」学科に選択を絞らざるを得ない生徒たちがそこで得る体験をどうこう言っているわけではまったくない。

　一方、技術バカロレア取得者の選択構造は、普通バカロレア取得者のそれとはまったく逆で、成績優秀者が優先的に進む先は短期職業課程である(17)。STS（60％）、IUT（20％）、看護学校（7％）の3つの課程が技術バカロレアで特記評価「秀」と「優」の成績を得た者の87％が選ぶ進路となっている（技

術バカロレア取得者全体としては75％がこの３つの進路を選んでいるのに対し）。上述の進路のロジックに基づけば、技術系の高等教育に進むことは技術コースの生徒にとってごく普通のことであり、成績が優れていようがそうでなかろうが変わりはない（図9.2参照）。

第3節　社会階層的および性差的な性向の影響

　学業成績のみに基づいたこの最初の一連の観測は、進路の選択における変数の根幹を説明付けてはくれるものの、十分ではない。バカロレア取得後の選択における各専門分野の位置は、これに出身階層と性別という２つの側面を加えることで明確になる。

　根底にある仮説は、可能な選択の範囲〔空間〕というものが、生徒各人の社会空間における位置に固有の差異を、認知や評価の序列のなかで翻訳し直した彼らの実際の選好に基づいて、生徒自身に判断されているというものだ（Bourdieu 1989: 225-）。これらの実際の選好は、可能な学業領域のなかから一番自分の「好み」と「能力」に当てはまるものを選ぶよう各人を仕向ける。それゆえに、学業成績という側面に、社会的に獲得された性向に配慮した側面、なかでも本章が採用する出身階層と性別に関連付けられる性向に配慮した側面を加える必要があるのだ。

　大雑把に定義した出身階層を導入することで、高等教育の各コースの学業的ヒエラルキーと社会的ヒエラルキーという２つのヒエラルキーの緊密な相関関係がみえてくる。これら２つの側面（横軸にバカロレアで特記評価を得た生徒の各専攻課程における割合、縦軸に富裕層の生徒の割合を取った一つの空間内(18)）に即して分類された結果、普通バカロレア取得者が振り分けられた専攻課程や学問分野が、右上がりの回帰直線の周囲にまるで点で出来た雲のように広がり、直線の「頂点」に☞グランゼコールとグランゼコール準備級が、その反対側の底辺にはSTSが位置する。

　出身階層に関連する性向の直接的影響の一つとして、裕福な生徒が商業系あるいは経済系の課程を好む傾向がみられる。例えば、成績の良い生徒は商業系

グランゼコールや商業系グランゼコール準備級に、成績が振るわない生徒は大学の経済系教育課程にといった具合にだ。同時に見て取れることは、美術学校と建築学校、また学業成績でワンランク落ちるが大学でのアート系学業（「芸術」）の逃げ場コースとしての機能で、これらの進路は、芸術系キャリアによくある社会的格上げの経路としての機能を果たしていると考えられる（図9.3参照）。

　大学の学問分野に限ると、医学・薬学が学生の成績の良さで群を抜いている。大学の学問分野全体を細かくみてみると（図9.4参照）、学業成績については理学系の学科のなかにもいくらか散らばりがあり、上は物理学から下は「工業科学技術」、その間に数学と生物学が位置している。生物学は以前から常に、数学と物理学に比べて学業成績では「劣る」が社会階層ではわずかに「上回る」位置にあった。大学の生物学科、そしてその手前にあって同学科の学生の大半を生み出す「科学系生命科学・地球科学」専攻バカロレアは昔から常に、理系教育のなかで主に逃げ場コースの役割を担ってきており、「物理・化学」専攻、またそれ以上に「数学」専攻の予想される難度を避けるために生物を選ぶ生徒や学生を集めてきたのだ。数学と物理・化学は、高等教育の世界に入ると、中等教育で占めていた各々の位置が入れ替わる（高校では、理系の成績優秀な生徒は、科学系バカロレアで物理・化学専攻よりも数学専攻を選ぶ傾向にある）。後ほど示すが、大学の数学科は様々な学歴の集団が交差する場所であることから、このような位置付けになっている。

　文学と外国語の学問分野はどちらかというと庶民階層の生徒を集め、後ほど示すが、ほぼ全員女性で教職を目指していることがわかる。ここで例外は、商業活動を見越した職業専門的な専攻課程であり、平均してより裕福で成績の良い生徒たちが集まる応用外国語学科（LEA）だ。

　人文社会科学全体、心理学、社会学、経済・社会行政学、歴史学、地理学の各学科は図の上で極端に「左下」に位置しており、「上」にあるIUTと「下」にあるSTSの間にあり、看護学校とは学生のプロフィールも近い。特に、心理学科と医療補助関連学校には、社会階層、平均年齢、男女比という3つの基準において非常に近い学生が集まっているのが見て取れる[19]。

　性差による性向の影響については、文学と外国語の学問分野すべて、また心

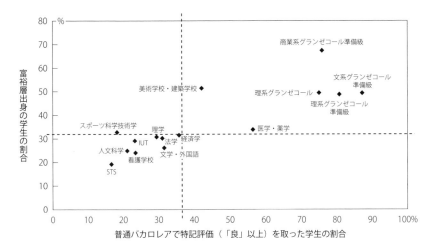

注：全ての図において、点線は該当図の母集団全体における平均（相加平均）。
出典：リール・ノール・パ・ド・カレ大学拠点の高等教育地方観察局（ORES）。

図9.3　出身階層と学業成績に応じた普通バカロレア取得者の進学の空間
（リール大学区 2001 年度）（単位：%）

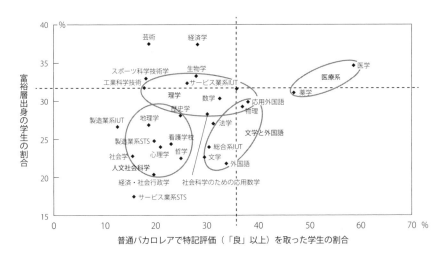

出典：リール・ノール・パ・ド・カレ大学拠点の高等教育地方観察局（ORES）。

図9.4　出身階層と学業成績に応じた普通バカロレア取得者の進学の空間
（大学の学問分野に焦点）（リール大学区 2001 年度）（単位：%）

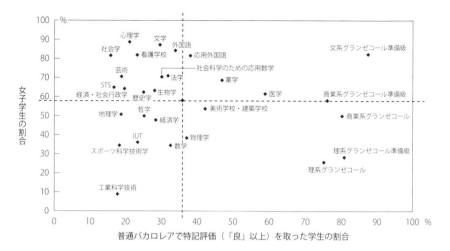

出典：リール・ノール・パ・ド・カレ大学拠点の高等教育地方観察局（ORES）。

図9.5　性別と学業成績に応じた普通バカロレア取得者の進学の空間
（リール大学区2001年度）（単位：%）

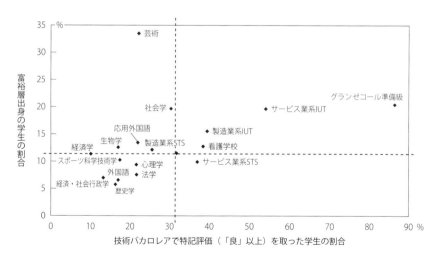

出典：リール・ノール・パ・ド・カレ大学拠点の高等教育地方観察局（ORES）。

図9.6　出身階層と学業成績に応じた技術バカロレア取得者の進学の空間
（リール大学区2001年度）（単位：%）

理学、医療補助関連や社会福祉補助関連の分野では圧倒的に女子が多いのに対し、工業技術分野（工業科学技術、理系グランゼコールとその準備級、IUT）および程度は少々劣るが理学系分野（男子女子が混じる生物学を除き）では圧倒的に男子が多いのが見て取れる。経済と商業分野は男女が入り混じっており、人文社会科学も同じようなものだが、うち社会学と心理学については例外で、看護学校や社会福祉補助関連学校に近いプロフィールとなっている。学問分野の選択がいまだに性差による性向に大きく影響されている一方で、出身階層と学業成績に応じた進路選択空間は男子も女子もほとんど同じである（唯一の顕著な違いは、理系グランゼコールおよび理系グランゼコール準備級に入る女子は極めて厳選されている点）（図9.5参照）。

　一方、技術バカロレア取得者については、進路空間はより明確で、主な行き先（60％）はSTSとなっている。この主流に対して、看護学校、IUT、そして非常にまれだがグランゼコール準備級（技術バカロレア取得者の0.7％）に、出身階層の面と学業成績の面で厳選された者たちが進学している。逆に大学の各専攻課程は、全体的に学業成績がそう良くない生徒の選択となっている。芸術分野は逃げ場コースとしての地位を確固たるものとしている。程度は劣るが社会学も同様で、後ほど示すが、特に社会福祉補助関連学校への予備課程の役割を果たしているのがわかる（図9.6参照）。

第4節　｜　上昇、下降、変更

　高等教育の門をくぐった後は、学生の進路の形式は専攻課程によって左右され、特にその専攻課程が入学で選抜を行うか行わないかが鍵となる。ボードロらは、グランゼコールやグランゼコール準備級に通う学生と、大学に通う学生との違いをわかりやすく説明するために、安定したクルージングと、地下鉄のイメージを引き合いに出した（Baudelot *et al.* 1981）。STS、IUT、グランゼコール準備級では入学に際して選抜があり、その後の経路は試験か選抜試験までの間の2年にわたり「円筒型」である。それが「同期入学・一斉進級」の論理だ。一方の大学では毎年学生が出て行き、留年し、進路を変え（特に1年

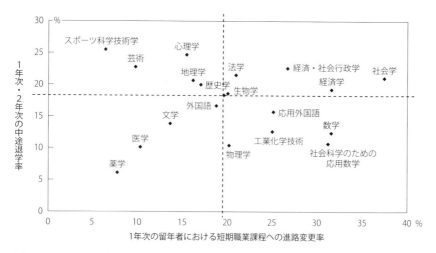

出典：リール・ノール・パ・ド・カレ大学拠点の高等教育地方観察局（ORES）。

図9.7　中途退学率と短期職業課程への進路変更率（大学の学問分野に焦点）
（リール大学区2001年度）（単位：%）

次）、編入し（特に3年次）、このため各専攻課程のイメージは、1年次に比べて3～4年次ではかなり異なることがある。この点についても後に示す。

　なお、大学のすべての学問分野が同じ中途退学率を記録しているわけではなく、（特に短期職業課程を目指した）早期進路変更率も同じではない。これら2つの率による大学の学問分野の性格付けは（図9.7参照）、学生戦略における各学問分野の果たす役割を明確に示している。

　早期中途退学率（「離学」という災禍を前に「能動的進路選択（orientation active）」と称する現政策が必死で下げようとしている）は、2つのファクターに左右される。一つはその専攻課程の学生たちのそれ以前の学業成績レベル（「バカロレアの成績」という指数で捉えられる）で[20]、もう一つは程度の差はあれ中等教育と高等教育の間の排他的繋がりである。学業成績優秀者〔特記評価取得者〕の割合と中等・高等教育の繋がりがともに低く弱いほど、中途退学率は高くなる。中等教育と高等教育の間の排他的繋がりとは、一つの学問分野が中等教育の専攻のかなり狭い範囲から学生を集めていること（そして補足的には技術バカロレア取得者と☞職業バカロレア取得者を入学させるか否か）

を意味している。この排他的繋がりは理系グランゼコール準備級、大学の理学系分野、医学・薬学で極めて強い（これらすべては入学者のほぼ全員が科学系バカロレアの取得者）。同様に文学（80％が文系バカロレアの取得者）、IUT、STSにおいても中等・高等教育間の排他的繋がりが強い。一方、外国語については繋がりはそう強くない。人文社会科学、法学、スポーツ科学技術学では繋がりが非常に弱く、すべてのバカロレア取得者が入学対象となっている。

　最も高い中途退学率がみられるのが、中等教育でほとんど、またはまったく教えられていない教科（法学、経済・社会行政学、心理学、社会学）、あるいは、中等教育で副次的に教えられている教科（スポーツ、芸術、そして歴史・地理、外国語[21] といった数学やフランス語と違って「主要」科目でない教科）であることは、偶然ではない。これらは新規進学者の眼に特別な予備知識がいらないものと映り、学業成績があまり良くないバカロレア取得者が試しに挑戦してみようとする学問分野なのである。

　早期中途退学が、学業成績が振るわず、専門的な予備知識が要らない学問分野を選ばざるを得ない生徒たちの学習継続の「試み」を示しているとすれば、早期進路変更、特に大学から職業系の短期高等教育への変更は、別の意味を持っている。バカロレア取得後に職業課程に進めなかった成績があまり良くない生徒たちにとって、大学に入ることは明らかに、IUT、看護学校、ソーシャルワーカー養成校への進学に再挑戦する前の「時間稼ぎの」解決策として考えられている。そのため、これらの短期職業課程への進路変更は、職業課程への進学へ向けて効率良く準備できるような「実用目的の」学問分野でみられ、それは例えば工業科学技術（STI）、応用外国語、経済・社会行政学、社会科学のための応用数学（MASS）である。目に付くパラドックスとしては、一見よりアカデミックな幾つかの学問分野、例えば社会学、経済学、数学などでもまた、短期職業課程への早期進路変更の率が高いことがあげられる。なぜなら、これらの学問分野はある程度の多義性があり、学生にとっては職業課程への進学を待つに際して準備に適した場所にみえるからだ。例えば社会学は社会福祉補助関連学校に、経済学は経営関連のIUTやSTSに、数学は情報関連のIUTやSTSに備えて、といったようにだ。

　要約すれば、大学の特定の専攻課程は、学生にとって、特に中等教育におけ

る学業成績が芳しくなかった学生にとって、「試しの進路」、あるいは職業課程に入るまでの「待機場所（positions d'attente）」として現れている。「試しの進路」の場合は中退率が極めて高く、例えば法学、心理学、経済・社会行政学、スポーツ科学技術学(22)、芸術などがこれに該当する。「待機場所」の場合は職業課程への進路変更率が極めて高く、なかでも社会学、経済学、数学、そしてポスト68年の改革で生まれた職業専門的学問分野のすべて（社会科学のための応用数学、経済・社会行政学、応用外国語、工業科学技術）があげられる(23)。

第5節　進路の分岐点にある多義性を持つ学問分野
── 数学の例 ──

　各学問分野は、程度に差はあれ多義性を持っており、その結果、程度に差はあれ幅広い性向の関心を引き、程度に差はあれ学歴の大きな流れの分岐点となり得る。そのため社会学には、ソーシャルワーカー養成校の入試に備えて社会、家族、保健衛生に関する話を聞く意思のある成績の良いST2Sの生徒と同時に、できるだけ安い学費で「教員」の選抜試験の受験資格を得られる学士号を手に入れるため「簡単に入れる」学科を選ぶ文系バカロレアの生徒や、あるいはまた、批判精神を持ち社会的世界に対する批判的理論を求める経済・社会系バカロレアの生徒が集まってくる可能性がある。

　こうした多義性のある学問分野のなかに数学も入っていることに驚くだろう。しかし、学生がたどる経路をみると実際そうであることが見て取れ、この問題を明らかにする例として引き合いに出すことにしよう。数学は実際のところ、最も多義性のある学問分野の一つなのである。特に、女子にとってと男子にとっては異なる意義を持っており、概略的に言えば、女子は数学科に数学の教員になるために入り、男子は情報科学を学ぶために入る。

　初年度登録から5年後をみてみると、1年次に数学科に登録していた男子学生と女子学生では結果が非常に異なっており、例えば女子の29％が教員資格試験を準備中あるいは合格しているのに対し男子は3％で、男子の16％が情報科学を学んでいるのに対して（学士3年または修士）、女子は7％だ。また一方で、女子学生の73％が数学科に留まっているのに対して男子はわずか52％

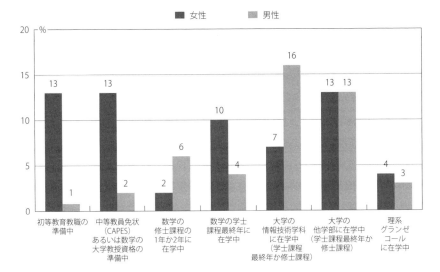

出典：リール・ノール・パ・ド・カレ大学拠点の高等教育地方観察局（ORES）。

図9.8　バカロレア取得後すぐに大学の数学科1年に登録した学生の5年後の状況：
男女の比較（リール大学区2005年度）（単位：%）

で、これはおそらく、男子は情報技術系のIUTに行くことが多く、2年または
3年で学業を終わらせるからだろう（図9.8参照）。

　この進路の相違はどう説明できるのだろうか。実際のところ、「数学」の大
学学士課程は入り混じった構成である。正式な名称は「数学・情報科学・科学
への応用」（Mathématiques, Informatique et Applications aux Sciences＝
MIAS）で、様々な面で実にかけ離れた2つの分野である数学と情報科学をカ
バーしている。だが、数学の大学学士課程が担う役割は、潜在的入学者たる学
生にとって競合する他専攻課程のなかにこの専攻課程を置いた時、そして潜在
的入学者たる様々なタイプの生徒が選択肢のなかからどのように進路を決める
のかをみた時に、初めて理解できるのだ。これは、学業成績、出身階層、性差
の各種性向が、これら差異の空間のなかから、特に大学とIUTとの間で、何
を選ぶように働いているかを仔細に観察する機会となる。

　数学を学ぶ学生の主な出身である数学専攻の科学系バカロレア取得者の行き
先は、競合する4つの大きな専攻課程に分かれており、そのなかで選択が行わ

表9.2　性別、バカロレアの成績、出身階層に応じた数学専攻の科学系バカロレア取得者の進学先（リール大学区 2001年度）

ノール・パ・ド・カレ地域圏高等教育において1年次に登録した専攻課程	女子				男子				合計
	労働者、一般事務職、小規模独立事業出身		管理職出身		労働者、一般事務職、小規模独立事業出身		管理職出身		
	特記評価有	特記評価無	特記評価有	特記評価無	特記評価有	特記評価無	特記評価有	特記評価無	
理系グランゼコール準備級	30%	4%	28%	5%	51%	13%	60%	14%	28%
大学の数学科	15%	12%	8%	13%	10%	27%	4%	12%	13%
IUT	3%	12%	2%	6%	10%	21%	4%	22%	10%
医学	16%	7%	23%	8%	7%	2%	8%	6%	10%
STS	1%	10%	1%	10%	3%	5%	1%	5%	4%
その他の専攻課程	35%	54%	38%	58%	19%	32%	22%	41%	36%
合計	100%	100%	100%	100%	100%	100%	100%	100%	100%
学生数	223	292	390	158	252	387	423	301	2,426

出典：リール・ノール・パ・ド・カレ大学拠点の高等教育地方観察局（ORES）。

れている。その4つとは、理系グランゼコール準備級、大学の数学科、医学部、IUTである。

　理系グランゼコール準備級への進学は最もよくある選択で、裕福でバカロレアで特記評価を得た男子生徒にとって最大の行き先となっており、その割合は60％に及ぶ。この3条件のうち一つでも欠けていると準備級への進学の確率は減ってゆき、その率に、出身階層は僅かに、性差はそれより強く、バカロレアの成績は非常に強く、影響を及ぼしている。表9.2は、それぞれの条件が変化することで進路の「移動」がどのように行われているかを示している。表をみると、大学の数学科は非常に散らばりがあるようにみえる。この進路選択の確率は依然としてバカロレアで特記評価を得なかった者の間でより高く（あまり成績の良くない生徒にとってグランゼコール準備級の代替進路となっている）、その特筆すべき例外は、恵まれない家庭の女子だ。これらの女子の間では、数学科に進む確率は、バカロレアで特記評価を得た者の方が得なかった者よりも高い。バカロレアで特記評価を得た、恵まれない家庭の女子生徒にとっては、大学の数学科は主要進路の一つで、グランゼコール準備級（依然として

男子が多くブルジョワ家庭出身者が多い）および医学部（女子が多いがブルジョワ家庭出身者が多い）と競っている。

　男子については、大学の数学科は、バカロレアで特記評価のない、恵まれない家庭の生徒が行く割合が高く、このような男子はグランゼコール準備級に進むことはまれで（成績が追いつかない）、医学部（女子、ブルジョワ家庭出身者、成績が良い者が多い）からは足が遠のいている。バカロレアで特記評価のない男子生徒のなかでも、裕福な家庭の子は、それまでの学業成績や将来性のない進路をより簡単に断ち切り、医学、経済学、法学の道、あるいはバカロレア取得後に準備級を通らずに直接入学できる難易度の低い理系グランゼコールへと、もっと思い切って進んでいる。そしていつものことだが、成績があまり良くない裕福な家庭の男子は、大学よりもIUTを好む。このタイプの生徒にとって逃げ場コースとして役立つことがIUTの役割の一つだ（少なくとも第三次産業部門で働こうとしている子たちにとって）。恵まれない家庭出身で、バカロレアで特記評価のない男子生徒は、同じくらいIUTに進学している一方で、大学の数学科に進むことにあまり躊躇がない。その後の進路をみると、このカテゴリーの生徒は大学の数学科を、しばしば短期職業課程（主に情報科学系）へと進路変更するための「待機」コースとしているのが見て取れる。

第6節 ｜ 3年次

　バカロレア後の進路選択の制約が引き金となる調整は、主に「離学」と進路変更という形で現れ、最初の2年が終わる時までに遂行される。医学や薬学のような1年次の終わりに選抜がある学問分野は選別を終え、落第した者は進路を変更した。3年次はまた、大学に2つの新たな学生流入がある年だ。一つ目は、上級技手免状（BTS）や特に大学科学技術免状（DUT）を取得した短期職業課程から来る者たちで、二つ目は、グランゼコールに入学できなかった（または入学したくなかった）準備級から来る者たちだ。短期職業課程から来る者たちは、特に応用学科に進む。例えば、工業技術系DUT取得者は、プロセスエンジニアリング、工業科学技術、エレクトロニクス、機械工学、情報科

学、土木工学に、サービス系DUT取得者は、経営学、経済・社会行政学、また、まれだが法学に進む。これらの学生は、哲学、歴史学、地理学、外国語、数学といった最もアカデミックな学問分野には決して進まず、また、経済学、社会学、教育学、応用外国語などの学問分野に進むこともまれだ。

　グランゼコール準備級から来る学生はまったく逆で、哲学、数学、物理学、文学、外国語、歴史学といった最もアカデミックな学問分野に進む。多義性の別の逆説的な例として、哲学の特別な位置について言及できよう。哲学は、高等教育の入り口では成績の良い生徒たちに人気のある学科ではなく（図9.4参照）、成績があまり良くなく、どちらかというと庶民階層の生徒が選ぶ学科であるが、3年次の学生の間では、成績が非常に良く、より裕福な、文系グランゼコール準備級の出身者を最も多く集めている学科である。

　この結果、3年次の高等教育の空間は、〔合格したての〕バカロレア取得者の進学空間とはかなり異なる。「試しの進路」と「待機場所」というバカロレア取得直後の進路に結び付いた曖昧さは3年次には消え、各学問分野の出身階層・学業成績の新しい空間(24)が出現し、1年次の世界の根本的性格の大半をそのまま保ちつつも、幾つかの極めて大きな変化がみられるのだ。

　回帰直線周辺の点々の雲の全体的な様相と、左下／右上の位置関係は不変だ。出身階層と学業成績の「頂点」はこれ以後、商業系グランゼコールと政治学院で、「底」は工業技術系と応用科学系の学科、医療補助関連学校と社会福祉補助関連学校（STSやIUTと違いBac＋3年で学位を取得）である。グランゼコール準備級に在籍していた学生が入ってくることで、哲学など最もアカデミックな学科の「学業成績」レベルは「向上」する。

　それぞれの大きな学問領域（domaine）で、出身階層と学業成績に基づく一つのヒエラルキーが出現する。医療系分野では上は医学、下は薬学、その間に歯学という位置付けだ。理学系学問領域では上は数学と物理学、下は応用科学、その間に生物学、地質学、化学がある。文学・人文科学分野では上は哲学、下は地理学、その間に外国語、文学、歴史学がある。法学は中間に位置しており、経済学もまた然りだが、後者はより「ブルジョワ」である。この図のなかでは、ブルデューが著書『ホモ・アカデミクス』のなかで構築した各学問分野のヒエラルキーの特徴の幾つかが確認できる（Bourdieu 1984: 160）。それ

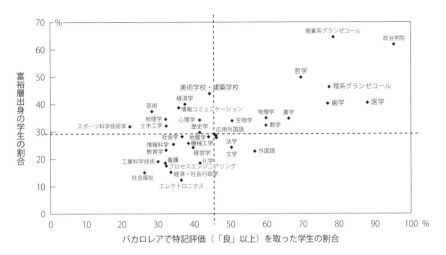

出典：リール・ノール・パ・ド・カレ大学拠点の高等教育地方観察局（ORES）。

図9.9　出身階層と学業成績に応じたバカロレア取得者の高等教育3年次の課程と学科の空間（リール大学区 2003-2005年度）（単位：％）

は、庶民階層出身に繋がる性向として、より「実用的」でより経験的な学科（例えば理学系では化学が典型的な「庶民的な」学科だ）に価値を置く点、あるいは、特定の学科が逃げ場分野的な性格を担っている点だ。この図はまた、各学科の持つ意味の変化をみせている。例えば大学における文学と外国語の位置だが、今日では文学が、初等教育教員を目指す庶民階層の女子が多く集まる位置だということを示している（図9.9参照）[25]。

第7節　5年後…

　バカロレアの取得と高等教育機関への初めての入学から5年後、コホートの「生き残り」率は、1年次にSTSに登録した者の11％から文系グランゼコール準備級出身者の68％までと差があり[26]、Bac+4とBac+5のレベルに到達（「留年なく」進級したか、一度だけ留年したか）する率は、だいたいのところ同じヒエラルキーに沿っている。

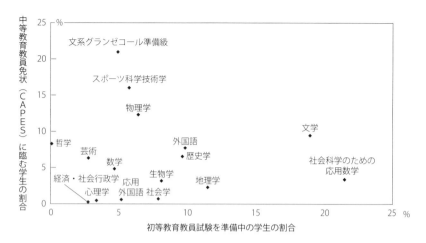

出典：リール・ノール・パ・ド・カレ大学拠点の高等教育地方観察局（ORES）。

図9.10　中等教育教員免状CAPES（および体育教育教員免状CAPEPS）を準備中あるいは合格した学生と、初等教育教員資格試験を準備中の学生の割合（各専攻課程の1年次登録学生総体に占める割合）（リール大学区2004-2006年度）（単位：%）

　この5年後に在学し続ける割合についてのIUTと大学の各学問分野との比較は、IUTが長期学業へのアクセスに有効な手段だという一般に流布している考えに含みを持たせる。大学の学士課程に通っていた学生の5年後在学率は、（経済・社会行政学以外は）常に、IUTに通っていた学生よりもはるかに高い[27]。確かに多くの学生がIUT後に学業を続けるが[28]、彼らは優先的に「Bac+3」の学位を授ける職業課程に進む[29]。この現象は、いまやDUT学位所持者の主な進学先の一つとなった☞「職業学士号」が導入されて以来、ますます大きくなっている。

　一方で5年後の在学についての分析はまた、専攻課程と学科の2つのグループ〔教職に繋がっているかどうかにより2つのグループに分かれる〕の間の大きな溝を明らかにする。法学、経済学、医学、IUTはまれにしか教職に結び付かない。スポーツ科学技術学、文学、外国語、文系グランゼコール準備級、人文科学、理学系学科は、より頻繁に教職にアクセスしている。また、ここで新たに、各学問分野がどのタイプの教員を世に送り出すのかによって溝が生じる。つまり小学校の教員か中学・高校の教員かという違いだ。一部の学科（社会科学のための応用数学など）は初等教育の教職に、別の学科（スポーツ科学

技術学、物理学、哲学など）は中等教育教員免状（CAPES）あるいは体育教育教員免状（CAPEPS）に、また別の学科（文学、外国語、歴史学など）はその双方に結び付いている。初等教育教員への道は、圧倒的な率で女子が占めており（コホートにおいて、高等教育入学後5年後の初等教育教員資格試験の受験者あるいは合格者は、88％のケースで女性）、中等教育教員への道は、男女が入り混じっている（コホートにおいて、高等教育入学後5年後の中等教員資格試験の受験者あるいは合格者は、64％のケースで女性）（図9.10参照）。

第8節　形態学的な変化
―― 性向の不変性 ――

　要約すれば、25年来大々的に進む形態学的な変化にもかかわらず、フランスの高等教育はよく言われているほどには変わっていないということだ。

　人口の変化は確かに、グランゼコール準備級、大学、高等職業教育の3つの大きな部門に量的に多大な影響を与えた。マルサス主義的なグランゼコール準備級は、出身階層上また学業成績上のエリートの選抜の役割を維持、いやさらに強化した。大学は、最初の頃は年々増えていくバカロレア取得者を受け入れなければならず、1985年から1995年にかけては学生数の爆発的な増大がみられた。一旦この波が過ぎると、バカロレア取得者の数が減ってもIUT、STS、そして「入学難度がそこまで高くない」グランゼコールの受け入れ数は増え続け、これらの選抜コースに入れない生徒の数がだんだんと減り、大学に「滑り止め」で入らざるを得ない生徒の数が減っていった。こうして、バカロレア取得者の新規進学先のなかで大学の割合は低くなり、大学からの学生の「流出」について極端に悲観的な考えが生まれた。しかし、細かくみてみると、入学に選抜を課すこれら職業課程と大学との競争は、学生人口全体に対して均等に行われているわけではなく、生徒の学業成績が悪くなるに従って競争が激しくなっている。簡単に言えば、何よりもまず、長期中等教育制度に一番後から参加してバカロレアへのアクセス大衆化の恩恵を受けた生徒たちが、これらの職業課程に重きを置いているのだ。これはSTSと医療補助関連学校について言えていることで、異論の余地はない。IUTについては、もう少し事情が複雑だ（表9.2参照）。

　学生の戦略における各専攻課程・学問分野の位置については、結局のところ非常に安定している[30]。

　成績が優秀な生徒たちの間では、グランゼコール準備級への進学が多数派で、それと競合するのは代替コースである大学での医学と薬学の学業でしかなく、特に男子、それ以上に科学系バカロレア出身の裕福な家庭の女子にとっては、そのようなことになっている。

　大学の理学系学科は、IUTやSTSよりも、成績が中位の科学系バカロレア出身者を集めている[31]。これらの生徒は、大学の情報科学や応用物理系学科を理系グランゼコールの代わりとするか（特に男子生徒）、教職の下準備にするか（特に女子生徒）である。

　一方の大学の文系学問分野は、文系バカロレア取得女子が入学を続けており、教職、特に初等教育の教職と強く結び付いている。文系バカロレア取得女子のなかで最も社会的にも学業的にも低い位置にいる者たちは、大学の文系学問分野よりもSTSを優先する。外国語は、文学よりもはるかに混成した学科で、バカロレアの種類においても学業成績においてもより広い範囲から生徒が集まってくる。文学を学ぶのには相当慎重になるだろう経営・テクノロジー（STG）系技術バカロレア取得女子は、しばしば外国語学科になら入ってもよいと思う。外国語は、教職の準備が伝統的な役割だが、その「役に立つ」性格上、商業や観光部門での就職準備に適していると考える全レベルの学業成績の女子学生たちも集まってくる。これら文学と外国語の学業全体では、応用外国語は他コースより明確に「商業」分野での就職に向けられており、庶民階層よりもっと上の階層の学生が集まって、相対的に成績の良い女子の拠点となっている。

　人文社会科学の学問分野は、誤って文学と一緒くたにされる傾向にあるが（いわゆる「文学・人文科学」として）、他とはかなり異なるプロフィールを持ち合わせている。心理学や社会学のように中等教育でまったく、あるいはあまり教えられていない学問分野や、歴史学や地理学のように「副次的な」科目である学問分野は、ゼロからスタートする方法、あるいは今までの学歴を帳消しにできる方法のようにみえることがある。そして、普通バカロレア取得者のなかでも、職業に結び付きやすい課程を選ぶ男女学生と似たようなプロフィールの男女が多く、実際、これら就職に有利な課程の代替課程や予備課程として機

能しがちである。このため、これらの学科はどれもが極めて高い早期中退率を記録している（図9.7参照）。

　最後に、法学と経済学は中間の位置を占めている。法学には、伝統的に法律関係の家庭の優秀な生徒が集まると同時に、試しに法学を学んでみようとする成績のあまり芳しくない生徒たちがやって来る。経済学の方は、進学した学生の多くが将来的に経営のエキスパートになりたいと思っていることが調査で明らかにされており、出身階層と学業成績の空間（espace）における位置付けをみた時に、何より言えることは、商業系グランゼコール準備級を経る選抜の厳しいコースの代用、あるいは、バカロレア取得後〔準備級に通うことなく〕すぐに入学できる有償の私立商業系グランゼコールを経る値の張るコースの代用の役割を果たしている。

方法論

　本章を支えるコホート調査は、この分野では長い間（おそらく現在も）他に例をみないリール大学区の資料の存在のおかげで可能となっている。それは「当大学区の公立・私立の高等教育機関における登録者の総体」という年次資料で、毎年すべての機関が各々の登録学生の情報を、（今日、リール・ノール・ド・フランス大学の研究・高等教育拠点（PRES）に属する）高等教育地方観察局（ORES）という共通の組織に送り、ORESが統計化している。これら年次資料は、個々人のデジタルID番号のおかげで「本物のコホート」の再構築を可能としている。本章においてこれらの資料は、コホートの基本集団を形成している2001年のバカロレア取得者についての大学区本部の資料と、併せて使われている。

　この統計資料の良いところは、非常に大きな集団（ここでは初期登録者数2万5,161名）の何年にもわたる高等教育内の進学経路を再現できるところにあり、また、これらの進学経路を説明変数（性別、年齢、出身階層、出身地、高校名／高校の履修課程／バカロレアの専攻といった非常に正確な学歴、バカロレアの成績）と掛け合わせることができるところだ。

　ただ、限界が2つある。一つ目はカバー率で、素晴らしいとはいえ、完全で

はない。評価予測成果局（DEPP）や学生生活観察局（OVE）といった全国組織による調査ではカバー率が悪いのが常である医療分野教育については、非常によくカバーしている。そのカバー率は約94％と見積もられる。次の新学年にこの高等教育地方資料のなかに出てこなかったバカロレア取得者を対象とした郵送・電話アンケートによると、同地方の高等教育機関登録者の6％ほどがORESの資料から抜け落ちていることがわかる。具体的には、商業系や芸術系の小さな〔「グラン（大きな・偉大な）」ゼコールに対し規模がそこまで大きくなく入学難度がそこまで高くないの意と考えられる〕学校数校のほか、医療補助関連学校や社会福祉補助関連学校が数校、上級技手免状（BTS）取得へ向けた私立の教育機関が数か所抜け落ちている。二つ目の限界は、リール大学区に残っている学生の追跡にとどまるという点だ。上述のアンケートは、リール大学区のバカロレア取得者の6％が学区の「外の」高等教育機関に登録していることを明らかにしており、そのうち半数近くはベルギーに行き、そこで主に医療補助関連学校と美術学校に進学している。また、イル・ド・フランス地域圏のグランゼコール準備級に進むという域外流出も小さい動きながらある。学歴のもっと先まで追ってみると、地域外への主な流出は、学区外のグランゼコールに合格した準備級の学生たちに関する流れだ。この「頭脳流出」の度合いは準備級により異なる。文系のグランゼコール準備級の学生の68％はバカロレア取得後5年後にもまだリール大学区内の高等教育機関にとどまっており、この率は理系準備級の学生では49％、商業系準備級の学生では35％である。

　この地方資料は、DEPPによって使われている高等教育統計資料と比べる必要がある。こちらの方の主な出典は学生調査情報システム（SISE）で、もともと対象は大学と☞学術高等研究院（Grands établissements）〔教育法典L717-1条に基づいて、パリ政治学院、パリ＝ドーフィンヌ大学、ロレーヌ大学を始め、社会科学高等研究院、高等研究実習院、東洋言語文明学院など教育研究機関に限らず、自然史博物館、国立工芸学院など文化や専門職養成機関も含む〕に限られていたが、その後に大学附設教員養成大学院（IUFM）〔現国立教職・教育高等学院（INSPE）〕、カトリック学院（Instituts catholiques）〔1880年法の法律改正によって認められた私立大学。1875年、1876年に設立したリール、パリ、リヨン、アンジェ、トゥールーズの伝統校に加えて、1989年以降、

レンヌ、ラ・ロッシュ＝シュール＝イオン、マルティニークのフォール・ド・フランスにある〕にも広がり、さらに、理系グランゼコール、商業系グランゼコール、☞高等師範学校をカバーするものとなる。加えて大学区本部と農業省の担当部署から集まってくる、ほぼすべての上級技手養成短期高等教育課程（STS）とグランゼコール準備級に関する個別資料により補完されている。それとは別に「手書き」のアンケートが、他省に所属している美術学校や医療補助関連学校、STSやグランゼコール準備級の情報収集を可能としている。

　これら資料を拠り所にするDEPPの数値データの限界の一つは、常に問題となる「二重登録」の扱いにある。『教育統計年鑑』において、高等教育へのアクセスの数値は「個々人に、ではなく、新規バカロレア取得者の登録に」関連している＊。このため、DEPPにとって高等教育における2001年新規普通バカロレア取得者の学業継続率は104.9％であり、科学系バカロレア取得者にいたっては率が110％にまで達している。我々の用いているリール大学区の資料では、個々人のデジタルID番号により二重登録を探知し、除外することができる。例えば入学に際して選抜があるコースと大学とに同時に登録した学生は、選抜コースの学生として分類され、カトリック学院の学部（faculté）と公立大学とに同時に登録した学生は、カトリック学院の学生として分類される。

　ここで掲載されている調査結果はまた、DEPPのパネルから得た調査結果、特に1995年に第6級〔中学1年〕に進学した者たちの調査とも関係付けるべきだ。高等教育機関への入学およびその後の進学経路については、解説（*Note d'information*）の04-14（バカロレア取得者はバカロレア後にどうなるか。1996-2002年の変化）、06-11（中等教育進学から9年後の生徒の将来）、06-29（2002年のバカロレア取得者はその3年後にどうなったか）および08-24（2002年バカロレア取得者の学士号へのアクセス）を参考にされたい。上述する理由から、採用メソッドには長所と短所がある。ここで扱われているコホート分析の長所の一つはそのカバー率と集団の規模で、細かい社会記述学的な分析を可能としている。

＊ DEPP, 2009, *Repères et références statistiques*, p. 198.

注

(1)　フランスは欧州連合のなかで、一番若い年齢区分（30-34歳）における高等教育の学位所持者の率が最も高い国の一つであり（41.5％）、また、他国を大きく引き離して、30-34歳層と40-44歳層の差が最も開いている国である（10年で率は16.5％上昇）。これは、高等教育へのアクセスの極めて急激な増加を物語っている。Eurydice-Eurostat（2009: 244）を参照のこと。

(2)　大学の運命の悲観的なバージョンについては、ヴァタンとヴェルネ（Vatin, Vernet 2009）の最近の論文を参照のこと。著者2名は、選抜入試を課す他教育機関との競合により未来なきものとして大学を描いている。「はっきり言おう、大学は、大学以外のすべての組織が入学者を選抜している競争激化の状況のなかで、持ちこたえられるはずがないのだ」（p. 66）。

(3)　約63％。これは国民教育省が管轄する学校組織を介した毎年のバカロレア水準到達率である。それ以外の道、特に農業省管轄下の組織を介した場合を加えると、この率は最近10年では69-70％を記録している。

(4)　フランスの高等教育機関への新規入学者に占める大学の割合は、1995年の59％から2007年には52％となり、技術短期大学部（IUT）の割合は9％から12％へ、上級技手養成短期高等教育課程（STS）の割合は24％から27％へと変化した。同時期に入学者総数は47万人から42万4,000人となった。

(5)　特に、大学観察局の調査、評価予測成果局（DEPP）の全国規模のパネル調査、そして学生生活観察局（OVE）の3年ごとの調査。

(6)　すべての表と図はリール大学拠点の高等教育地方観察局（ORES）を出典とする。本章の執筆にあたり、リール第一大学研修・職業的参入観察局のフランシス・グッゲンナム（Francis Gugenheim）元局長に助言いただいたことに感謝する。

(7)　職業バカロレア取得者にとっては、高等教育への進学はうち15％の者にだけ関係している。本章では以降、職業バカロレア取得者については付随的にのみ言及する。

(8)　Sciences et technologies de la santé et du social.ここで調査対象となっているコホートがバカロレアを受けた当時はまだSciences médico-sociales（SMS）と呼ばれていた。

(9)　Sciences et technologies de la gestion.ここで調査対象となっているコホートがバカロレアを受けた当時はSciences technologiques et tertiaires（STT）と呼ばれていた〔現在はSciences et technologies du management et de la gestion, STMG〕。

(10) 一方で、工業科学技術（Sciences et technologies industrielles, STI）系技術バカロレア取得者〔現在はSciences et technologies de l'industrie et du développement durable, STI2D〕は、ほとんど大学に行くことはなく、バカロレアの成績が「優」の者の3%、「良」の者の5%、「可」の者の10%のみが進学している。工業技術系の教育市場では、志願者数にほぼ合う形で高等職業教育機関の門戸が広く開いている。

(11) 技術バカロレア取得者の48%が労働者と失業者の子どもたちで（リール大学区、2001年）、普通バカロレア取得者ではこの率が僅か25%である。

(12) 技術教育課程は、技術的なタイプの文化資本を受け継ぐ家庭にとってのみ、他を退けて選ぶ選択肢である。技術者や職工長の家庭においては、あるいはエンジニアの家庭においてすら、地元の有名な「技術」高校は時に「普通」高校よりも「好ましい」とされる。

(13) グランゼコール準備級を目指す成績優秀な生徒たちの間では、高等教育課程の選択に関し、技術バカロレア取得者たちと同様に断絶という感覚の不在が頻繁にみられ、また、技術バカロレア取得者と同じくらい今までの学歴にこだわり、同じくらい将来の職業設計に触れない。そして彼らは言うのだ。「それ〔グランゼコール準備級への進学〕が一番やるべきことだった」「それが自然だった」「そう進むよう道ができていた」と。とはいえ彼らにとって中等教育から高等教育への移行体験は、通う学校が変わること、そして自分がどこまでやれるかわからないまま熾烈な競争市場に参入することのなかに、確かに存在している。

(14) 現行〔2009-2017年〕の進路制度（全国制度の☞バカロレア取得後進路志望事前登録システム "Admission post-bac"）〔2018年に新制度☞ "Parcoursup" に取って代わられた〕においては、受験生は進学先を選ぶ時点ではバカロレアの結果を知らず、学校側も受験生を選抜する時点ではバカロレアの結果を知らない。

(15) 同一世代のバカロレア水準到達率の上昇は、確かに国民全体の能力レベルを高めたが（より多くの人がより多くの知識を「獲得」）、中期的には高校生の「平均レベルを下げること」でしか実現されなかった。歴史的に一番最近バカロレア制度に参入した集団に対する選抜の甘さは、すでに1980年代から指摘されていたが、生徒数が多くなるにつれて悪化するばかりで、この集団に適した固有の教育改革もともなわれなかった。

(16) 順序変数として用いたバカロレアの成績（平均点10〜12点の「可」から平均点16点以上の「秀」まで）に応じた在籍確率の変化をみると、グランゼコール準備級、「入学難度がそこまで高くない」商業系・理系グランゼコール、大学の医学・薬学部の3つの課程でのみ、曲線がプラスの傾きをみせている（在籍確率が

バカロレアの成績が良くなるにつれて高くなる）。傾斜はグランゼコール準備級では殊更に大きい（「可」は4％であるのに対して「秀」は54％）。これら3つを除くすべての課程において曲線はマイナスの傾きをみせており、バカロレアの成績が悪くなるにつれて在籍確率が高くなっている。マイナスの傾斜は特にSTS、IUT、大学の人文科学系分野で大きく、これらの課程への進学が、選択の余地がない既定路線的性格を持っていることを改めて示している。

(17) 技術バカロレアで「秀」は非常に稀であるため、ここでは「優」と「秀」を取った生徒の進路をその他の成績者群と比べた。これら「優」と「秀」の獲得者は技術バカロレアの6.7％を占め、普通バカロレアの対象群（普通バカロレア全体の2.6％）よりも絞られてはいない。バカロレアの成績しか情報として持ち合わせていないため、技術バカロレアと普通バカロレアの「成績優秀な生徒」について、同一のデシル（十分位数）で比較することは本章では叶わなかった。

(18) 企業経営者、自由業、官民の管理職、大学教授、研究職、学校教員の家庭の子どもたち。フランス国立統計経済研究所（INSEE）社会職業カテゴリー（PCS）のコード分類23、31、32、33、34、35、36、37、38、42に該当する。

(19) この類似性は、特に心理学科から医療補助関連学校への進路変更の多さとなって現れる。

(20) 学生のプロフィールについては、1年次の途中あるいは終わりに中途退学する確率は性別や社会階層にはあまり関係がなく、それ以前の学業成績（中等教育での勉学の遅れが大学1年次の「離学」の可能性を高めている。逆にバカロレアで「良」以上の成績を取ることがこの可能性を低減させ、成績が良くなればなるほど離学の可能性は弱まる）とバカロレアの系統とに大きく左右される。系統については、普通バカロレアの経済・社会系（ES）をロジットモデルの基準にしてみると、技術バカロレア、中でも特に医療社会福祉系（SMS）を取得した場合にはこの離学の可能性は拡大し、職業バカロレアを取得した場合にはさらにその確率が上がる。ただし、〔普通バカロレアの〕文系（L）あるいは科学系（S）生命科学・地球科学専攻を取得している場合も中退確率は上がる。それに対して、科学系（S）数学専攻、またそれ以上に、科学系（S）エンジニア科学専攻の取得は、同確率を大幅に減少させる。

(21) 外国語、特に「応用」外国語は、文学と違って「役に立つ」とみられ、商業系の職に向けたプロジェクトと結び付けることができる。

(22) リール大学区以外のほとんどの大学区では、スポーツ科学技術学（STAPS）の「中退」率ははるかに低い。これは、大学区間で比較したときに顕著な違いがみられる唯一の学科だ。この高い中退率は恐らくリール大学区の地理的な特徴に由来

するところが大きい。今日、スポーツ科学技術学の1年次あるいは医学部1年次へ前もって入っておくことは、助産婦や運動療法など幾つかの医療補助関連部門の学校に入る際に条件として求められる。学生がスポーツ科学技術学への再登録をせずに中途で出て行くことには、ベルギーの医療補助関連学校に入るという特殊な理由があげられる。これらベルギーの学校は入学に際して選抜が緩く、フランスの学校よりも登録料が安い。

(23) 1968年の危機直後の大学改革者たちの頭の中、特にフォール（Edgar Faure）の頭の中には、大学が「アカデミズム」から脱却する方法の一つは、それ自体「学際的」（学科の細分化はその当時、大学の時代遅れの一因だと烙印を押されていた）で「職業に繋がる」新しい「学科」を創設することであった。学際性と、教育職および研究職以外の就職が、大学の「近代化」に繋がるはずだった。そのため、経済・社会行政学（AES）、社会科学のための応用数学（MASS）、応用外国語（LEA）といった学科が誕生した。〔☞フォール法〕

(24) この空間は、1年から3年まで一度も留年したことがない学生コホートから成る2003-2004年の3年生と、一度留年した学生コホートから成る2004-2005年の3年生という、2つの「3年生」が「連結」してできている。

(25) これに加えて地域の特殊性の影響がある。大学課程のこの段階では、地理学は相対的に裕福な階層の学生が集まる逃げ場分野という奇妙なポジションを占めているのだが、これは、リール大学区のBac+3年のレベルにおいて、初等・中等教育の教職準備に向けた地理学よりも、国土整備に向けた地理学が幅を利かせていることによると思われる。

(26) 学生はここでは、リール大学区の高等教育機関に在籍し続けている限り追跡される。文系グランゼコール準備級にいた学生の「生き残り」率が理系グランゼコール準備級にいた学生の率より高いのは、理系準備級の学生がリール大学区の外にある理系グランゼコールに入ったためであることが多い。同じことが商業系グランゼコール準備級の学生についても言える。文系は、グランゼコールへの進学チャンスがもっと小さく、受験に失敗した後に大学で勉強を続ける者が多い。

(27) これは普通バカロレア取得者について言えることだ。技術バカロレア取得者はこれとは逆だが、しかし技術教育課程では、成績があまり良くない生徒よりも、成績の良い生徒がしばしばIUTに進んで大学に進まないことは、今までみてきた通りだ。

(28) 2005-2006年IUT卒業生を対象により最近に行われた調査によれば、52%がDUTより上の学位の勉強を続けている。

(29) 同上の調査によると、IUT出身学生の22%のみが、Bac+3年で終わらない（それ

以上の）教育課程で学び続けている。

(30) 1987年（バカロレア人口の急伸の始まり）、1994年（バカロレア人口の急伸の終わり）、2001年に再編されたバカロレア取得後の進路の世界において、各専攻課程・学科間の出身階層・学業成績のヒエラルキーは常にほとんど同じである。

(31) 科学系バカロレアのなかでも工学専攻の生徒たちは例外で、（ほとんど）グランゼコール準備級とIUTの二者択一しかない。

参考文献・資料

Baudelot Ch., Benoliel R., Cukrowicz H., Establet R., 1981, *Les étudiants, l'emploi, la crise*, Paris, Maspero.

Bourdieu P., 1989, *La Noblesse d'État*, Minuit.〔ピエール・ブルデュー『国家貴族Ⅰ、Ⅱ』立花英裕訳, 藤原書店, 2012年.〕

Bourdieu P., 1984, *Homo Academicus*, Minuit.〔ピエール・ブルデュー『ホモ・アカデミクス』石崎晴己／東松秀雄訳, 藤原書店, 1997年.〕

Eurydice-Eurostat, 2009, *Chiffres clés de l'éducation en Europe 2009*, Commission européenne.

Orange S., 2010, « Le choix du BTS Entre construction et encadrement des aspirations des bacheliers d'origine populaire », *Actes de la recherche en sciences sociales*, no. 183, Seuil, pp. 32-47.〔ソフィ・オランジュ（田川千尋訳）「上級技術証書（BTS）という選択」園山大祐編『教育の大衆化は何をもたらしたか：フランス社会の階層と格差』勁草書房, 2016年, 24-50頁.〕

Vatin F., Vernet A., 2009, « La crise de l'université française : une perspective historique et socio-démographique », *Revue du MAUSS*, no. 33, pp. 47-68.

【付記】

　本章は、Convert B., 2010, « Espace de l'enseignement supérieur et stratégies étudiantes », *Actes de la recherche en sciences sociales*, no. 183, Seuil, pp. 14-31の全訳である。コンヴェール氏およびSeuil社の翻訳の快諾に感謝申し上げる。

　なお、本章は2010年に書かれた論文の翻訳である。本書で収められた他の仏人論文に頻繁に引用される重要文献であるが、制度、データが2000年初期のものであり、他の章とは少なからず状況が異なっている点があることを予めお断りする。

> **第10章**

成功と社会的下降

―学生の将来観―

セシル・ヴァン=ド=ヴェルド

（渡辺一敏　訳）

はじめに

　すでに数十年前から我々は「危機」の時代を生きており、これが我々の社会の持続的で内面化された地平[訳注1]となっている（Revault d'Allonnes 2012）。最近の経済の後退によっていっそう強調されたこの危機的状況は、各世代の暮らしがその親の世代よりも良くなるという持続的な世代間進歩のイメージの脱構築を促す（Chauvel 1998）。さらに、より深いレベルで、学業により社会的かつ世代的な上昇が保証されるという共和国的な信念を揺るがし（Tenret 2011）、学歴メリトクラシーという「必要な幻想」を試練にかける（Dubet 2010）。そして、フランスの社会学研究もそれを反映しており、1990年代と2000年代には、主に世代間比較による若い成人の「社会的下降」のパラダイムが研究の主流となった（Peugny 2009; Peugny, Van de Velde 2013）。これらの研究は若い世代における下降的な社会移動の体験の拡大と、それに付随する低学歴者の困難の増大を強調した（Lefresne 2003; Peugny 2009; Galland 2009; Maurin 2009）。社会的下降の問題はフランスの公の議論でも取り上げられるようになり、「社会的エレベーターの故障」により社会的上昇を阻まれた若い世代の境遇に対する関心が強まった（Chauvel 2006）。

　本章ではフランスで現在の学生が自らの世代間移動と将来をどのように考え

ているかを分析してみたい。実際に「2013年学生生活実態調査」では、学生個々人に対して自分が知っている親の生活と、自分自身の将来を比較するよう促すことで、このテーマに関する設問を初めて導入した。より正確には、回答者に対して、予想される自分の将来が親の生活と比べて「より良い」か「より悪い」か「より良くも、より悪くもない」かを質問した。調査で予め把握されている回答者の社会的出自と将来的展望を結ぶ補助線を引くことで、フランスにおける社会的下降と学業との関係という問題に関する既存の研究に新たな補足的要素をもたらすことができる。

　ただし、このような新たな補足的要素は対象が絞られているため、予めその輪郭を限定しておく必要がある。既存研究の大半は学業を終えた後の社会・職業的地位によって客観的に把握された世代間移動に基づいて社会的下降を測定しているが、本研究では学業途中の個々人の主観的な見方を分析している。その一方で、質問票では父親と母親の地位を切り離すことなく、両親を一組として扱っており、回答者本人に両親の「生活」の水準を定義してもらった。また、現在の大半の研究においてと同じく、この分析は社会的な下降や上昇に関する様々な体験の形を網羅するものではないことを断っておく必要もある。各人が自分を「社会的に位置づける」場合には、（これまでの社会学研究ではほとんど扱われていないが）兄弟姉妹、幼馴染、同世代に属す他の人々など、他にも異なる主観的な比較相手があるが、本分析は主に世代間比較に基づいているからだ。言い換えれば、本研究は、今日の学生が自分自身の人生の軌道の世代的意味合いを親との比較によってどのように考えているかを問い直すものである。最後に、この世代間比較は、「将来」に関する問いが主に社会・職業的な意味合いで理解されるとの仮説に基づいて、社会・職業的観点から分析されている。そもそも、質問票のなかでは、就職機会に関する様々な質問の延長上で「将来」に関する質問がなされるだけに、「将来」の意味合いは社会・職業的な文脈で理解されると考えられる。本研究の背景には、フランスにおいて新たにみられ始めた教育投資との関係のあり方や、高等教育を受けることで世代を追うごとに社会的地位が上昇するという共和国的な信念の現在の度合いを把握したいという狙いがある。

第1節 ┃ 学業により社会的地位を維持する

現世代の学生の希望？

　本分析で得られた特筆すべき最初の結果は、通念とは異なり、現在の学生の将来に関する見方において支配的なのは社会的下降の展望ではなく、むしろ世代的な連続性だということだ。実際、最も多い回答は自分の将来が親と比べて「より良くも、より悪くもない」というもので、回答者の42%を占めた。楽観的な回答がこれに僅差で続き、39%が自分の将来が親と比べて「より良くなる」と考えている。世代的な下降の展望は最下位で、回答者の19%を占めた（図10.1）。

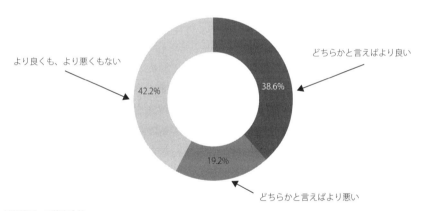

より良くも、より悪くもない　42.2%

どちらかと言えばより良い　38.6%

19.2%

どちらかと言えばより悪い

対象範囲：回答者全体。
出典：2013年学生生活実態調査。

図10.1　親の生活と比べた自分の将来の評価（単位：%）

世代的な不確実性

　このように学生は社会的な下降あるいは上昇よりも、むしろ横ばいを予想している。学業の転換点にあたるこの時点で捉えられたライフコースの世代間比較は、このように、なによりもまず真っ直ぐな延長として思い描かれている。

この連続性は社会的コードとしては、世代間での停滞、再生産あるいは同水準の維持と解釈することができる。いずれにせよ、これは複数の解釈的仮説を可能にする。自分の将来に関するこのような展望はまず、フランスにおいて支配的な学業との関係に根ざしている。フランスでは他国でよりも、特に中流階層や富裕階層において、学業が社会的な地位や格付けを得るための必須の関門と考えられる傾向が強い（Van de Velde 2008; Charles 2015）。ただし、学業は最小限必要な鍵ではあっても、それによって職業参入が保証されるわけではない。さらに、こうした連続性の展望は、2010年代初めにおける世代間移動の特別なあり方とも関連している。2010年代初めの世代間移動は、1990年代を基準対象にL. ショヴェル（Chauvel 1998）が分析した世代間移動の図式から少しずつ遠ざかりつつある。ショヴェルが分析した世代間移動では、1990年代の若い成人とその親であるベビーブーマー世代の社会的対比に焦点が置かれていた（Chauvel 1998）。本研究の場合には、一方で、世代間比較の最初の参照項である親自身の社会的軌道にベビーブーマー世代とは異なる傾向がみられる。現代の親世代の大部分はベビーブーマーと同じく学歴が高いが、同時に経済後退の影響を受けて、労働市場で弱い立場に陥る可能性があるため、同じ家族内での社会的対比は潜在的に弱くなる。他方で、学生を含む若者世代にとっても社会的不確実性が増している。そのため、無視できない割合の学生にとっては、高等教育は親の生活と同水準の将来を目指す手段となっている。つまり高等教育はいまや、共和国的な夢[訳注2]に従って出身階層から脱却する手段ではなく、社会的下降を回避するための手段になっているのだ（Maurin 2009）。こうした不確実な状況において、「より良くも、より悪くもない」という非断定的な性格の回答様式が回答の中心を占めたと推測され、それはまた同時に学生が自らの将来像を思い描くことの難しさも示していると考えられる。

　この点で、外国籍の学生とフランス国籍の学生の鋭い対比が注目される。自分の将来を「より良くも、より悪くもない」と考えるフランス人学生は外国人学生よりもはるかに多いからだ。しかも、この対比は社会階層が高いほどいっそう際立つ。管理職や高度知的職業階層出身の若者においては、「より良くも、より悪くもない」と考える外国人学生は29％だが、フランス人学生では50％以上がそう考えている（図10.2）。一部の外国人学生の場合にはフランス

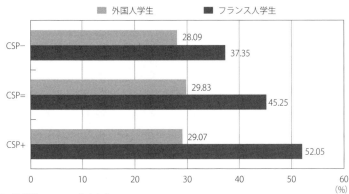

対象範囲：親が働いている回答者全体。
注：「CSP＋」は管理職および高度知的職業、「CSP＝」は中間的職業、職人、商業従事者、企業経営者、農業経営者、「CSP－」は一般事務職および労働者にそれぞれ対応する。
出典：2013年学生生活実態調査。

図10.2　親の生活と比べて「より良くも、より悪くもない」将来を予測：
親の社会職業カテゴリー（CSP）および国籍の違いによる結果（単位：%）

への移住が社会的な見通しの向上を招いていると推測できるものの、この対比は、フランス人学生の自らの将来に対する「心的傾向」がアプリオリに曖昧ないし懐疑的であることを浮き彫りにしている。本章末の付属資料にある一般ロジスティック回帰モデルが示しているように、フランス人学生と外国人学生のこの差異は、性別、社会階層、履修課程、職業活動あるいは学業期間など他の要因を統制した上でも確認される。

社会的再生産の論理

　フランス人学生と外国人学生の対比とは別に、このような将来的展望は深い社会的亀裂に対応している。親世代との比較による「相対的期待」が問題となっているだけに、恵まれた階層出身の若者のほうが社会的上昇移動のチャンスが少ないのは当然であり、自分の将来を「より良くも、より悪くもない」と考える傾向が強いと考えられる。

　「より良くも、より悪くもない」という回答の比率は実際、労働者階層出身の学生の34.7%から管理職および高度知的職業階層出身の学生の49.3%まで、

207

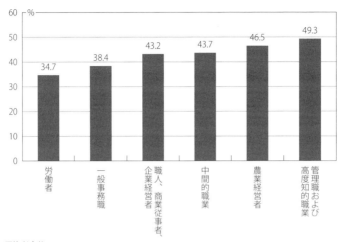

対象範囲：回答者全体。
出典：2013年学生生活実態調査。

**図10.3　親の生活と比べて「より良くも、より悪くもない」将来を予測：
親の社会職業カテゴリー（CSP）の違いによる結果（単位：％）**

かなり顕著な段階的差異があり、親の社会職業カテゴリー（CSP）との相関関係がみられる。それならば、恵まれた階層においては、世代間の「連続性」の展望はより古典的な用語で社会的「再生産」と言い換えるべきではないだろうか。この解釈は、教育課程に関する補足的な分析により再確認される。管理職および高度知的職業階層出身の子どもで、親の生活と比べて「より良くも、より悪くもない」将来を予測する者の割合が最も多い課程は、次の2つのエリート課程である。一つ目は☞グランゼコール準備級（CPGE）で、58％が親世代と比べて「より良くも、より悪くもない」と考え、二つ目は医療系教育である（55％）。しかし、親世代と比べて「より良くも、より悪くもない」と考える者の割合が3番目に高い課程は、社会的地位の獲得という点でより不確かな文化系コース〔建築、アート、音声映像、文化遺産などに関する学業〕であり、ここには社会的「再生産」という解釈とは異質なものが含まれている。このコースの場合には、「より悪い」将来を予測する傾向もより強いため、不確実性の兆候とも関連がある。

　本研究の分析によると、こうした階層的分化とは別に、親と比べて「より良

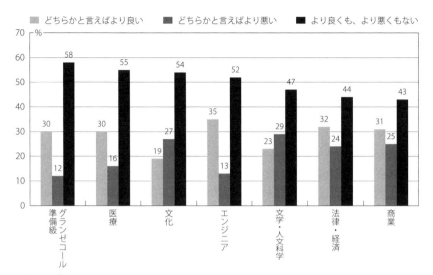

対象範囲：回答者全体。
出典：2013年学生生活実態調査。

**図10.4　管理職および高度知的職業階層出身の子どもにおける、
親の生活と比べた将来の評価：課程別の比較（単位：%）**

くも、より悪くもない」という将来の展望は、この世代に共通の回答であり、
中流階層と☞庶民階層の学生の間でもかなり広く共有されている。上流階層で
はこうした停滞的な展望は比較的予想通りだが、例えば農業経営者の子どもで
学業を続ける者たちの間でも、46.5％が親世代と比べて「より良くも、より悪
くもない」将来を予測しており、こうした停滞的展望があるのはいささか意外
だ。後で詳しくみるが、この世代間停滞は、相対的な悲観主義に根ざしてい
る。農業経営者の子どもは同時に、自分の将来が親と比べて「より良い」と予
測する割合が最も低い。同様に、職人、商業従事者、企業経営者の階層出身の
子どもの43.2％、中間的職業階層出身の子どもの43.7％と、比較的高い割合が
親世代と比べて「より良くも、より悪くもない」将来を予測している。結局の
ところ、この世代間停滞の展望は、労働者と一般事務職〔庶民階層〕を除くす
べての社会階層で支配的であり、労働者と一般事務職では、後で見る通り、
「より良い」将来的展望が優勢である。

第2節 | より良い将来を信じる…

社会階層的に限定される上昇の原動力

　実際、支配的なのは「より良くも、より悪くもない」というどっちつかずの回答だが、より楽観的な回答が非常に僅差でこれに次いでおり、39％の学生は自分の将来が親の生活よりも「より良い」だろうと考えている。したがって、これらの「楽観者」は、社会階層的には限定されているものの、学生人口の無視できない割合を占めているわけだ。つまり、フランスにおいては現在でもまだ、学業が社会的成功と親世代と比べた社会的上昇の手段とみなされうるわけで、学業による社会移動に関する共和国的な希望はまだ生きている。

社会的および科学的な非可視性？

　逆さまに解釈されがちな数値というのがある。つまり我々はすぐに、フランスでは高等教育を受ける学生の60％以上が親と比べてより良い生活を予想していないと強調して、学業による世代間上昇移動という考えに疑問を突きつけたくなる。しかし、これは、裏返せば、40％近くはまだ世代間上昇移動が可能だと考えているということだ。こうした楽観的学生層は、傾向や平均を分析する際に忘れられがちなだけに、分析の対象としていっそう興味深い。楽観的学生は結局、自分が親世代よりも下降移動していると考える学生よりも数が多いのだが、社会的および科学的には可視性がより低い。一般的に、科学的研究と、それに呼応する公的議論では、逆に、若い世代の漠然とした悲観主義の構造的傾向や、過去数十年来の社会的上昇移動の大幅な減少（Peugny 2009）を強調しがちだ。社会学の分野における議論でも、学歴インフレが学生の経験と職業参入に及ぼす効果（Duru-Bellat 2006）が注目されがちで、それと比べると、新たな大学生層の社会的経験や将来との関係のあり方は無視されがちだ。庶民階層自体に関する研究においても、無学歴または低学歴で学校教育を終え、労働市場で特に差別的扱いを受ける者たちに焦点が当てられ、学歴のある若者または将来的に学歴を得る若者と、無学歴の若者の二極化の拡大

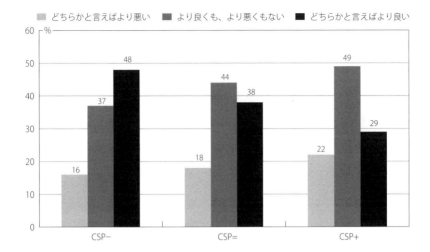

対象範囲：親が働いている回答者全体。
注：「CSP＋」は管理職および高度知的職業、「CSP＝」は中間的職業、職人、商業従事者、企業経営者、農業経営者、「CSP－」は一般事務職および労働者にそれぞれ対応する。
出典：2013年学生生活実態調査。

図10.5　親の生活と比較した将来の評価：親の社会職業カテゴリー（CSP）の違いによる結果
（単位：%）

（Galland 2009）が主な対象となっている。

　しかし、労働者・一般事務職階層出身の学生のプロフィールは、まさに自分の将来との関係のあり方に際立った特徴がある。すなわち、世代的な社会移動について楽観的な傾向が強く、親世代と比べて同水準にとどまったり、下降すると考える者が相対的に少ないのが特徴だ。図10.5は、出身階層指標に応じて、世代間移動を3つの形態に分類している。この図をみると、出身階層が高いほど、世代間上昇移動に関する楽観性は低下し、親世代と同水準で停滞するという見方が強いことが分かる。

第3節　｜　上昇する

すべては出発点次第…

　より正確には、このような楽観的展望は、労働者階層出身の学生では多数派

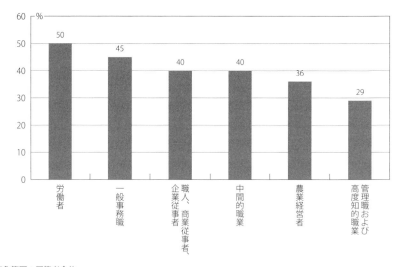

対象範囲：回答者全体。
出典：2013年学生生活実態調査。

**図10.6　親の生活と比べて「どちらかと言えばより良い」将来を予測：
親の社会職業カテゴリー（CSP）の違いによる結果（単位：%）**

を占めている。労働者階層出身の学生は、いったん高等教育に進学すると、世代間上昇移動を見込む割合が他の階層出身の学生よりも高く、50.4％が親と比べてより良い将来を予想している（図10.6）。こうした姿勢は、世代的観点からは、大学での学業によって子どもを労働者階層から脱却させるという親の側のプロジェクトに対応していることは、複数の研究で強調されている（Beaud, Pialoux 1996）。これに次いで楽観的展望が多いのは、一般事務職階層出身（44.7％）、職人、商業従事者、企業経営者階層出身（40.3％）、農業経営者階層出身（39.6％）の順であり、管理職の子どもの一部（28％）でも楽観的展望はみられるが、その割合は、より低い階層の出身者と比べてはるかに小さい。最後に、課程、性別、学業期間、職業活動、国籍が及ぼす影響を統制した後でも、労働者または一般事務職の子どもでは、自分の将来が「より良い」ものになると考える可能性が他の階層出身者よりも高いことが確認できる（付属資料の表10.3参照）。

第4節　…そして、今どこにいるかに左右される

「教育課程効果」

　すべてが出発点に左右されるわけではなく、現在地にも左右される。出身社会階層の影響は将来に関する見方を深く形成するが、教育課程と学業期間の影響も同じく決定的である。この「教育課程効果」は、社会における求人の論理に関連していると同時に、様々な職業教育課程間における就職可能性の内面化された対比と結び付いた将来的展望の論理とも関連している。その意味で、世代的観点からみたより良い将来の展望を育みやすい各種の課程を特定し、様々な出身階層にとって社会的上昇移動を提供しやすいと考えられる課程の全体像を把握することは興味深い。そこで我々は、出身CSP別の各グループについて、将来に関する楽観者の割合が最も大きい3つの課程のランキングを作成した（表10.1）。

表10.1　親の生活と比べて「どちらかと言えばより良い」将来を予想：課程と出身社会階層の違いによるランキング

CSP−	CSP=	CSP+
1. エンジニア（62.2%）	1. エンジニア（51.3%）	1. エンジニア（35.1%）
2. 医療（58.6%）	2. グランゼコール準備級（45.4%）	2. 法律（32.3%）
3. グランゼコール準備級（58.1%）	3. 医療（44.9%）	3. 商業（31.4%）

対象範囲：親が働いている回答者全体。
表の読み方：一般事務職または労働者階層の出身で、エンジニア養成課程で勉強している学生の62.2%が、親の生活と比べて自分の将来は「どちらかと言えばより良い」ものになると考えている。
注：「CSP+」は管理職および高度知的職業、「CSP＝」は中間的職業、職人、商業従事者、企業経営者、農業経営者、「CSP−」は一般事務職および労働者にそれぞれ対応する。
出典：2013年学生生活実態調査。

　このランキングからは、どの社会階層でも、楽観者の割合が最大なのはエンジニア養成課程であることが、まずみてとれる。また他の点はすべて同じとすると、エンジニア養成課程の学生は「より良い将来」のイメージと最も強く結び付いている（付属資料の表10.3参照）。こうしたエンジニア養成課程の優位は、フランスにおける教育・社会面での成功モデルとして、エンジニア学校が

根強いイメージを保っていることと関連している。庶民階層の子どもでは、楽観者の割合が最も大きい課程はエンジニア養成課程、医療系教育、グランゼコール準備級である。中流階層でもこの3つの課程がランクされたが、その順位は少し違う。一方、より恵まれた階層の子どもでは、本研究の前半でみたように、グランゼコール準備級は親世代と同水準の維持、あるいは社会的再生産の手段とみなされる傾向があることに注意する必要がある。この階層では、エンジニア養成課程、法律系教育、商業系教育において、親と比べてより良い将来が望めると考える学生が最も多く、この3つの課程が潜在的な社会的上昇の手段とみなされている。

第5節 ▌ 楽観性は女子よりも男子で強い？

女子が男子よりも悲観的なのはなぜか？

上記のような分化に加えて、強調しておくべき点が一つある。それは女子よりも男子のほうが楽観的だという点だ。付属資料にある一般ロジスティック回帰モデル（付属資料の表10.3参照）において、この性別による違いは、課程、学業期間、出身社会階層、職業活動、国籍の違いには影響されない。逆に、親の生活と比べて自分の将来が「より良くも、より悪くもない」または「より悪い」という残り2つの回答では、女子の割合が相対的に多くなっている。図10.7が示しているように、男女の楽観性の差異はどの社会階層にもみられ、7ポイントから9ポイントの違いがある。ボードロとエスタブレ（Baudelot, Establet 1996）の分析から20年を経ても、学業と教育投資に対する若い女子と男子の関係には相変わらず深い溝があることが分かる。エピファーヌとヴェルレイ（Épiphane, Verley 2016）が、職業参入のチャンスに関して、全体的に女子のほうが男子よりもストレスと不安が強く、野心が低いことを強調している。両研究者によると、女子の不安の強さは、（特に学業期間という点での）学業計画と実際の可能性の間の「不一致」と結び付いており、逆に男子の場合には、学業面でのより高い野心と将来に対するより前向きな関係性の間に繋がりがみられる。

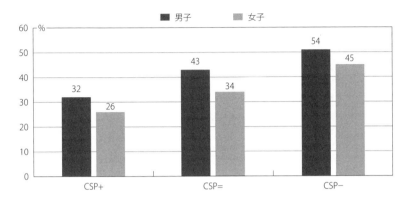

対象範囲：親が働いている回答者全体。
出典：2013年学生生活実態調査。

図10.7　親の生活と比べて「どちらかと言えばより良い」将来を予測：
性別と出身社会階層の違いによる結果（単位：％）

第6節　学業にもかかわらず社会的に下降する

脱落する少数派

　こうしてみてくると、社会的に下降するという展望は多数派ではないが、回答した学生のほぼ5分の1がこうした展望を抱いている。学生の19％が、自分の将来が親の生活よりも悪くなると考えているからだ。これら少数派の学生集団は、フランスにおける多数の社会学研究の焦点となっている社会的に下降する若者の一面を体現している。これは、学生の社会的位置付けがまだ完全に定まっておらず、労働市場に参入してすらいない時点での、内面化された社会的下降である。こうした学生は少数派だが、フランスにおける学位および教育投資との関係のあり方について問題を提起している。

下降者たち：社会階層効果

　世代間上昇移動の軌道から脱落するのはどのような若者だろうか。分析によると、自分の将来が親世代と比べて悪化すると考えている学生の社会的プロフ

215

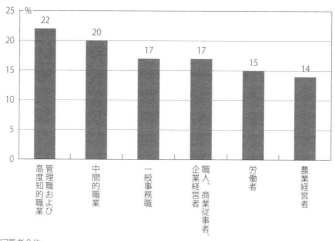

対象範囲：回答者全体。
出典：2013年学生生活実態調査。

**図10.8　親の生活と比べて「どちらかと言えばより悪い」将来を予測：
親の社会職業カテゴリー（CSP）の違いによる結果（単位：%）**

ィールは、自分の将来が親世代と比べて同水準にとどまると考えている学生の
プロフィールに似ており、自分の将来が親世代と比べて改善すると考えている
学生とは明確に異なっている。すなわち、多くが裕福な社会階層出身の学生
で、フランス人で、文学、人文科学、文化に関連した課程にいる者で、男子よ
りも女子のほうがわずかに多い。特に社会階層の影響が顕著で、管理職の子ど
もは親と比べた自分の将来について最も悲観的である（22％近くが悪化を予
想）。中間的職業の子ども（19.9％）がこれに続き、労働者の子どもと農業経
営者の子どもで悲観者が最も少ない（それぞれ14.9％と13.9％）。つまるとこ
ろ、管理職または高度知的職業の親を持つ場合、世代間下降移動を予想する可
能性が大きく高まるわけで、これは性別、国籍、課程、職業活動、学業期間な
ど他の変数を統制した後でも同じである（付属資料の表10.3参照）。

　ここでもまた、外国人学生と比べると、社会的下降の展望は、フランス人学
生において特に顕著であり、また社会的に階層化されている。外国人学生とフ
ランス人学生の差異は、庶民階層においてすでに鮮明だが（7ポイント差）、
恵まれた階層においてはいっそう拡大し、管理職および高度知的職業階層出身

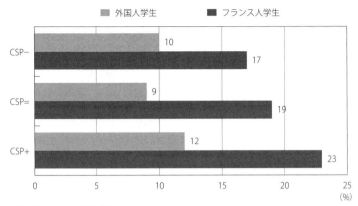

対象範囲：親が働いている回答者全体。
出典：2013年学生生活実態調査。

**図10.9　親の生活と比べて「どちらかと言えばより悪い」将来を予測：
出身社会階層と国籍の違いによる結果（単位：％）**

の学生では、11ポイント差となる（図10.9）。したがって、社会的下降の展望
は、富裕階層出身のフランス人学生と特に関連性の強い問題である。

社会的下降に繋がる道

　出身家庭や社会的軌道を超えて、潜在的に社会的下降に繋がる課程はどれだ
ろうか。表10.2は、「どちらかと言えばより悪い」将来の展望を招く傾向があ
る課程を、社会階層との関係においてランク付けしたものである。3つの社会階
層のすべてにおいて、☞上級技手養成短期高等教育課程（STS）および「文学
と人文社会科学（SHS）」が、社会的下降の展望を予想する学生の割合が最も
高い課程である。この表のとおり、STSで学ぶ労働者および一般事務職の子ど
も（一般的には親よりも自分の将来が改善すると考える傾向が強いにもかかわ
らず）の22％以上が将来を悲観的に予想し、また文学とSHSで学ぶ中間的職
業の子どもの24％、STSで学ぶ管理職の子どもの3分の1が将来を悲観的に予
想している。一般ロジスティック回帰モデルにより、性別、国籍、履修課程、
職業活動、学業期間などの変数を統制した後でも、この課程効果が有意である
ことが確認できる。

表10.2　親の生活と比べて「どちらかと言えばより悪い」将来を予測：課程と出身社会階層の違いによるランク付け

CSP−	CSP=	CSP+
1. STS（22.6%）	1. 文学とSHS（24%）	1. STS（33.6%）
2. 商業（21.6%）	2. STS（23.9%）	2. 文学とSHS（29.3%）
3. 文学とSHS（18.4%）	3. 技術短期大学部（23.4%）	3. 文化（27.1%）

対象範囲：親が働いている回答者全体。
表の読み方：STSで学ぶ労働者または一般事務職の子どもの22.6%は、親の生活と比較して「どちらかと言えばより悪い」将来を予想している。
注：「CSP＋」は管理職および高度知的職業、「CSP＝」は中間的職業、職人、商業従事者、企業経営者、農業経営者、「CSP−」は一般事務職および労働者にそれぞれ対応する。
出典：2013年学生生活実態調査。

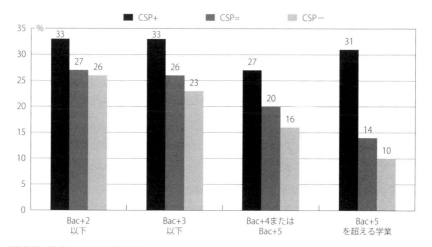

対象範囲：親が働いている回答者全体。
出典：2013年学生生活実態調査。

**図10.10　親の生活と比べて「どちらかと言えばより悪い」将来を予測：
社会職業カテゴリー（CSP）と学業期間の違いによる結果（単位：%）**

　こうした社会的下降の展望は、学業の期間とも密接な相関関係にある。短期の学業を予定する若者はより悲観的になりがちで、予定する学業の期間が長いほど悲観的な学生の割合は低くなる傾向がある。学業の期間を延長することは、少なくとも部分的には、社会的下降に対する防御策と考えられている。ただし、これには例外が一つある。管理職および高度知的職業階層出身の学生では、「Bac＋5」〔大学入学資格の取得後に5年間の高等教育〕を超えてさらに学

業を続けることを予定している場合に、悲観者の割合がまた相対的に高まることが観察される。このケースでは学業の延長により社会的下降の展望が強まるような感がある。学生が予定する学業期間が長くなり、「Bac+5」以上の学業を選ぶ者が増えている現在の状況で（Ronzeau, Van de Velde 2014）、こうした相対的な悲観性の高さは、博士号の価値評価が低く、また☞グランゼコール出身であることが優位に置かれることと関連している。

おわりに

　親の生活と自分自身の将来的生活の間での世代間比較に関する学生の主観的見方から、いくつかの教訓を引き出すことができる。世代間に引かれた線はなによりも連続性を特徴としている。我々が世代間の上昇移動の線上に位置していないことは確かだ。学業による社会的上昇という共和国的な希望はまだあるものの、その範囲は限定的である。この世代的な移動の線は、世代間での下降あるいは〔上昇から下降への〕転換（retournement）という考えのみによって方向付けられているわけではないが、世代的な停滞または下降を予想する学生のプロフィールは、主に中流および上流階層出身で、比較的似通っており、全体として、社会的・世代的な停滞感に支配された若者の顔を明らかにしている。

　まとめると、この学生層は、比較的入り混じった性質を呈しているが、特に学業と将来に対する関係のあり方において分極化している。学業と将来に関する展望において、出身社会階層および課程の違いによる強い序列化が作用し、折り重なっている。管理職および高度知的職業の子どもと、中間的職業の子どもの大部分においては、社会的な上昇よりもむしろ同水準の維持が課題である。1970年代の末にブルデューが言及した☞「遺産相続者たち」の「幻滅」（Bourdieu 1984）が中流および上流階層の思考の範疇となったのだろうか。今日、高等教育が、部分的にだが、潜在的な上昇移動の手段としての役割をまだ演じているのは、主に労働者と一般事務職の階層においてであり、これらの社会階層出身の学生のほぼ半数に親の生活と比較して「より良い将来」を約束している。

　もちろん、こうした将来の展望は学業の途中で測定されたものであり、学位取得後に労働市場に挑戦した後に測定されたわけではない。したがって、各個人がたどる軌道や学生の世代交代とともに、将来の展望は揺れ動いたり、変化したりする可能性がある。その意味で、3年ごとの「学生生活実態調査」を通じてこの質問を繰り返し、質問票のなかで、教育との関係および広義の「政治的なもの」との関係における将来的展望をいっそう詳しく探る手段を講じることができれば、興味深いだろう。

訳注

〔1〕「持続的で内面化された地平」：これは、終わりのない危機状態が人々の精神をも蝕み、その視野を覆い尽くして、より良い未来を志向することを困難にしている現代的状況を指している。哲学者ミリアム・ルヴォー＝ダロンヌは2012年の著作 *La crise sans fin : essai sur l'expérience moderne du temps*（終わりなき危機：時間の現代的経験に関する試論）において、次のようなことを指摘した。現代の危機はもはや、個別的な領域において、特定の時期に発生するのではなく、ありとあらゆる領域を覆い、しかも、出口のない、包括的かつ恒常的なものである。すでに我々の生存の一部を成しているこうした今日的な危機は、客観的な現実を指し示す概念であるだけでなく、時間に関する内的経験を表現する隠喩でもある。どこまでも不確かな世界を生きる現代人は、未来や進歩に望みをかけ、「新しい時」の到来を期待することができない。
　　以下を参照：https://www.franceculture.fr/oeuvre-la-crise-sans-fin-essai-sur-l-experience-moderne-du-temps-de-myriam-revault-d-allonnes.
〔2〕「共和国的な夢」：公立学校（国民教育）での教育を通じて、各自の努力と能力に応じた学位や学歴を得ることで、社会的に上昇するチャンスが、出身階層に関係なく、すべての市民に平等に与えられているというフランス共和制の基本的な理念と、それが低所得階層や庶民階層の出身者に与える希望を指している。こうした理念を体現する例としては、社会学者ピエール・ブルデューや作家アルベール・カミュなどを挙げることができる。本章後出の「共和国的な信念」や「共和国的な希望」も類似の概念を指す。

付属資料

表10.3　一般ロジスティック回帰モデル

			Estimate	Standard Error	Wald Chi-Square	Pr > Khi-2	Odds Ratio	95% Wald Min.	95% Wald Max
Intercept		どちらかと言えばより良い	0.1215	0.00531	524.5810	<.0001			
		より良くも、より悪くもない	Réf.	Réf.	Réf.	Réf.			
		どちらかと言えばより悪い	-0.8553	0.00654	17108.4800	<.0001			
教育課程	理学		Réf.	Réf.	Réf.	Réf.	Réf.	Réf.	Réf.
	商業	どちらかと言えばより良い	0.2074	0.00755	754.5517	<.0001	1.478	1.451	1.506
		より良くも、より悪くもない	Réf.	Réf.	Réf.	Réf.	Réf.	Réf.	Réf.
		どちらかと言えばより悪い	0.2559	0.00860	885.9226	<.0001	1.256	1.229	1.283
	グランゼコール準備級	どちらかと言えばより良い	0.0893	0.00634	198.5465	<.0001	1.314	1.292	1.335
		より良くも、より悪くもない	Réf.	Réf.	Réf.	Réf.	Réf.	Réf.	Réf.
		どちらかと言えばより悪い	-0.6436	0.00982	4299.5987	<.0001	0.511	0.499	0.523
	文化	どちらかと言えばより良い	-0.5540	0.0138	1616.6859	<.0001	0.690	0.669	0.712
		より良くも、より悪くもない	Réf.	Réf.	Réf.	Réf.	Réf.	Réf.	Réf.
		どちらかと言えばより悪い	0.1203	0.0141	72.4043	<.0001	1.097	1.061	1.133
	法・経済	どちらかと言えばより良い	0.2170	0.00443	2401.0046	<.0001	1.493	1.473	1.512
		より良くも、より悪くもない	Réf.	Réf.	Réf.	Réf.	Réf.	Réf.	Réf.
		どちらかと言えばより悪い	0.2851	0.00528	2917.1799	<.0001	1.293	1.273	1.314
	エンジニア	どちらかと言えばより良い	0.2490	0.00659	1429.8450	<.0001	1.541	1.516	1.567
		より良くも、より悪くもない	Réf.	Réf.	Réf.	Réf.	Réf.	Réf.	Réf.
		どちらかと言えばより悪い	-0.4777	0.00970	2426.9489	<.0001	0.603	0.589	0.617
	IUT	どちらかと言えばより良い	0.00702	0.00725	0.9379	0.3328	1.210	1.188	1.232
		より良くも、より悪くもない	Réf.	Réf.	Réf.	Réf.	Réf.	Réf.	Réf.
		どちらかと言えばより悪い	0.1319	0.00823	257.2884	<.0001	1.109	1.086	1.133
	文学とSHS	どちらかと言えばより良い	-0.2137	0.00459	2165.9472	<.0001	0.970	0.957	0.983
		より良くも、より悪くもない	Réf.	Réf.	Réf.	Réf.	Réf.	Réf.	Réf.
		どちらかと言えばより悪い	0.2988	0.00511	3422.2581	<.0001	1.311	1.291	1.331

	医療	どちらかと言えば より良い	0.1373	0.00525	685.3459	<.0001	1.378	1.358	1.398
		より良くも、より 悪くもない	Réf.	Réf.	Réf.	Réf.	Réf.	Réf.	Réf.
		どちらかと言えば より悪い	-0.2979	0.00716	1729.1187	<.0001	0.722	0.708	0.736
	STS	どちらかと言えば より良い	0.0442	0.00759	33.9510	<.0001	1,256	1.232	1.280
		より良くも、より 悪くもない	Réf.	Réf.	Réf.	Réf.	Réf.	Réf.	Réf.
		どちらかと言えば より悪い	0.2991	0.00828	1305.6716	<.0001	1.311	1.284	1.339
CSP	CSP+		Réf.	Réf.	Réf.	Réf.	Réf.	Réf.	Réf.
	CSP=	どちらかと言えば より良い	0.00160	0.00255	0.3924	0.5310	1.682	1.667	1.697
		より良くも、より 悪くもない	Réf.	Réf.	Réf.	Réf.	Réf.	Réf.	Réf.
		どちらかと言えば より悪い	-0.0503	0.00315	254.9875	<.0001	0.832	0.824	0.841
	CSP−	どちらかと言えば より良い	0.5168	0.00268	37295.0163	<.0001	2.815	2.790	2.841
		より良くも、より 悪くもない	Réf.	Réf.	Réf.	Réf.	Réf.	Réf.	Réf.
		どちらかと言えば より悪い	-0.0829	0.00343	585.1015	<.0001	0.806	0.797	0.815
性別	男	Réf.	Réf.	Réf.	Réf.	Réf.	Réf.	Réf.	Réf.
	女	どちらかと言えば より良い	-0.1461	0.00188	6066.2642	<.0001	0.747	0.741	0.752
		より良くも、より 悪くもない	Réf.	Réf.	Réf.	Réf.	Réf.	Réf.	Réf.
		どちらかと言えば より悪い	-0.00228	0.00229	0.9928	0.3191	0.995	0.987	1.004
国籍	フランス	どちらかと言えば より良い	Réf.	Réf.	Réf.	Réf.	Réf.	Réf.	Réf.
		より良くも、より 悪くもない	Réf.	Réf.	Réf.	Réf.	Réf.	Réf.	Réf.
		どちらかと言えば より悪い	Réf.	Réf.	Réf.	Réf.	Réf.	Réf.	Réf.
	外国籍	どちらかと言えば より良い	0.5474	0.00312	30701.5124	<.0001	2.988	2.952	3.025
		より良くも、より 悪くもない	Réf.	Réf.	Réf.	Réf.	Réf.	Réf.	Réf.
		どちらかと言えば より悪い	-0.1339	0.00470	810.1385	<.0001	0.765	0.751	0.779
職業活動	無職	Réf.	Réf.	Réf.	Réf.	Réf.	Réf.	Réf.	Réf.
	学業と競合 する職業活 動	どちらかと言えば より良い	0.0308	0.00993	9.6071	0.0019	1.153	1.127	1.179
		より良くも、より 悪くもない	Réf.	Réf.	Réf.	Réf.	Réf.	Réf.	Réf.
		どちらかと言えば より悪い	-0.1061	0.0116	83.7760	<.0001	1.161	1.130	1.192
	臨時職業	どちらかと言えば より良い	-0.0759	0.00477	253.1135	<.0001	1.036	1.026	1.047
		より良くも、より 悪くもない	Réf.	Réf.	Réf.	Réf.	Réf.	Réf.	Réf.
		どちらかと言えば より悪い	-0.0989	0.00545	329.0167	<.0001	1.169	1.155	1.183

	研修または交互教育	どちらかと言えばより良い	-0.0882	0.00642	188.4500	<.0001	1.023	1.009	1.038
		より良くも、より悪くもない	Réf.	Réf.	Réf.	Réf.	Réf.	Réf.	Réf.
		どちらかと言えばより悪い	0.1025	0.00726	199.1619	<.0001	1.430	1.407	1.453
	学業と無関係な職業活動	どちらかと言えばより良い	0.0827	0.00710	135.4740	<.0001	1.214	1.195	1.234
		より良くも、より悪くもない	Réf.	Réf.	Réf.	Réf.	Réf.	Réf.	Réf.
		どちらかと言えばより悪い	0.1939	0.00792	599.6216	<.0001	1.567	1.539	1.595
	学業と関連した職業活動	どちらかと言えばより良い	0.0327	0.00631	26.8789	<.0001	1.155	1.139	1.171
		より良くも、より悪くもない	Réf.	Réf.	Réf.	Réf.	Réf.	Réf.	Réf.
		どちらかと言えばより悪い	-0.0706	0.00782	81.4682	<.0001	1.203	1.182	1.224
	学業と競合の高い職業活動	どちらかと言えばより良い	0.1293	0.00850	231.2807	<.0001	1.272	1.248	1.297
		より良くも、より悪くもない	Réf.	Réf.	Réf.	Réf.	Réf.	Réf.	Réf.
		どちらかと言えばより悪い	0.2344	0.00943	617.7223	<.0001	1.632	1.597	1.667
予定される学業期間	Bac+3以下	Réf.	Réf.	Réf.	Réf.	Réf.	Réf.	Réf.	Réf.
	Bac+4またはBac+5	どちらかと言えばより良い	0.1954	0.00433	2032.2233	<.0001	1.474	1.453	1.496
		より良くも、より悪くもない	Réf.	Réf.	Réf.	Réf.	Réf.	Réf.	Réf.
		どちらかと言えばより悪い	-0.0296	0.00458	41.5976	<.0001	0.866	0.853	0.879
	Bac+2以下	どちらかと言えばより良い	-0.3791	0.00950	1591.8076	<.0001	0.830	0.808	0.852
		より良くも、より悪くもない	Réf.	Réf.	Réf.	Réf.	Réf.	Réf.	Réf.
		どちらかと言えばより悪い	0.1358	0.00943	207.4194	<.0001	1.021	0.995	1.048
	Bac+5以上	どちらかと言えばより良い	0.3765	0.00477	6240.1404	<.0001	1.767	1.740	1.795
		より良くも、より悪くもない	Réf.	Réf.	Réf.	Réf.	Réf.	Réf.	Réf.
		どちらかと言えばより悪い	-0.2208	0.00531	1728.0538	<.0001	0.715	0.703	0.727

出典：2013年学生生活実態調査。

参考文献・資料

Baudelot C., Establet R., 1996, *Allez les filles*, Édition mise à jour, Seuil.

Beaud S., Pialoux M., 1999, *Retour sur la condition ouvrière. Enquête aux usines Peugeot de Sochaux-Montbéliard*, La Découverte.

Bourdieu P., 1992（1984）, « La jeunesse n'est qu'un mot », entretien avec Anne-Marie Métailié, *Questions de sociologie*, Minuit, pp. 143-154.

Charles N., 2015, *Enseignement supérieur et justice sociale. Sociologie des expériences étudiantes en Europe*, La documentation Française.

Chauvel L., 1998, *Le destin des générations. Structure sociale et cohortes en France au XXème siècle*, PUF.

Chauvel L., 2006, « Les nouvelles générations devant la panne prolongée de l'ascenseur social », *Revue de l'OFCE*, no. 96, pp. 35-50.

Dubet F., 2010, *Les places et les chances*, Seuil.

Duru-Bellat M., 2006, *L'inflation scolaire. Les désillusions de la méritocratie*, Le Seuil. 〔マリー・デュリュ＝ベラ『フランスの学歴インフレと格差社会：能力主義という幻想』林昌宏訳, 明石書店, 2007年.〕

Épiphane D., Verley E., 2016, « Les études font-elles le bonheur des filles ? », J-F. Giret, C. Van de Velde, E. Verley（s.dir）, *Les vies étudiantes. Tendances et inégalités*, La documentation Française, pp. 135-145.

Galland O., 2009, *Les jeunes français ont-ils raison d'avoir peur?*, Armand Colin.

Galland O., Verley E. et Vourc'h R., 2011, *Les mondes étudiants. Enquête Conditions de vie 2010*, Collection Études et Recherche, La documentation Française.

Lefresne F., 2003, *Les jeunes et l'emploi*, La Découverte.

Maurin E., 2009, *La peur du déclassement*, Seuil.

Peugny C., 2009, *Le déclassement*, Seuil.

Peugny C., Van de Velde C., 2013, « Repenser les inégalités entre générations », *Revue française de sociologie*, vol. 54, no. 4, pp. 641-662.

Revault d'Allonnes M., 2012, *La crise sans fin. Essai sur l'expérience moderne du temps,* Seuil.

Ronzeau M., Van de Velde C., 2014, « Conditions de vie des étudiants. Panorama 2013 », *OVE Infos*, Observatoire National de la Vie Étudiante, no. 29, 8p.

Tenret E., 2011, *L'école et la méritocratie, Représentations sociales et socialisation scolaire*, PUF.

Van de Velde C., 2008, *Devenir adulte. Sociologie comparée de la jeunesse en Europe,*

PUF.

Van de Velde C., 2014, « Une génération « indignée » ? Les jeunes face à la crise en Europe », *Cahiers de sociologie économique et culturelle*, no. 56, pp. 13-31.

【付記】

本章は、Cécile Van de Velde, 2016, « Réussites et déclassements. Les étudiants face à leur avenir », J-F. Giret, C. Van de Velde, E. Verley（s.dir）, *Les vies étudiantes. Tendances et inégalités*, pp. 163-175の全訳である。ヴァン＝ド＝ヴェルド氏およびLa documentation Française社の翻訳の快諾に感謝申し上げる。

第11章

学生の進路に関する社会学的再考

—セグメンテーションと職業化の間で—

ヴァレリー・エルリシュ／エリーズ・ヴェルレイ

（渡辺一敏 訳）

はじめに

　フランスでは学生の半分以上が大学で学んでいるが、30年前にはこの割合は3分の2だった。公共教育における大学の比重の低下は、人口の伸び悩みのみでなく、「フランスの大学に特有の学位提供のインフレーション」（Rey 2009: 382）によって育まれる高等教育課程の多様化と職業化に関連した根本的な質的変化にも原因がある。フランスの高等教育の大衆化と、教育水準と学位水準のとどまることのない向上にともない、欧州における学位の統一化を通じて、重要な変化が起きた。すなわち、学士が高等教育の第一段目の学位となり（Duru-Bellat 2006）、教育課程の新たな構造の整備（☞学士、修士、博士で構成されるLMD制度）が大学の最初の数学年の教育を改善したように思われる。しかし、このような単純な見方は正しいのだろうか。特に☞普通バカロレア取得者と☞技術バカロレア取得者がたどる進路には不平等がないだろうか。近年、大学の一般的な教育課程（文系と理系）の多くで入学者が減り（Convert 2006）、（大学内の課程も含めて）より職業化された進路やより選抜的な課程を選ぶ者が増えているが、これは学生たちの異なる戦略論理に対応しているのではないだろうか。学生生活観察局（OVE）の「2006年学生生活実態調査」や評価予測成果局（DEPP）と資格調査研究所（CÉREQ）の調査などは、履修

したコース、取得した学位、高等教育より前の学歴、進路選択、進路変更、成功の格差、自分の学業や将来の計画についての学生の見方など、多岐にわたるものであり、こうした様々な情報源から得られる経験的データを活用することで、学生の進路に関する新たな解釈が可能になる。これにより、10年の間に起きた教育課程と進路の序列化および職業化、また、高等教育での進路選択と進級に際して働く強い選抜性が明らかになり、これら3つの主要な変化が横断的に分析されている。

第1節　教育供給と学生の進路の多様化

学校と大学での第二の「教育爆発」

　1980年代半ばの新たな「教育爆発」は☞バカロレアと高等教育へのアクセスの大衆化に繋がった。「教育爆発」は学歴の均質化を可能にしたが、高等教育へのアクセスの不平等が消滅したわけではない。

バカロレアへのアクセスの拡大 (généralisation)

　今日では、バカロレア取得者が同一年齢層の64％を占めるが、1950年代から1960年代にはこの割合は15％に過ぎなかった。1985年に☞職業バカロレアが創設されて教育供給の拡大が進んだことも、こうした傾向の一環である（Prost 2008）。技術バカロレアと職業バカロレアの高等教育との接続をより確かなものにするために、現在実施されている技術バカロレアの改革や、計画されている職業バカロレアの刷新が促す既存の3種類のバカロレア（普通、技術、職業）の接近も、教育水準向上の特徴としてあげられる。職業バカロレア取得者の数は増え続けており、教育省のデータによれば、バカロレア取得者全体に占める割合が1995年の14％から2008年には20％に伸びた。職業バカロレアは労働市場への迅速で直接的な参入を可能にするものだと考えられているが、実際には複数の目的があり、それらは必ずしも公言されない。「職業バカロレアに二重の目的があることは、学業継続を制限するために長い間、秘密扱いされてきた」が、今ではより率直に言及されるようになった（Maillard

2007: 35）。現在は職業バカロレア取得者の23％が高等教育に進学して学業を続け、☞上級技手養成短期高等教育課程（STS）における職業バカロレア取得者の割合は2000年から2008年にかけて倍増した。バカロレアへのアクセスの拡大にともない、高等教育での学業期間も伸びた。これは過去20年間に学位取得者の数が増え続けたからで、1990年から2009年にかけてほぼ倍増した。つまり学位取得が☞民主化したわけだ。その意味では学歴の不平等は縮小してきているわけだが、進路の振り分けと学業成功に関しては事情は異なり、不平等が続いている。

高等教育へのアクセスの不平等の拡大

　☞「隔離的な民主化」（Merle 2000）の特徴は、新たなバカロレア取得者のバカロレアの異なる系（séries）へのアクセスに、社会的出自による不平等があることだ。2008年に、普通バカロレアの合格者の35％は親が管理職や高度知的職業の階層の出身だった。労働者の子どもは合格者の11.5％に過ぎなかった（MEN-MENSR-DEPP 2009）。この事実を、高等教育へのアクセスの民主化に関する分析と突き合わせてみる必要がある。同一世代の若者全体の53％が、バカロレアに合格した直後の新学年度（または一部の合格者の場合には1年後）に高等教育に進学する〔MEN-MENSR-DEPP 2009: 26-27〕。高等教育への進学率は教員や上級管理職の子どもでは80％を上回るが、熟練労働者の子どもでは42％、非熟練労働者の子どもでは31％に過ぎない（MEN-MENSR-DEPP 2009）。同一年齢層のバカロレアへのアクセスは大きく開放されたが、またしても、この開放はそれに釣り合うだけの高等教育へのアクセス民主化には繋がらなかったのである。というのも、労働者の子どもたちがバカロレアを取得できたのは、技術・職業課程への格下げという代償を支払ったからに過ぎないからで、その結果として不平等は強まったからである（Blöss, Erlich 2000）。そこに至るまでの学業失敗による進路選択の経緯を考慮すれば、技術・職業バカロレアを取得した労働者の子どもが高等教育で成功するチャンスは普通バカロレア取得者よりも少ないのは当然だ。このように、新たなカテゴリーの学生層への高等教育の開放は、バカロレアの民主化（Selz, Vallet 2006; Duru-Bellat, Kieffer 2008）と同時に、バカロレアの様々な系（séries）および

高等教育の様々な課程へのアクセスの社会的格差の拡大と関係付けて捉えるべきである。

高等教育の構造の再編

　高等教育へのアクセスの社会的多様化は、高等教育の諸課程と構造の再編をともなったが、その結果、高等教育の学生数に占める大学の学生数の比率の低下を招いた。フランスの大学は、こうした進学者の減少に対処するために、教育供給を新たな学生の要望に徐々に適応させた。

学生の大学離れと他の高等教育課程への方向転換

　大学の学生数は1990年から1995年にかけて25％近く増加し（多数の外国人留学生が流入したことがその一因）、その後は、毎年減り続けたが、2000年は例外で、それから2005年までは大きく回復した。しかし、その後は減少が続いており、5年間で6.7％減少した。この学生数の減少は、職業化教育の需要に応じた高等教育機関の増加と関連している。短期教育課程の成功は、1990年代におけるSTSと☞技術短期大学部（IUT）の受け入れ能力の増加や、特に医療補助関連教育課程などにおける競争試験の定員数の増加（Theulière 2004）に負うところが大きい。STSは1993年まで短期教育課程の成長の主な牽引力だったが、1993年からは進学者数が減り始め、1995年以後にまた緩やかに増加した。2005年以来、短期教育課程の進学者の増加が再開している（IUTで+5.1ポイント、STSで+1.7ポイント）。エンジニア学校、国家認定学位（diplôme visé）を授与する権限がある商業（・経営）学校、☞グランゼコール準備級（CPGE）の学生誘致力の強さも確認される。私立高等教育の躍進も確固たるものとなった。1998年から2008年にかけて私立高等教育機関で学ぶ学生数はコンスタントな伸びをみせて47％増加し、学生数全体に占める割合は11.9％から16.6％になった（MEN-MESR-DEPP 2009）。

　このような量的変化は、高等教育課程の多様化と職業化（およびそれにともなう構造的かつ個人的な適応）に関連した根本的な質的変化に結び付いていると考えられる。

大学の教育供給の適応と学生の進路

　最近の学生の大学離れは、主に一般的な教育課程でみられ、これは文系でも理系でも同じである。このような変化は2つの要因の累積効果として説明できる。一つは新規バカロレア取得者の減少である（普通・技術バカロレアの取得者は2005年から2007年にかけて4ポイント減少した）。もう一つは、大学に進学するバカロレア取得者の割合が低下したことである（Fridel, Papon 2008）。大学に進学するバカロレア取得者の割合は2005年まで48％前後だったが、2007年には43％となった。2005年から2008年にかけて学士課程の学生数は7.5％減少した。大学の一般的な教育課程への進学者の減少はバカロレア取得までの学業歴に関連があり、それは、かつては大学への進学を優先していた普通バカロレア取得者が今や大学を避けるようになったことで明らかである（Péan 2009）。普通バカロレア取得者の進路が多様化した原因は、専門教科や教育内容の魅力の度合いや、よく言われるような科学あるいは文学のイメージ悪化や、科学や文学を学びたい学生の急激な減少ではない。大学離れで明らかになったのは、職業化された高等教育の強い台頭であり、これが理論的な学科に不利に働き、進路選択における功利主義を生み出している（Convert 2006）。このような、理論性よりも実用性が強い高等教育への学生の移動が大学に影響を及ぼし、大学はこれに適応して、大衆化した学生のニーズに応えなければならなかった。

　そのため、大学は職業志向の教育供給を開発しなければならなかった（Duru-Bellat, Verley 2009）。このような動きは1970年代にはすでに活発化し始め、実用的な教育課程の学位が創設されて理論的かつ実用的な学習が可能になるとともに、職業実践へのイニシエーションを可能にした（Erlich 2009b）。労働市場で有用な学位の数が1980年代に増加した。大学はエンジニア養成課程や、☞グランゼコールと競える卓越教育課程を開発した。1992年に大学付設職業教育機関（IUP）が創設されたことで、大学内での教育課程の新設に拍車がかかった。☞ボローニャ・プロセス（1999年6月19日のボローニャ宣言）により、☞欧州高等教育圏の構築が開始し、LMDの導入（2002年4月8日の政令第2002-482号）を通じてフランスの学位が欧州諸国と比較可能になり、大学教育の供給と学生の進路が職業化の方向に向けて再編された

（1999年の☞職業学士の導入、学士後の職業修士の準備）。それ以後、大学では職業志向の教育課程だけで学生数が増えている。これ以外には医歯薬学教育課程の学生数が増えたが、これは入学数制限の緩和（2000年の4,931人から2007年には8,397人に）と医学教育の1年次に関する改革の結果である。より最近では、新たな学際的教育課程や、（法学と経済学のように）共通部分が多く、学生が複数の専門分野に親しむことができて、より多様な職種への道が開かれる教育課程が、一本道のコースしかない教育課程を押しのけて、入学者を集めることに成功している。古典的教育と職業化に有利な専門化教育をともに提供する総合科学課程に入学する新規バカロレア取得者の数は、2006年から2007年にかけて9.6％増加した（Fridel, Papon 2008）。

　こうした供給と需要の変化のほかに、学業の職業化は研修の増加も招いた。これも学生の職業参入への関心に応じたものである。2006年の調査では、40％以上の学生が、前年度中に研修（卒業研修を除く）を行ったと回答したが、この割合は1997年の調査では3分の1に過ぎなかった（Verley *et al.* 2009）。

　こうした適応のための工夫にもかかわらず、大学の学生数は停滞ないし微減しており、学生獲得競争が激化している。

高等教育のセグメンテーション

　学生の進路の分化（différenciation）と職業化がみられるのは、高等教育課程が多様な学習環境と学習内容を提供し、学生の社会的選別（tri social）を行っているからだ。その意味で、高等教育はセグメント化され、序列化された空間とみなされうる（Verley, Zilloniz 2010）。

社会化の観点からみて異なるセクターへの高等教育の分割

　高等教育課程間の相違は「かなり異なる知的習慣、勉強方法、大学での勉強のイメージ」を生み出すが、これは「学生の出身社会階層とは相対的に無関係」である（Millet 2003: 23）。このような指摘は新しいことではなく、1970年代半ばからすでに研究者は学生の形成を記述し、社会化の観点からみたフランスの高等教育の異なる複数セクターへの分割を強調していた（Millot, Orivel 1980）。学業のタイプは、時間割や勉学・生活習慣（学習、賃金労働、余暇）

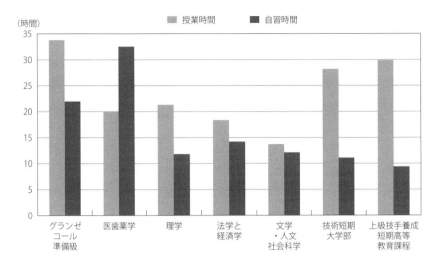

調査対象者：2005-2006年度に高等教育に初めて登録した学生（フランス本国と海外県・海外領土）および高校の高等教育クラスに初めて登録した学生（CPGEとSTS、国民教育省MEN-高等教育省MESR傘下の公立高校、フランス本国）。
出典：学生生活観察局（OVE）2006年学生生活実態調査。

図11.1　高等教育に初めて登録した学生の学業タイプと学習時間（単位：時間）

の大きな相違により区別される。

　要求される水準、時間割構成や勉学への打ち込みの水準の違いをみれば、「すべての学生が同じ度合いで学生であるわけではない」（Grignon, Gruel 1999: 185）ことが確認できる。教育課程は、その勉学・生活習慣の強制的かつ構造的な性質により区別され、厳しい教育指導が行われ、学生数が限定されている教育課程（CPGE、STS、IUT）と大学の教育課程の間に対比がある（ただし、大学の医歯薬学課程の学生は例外で、授業時間以外に33時間の自習を行う禁欲的な学習態度が目立つ）。このような制度的な時間割構成は（図11.1）、授業外での学生の過ごし方（あるいは、授業外の時間を過ごす可能性）に対して、社会化効果を及ぼす。職業教育課程や卓越教育課程に選抜されて入った学生の勉学・生活習慣は当該教育課程のオーガナイゼーションにより条件付けられ、左右されるため、学業以外の活動に打ち込む可能性は限られている。大学の学生は、学業の束縛から自由な時間がより多く、例えば報酬をと

もなう仕事をするなど、学業との関連性がより低いと考えられる領域にこの自由時間を回すことができる（Verley, Zilloniz 2010）。1976年にレヴィ＝ガルブア（Lévy-Garboua）が指摘していたように、学生の要求には教育に関するものだけでなく、厳密な意味での学業に取って代わることもある課外活動やパートタイムの仕事など、大学外での生活に関するものもある。これは特に大学の学生について言える。

　こうした状況は、ボー（Beaud 2008）に倣って、特に☞庶民階層出身の生徒にとっての、高等教育1年次の教育課程の序列の逆転を考察することを促すものである。庶民階層出身の生徒は教育指導を優先的に求めるので、短期職業教育課程と逆に、大学の第一期〔学士〕課程は、他の教育課程より見劣りし、やむを得ない選択となる可能性がある。

学生間の社会的選別（tri social）

　教育課程と教育機関による学生の形成は、学生の社会的選別に貢献する。開かれたセクター（非選抜的な大学）と閉じられたセクター（CPGE、STS、IUT、1年次の終わりの医歯薬学課程）を対立させるフランスの高等教育の二重性は選抜の落ちこぼれを生む。この機能はすでに1970年代から指摘されていたが、バカロレアの各系（séries）への振り分けの社会的不平等の拡大と連動して、過去20年間にますます強まっている（Blöss, Erlich 2000）。選抜的および／または職業的な教育課程の魅力と定員制限は、閉じられたセクターの学生の均質化に貢献し、こうした教育課程においては、教育が要求するものと、学生の資質の最大限の適合性が保証される（Millet, Thin 2007）。ただし、一部の教育課程では職業的な専門化との結び付きで、集まる学生のプロフィールに違いがある（表11.1）。CPGEの生徒が非常に優秀なことは広く認められており、CPGEほどではないが、医歯薬学課程の学生についても同じことが言える。それに対して、STSに入学する生徒は上流階層出身者の割合が少なく、奨学生が多く、科学系バカロレア取得者は少数派で、留年せずに通常の年齢でバカロレアを取得した者や、バカロレアの成績が良いものは比較的少ない。IUTの入学者にはこれほど際立った特徴はない。IUTは元来、職業・技術バカロレア取得者向けに創設されたものだが、過去15年来、学業成績の良い生徒が増

表11.1　高等教育に初めて登録した学生の学業タイプ別の特徴

学業のタイプ	グランゼコール準備級	上級技手養成短期高等教育課程	技術短期大学部	医歯薬学	理学系	法学と経済学	文学・人文社会科学
女子	44%	53%	38%	63%	40%	60%	75%
上流階層出身者	49%	13%	21%	43%	27%	32%	27%
奨学生	22%	43%	32%	27%	31%	34%	35%
科学系バカロレア取得者	66%	8%	36%	85%	64%	12%	8%
特記評価を得たバカロレア取得者	85%	43%	47%	57%	47%	50%	46%
留年せずに通常の年齢でバカロレアを取得した者	92%	39%	54%	81%	58%	52%	52%

調査対象者：2005-2006年度に高等教育に初めて登録した学生（フランス本国と海外県・海外領土）および高校の高等教育クラスに初めて登録した学生（CPGEとSTS、国民教育省MEN-高等教育省MESR傘下の公立高校、フランス本国）。
出典：学生生活観察局（OVE）2006年学生生活実態調査。

えている。高成績でバカロレアに合格した生徒の割合は1997年の35％から2006年には47％に増え、留年せずに通常の年齢でバカロレアを取得した生徒や飛び級などで通常よりも早くバカロレアを取得した生徒の割合も同期に41％から54％に増えた。大半の生徒は高等教育への進学に際して、IUTのような大学の選抜コースを一般的な教育課程よりも優先する。バカロレア取得者のこうした進路選択は意外だが（入学に際しての選抜は、個人面談が加わる場合もあるが、書類選考で行われ、そのために学校的および社会的な選別が強化される）、これに応じて、「学士課程成功計画」では、技術・職業バカロレア取得者に対してIUTおよびSTSへの入学を優先的に提案している（技術・職業バカロレア取得者の受け入れ率が高いIUTに対する経済的特典、「優」や「秀」の☞特記評価を得たバカロレア取得者の自動的な受け入れ、など）。

　開かれた教育課程の側が受け入れる学生は、学力、出身階層、目標は様々で、学生の数の多さと不均質性が大学での進路を特徴付けている。一般的な教育課程においては、社会的対比はより弱く、学業歴もより多様である。

　学業成功の基準と社会的特徴の結び付きは、最もエリート的な教育課程における管理職の子どもたちの集中と、グランゼコールの社会的な開放性の低さを際立たせている（Albouy, Wanecq 2003; Convert 2008; Duru-Bellat, Kieffer 2008）。数年前から実施されてきたCPGEとグランゼコールの社会的開放政策

は生徒間の大きな格差を解消できていない。いくつかの社会的セグリゲーション対策が講じられたにもかかわらず、社会的に最も恵まれない生徒の最も評価が高い学校へのアクセスはいまだに閉ざされており（選抜性がより低い地方の学校へのアクセスと対照的）、グランゼコールには同一年齢層のごく一部の少数者しか入学できない。社会的セグリゲーション対策としては、パリ政治学院が展開する社会支援策や、CPGEへの進学率が最も低い地区の高校生に対象を絞った国の支援策があり、国の支援策の目標はCPGEにおける奨学生の割合を3年間で23％から30％へと引き上げることにある。

第2節 ┃ インフレーションの論理

大学政策と学生の戦略の複合効果

　高等教育の大衆化により大学の役割は変わった。経済危機が欧州の若い学位保有者の失業増大を招いたため、大学教育の職業化と学生の職業参入が検討の焦点となった。LMD制度の導入以来、組み合わされた2つの論理が拡大した。一つの論理は、1970年代に大学で開始した改革の延長上で、いっそうの職業化を進めることを目指している。もう一つは、職業参入に不利になる早期離学と闘う論理である。

職業化のインフレーション

　職業化政策に適応しなければならない大学と、価値が様々に異なる学位を保有する学生にとって、学生の雇用可能性の改善は中心的課題である。

雇用可能性、競争力、大学教育の職業化に対する最近の影響はどのようなものか

　1999年のボローニャ・プロセスから過去10年間の改革に至るまで、大学教育の職業化政策は、雇用可能性を促進し、競争力を改善するという2つの主要目標に集約される。これらの目標は、まず大学内における職業志向の教育課程の設置、次いで、2004年からの学士（Bac+3）、修士（Bac+5）、博士（Bac+8）という3課程〔LMD〕の制定によって具体化した。この3つの課程のうち、最

初の学士課程は3年間で、労働市場への速やかな参入を可能にするべきものとされている。LMD改革が高等教育と大学の職業化に及ぼした影響を測定するには時期尚早である。いまのところ言えるのは、改革により導入された学士と修士の学位が労働世界への主要な参入手段としての認知を得たということだ。大学から雇用への移行はいまだに国内でも欧州でも活発な議論の対象となっており、公当局は職業化の目標を追求し続けている。財政手段の強化、卓越拠点の構築、グランゼコールと大学の統合プラン、大型の研究機関とそれに資金提供を行う機関の創設、研究開発と企業の連携強化などはいずれも大学の役割を変革する措置であり、大学は知識経済の成長要因となっている（Aghion, Cohen 2004）。大学の一般的イメージは大きく変わり、職業化プロセスの導入により、大学は高等教育民主化のモデルから脱却し、成果責任のモデルに移行しつつある（Croché 2009）。

　1968年に☞高等教育基本法〔フォール法〕により宣言され、1984年の☞サヴァリ法、1988年の☞アレーグル改革で追認された大学の自治の原則は、2007年に採択された☞「大学の自由と責任に関する法（LRU法）」で法的に制度化され、その結果、より確かな制度的地位を備え、より自律的に運営される大学の登場を促進した。こうした大学は、外部のパートナーとの資金的関係を取り結ぶことを求められている。政府の一連の通達は、大学各校が職業化教育の学生数および学位取得者数に関する数値目標とその達成手段を規定しなければならないと定めている。2009年に大学の自治原則に反対する教員・研究者の大規模な抗議運動があったものの、大学は教育の職業化と選抜化の要求に応じた。将来の教育課程認可申請手続きに向けた学士課程と修士課程の新たな雛形は、主に職業的性格の強いこのような新課程を設けている（Maillard, Veneau 2006）。また大学は最近、一般学士課程のなかで、学生の雇用可能性を促進する措置も導入した。学士課程の段階から職業的な進路や職業研修を提供する「職業計画（projet professionnel）」の単位がそれである（Hetzel 2006）。博士契約（contrat doctoral）の制定には、最も広範な労働市場の需要に適した横断的かつ移転可能な（トランスファラブル）能力の育成を目的とする大学への勧告が添えられている（ベルゲン・コミュニケ2005; Huisman, Naidoo 2006）。

　これらの措置は最近のものなので、そのインパクトを評価することはまだ難しい。これらの措置の効果は定着していないが、一部の分析によると、教育課程の職業化は有益な変化ではあるが、逆説的に伝統的大学の弱体化に貢献したように思われる。費用負担が比較的大きい選抜的短期課程と、より長期の伝統的課程の間で、大学の予算配分は後者に不利になった（Aghion, Cohen 2004）。これにより水面下の変化のロジックが露呈する。それは例えば、学際的な大学とそれ以外の大学の差別化、細分化されたグランゼコールと大規模な科学系大学の差別化といったロジックであり、全員に開かれ、営利と無関係に主に一般教養を提供することを目的とする大学のイメージとはかけ離れている。ただし、職業化への配慮は、卒業後の就職を期待する若者の野心に対応していることも確かだ。実際、大学は今日、社会的野心の抑制に集約されるような役割を果たしている（Renaut 2008）。

労働市場において価値の異なる学位

　学業の職業化論がこれほど中心的位置を占めていることは、労働市場における若者の状況を起点にして考察することができる。若者は社会移動の可能性の低下に直面しており、親と比べて社会的下降を経験するリスクがある（Peugny 2009）。大量失業の発生以来、若者の失業率は労働人口全体の失業率を平均で2倍から3倍上回っている。若者の失業率は経済情勢に左右されやすいのが特徴で、経済成長が鈍化する時期には、他の年齢層の失業率よりも大幅に上昇し、その逆もしかりである。職業経歴の開始時の不確実さや慢性的な不安定さに最も影響を受けるのは若者である（Lefresne 2003）。高等教育の学位を取得すれば不確実さと社会的下降のリスクは低下するが、全員が同じ立場にあるわけではない。同じレベルの学位を持つ場合、職業化された教育課程の出身者は、一般的な教育課程の出身者よりも就職状況が良い（Calmand, Hallier 2008）。例えば、博士号取得者は、Bac+5の取得者やグランゼコール出身者よりも就職に苦労する。博士号取得者の失業率は2007年に10％に達したが、エンジニア学校の学位取得者の失業率は4％だった（D'Agostino *et al.* 2009）。学生に、自分が学んだ教育課程を、それが提供する就職可能性との関係において評価してもらった調査でも、選抜的および／または職業化された教育課程で学

表11.2　学業タイプ別にみた修了後の就職の見通し（大学学士課程と高校の高等教育クラスに初めて登録した者（単位：％）

	文学・人文社会科学	法学と経済学	理学系	医歯薬学	技術短期大学部	上級技手養成短期高等教育課程	グランゼコール準備級
非常に容易	3.4	5.9	7.7	55.6	11.7	6.8	21.9
どちらかと言えば容易	49.9	68.5	60.6	42.1	75.4	70.6	70.0
どちらかと言えば困難	35.5	20.4	27.6	0.9	11.5	20.2	6.7
困難	11.1	5.2	4.1	1.4	1.5	2.4	1.4
合計	100	100	100	100	100	100	100

調査対象者：2005-2006年度に大学第一課程に初めて登録した学生（フランス本国と海外県・海外領土）および高校の高等教育クラス（CPGEとSTS、国民教育省MEN-高等教育省MESR傘下の公立高校、フランス本国）に初めて登録した学生（人数は1万8,434人）。
出典：学生生活観察局（OVE）2006年学生生活実態調査。

んだことは就職を「楽観視」する傾向を促すことが判明しており（表11.2）、大学の学生（医歯薬学系を除く）は就職に関してより大きな困難を予想している。

学位には労働市場において大きな手段的価値がある。より高い学歴を目指し、職業化教育課程に進学することは、学生（とその家族）の立場としては合理的な行動だが、それが一般化することには悪弊もある（Duru-Bellat 2006）。

学歴のインフレーション

こうした状況において、学業の成功率を改善し、中退を防ぐことは、学生の要求に適合した大学政策の明確な関心事である。この2つの動きの組み合わせにより、学歴的な序列の移動は、社会職業的な序列の移動よりも速くなった。

教育水準引き上げ政策と大学中退問題

大学政策では、大学内における学生の進路指導の改善と、学生への情報提供手段の増強が推奨されている（Simon *et al.* 2006）。こうした方針に沿って、ヴァレリー・ペクレス〔高等教育・研究大臣〕が2008年に提案した「学士課程成功計画」は学士課程における学業失敗率を2012年までに半減させ、学士取得者を同一年齢層の50％にするという目標を達成することを目指すものである。中途退学の問題は、「学校または大学で中途退学する若者の数を4分の1未満に減らす」ことを目標とする青少年高等委員会（Haut-commissariat à la

Jeunesse) の懸念の一つでもある（2009年6月4日の教育省官報「学校中途退学の防止と、学位を取得せずに学校教育を終えた若者への支援」）。教育水準引き上げ政策により公当局は大学中退防止対策を講じ、それは例えば、教育指導の改善、チューター制度、学業の始めと途中における進路指導の改善などである。大学における学業の成功および／または失敗は、統計に基づいた再考に値する。なぜなら1990年から2005年にかけて成功率は上昇し続けたからだ。2002年にバカロレア取得後に学士課程に入学した学生のうち、39％が3年間で学士を取得した。これは1996年のコホートと比べて9ポイント上昇している（Dethare, Lemaire 2008）。大学での学業失敗が今日招いている不安は無根拠にみえるかもしれない（Beaupère *et al.* 2007）。しかし、過去20年近くにわたり公的な言説によって非難されてきた大学での学業失敗は、政治的にも制度的にも非常に重要な問題であり、歴代政府はバカロレアを取得する子どもの割合をますます高め、大学への自由で無償のアクセスを維持する意志を明示してきた。これはまた社会的な問題でもある。なぜなら、大学へのアクセスは自由なままでも、☞第一課程の途中での選抜は中等教育での学業歴が最も難航した学生に不利だからだ。こうした学生は、大学での選抜の新たなアクターであり、その学業歴や出身階層のせいで大学教育の基準から外れてしまうのだ（Blöss, Erlich 2000）。大学の1年次の終わりに中退してしまう学生の割合は、職業バカロレア取得者（57.2％）と技術バカロレア取得者（51.5％）で最も高い。特に留年を経て通常よりも遅れてバカロレアを取得した者でそれが顕著だ（Prouteau 2009）。中途退学は、高校最終学年での進路選択の意義や、中等教育で受けた教育と高等教育で選択した教育の接続の度合いに左右される。

　しかし、獲得した教育水準、知識、成績とは別に、進路選択は必ずしも、熟慮され、純粋に経済的な目的に沿った計画を反映しているわけではないことを指摘しておく必要がある。「自分の居住地域で就職先を見つけ、家庭生活と職業生活を両立させ、あるいは仕事で自己実現することが、賃金や社会的昇進の期待と同程度に、進路選択の理由となる」からだ（Borras, Legay, Romani 2008: 3）。伝統的かつ直線的な教育のコースに入る以前の学業放棄、進路変更、中断のある学業歴などは、若者が持つチャンス、優先課題、リソースに左右されるので、純粋な学業的失敗の原因を唯一の重要な原因とみなして、それ

を新たな学生たちに対する大学の構造の不適応によって説明する分析には疑問がある。大学中退防止対策は、「学業に失敗し」「目標を見失い」、大学生活への「準備ができていなかった」と考えられる学生には効果があるが、「臨機応変な」学生や「オポチュニストの」学生の場合には、効果は薄い（Beaupère, Boudesseul 2009）。こうした学生は大学の複数のコースに登録し、冷静に判断して、苦しむことなく大学を中退したり、より高い資格を得られる他の教育課程に進路を変えたりする。こうした若者の大半にとっても、将来と職業参入の問題は非常に重要なのである。

高学歴志向とその弊害

　以上の分析から、2つの要素が導き出される。一つは、今日の学生は従来よりも職業志向的な（より選抜的でもある）教育課程に入ることが多いということだ。もう一つは、職業志向的な教育課程に入った学生でも、高等教育をより長期的に受け続けることに個人的な関心があるということだ。フランスの高等教育の状況は、長期の職業高等教育課程（特に職業修士課程）の発展により、変わりつつある。高等教育進学の初年次登録者（primo-inscrits）で短期の職業教育課程に進んだ学生の高学歴志向（OVEの2006年学生生活実態調査）が、こうした変化を物語っている（図11.2と図11.3を参照）。1994年には、STSに登録した学生の半数近くがSTSを修了後（Bac+2）に学業を終えることを予定していたが、2006年にはこのような予定の学生は3分の1に過ぎない。逆に、学士号取得を計画するSTSの学生の割合は1994年の18％から2006年には40％に増えた。高等教育進学の初回登録でIUTに進んだ学生も、IUT修了後の学業の継続を希望しており（2006年には、Bac+2で学業を終える予定の学生は1割未満）、修士号取得を目指す者が多い（10年前の20％未満に対して50％以上）。

　フランスでは最も低資格の若者の雇用状況が大きく悪化し、機会費用の傾向分析は、学業の継続を促す方向に向かっている（Vincens 2000）。どのようなタイプの学業であれ、長期的にみれば、教育水準は世代を追うごとに上昇する。高等教育においては、こうした長期の学業への志向の高まりは、社会学者によりインフレーション的だと特徴付けられた。個人のレベルではより長期の

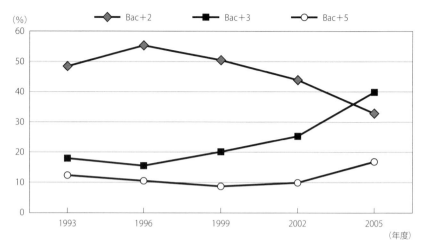

調査対象者：1993年度、1996年度、1999年度、2002年度および2005年度にSTSに初めて登録した学生（フランス本国と海外県・海外領土）および高校の高等教育クラスに初めて登録した学生。
出典：学生生活観察局（OVE）2006年学生生活実態調査。

図11.2　STSの初回登録者の学業計画の推移（目指す学業レベル）

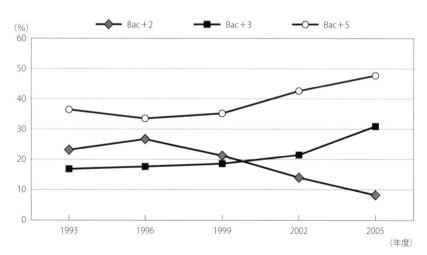

調査対象者：1993年度、1996年度、1999年度、2002年度および2005年度にIUTに初めて登録した学生（フランス本国と海外県・海外領土）。
出典：学生生活観察局（OVE）2006年学生生活実態調査。

図11.3　IUTの初回登録者の学業計画の推移（目指す学業レベル）

学業を計画することは理にかなっているが、マクロ社会学レベルでは、こうした計画の一般化は学位の価値に弊害を及ぼす。高等教育の学位取得者数の推移と、労働市場における管理職の空きポスト数の間の不均衡が拡大している。1970年代には大学の学位取得者は大半が管理職になった（学士で70％、第三期〔博士〕課程では90％）。CÉREQの「1998年世代（Génération 1998）」調査の対象である1998年に学業を終えた若者の場合には、その3年後に、25％が管理職で、44％が中間的職業に属し、22％は一般事務職、7％は労働者である（Giret, Moullet, Thomas 2002）。学業が長期化しても、全員が同じ学業を行うわけではない。「社会・職業的な序列の上昇よりも高学歴化のほうが素早く進んだ結果、自分の学位の価値低下を予期していなかった者は、過酷な失望に直面する可能性がある。学位の価値低下がどこまで行くかは、解答のない問題である。それは、今日と明日の新規バカロレア取得者がどれだけ多くの学位を取得するかによるからだ」とL. ショヴェル（Chauvel 1998: 24）は、教育爆発の第二波と学位の普及について指摘している。

おわりに

　過去40年間の経済状況は、経済・給与危機を特徴とし、この危機は過去5年来に拡大した。こうした経済状況は高学歴志向の高まりと、それを満足させる可能性の間に矛盾を招き、フランスの大学はその解決に苦慮している（Beaud 2002）。学業失敗や不登校以上に、今や、内的排除や、従来よりも不利益が強まった中途退学のほうが問題として目立ち、強い失望感や集団的な幻滅を誘っている。チューター制度や教育改革は、新入学学生の適応改善を可能にするものの、こうした社会的問題を解決するわけではない。一連の分析により、1990年代半ば以来、高等教育における学生の進路と学歴に関して、学業成績による選抜が行われていることが確認されている。教育供給の変化は、選抜的教育と非選抜的教育の二重性と相まって、就職や進学に格差がある学歴間のセグリゲーションを生み出した。経済危機と一連の改革の結果により、高等教育における序列の再編は、職業志向の教育課程の選抜的性格を強化し、学生の受け入れにおいて、学業成績面でも社会面でも選抜がますます進んでいる。職業志向の

243

教育課程としては、大学科学技術免状（DUT）、STSが典型だが、これらほどではないものの、職業学士と職業修士も該当する。

　高等教育制度はこのような矛盾に適応しようと努めている。数年前から多様化に向けて進められている職業化は、こうした進化の一環で、2つの目標を追求している。一つは学生の大衆化と非均質化に大学を適応させることであり、もう一つは学生に職業参入を準備させることで、経済界の期待に応えることである。職業・技術バカロレア取得者を短期教育課程での学業継続に導く積極的政策も、大学の学生数の明らかな減少に基づいたシナリオに沿って（Leseur 2007）普通バカロレア取得者を大学における選抜的な職業教育課程へと向かわせようとする積極的政策も、いずれもが強力な職業化を前提としており、職業化は選抜と並んで学生の新たな進路を規定するスローガンとなった。しかし、大学は、自分をまだよく理解できずに逡巡する若者や、時として進路の変更が良い結果に繋がる若者や、大学以外の教育課程や労働市場で自分に相応しい道を見出す若者などで構成される転換の場でもある（Béduwé 2006）ことを忘れてはならない。学生が非直線的な軌跡をたどることは必ずしも悪いことではなく、就職との関係における進路選択は、選択した教育課程でその後の職業が決まるような単純な目的性に束縛されるわけではない。選択した教育課程と、数年後の就職先の職種の間に適合性があるのが標準的なケースだとはまったく言えないからだ（Boras, Legay, Romani 2008）。職業生活の最初の数年間には多くの好機が訪れたり、予期しない進路変更があったりするものだ。学歴とそれに続く職歴は、功利的な選択と個人的選択の組み合わせに照らし合わせて評価する必要がある。教育の職業化という使命は今や標準として定着したが、大学、そしてより一般的に高等教育は、その社会化機能と文化的機能を忘れてはならない。

後　記

フランス人学生の進路、10年後の状況

　2010年の時点で、フランス人学生の進路の20年間にわたる推移を考察した際に、2つの結論を認めざるを得なかった。一つは、選抜の拡大と顕著な社会的セグリゲーションであり、もう一つは職業化の強化である。学生の個人的選

択に功利的な選択が組み合わされ、一般的な大学教育課程よりも、就職がより
確かで、より選抜的な職業教育課程が優先されていた。

　2020年には高等教育のあり方は変わった。まず、フランスの高等教育の学
生数の全体的増加が目につく。これは同一世代のバカロレア取得者の割合が
2010年の65％から2017年には79％へと上昇したこと（RERS 2019）だけでな
く、外国籍の学生数の増加（2016年には登録者数の13％）にも原因がある。
高等教育が一般化したということは、学生層が異質性を増し、多様化したとい
うことでもある。学生が☞「遺産相続者」だというイメージは完全に過去のも
のとなった。このような☞「新しい学生たち」は、1990年代末の同名の著作
『新しい学生たち、変化する社会集団（*Les nouveaux étudiants, un groupe
social en mutation*）』（Erlich 1998）で描かれた学生像とは最早同じではな
く、そのプロフィールは多様で、生活や学業の環境は困難だと判断されており
（Endrizzi, Sibut 2015）、そのことは、自らの経済苦に抗議して22歳の学生が
焼身自殺した事件を機に発生したフランスでの最近のデモが証明している
（2019年11月14日の*Le Monde*紙）。

　フランスの若者は中等教育から高等教育への繋がりに対して非常に伝統的な
関係を維持しており、バカロレア取得直後に高等教育で学業を継続することが
今でも規範となっている。バカロレア取得から2年以上を経て高等教育を開始
する学生はフランスでは2％に過ぎないが、例えばスウェーデンでは47％に上
る（Charles 2016）。また、フランスではフルタイム就学が規範だが、これは
イギリスの学生の特徴であるパートタイム就学と対照的だ。学位インフレも続
いており、大半のフランス人学生にとり修士号の取得が目標となっている（学
士号取得者の60％が修士課程に進学）。

　つまり長期的かつ直線的な進路による「学位取得競争」が今日のフランス人
学生の特徴である。これは取りも直さず、どのようなものであれ路線変更は難
しく、しかも高くつくこと、また「オーダーメイド」の調整や進路選択がまだ
まれであること、そして高等教育入学時での進路選択が極めて重要なことを意
味している。フランスの高等教育は、女子の進学先に偏りがあり（女子学生は
医療補助や社会福祉関連の教育課程で大幅な多数派だが、選抜的教育課程では
少数派であり、理工系ではいっそう少数派である）、また選抜的課程で上流階

層出身者と普通バカロレア取得者の割合が非常に高いという特徴があり、スムーズに進級して、最良の目的地に「高速鉄道（TGV）並の速度で」到着するためには（Charles 2016）、フランスの高等教育で今も働いているこうしたセグリゲーションのロジックを熟知しておくことが重要になるかもしれない。そうでないと、快適さのレベルが異なる2つの等級に振り分けられてしまうリスクがある。フランス人学生の進路をTGVの路線に例えた上記の著者は、この2つの等級についても、次のようなイメージを提起している。「一等車では、旅客の数が限定され、アラカルトのサービスが提供され、勉強に適した雰囲気が保たれている。二等車は混み合い、劣悪な環境で旅をすることになる」。

　以上を踏まえると、近年に拡大し続けてきた進路と教育課程の職業化のあらゆる意味合いを理解することができる。職業化は、学生の雇用可能性を強化せよという欧州連合の命令にも支えられている。実際、すべての改革は、欧州レベルでのコンピテンシーの定義という面からみた学位の調和化という方向に向かった（Crespy, Lemistre 2017）。職業学士のような職業教育課程の創設にせよ、義務的研修を通じた労働市場の実地体験にせよ、支配しているのは職業化のロジックであり、それは教育課程でも、また特に各個人の進路でも同じである。さらに、それに顕著な国際化が加わり、多くの教育課程で英語がますます用いられ、特に修士課程でそれが著しい。

　このように一般化した職業化のロジックにおいて、私立の高等教育機関に登録する学生の割合が増加し続けた。20年間で私立高等教育機関の登録者は倍増したが、公立高等教育機関の登録者の増加率は14％に過ぎなかった（RERS 2019）。この傾向はフランスのみに特有のものではない。世界レベルでも、2018年には学生の3分の1が私立高等教育機関に登録している（フランスでは20％）。ただし、フランスの高等教育の学生数は2025年までに35万人の増加が見込まれ、国公立大学に学生が大量流入することになる。フランスの国公立大学はすでに、2000年の「ベビーブーマー」の進学により、2016年以後に学生の増加を経験したが、向こう10年間に登録者はさらに大幅に増加するだろう。

　こうした学生の大量流入を前に、フランスの大学は職業化の道とともに選抜化の道を承認した。大学改革は、LMD制度に合わせるために大学の教育課程を再編しただけでなく、大学の自治（2007年のLRU）、2009年の「未来への投

資計画」と「エクセレンス・イニシアチブ（IDEX）」、高等教育・研究機関の連携政策の展開（☞「研究・高等教育拠点（PRES）」、次いで2013年の☞「フィオラゾ」法による「大学・高等教育機関共同体（COMUE）」）を確立した。今では、修士課程1年目への進学に際しての選抜が採用され（2016年から）、2017年以来、学業継続の権利を認めさせることに成功しなかった1,000人近い学生が修士課程に入るために待機している。さらに、2018年からは☞「学生の進路選択と成功に関する法（ORE法）」が、将来のバカロレア取得者の進路選択を支援するために、各々の学士課程に関して進学者に要求される知識と能力を明示するという形で、進路選択による選抜を承認し、将来のバカロレア取得者は今や（☞「バカロレア取得後進路志望事前登録システム」＝APBに取って代わった）☞Parcoursupのプラットフォームで入学希望先を入力しなければならない。OREは、各大学が教育課程の教員チームを通じて、学生を選択するための前提条件を定めることを可能にし、「Oui-si（条件付き入学）」タイプの対応策〔進学希望者が当該の学士課程で求められる知識・能力条件に合致していない場合、大学側は「もし、あなたに合う個別化された学習指導などを受け入れるならば、入学を許可する」と条件付きの回答を行う〕により「登録の条件」を設けることで、学部1年次での学業失敗率を引き下げることを主な狙いとしていたが、その成果には疑問が残る。3年間で学士号を取得するフランス人学生は3分の1未満であり、そのプロフィール、取得したバカロレアの種類と成績などにより差異が大きいからだ。しかも、2014年に導入された新たな学士課程は、ORE法の「学業成功」という目標と矛盾するリスクがある。なぜなら、新たな学士課程では、段階的な専門化を可能にし、1年次での進路変更を容易にするために、「（多領域的）ポータル」の形で、1年次と2年次で共通基礎科目を設けており、学生たちは「様々な領域発見」のための大教室講義に大人数で集められるからで、これでは大衆教育の条件の復活にほかならず、それが大学での学業成功に及ぼす悪影響は1990年代に大いに批判されたとおりだ（Romainville 2000）。

　しかし、結局のところ、すでに10年前の論文の結論の一つだった「大学は、自分をまだよく理解できずに逡巡する若者や、時として進路の変更が良い結果に繋がる若者や、大学以外の教育課程や労働市場で自分に相応しい道を見

出す若者などで構成される転換の場でもある」ことは、今でも言える。なぜなら、職業化計画の要求に全員が従っているわけではないからだ。「学生たちは大学の教育供給を自分用にアレンジして使う。自分用に流用する、と言う方がより正確だろう。学生たちは大学教育を自らの職業的未来の準備の場とし、そこでは学位の取得は最早優先事項ではない」（Bodin, Millet 2011）。こうしてフランスの大学はまだしばらくの間は、職業的未来に向けた指導、教育、支援の役割を演じ続けるのだ。

参考文献・資料

Aghion P., Cohen E., 2004, *Éducation et croissance*, La documentation Française.

Albouy V., Wanecq T., 2003, « Les inégalités sociales d'accès aux grandes écoles », *Économie et Statistique*, no. 361, pp. 27-52.

Beaud S., 2002, *80% au bac… et après ? Les enfants de la démocratisation scolaire*, La Découverte.〔ステファン・ボー「『バック取得率80%』から30年」園山大祐編『教育の大衆化は何をもたらしたか：フランス社会の階層と格差』勁草書房，2016年，12-23頁.〕

Beaud S., 2008, « Enseignement supérieur : la 'démocratisation scolaire' en panne », *Formation Emploi*, no. 101, pp. 149-165.

Beaupère N., Macaire S., Boudesseul G., 2009, « Sortir sans diplôme de l'Université, de l'orientation post-bac à l'entrée sur le marché du travail », *OVE Infos*, no. 21. Observatoire National de la Vie Étudiante.

Beaupère N., Chalumeau L., Gury N., Hugrée C., 2007, *L'abandon des études supérieures*, La documentation Française.

Beaupère N., Boudesseul G., 2009, *Sortir sans diplôme de l'Université. Comprendre les parcours d'étudiants "décrocheurs"*, La documentation Française.

Béduwé C., 2006, « L'échec à l'Université. La situation professionnelle des jeunes sorts de l'université sans avoir obtenu le DEUG », *Les notes du LIRHE*, février, note 431.

Blöss T., Erlich V., 2000, « Les nouveaux 'acteurs' de la sélection universitaire : les bacheliers technologiques en question », *Revue française de sociologie*, vol. 41, no. 4, pp. 747-775.

Bodin R., Millet M., 2011, « L'université, un espace de régulation. L'« abandon » dans les 1ers cycles à l'aune de la socialisation universitaire », *Sociologie*, vol. 2, no. 3, pp. 225-242.

Boras I., Legay A., Romani C., 2008, « Les choix d'orientation face à l'emploi », *Bref du Céreq*, no. 258, 4p.

Calmand J., Hallier P., 2008, « Être diplômés de l'enseignement supérieur, un atout pour entrer dans la vie active », *Bref du Céreq*, no. 253, 4p.

Charles N., 2016, « Les étudiants français à la vitesse TGV », *OVE Infos*, no. 31, Mai 2016.

Chauvel L., 1998, « La seconde explosion scolaire : diffusion des diplômes, structure sociale et valeur des titres », *Revue de l'OFCE*, no. 66, pp. 5-36.

Convert B., 2006, *Les impasses de la démocratisation scolaire. Sur une prétendue crise des vocations scientifiques*, Raisons d'agir.

Convert B., 2008, « Orientations et réorientations des bacheliers inscrits dans l'enseignement supérieur », *Éducation et formations*, DEPP/MEN no. 77, pp. 89-97.

Crespy C., Lemistre Ph., 2017, « Introduction », *Formation Emploi*, no. 138, pp. 7-17.

Croché S., 2009, *Bologne confisqué. Constitution, autour de la commission européenne, d'un acteur-réseau et d'un dispositif européen de l'enseignement supérieur*, Thèse de Sciences politiques et sociales et de Sciences de l'éducation, Faculté universitaire catholique de Mons, Université Lumière Lyon II.

D'Agostino A., Calamand J., Moncel N., Sulzer E., Lozier F., 2009, « Intégrer l'entreprise privée avec un doctorat. L'exemple de la branche ingénierie, informatique, études et conseil », *Bref du Céreq*, no. 268, 4p.

Dethare B., Lemaire S., 2008, « L'accès à la licence des bacheliers 2002 », *Note d'information*, 08.24, DEPP/MEN, 4p.

Duru-Bellat M., 2006, *L'inflation scolaire. Les désillusions de la méritocratie*, Seuil.〔マリー・デュリュ゠ベラ『フランスの学歴インフレと格差社会：能力主義という幻想』林昌宏訳，明石書店，2007年.〕

Duru-Bellat M., Kieffer A., 2008, « Du baccalauréat à l'enseignement supérieur : déplacement et recomposition des inégalités », *Population*, vol. 63, no. 1 pp. 123-158.

Duru-Bellat M., Verley E., 2009, « Les étudiants au fil du temps : contexte et repères institutionnels », Gruel L., Galland O., Houzel G. (dir.), *Les étudiants en France. Histoire et sociologie d'une nouvelle jeunesse*, Le sens social, PUR, pp. 195-219.

Endrizzi L., Sibut F., 2015, « Les nouveaux étudiants, d'hier à aujourd'hui », *Dossier de veille de l'IFE*, no. 106, pp. 1-40.

Erlich V., 1998, *Les nouveaux étudiants : un groupe social en mutation*, Armand Colin.

Erlich V., 2009a, « Un renouvellement du monde étudiant », Roudet B. (dir.), *Regard sur les jeunes en France*, Presses de l'université Laval, PUL/INJEP, pp. 43-68.

Erlich V., 2009b, « La transition des années 1970-1980 : un monde étudiant renouvelé, une université inadaptée dans un contexte de récession économique », Gruel L., Galland O. & Houzel G. (dir.) *Les étudiants en France. Histoire et sociologie d'une nouvelle jeunesse*, PUR, pp. 69-123.

Fridel Y., Papon S., 2008, « Les étudiants inscrits dans les universités publiques françaises en 2007 », *Note d'information*, 08.26, DEPP/MEN, 4p.

Giret J.-F., Moullet S., Thomas G., 2002, *"De l'enseignement supérieur à l'emploi :les trois premières années de vie active de la 'Génération 98'"*, Céreq.

Grignon C., Gruel L. (dir.), 1999, *La vie étudiante*, PUF.

Hetzel P., 2006, *De l'université à l'emploi*, Rapport au premier ministre, commission du débat national Université-emploi.

Huisman J., Naidoo R., 2006, « Le doctorat professionnel : quand les défis anglo-saxons deviennent des défis européens », *Politiques et gestion de l'enseignement supérieur*, no. 18, pp. 37-53.

Lefresne F., 2003, *Les jeunes et l'emploi*, La Découverte.

Leseur B., 2007, « Projections à long terme des effectifs des principales filières de l'enseignement supérieur : rentrées de 2006 à 2015 », *Éducation et formations*, no. 74, DEPP/MEN, pp. 93-102.

Lévy-Garboua L., 1976, « Les demandes de l'étudiant ou les contradictions de l'Université de masse », *Revue française de sociologie*, vol. XVII, no. 1, pp. 53-80.

Maillard F., 2007, « Vingt ans de politique des diplômes : un mouvement constant de réforme », *Éducation et formations*, no. 75, DEPP/MEN, pp. 27-36.

Maillard F., Veneau P., 2006, « La professionnalisation des formations universitaires en France. Du volontarisme politique aux initiatives locales », *Les Cahiers de la recherche sur l'Éducation et les Savoirs*, no. 5, pp. 75-90.

MEN-MESR-DEPP, 2009, *L'état de l'enseignement supérieur et de la recherche*, MEN.

Merle P., 2000, « Le concept de démocratisation de l'institution scolaire : une typologie et sa mise à l'épreuve », *Population*, vol. 55, no. 1, pp. 15-50.

Millet M., 2003, *Les étudiants et le travail universitaire. Étude sociologique*, PUL.

Millet M., Thin D., 2007, « Scolarités singulières et déterminants sociologiques », *Revue française de pédagogie*, no. 161, pp. 41-51.

Millot B., Orivel F., 1980, *L'économie de l'enseignement supérieur*, Cujas.

Le Monde, 2019, « Précarité : près de 20% des étudiants vivent en dessous du seuil de pauvreté », 14 novembre. URL: https://www.lemonde.fr/les-decodeurs/ article/2019/11/14/precarite-pres-de-20-des-etudiants-vivent-en-dessous-du-seuil- de-pauvrete_6019163_4355770.html

Péan S., 2009, « Les orientations post-baccalauréat. Évolution de 2000 à 2007 », *Note d'information*, 09.15, DEPP/MEN, 4p.

Peugny C., 2009, *Le déclassement*, Grasset.

Prouteau D., 2009, « Parcours et réussite en licence des inscrits en L1 en 2004 », *Note d'information*, 09.23, DEPP/MEN, 4p.

Prost A., 2008, « Histoire d'une décision : la création du baccalauréat professionnel », Renaut A 2008, Q*uel avenir pour nos universités ?*, Timée Éditions.

Renaut A., 2008, *Quel avenir pour nos universités ? Essai de politique universitaire*, Timée Éditions.

Rey O., 2009, « Quelques lignes de force du champ universitaire des années 1990 à aujourd'hui », Gruel L., Galland O., Houzel G. (dir.), *Les étudiants en France. Histoire et sociologie d'une nouvelle jeunesse*, Le sens social, PUR, pp. 125-170.

RERS, 2019, *Repères et références statistiques sur les enseignements, la formation et la recherche*, Ministère de l'Éducation nationale, de la Jeunesse et des Sports.

Romainville M., 2000, *L'échec dans l'université de masse*, L'Harmattan.

Slez M. & Vallet L.-A., 2006, « La démocratisation de l'enseignement et son paradoxe apparent », *Données Sociales, La société française*, INSEE, pp. 101-107.

Simon T., Boutet-Waiss F., Canevet F. -Y., Descamps B., Dutriez L., Sauvannet P., Wicker B., 2006, *Accueil et orientation des nouveaux étudiants dans les universités*, Ministère de l'Éducation nationale, de l'Enseignement supérieur et de la Recherche, Rapport à l'Inspection générale de l'administration de l' éducation nationale et de la recherche, MEN.

Theulière M., 2004, « L'évolution des effectifs de l'enseignement supérieur (1990- 2001) », *Éducation et formations*, no. 67, pp. 7-19.

Verley E., Zilloniz S., 2010, « L'enseignement supérieur en France : un espace segmenté qui limite l'égalisation des chances », *Formation Emploi*, no. 110, pp. 5-18.

Verley E., Vourc'h R., Zilloniz S., 2009, « Dix ans de vie étudiante : pratiques studieuses », *L'état de l'enseignement supérieur et de la recherche en France*, no. 3, MENSR, pp. 36-39.

Vincens J., 2000, *La demande d'enseignement supérieur*（Note du Laboratoire interdisciplinaire de recherche sur les ressources humaines et l'emploi), LIRHE note 37.

【付記】

　本章は、Valérie Erlich et Élise Verley, 2010, « Une relecture sociologique des parcours des étudiants français : entre segmentation et professionnalisation », *Éducation et Sociétés*, 2010/2 no. 26, pp. 71-88の全訳である。エルリシュ氏とヴェルレイ氏およびDeBoeck社の翻訳の快諾に感謝申し上げる。

第4部

グランゼコールという選択

アンリ4世高校（撮影編者）

問題の所在と本章の目的

　現代フランスのエリート形成においてフランス語の卓越した言語運用能力はいかなる位置付けにあるのだろうか。その能力はエリート形成過程において、いかに獲得され、選抜の場において機能し、エリート形成に資するのだろうか。

　まず、本章における「エリート形成」を定義しておく。「エリート形成」というと、ある国のエリート層形成、ある年代における女性のエリート形成など、ある層全体がエリートに至ることを指すのが一般的である。しかし、本章では、フランスにおいて個人がエリートになることを指す。特に本章内では、個人が学校教育を経て名門☞グランゼコールに入学するに至る過程に着目して論じる。

　筆者は、エリート形成要因の一つとしてフランス語に着目し、この問いに対し、複数の質的調査を組み合わせながら検証を行ってきた。この問題関心の背景には、フランスにおけるフランス語重視の伝統がある。その伝統とは、17世紀のヴェルサイユにおけるサロン文化隆盛以降、フランスには「良き慣用（le bon usage）」[1] と呼ばれる宮廷言葉のフランス語を正統化するなど、正しいフランス語、美しいフランス語を話す能力を重視するというものである。そ

の伝統を反映し、フランスにおけるエリート選抜の場では文理系問わず、フランス語の高い運用能力が重視されている。フランス語の運用能力の獲得の場として、家庭と学校が考えられるが、本章では、学校における教育のうち、「☞グランゼコール準備級（Classe préparatoire aux grandes écoles）」というフランス独自の高等教育機関を対象とした検証を行う。この高等教育機関はclasse prépa《クラスプレパ》、prépa《プレパ》、CPGE《セペジェウ》という略称で呼ばれている。略称に倣い、本章では以下、この教育機関を「プレパ」と呼ぶこととする。プレパに着目した理由は、後述するように、この教育機関が、グランゼコールというエリート養成のための高等教育機関を目指す受験準備校だからである。プレパではエリート形成に向けて、いかなるフランス語の教育実践が行われているのだろうか。

　本章は、プレパに関する質的データの分析によって、エリート形成過程におけるフランス語の運用能力の重要性とその教育実践の実態を明らかにし、それが国家を率いることを期待されるエリート形成に対していかなる役割を果たしているのかを示すことを目指す。

第1節　グランゼコールについて

　本論に入る前に、日本とはかなり異なるフランスの高等教育制度について説明する必要があるだろう。フランスでは高等教育機関にアクセスするために、中等教育修了資格である☞バカロレアという国家試験を突破する必要がある。バカロレアを取得したのちに進学する高等教育機関は、大きく大学とグランゼコールの2つに分かれている。このうち、本節ではフランス独自の高等教育機関であるグランゼコールについて説明することとする。

　グランゼコールとは、国家、社会に寄与する優秀な人材を養成するために設立された高等教育機関である。理系の上級技術者養成のほか、高等教育の教員養成やビジネススクール系、行政系など職業に直結した専攻を有する様々な専門のグランゼコールが設立されている。全国グランゼコール会議（CGE）に加盟しているグランゼコールは2019年2月現在227校である(2)。近年、複数の

大学と高等教育機関の統合などの新しい動きがあるなかで、グランゼコールの定義も変動しており、またCGEに加盟していないグランゼコールもあるが、本章におけるグランゼコールはCGEに加盟している学校機関とする。そのなかで「エリート養成校」として上級職へのアクセスが可能な「名門」といえるグランゼコールは、入学試験の難度が高い各専攻の上位4〜5校程度であろう。

　フランスでは、伝統的に、理系[3]を重視する傾向が強い。18世紀に初めてできたグランゼコールは理系の国立土木学校（École nationale des ponts et chaussées）である。その後、理系のグランゼコールが次々にできたのも、フランス政府が実学によって国力を高めようとしたことによる。21世紀現在でも、グランゼコールはそのほとんどが理系である。文科系のグランゼコールの数は少なく、教育機関数からも明らかにフランスにおける理系偏重の傾向がみられる。

　では、エリート養成校といえる名門グランゼコールに入るためにはいかなる経路をたどればよいのか。グランゼコールに入学するには、例外もあるが[4]、基本的にはプレパを経る必要がある。バカロレア取得後2年間から3年間[5]、プレパで受験準備の訓練を経なければ、グランゼコールの受験資格が得られない。そのため、グランゼコール入学を目指す学生は上記例外を除き、バカロレア取得後にプレパに進学するのである。では、プレパとはいかなる教育機関であるのか。次節にてその概要を説明する。

第2節　プレパについて

　前述の通り、グランゼコールは、フランス独自の高等教育機関であり、すなわちその受験準備をするための教育機関であるプレパもまた、フランス独自の高等教育機関である。グランゼコール受験のための準備級と聞くと、日本の感覚からすると、大学予備校のようなものをイメージするかもしれない。確かに、プレパは受験対策をする教育機関ではあるが、日本の予備校とはまったく異なる。国による学習指導要領に基づいて運営されており、プレパに入るためには、選抜のプロセス（2020年現在☞Parcoursupというシステムを経由した

書類選考[6]）を経る必要がある。このプレパの選抜における書類選考のプロセスに関しては、第13章において詳細に説明している。

　プレパはパリなどの大都市とその周辺の、名門と言われる由緒ある高校に付設されていることが多く、地方や小さな街にはほとんどプレパがない。そのためか、フランスにおいても一般的に、プレパの存在や実態がよく知られておらず、そのなかで行われる受験勉強の苛烈さの評判ばかりがメディアなどで取り上げられている。

　では、プレパに通う学生はそれほど少数派なのだろうか。ここで高等教育・研究革新省発表のデータをみていく。2019年2月に同省によって発表された2018 ～ 2019年度のデータ[7]によると、プレパに登録している人数は、1年目4万2,726人、2年目4万2,395人（うち留年6,808人）で合計8万5,121人である。2018年にプレパに入学したのは4万2,092人とあるので、2018年6月の普通バカロレア合格者数35万9,061人[8]から計算すると、普通バカロレア取得者の約12%がプレパに進学したことになる。つまりプレパ進学者数は決して多くないことが数値に表れている。公立と私立があり、公立は他の高等教育機関同様に授業料は無料である。学内に寄宿舎があるプレパもあり、地方からパリやパリ近郊プレパに出てきた学生は、希望が通れば寄宿生活を送ることができる。また、名門プレパのリセ・サント＝ジュヌヴィエーヴのように全員が寄宿生活を送る私立校もある。

　2020年現在、プレパは、理系（Les classes préparatoires scientifiques）、経済・商業系（Les classes préparatoires économiques et commerciales）、人文系（Les classes préparatoires littéraires）の3コースに分かれ、さらに志望するグランゼコールや専攻に向けたコースに細かく分かれている[9]。上述したCGE加盟の全グランゼコールのうち、理系グランゼコールが約7割を占めており、必然的に理系プレパの占める割合が多くなっている。

　プレパを対象とした先行研究が少ないことも、プレパの実態が知られていない要因と言えるかもしれない。第13章、第14章で取り上げた研究以外では、ダルモン（2013）が、プレパにおけるフィールドワークに基づく代表的な先行研究と言える。ダルモンは、プレパの学生たちがいかにプレパ特有の性向を作り出すのかという側面から、地方プレパの理系、経済・商業系コースを対象に

2年間フィールドワークを行った。そこで明らかにされたことは、時間の使い方に無駄がない生徒は成功に近づくが、その使い方は出身階層が高いほどうまく、低いほどうまくないということや、教師が同じプレパの出身者であるため、こうしたノウハウが再生産される仕組みができているということ、また理系と経済・商業系では求められる資質が異なり、そこにおける成功にも生徒が持つ「資本」が関わっているという事実である。ダルモンはプレパでの教育実践によるフランス語の能力獲得という本章の問題関心には触れていない。とはいえ、実態がよく知られていないプレパでの生活等を豊富な質的データで示したところにこの研究の大きな意義がある。

　また、ブルデュー（2012）は、プレパのみが研究対象ではないが、プレパについて詳細に論じた、豊富な量的・質的調査に基づいた実証研究の成果である。ただし、調査対象となった期間は1960年代から1980年代であり、それから30年以上の時を経ている。その後の社会変化はもちろん反映しようがない。つまりブルデュー以降の21世紀のエリート形成とプレパの教育実践について改めて検証する必要があるだろう。

　そこで、本章は以上の先行研究で対象としていない部分、すなわち21世紀現在のプレパにおけるエリート形成に向けたフランス語の重要性と教育実践について教師たちの経験的な語りから具体的に示す。

　以下、本論に入る。まず、グランゼコールの入学試験では実際、フランス語が重視されているのかどうかということを理系グランゼコール入学試験の係数(10)などのデータにより、検証したい。

第3節　理系グランゼコール入学試験におけるフランス語

　本節では理系グランゼコールの最難関校である国立理工科学校（École Polytechnique、通称X。以下Xとする。☞ポリテクニック）の試験を対象として、フランス語の重要度、求められる能力を検証していく。文科系のグランゼコールでフランス語が重視されているのは想像できるが、理系でもフランス語は重視されているのだろうか。もし理系でも重視されているとなれば、フラ

ンスのエリート選抜試験におけるフランス語の重視は間違いないと言えるだろう。そこで、X入学試験におけるフランス語の重視度を検証することにより、フランスのエリート選抜過程におけるフランス語の重視度や、エリートとなる人材に対し、いかなる能力が求められているのかを明らかにしたい。

3.1　X入学試験におけるフランス語の重視度

　Xにはいくつかの専攻別の試験がある。ここでは、数学・物理（MP）コースを取り上げる。数学・物理コースは理系の中で代表的なコースの一つであり、数学の成績がかなり優秀でないとここで生き残れないと言われている。そのようなコースにおいてフランス語はいかなる位置付けにあるだろうか。

　Xの数学・物理コースは選択科目によって2つに分かれている[(11)]。ここでは選択科目情報科学（MP info）の方を検討する。Xでは科目、時間、係数が一覧表になって、Xサイト上に発表されている[(12)]。それを参照しながら筆者が下表を作成した。

　筆記試験係数合計39のうち、フランス語の係数は6であるが、数学が最も重要な数学・物理コースにおいて、数学に次ぐ係数になっており、専門科目の物

口述試験受験資格試験（筆記試験）

試験科目	係数	時間
数学A	8	4時間
物理A	6	4時間
数学B	7	4時間
情報科学A	6（1）	4時間
フランス語	6	4時間
外国語1	6	4時間
合計	39	

口述試験のための筆記試験

試験科目	係数	時間
情報科学A	4（1）	4時間
合計	4	

口述試験

試験科目	係数	時間
数学1	16	50分
数学2	16	50分
物理	20	50分
化学	9	40分
科学に関するドキュメント分析	15	40分
フランス語	8	30分
外国語（必須）	8	20分
外国語（任意）	－	20分
口述試験合計係数	92	
身体科学とスポーツ	5	
全試験の合計係数	140	

（1）情報科学Aの係数について：数学・物理コース、選択科目情報処理において、情報科学Aの作文には一次試験である筆記試験の係数6が割り当てられている。二次試験ではこの科目は課されないため、一次試験の成績を二次試験での成績とみなして係数4を割り当て、成績ランキングの総ポイント数を算出する。

理と同じ係数であることから、理系コースであってもフランス語は重視されている科目の一つと言える。

　一方、口述試験ではフランス語の係数は総係数92のうち8で、それほど高い比重を占めていない。しかし、口述試験も筆記試験と同様に、どの科目であれ、フランス語で回答するわけであり、科目としてのフランス語の重視度が他より高いことが示されていなくても、すべての科目においてフランス語の能力が求められているのは間違いない。また、理系のグランゼコールで口述試験にまでフランス語が科目として課されるのは珍しい(13)。ここにもXのフランス語の重視度がうかがえる。

　さらに係数をトータルでみると、筆記39（＋4）、口述92、スポーツ(14) 5で合計係数140となっている。こうしてみると全体における口述試験の係数の高さが際立つ。数学であっても物理であっても口頭によるフランス語で的確に表現し、回答する高い能力が必要である。そのため、第4節で詳しく説明するが、プレパではColle（Khôlle）と呼ばれる口述の訓練が多く行われている。口述の重視ということは、回答の的確さは当然求められるが、同時にフランス語の口述能力の高さが求められていることを示していると言えるだろう。

3.2　理系グランゼコールに向けたプレパにおけるフランス語の学習指導要領

　理系のプレパでは「フランス語」というフランス語のみ独立した授業はない。「フランス語―哲学」という週に2時間の授業が行われている。その理系プレパのフランス語―哲学に関しては、毎年決められたテーマとそれに関する3作品が学習指導要領に提示される。ここでは、例として2016 ～ 2017年の学習指導要領(15) を検討する。

　2016 ～ 2017年において掲げられたテーマは2つあり、それぞれに3作品があげられている。

テーマ1：「情念の世界」
　『従姉妹ベット』（オノレ・ド・バルザック）
　『アンドロマック』（ジャン・ラシーヌ）
　『情念論』（デイヴィッド・ヒューム）―ジャン＝ピエール・クレロ訳―

テーマ2：「隷属と服従」
『自発的隷従論』（ラ・ボエシ）
『人形の家』（イプセン）―エロワ・ルコワン訳―
『ペルシア人の手紙』（モンテスキュー）

このうち、毎年テーマ1は前年からの継続であり、テーマ2が新たに加わり、テーマ2は翌年のテーマ1として再度課されるようになっている。

こうした文学・哲学作品に対する知識が筆記試験におけるフランス語で課され、その係数は物理などと同じで決して低くないということは前述した通りである。なぜ理系エリート校Xの選抜試験においてフランス語は重視されているのか。X卒業生向けの雑誌 *La Jaune et la Rouge*（『黄色と赤』）において、卒業生で工学者であるマルバックは、以下のように述べている。

特にポリテクニック（X）にとってフランス語の試験は重要である。実際、筆記試験では他のグランゼコールよりも高い係数が付されている。受験生がフランス語試験をなおざりにすると、とても不利になるだろう。（中略）

採点者によって作成された最終レポートを読むと、受験生たちが4時間の試験時間内で何をやるように求められているのか、どのように採点者たちは受験生たちを評価するように求められたのかに気づく。（中略）重要なのは、テーマを理解することである。学習指導要領で指定された作品を深く理解すること、論証の法則を尊重すること、つまり、言語を習得することである。そして念のために強調すると、これらのステップは、どんな問題でもいいわけではなく、論理的かつ科学的であり、つまりエンジニア養成グランゼコールの学生の選抜に完全に、原則的に適合しているということである。（中略）最後に、自分自身を表現し、伝え、説明し、指示するために導かれる言語を習得しなくても、幹部、研究者、技術者、役人になれると人々に信じさせるのは、Xや中央学校（École Centrale）、国立鉱業学校（École des Mines）の卒業生が全員、難しい文章やインスピレーション豊かな文章を書くことを求められていなくても、一瞬たりとも持ちこたえられないアプローチである（Marbach 2010）。

　この論考には理系であっても、エリートにはフランス語の能力が必須であるいうことが示されている。フランス語で書くこと、熟考することを1年かけて提示されたテクストを学んで準備し、入学試験でアウトプットできる能力が求められている。それは将来、社会の指導者になるであろうXの学生に必要な能力であり、理系であったとしても、それが欠如した人間はエリートとして指導的立場には立てない。ゆえにこういった能力を入学試験で問うのには意味があるということが述べられている。

第4節　プレパ教師へのインタビュー調査の概要

　では、プレパではどのようなフランス語教育によって受験対策がなされているのだろうか。ここから、プレパ教師へのインタビュー調査の結果を中心に検証していく。

　まずは調査の概要を説明する。本調査は、プレパにおけるフランス語の教育実践はどのように行われているか、またプレパ教師がエリート形成におけるフランス語の位置付けについてどのように考えているかなどについて検証するために実施している。このうち、本章ではプレパにおけるフランス語の教育実践に関するデータ[16]のみを取り上げて検証する。以下、調査概要や調査協力者一覧などを示す（表12.1）。

　筆者は2016年2月にプレパ教師16名を対象に、13の質問による平均約1時間の半構造化インタビュー調査[17]を実施した。質問事項は、教師の職業に関わるプロフィール調査とフランス語に関する具体的な教育実践に関わる質問に分かれており、本章で扱うのはこのうちフランス語の教育実践に関する問いの1つである。調査協力者は、2014〜2015年に筆者が実施したグランゼコール在学生・出身者に対するインタビュー調査[18]時の調査協力者たちによる紹介とそこからのスノーボール・サンプリング[19]、筆者が名門プレパのウェブサイトを経由して依頼した調査協力に応えてくれたプレパ2校（パリ公立名門プレパとパリ郊外私立名門プレパ）に勤務する教師たちで構成されている。

　ここで、プレパ教師について簡単に説明しておきたい。プレパは高等教育機

第4部　グランゼコールという選択

表12.1　調査協力者一覧

氏名	性別	担当科目	勤務校	氏名	性別	担当科目	勤務校
CG	女性	生物学・地質学	地方公立中堅校	CB	女性	物理	パリ公立名門校
CE	女性	生物学・地質学	地方公立中堅校	AC	男性	物理	パリ郊外公立下位校
JM	男性	生物学・地質学	パリ公立名門校	TG	男性	一般教養	パリ郊外私立名門校
EC	男性	数学	パリ郊外公立下位校	FM	男性	数学	パリ郊外私立名門校
CR	女性	生物学・地質学	パリ公立名門校	MG	女性	一般教養	パリ公立名門校
PA	男性	歴史	パリ公立名門校	GC	男性	産業科学	パリ郊外私立名門校
CM1	男性	物理・化学	パリ公立名門校	CM2	女性	生物学・地質学	地方公立中堅校
MS	女性	地理	パリ公立名門校	EL	女性	一般教養	パリ郊外公立中堅校

関であり、そこで教える教師は大学でも教えることができる難関の高等教育教授資格であるアグレジェ（agrégé（男性）／agrégée（女性））という資格者や博士号取得者、またアグレジェかつ博士という教師がほとんどである（Rauscher 2019）。プレパ教師は高校教師よりも給与面など待遇が良いということもあるが、なぜ彼らはプレパ教師になったのだろうか。筆者がこのインタビューにおける教師のプロフィール調査のなかでこの質問をしたところ、大学教員を目指していたがポストがなかったことや、未来のエリートを自分の手で育てられること、大学生よりもレベルが高い学生を教えられることに対するやり甲斐などが主な理由としてあげられた。

　また、インタビュー内で頻繁に語られるColle（Khôlleと綴られることもある）についても、ここで説明しておきたい。Colleとは、プレパ独自のグランゼコール入学試験の二次試験である口述試験対策の訓練である。前述したXにおける試験の全係数における口述の比率が高かったことからもわかる通り、口述試験に向けた訓練は専攻や科目を問わず、重要なのである。ほぼ全科目において行われるこの訓練は、3人程度の学生が1組になって受けるなど少人数制である。科目によって、またプレパや担当者によってやり方は様々であるが、基本的には授業で学んだ内容を正しく理解して口頭でアウトプットできる

264

かどうかを試し、個別指導する形式で行われる。各科目の担当教師もしくはプレパ卒業生や小規模プレパの教師などがcolleur（男性）／colleuse（女性）と呼ばれるColleを行う試験官となり、1時間程度、放課後など授業時間外に実施する。実際にどのような訓練であるかは、本章第5節にて筆者が行ったプレパにおける参与観察の調査事例により示す。

第5節　プレパにおけるフランス語の教育実践

　本節では下記のフランス語教育実践に関する問いに対する回答を対象に、プレパ教師による具体的な語りから、その実践内容を検討する。

　教師のフランス語教育への取り組みには理系と文科系による相違があり、さらに文科系のなかでもフランス文学／一般教養[20] の教師かそれ以外の教科の教師かによっても相違があり、またプレパのレベルによっても相違があることが推測された。そこで、様々な専攻、レベルのプレパに勤務する教師たちが現場でどのような教育実践を行っているかを彼らの語りから検証する。また、専攻やプレパのレベルによる差異を比較し、検討するために、理系／中堅、理系／名門、文科系／中堅、文科系／名門の4つに分けてデータを記した。なお、筆者がプレパを名門と中堅にレベル分けした根拠は、前述したグランゼコールのランキングと当該プレパに通う学生が主に目指すグランゼコールの難易度による。

　問い：あなたは生徒ができる限りフランス語で正確に表現できるように留意して指導していますか？　その場合、どのように指導していますか？
【理系／中堅】
CM2：ええ、ええ…どのようにそれをあなたに示したら良いかしら？　さて、私は…Colleで、生徒たちに対して…フランス語の間違い、統語法に関して、動詞の活用の問題に関して、つまりそのような言葉に関することを手直しします。なぜなら…彼らは、Colleを受けて、Colleを毎週受けるのだけど、それは彼らにとって中等教育ではまったくやったことがない新しい訓練なので、最初

はちょっと通俗的な言葉遣いで話す傾向があるの。それで、私は生徒たちに対してシステマチックに修正するわ。彼らが反射的に身につけている砕けた表現を取り除くために、もっと…なんて言えばいいかしら、より専門的な言い方を獲得させるために。（中略）それから、筆記に関しては、私は、生徒たちに対して…直接的に彼らの間違いを修正するわ。私は彼らに正しくないフランス語の節を示すわ。（中略）実際、より重大な誤りがあるの。（中略）もし、フランス語の重大な間違いを犯したら、生徒はすべての点数を失うわ。

【理系／名門】

CR： 筆記では綴りや文法のすべての間違いを正します。（中略）つまり私はすでに答案を採点しているのです。綴り、文法、動詞活用、表現の間違いの訂正。特に私は年度の初めにその訂正をします。答案の一文全体を書き直します。私は彼らに言います。「いいえ、それはまったくうまく書けていないわ」と。私は消して、正しく書き直します。すべてを正しく書き直します。私は可能な限り最も正しい語彙を使って欲しいのです（中略）。Colle における口述では、私は語彙の正確さにとても注意を払っています。つまり…私たちは理系の用語を習得させたいのです。だけど、フランス語に関しても、私はできる限り正しい語彙を求めています。（中略）生徒たちは私に何かを言うために、とても長い文章を作ります。なぜなら、生徒たちはどのように正確にそれを言えばいいのかわからないからです。（中略）例えば、生徒たちは実験を分析し、私に言います。「この器官は、この器官に対して役割を担っています」。私は彼らに言うでしょう。「役割を担っている。それは何も説明したことにならないわ」と。器官Aが器官Bを妨げる、阻害する？　もしくは反対にそれを活性化する？　それは同じことではないわ。（中略）つまり生徒たちは、説明しようとしていることに関して、できる限り正確に説明する必要があるということです。それは難しいです。なぜなら口述試験で、私たちには（準備時間が）5分しかありませんから。それはとても短い…つまり、テーマに関して本当に簡潔に、かなり正確に答えなければならない。そうでなければ、その回答は冗長なものであるという印象を与え、科学的に良いレベルに達していないと思われます。

CM1： ええ、私は、生徒が困難を抱えないように気を配っています。彼らが講義で、もしくは私に話すときには、私はそれがきちんと表現されていることを

望みます。常にきちんと述べられていることを。私たちは言い直させます。もし、何かがちょっと正しくない方法で言い表されていたら、同級生や私に対して言いたかったことについてきちんと証明されていなかったら、言い直させます。理解してもらえるような文章になるように作り直させます。それはとても重要なことなのです。

JM：ええ、必ず。筆記と口述の表現は両方とも定期的に直します。（中略）私はColleの時や予備試験（devoir surveillé）〔準備級で毎週一科目くらいのペースで行われる、入試を意識した長時間の試験〕の時にもよく添削をします。ちょうど、週に2回Colleがあります。生徒が15分で発表する時、もしフランス語の間違いを犯したら、もし、彼の黒板に間違いがあれば私は彼に言います。「ダメだ！　君は間違っているよ」と。（中略）もしかなり重大なフランス語や正書法の間違いがあれば、生徒は点数を失います。学校や課題において定期的に私たちはフランス語に目を配ります。（中略）フランス語の授業は2時間しかなく…そこで生徒はむしろ作品について学びます。

GC：はい、私は生徒が可能な限り正しく表現できるように留意しようとしています。特にColleの時には。（中略）口述のコミュニケーション能力を際立たせるのは義務なのです。それでColleがあって、生徒はグランゼコール入学試験において試験官の前で説明しなければいけないので、私たちは可能な限り正しい表現を使うことを強制するのです。

　ここまで理系の教師たちの語りを引用してきた。ここで共通して述べられたのは、理系であっても、教師たちは全員が「生徒が正しく表現できる」ために留意していることである。また、彼らの専門である物理や生物学などの講義において、口頭で、筆記で正しいフランス語で表現できるように常に指導を行っているということである。

　その理由として彼らが述べているのは、フランス語の間違いがあったら、グランゼコールの入学試験で点数を失い、不利になるからということである。たとえ、回答自体が正しくとも、フランス語のミスが命取りになることがあるからである。つまり、グランゼコール入学試験では回答の正しさ、的確さとともに科目を問わずフランス語の能力も求められており、教師たちはそれに対応し

た教育実践を行っているというわけである。フランス語の指導はフランス語の
授業でやればいいのではないかと思われるかもしれないが、それは実際には不
可能である。第3節で学習指導要領の説明において示し、またJM氏が言及し
た通り、理系プレパのフランス語の授業は週に2時間しかないうえ、そこでは
文学作品や哲学などを学ぶことになっており、フランス語の文法や表現につい
ての講義を行う余裕はない。そこで、担当講義のなかで理系の教師たちが逐次
生徒のフランス語のミスをチェックし、正しく表現できるように指導していく
という教育実践が行われていることが示されている。

　では、文科系ではどのような教育実践が行われているだろうか。以下、同じ
質問に対する文科系教師たちの回答の一部引用である。

【文科系／中堅】

EL：ええ。私の子どもたちのようにね。私は生徒たちが表現の間違いを犯した
とき、システマチックに口頭でそれを訂正します。

【文科系／名門】

MG：私は常に彼らの答案を添削しています。口述でも彼らに対して修正し、
筆記でも修正します。（中略）私は筆記ではもちろん正書法と文法を直します。
かなり頻繁にある間違いがあるのです。（中略）つまり私は答案を修正し、時々
必要なときには文法の授業をします。（中略）ええ、私にとって、完璧に書くと
いうことをプレパ卒業時に知っていること、それが最も重要なことなのです。

MS：ええ、もちろんです。私は生徒の表現ができる限り正しくなるように留意
しています。そのために、彼らが書いたものを私は添削します。常に修正箇所
があり、正しくない箇所がある生徒たちの答案を。私は1枚の答案を修正する
のに多くの時間をかけています。

　文科系の教師たちの語りにも、理系と同様にフランス語の訓練を頻繁に講義
内で行っていることが現れている。上で語りを引用した調査協力者のなかで文
学／一般教養を教えているのはEL氏とMG氏のみであるが、この2名は勤務
校のレベルの差はあるが、当然のように適切なフランス語を身に付けさせる実
践を行っている。とはいえ、文学の先生だからといって、特別に高度なフラン

ス語訓練をしているというよりは、理系や他科目の文科系の教員たちと同様に、フランス語の表現やミスの修正が欠かせない様子がうかがえた。

　理系と文科系を比較すると、教師間の取り組みの差はほとんどみられない。つまり、専攻、科目にかかわらず、回答がフランス語で行われている以上、フランス語について、常に間違いがなく、的確な表現ができるような訓練が必要とされ、行われているのである。プレパのレベルによって、注意する中身の差は多少あるのではないかと予測していたが、専攻差同様、レベルによる大きな差異はほとんどみられない。名門プレパには特に優秀な学生しか入ることができないにもかかわらず、入った後にこれほどの訓練が必要であるということから、あらゆるプレパにおいてグランゼコール入学試験に向けて、完璧なフランス語の習得のためのフランス語の訓練が必要なことに変わりはないことが現れている。ただし、上で引用しなかったインタビューの中でMG氏は以前、理系の中堅校で教えていたが、現在は、ランキング1、2位を常に占める名門文系プレパでフランス文学を教えており、そのプレパではほとんどこのような訓練は必要ないと語っていた。つまり、レベルによる差は全くないわけではない。とはいえ、フランス語の訓練がほぼ必要ないのはランキングトップの名門プレパの文科系学生だけであり、他は文系であれ、名門プレパであれ、フランス語の日々の訓練が必要であるということである。

　すなわち、学生たちにフランス語の言語運用能力、特に間違いなしに、的確に表現する力を獲得させるための教育実践は、どんな科目であろうとも、プレパ教師の仕事のうちの大きな比重を占める仕事となっていることがこれらの語りから読み取れる。

　また、フランス語の訓練として、教師たちが重視していたのはColleである。前述した通り、これはグランゼコール二次試験である口述試験のための訓練であり、その場で渡された問題に対し、即座に口頭で的確に答える能力の獲得のために行われている。筆者は2019年2月に4校のプレパを訪問し、様々な科目のColleを見学した。例えば、数学のColleでは、3人の学生はその場で教師から各々手渡された課題が書かれた小さな紙に目を通したのち、すぐに三分割されたホワイトボードに回答を書いていき、なぜこういう回答になったのかを教師に口頭説明していく実践が観察された。そこでは、回答の途中で教師か

ら「なぜこの流れで回答するのか」「ここから、やり直したほうがいい」など
と介入が入り、その都度説明し、修正し、また口頭のフランス語表現につい
て、逐一注意が与えられていた。文学のColleでは、ある文学作品に関する分
析を5人の学生たちが1人ずつ述べていく訓練が行われていたが、その際に俯
きがちな生徒、発言が少ない生徒、声が小さい生徒にはそうした回答する際の
態度も含めて指導が行われていた。

　こうして獲得される口述の能力は高校までの学校教育でも、家庭教育でも獲
得できない。Colleでは、授業で学んだ内容を正しく理解しているかどうかと
いう確認をしながら、その知識のアウトプットを、正確なフランス語で、でき
る限り適切な語彙によって表現することを求められている。さらに、CR氏が
述べていたように本番の入学試験において口頭発表の準備をする時間はかなり
短いため、即座に的確に回答できるように訓練が行われている。

　以上の教師たちの語りから、フランス語の授業に限定されず、すべての科目
の授業内外でフランス語の訓練が頻繁に行われていること、またその具体的な
実践も明らかになった。では、なぜこのような訓練がプレパの教育において大
きな比重を占めているのだろうか。最後にこの問題に対する考察を加えて本章
の結論としたい。

第6節　エリート形成に向けたフランス語教育の役割

　本章は、エリート選抜試験であるグランゼコール入学試験におけるフランス
語の位置付けを概観したのち、インタビューと参与観察によるプレパの教育実
践調査の分析結果から、エリート形成過程におけるフランス語の運用能力の重
要性を示すことを目指した。教師たちの語りから明らかになったことを再度簡
潔に記す。プレパでは、どの科目であっても、フランス語の正書法、文法のよ
うな基礎事項をはじめ、論証の仕方やそのための適切な語彙の用い方に至るま
で、授業や課題の添削、Colleにおける口述訓練などを通して、日常的にフラ
ンス語教育が行われていた。これらの実践に、専攻やプレパのレベルによる差
異はほとんどみられなかった。グランゼコール入学試験では、文理問わずすべ

ての専攻において、フランス語の間違いや不適切な表現による回答があると、理解の不十分さが疑われたり、採点の対象にならなくなったりするからである。また訓練の内容としては、理系や文科系中堅プレパでは、レトリックや洗練された表現など高度なフランス語運用能力を獲得する訓練にまでは至らず、正書法や文法の間違いがなく適切で明確な表現を用いて説明する能力を獲得させる訓練にとどまっていた。教師たちが語った通り、選抜を受けて入学しているはずのプレパの学生であっても、名門プレパ文科系の学生以外は、こうした基礎的なフランス語能力が不足していたり、授業やColleなどの公的な場でも、つい日常的な砕けた表現を使ってしまったりすることがあるため、こうした基礎的な内容も含めたフランス語訓練が必要なのである。冒頭で述べた通り、名門グランゼコールに入るためには「卓越したフランス語の言語運用能力」が必要である。しかし、専攻や目指すグランゼコールの難易度によっては、フランス語の卓越した能力があるに越したことはないが、それよりも口頭でも筆記でも「間違いがないフランス語」がまずは必須条件として求められていることがうかがわれる。また、理系であっても、学習指導要領で指定された作品に限定されているとはいえ、専門科目の知識に加えて文学や哲学に関する知識、すなわち教養も求められている。

　筆者は調査前、理系のプレパでは数学の能力が高ければ良く、フランス語の言語運用能力は、それほど重視されていないのではないかと推測していた。しかし、推測に反し、本章内では引用しなかったが、フランス語の重要性に関する問いに対し、本調査に協力してくれた16名すべての教師が「グランゼコールに入るためにはフランス語の言語運用能力は重要かつ必要不可欠である」と答えたのである。

　その理由として調査結果から、次の三点があげられる。一点目は、前述した通り、グランゼコール入学試験においては、科目にかかわらずフランス語の基本的な間違いをしてはならないからである。また、それだけではなく、日常的表現ではなく、試験という公式の場にふさわしいフランス語で書き、話す能力は科目にかかわらず、身に付けていなければいけない能力だからである。

　二点目は、理系であっても、目指すグランゼコールの難易度や専攻により、回答におけるフランス語能力の差が合否を左右することがありうるからであ

る。係数のところで検証した通り、Xのような理系最難関グランゼコールで
は、数学・物理コースのような典型的理系コースでも、フランス語の能力は試
験のなかで筆記、口述ともに求められている。さらに、本章では紙幅の関係で
掲載しなかったが、CR氏のインタビューに現れている通り、理系のなかでも
生物学、地質学などを専門とするBCPSTコースのXの試験科目と係数を調査
したところ、筆記試験のなかには「論証」が課されているなど、数学・物理コ
ースよりもフランス語能力が重視されていることがうかがえた。つまり、目指
すグランゼコールにより、専門により、選考におけるフランス語の比重が高い
ことがあるため、理系は数学の能力が最重視であるとはいえ、数学さえできれ
ば良いとはいえないわけである。

　三点目は、マルバックが述べたとおり、フランス語の能力を重視する伝統が
あるフランスにおいて、正しいフランス語を操る能力は「エリート」として世
に出る人物の資質として必須と考えられているからである。的確にフランス語
を操る能力は、エリートとして人々を導く立場にとって、専門能力、指導力以
前に、必要な能力である。だからこそ、エリートになるための登竜門であるグ
ランゼコールの入学試験でフランス語の能力が測られ、重視されるのである。

　すなわち、エリートとして国家を背負う人材に必要不可欠な能力の育成の場
として、プレパでの日々のフランス語訓練があり、結果として、プレパはエリ
ート形成における重要な役割を担っているのではないだろうか。もちろん、エ
リート形成に資するフランス語能力はプレパにおいてのみ獲得されるわけでは
ない。プレパ以前の学校教育、家庭教育も、フランス語能力獲得に向けた重要
な役割を果たしてきているであろう。それらの蓄積されたフランス語能力をベ
ースとしたうえで、この能力をエリート選抜試験突破に向けて最適化、最大化
するための実践的な訓練がプレパにおいて行われていることがうかがえた。つ
まり、エリート形成に向けてのフランス語能力の総仕上げがプレパにおいて行
われているということが言えるのではないだろうか。

　ここから我が国に目を転じ、こうした専攻を問わないエリート形成に向けた
フランス語の訓練から、日本の国語教育に適用できる部分があるのではないか
ということを考えてみたい。日本では、現在、読解力や論述力の低下が危ぶま
れている。この問題解決を教科としての「国語」任せにするのではなく、すべ

ての科目において、上述したプレパのような実践をすることはできないだろうか。すなわち、すべての科目において、回答の正しさだけではなく、答えを導き出した根拠を筆記や口頭で的確な日本語で説明できるようにする実践を行うのである。そこで得られる能力は、例えば大学教育において初年次教育のライティング技術の指導などの負担を減らすであろうし、就職活動の際の面接の場において、また社会に出た後にもあらゆる場面で役に立つであろう。エリート形成に限らず、また国を問わず、的確な「国語」を操る能力は長い人生における財産となるに違いない。

注

(1) 「良き慣用」は17世紀の文法家であり、アカデミー・フランセーズ会員でもあったヴォージュラが提示した。宮廷で話されている言葉を正しい言葉遣いとして認める一方、一般市民や地方貴族の話し方を排除した（増田2004）。

(2) 全国グランゼコール会議（CGE）サイトより。https://www.cge.asso.fr/（2020年8月28日最終閲覧）

(3) プレパはそれぞれ目指すグランゼコールによって「理系」「経済・商業系」「人文系」の3コースに分類されるが、本章ではこれをもとに、「経済・商業系」と「人文系」を合わせて「文科系」と呼び、大きく「理系」「文科系」の2つに分けて論じることとする。

(4) バカロレア取得後、プレパを経ずに入学可能なグランゼコールもある。例えば、パリ政治学院（シアンスポ・パリ）など。また、少数の募集ではあるが、プレパ以外からのルート、すなわち大学経由や海外からの入学というルートも設けられている。

(5) 基本在学期間は2年だが、プレパ2年目終了時にグランゼコール受験に失敗した場合、1年留年して再チャレンジすることができる。その代わり、3年目の受験生は受験時に係数による得点操作などのハンデを課される。

(6) Admission Post Bacの後継として2018年新学期から新たにParcoursupという高等教育への登録システムが導入された。高等教育1年目に進学希望の学生は、このシステムのウェブサイト上で希望順位を付けずに最大10校まで志望先を登録し、出願書類を提出する。プレパに入学希望の場合もこのシステムを経て出願する。

(7) http://cache.media.enseignementsup-recherche.gouv.fr/file/2019/37/2/NF_cpge_2018-2019_1071372.pdf（2019年3月27日最終閲覧）

(8) https://cache.media.education.gouv.fr/file/2018/76/6/depp-ni-2018-18-18-le-baccalaureat-2018-session-de-juin_982766.pdf（2019年3月27日最終閲覧）

(9) 数学・物理コース、物理・化学コース、ENSユルム／リヨン校コースなど。

(10) グランゼコール入学試験の全科目に対して各校が係数を定めている。係数が高いほど重視度が高く、低いほど重視度が低い。

(11) Informatique（情報科学）、Physique et Sciences de l'Ingénieur（物理・工学）がある。

(12) https://www.polytechnique.edu/admission-cycle-ingenieur/fr/coefficients-mp-et-pc（2020年12月23日最終閲覧）。ただし、2020年入試はCOVID-19の影響により、科目・係数とも変更あり。

(13) ただし2020年入試は、COVID-19の影響により、口述試験科目が大幅に絞られ、数学と物理の2科目しか課されなかった。

(14) スポーツの実技（短距離走、中距離走、水泳）が課せられる。ただし、2020年入試ではスポーツは課されなかった。

(15) http://www.enseignementsup-recherche.gouv.fr/pid20536/bulletin-officiel.html?cid_bo=103574&cbo=1（2018年4月12日最終閲覧）

(16) 本章内のインタビュー調査で得られたデータである語りの引用は次のルールで記す。「えーと」「まあ」などの語り手の言い淀みや間投詞、同じ言葉の繰り返しなどは、読みやすさを考慮し、適宜削除した。語りの省略箇所には（中略）と記した。短い沈黙は「…」と記した。また、これらの語りの内容や教師たち個人のデータは、匿名性を保つための加工をし、調査協力者全員にメールで使用許諾を得たうえで使用している。

(17) あらかじめ質問を用意してインタビューを行うが、得られた回答などによって適宜質問を変更したり加えたりする。

(18) 2014年10月から2015年8月まで実施したインタビュー調査。調査対象は名門グランゼコール在学／卒業生であり、56名にインタビューを実施した。

(19) 特定の調査対象者に調査を依頼し、その対象者に次の調査相手を紹介してもらうということを繰り返し、「雪だるま式」に調査対象者を増やしていく方法。

(20) 経済・商業系コースの場合、フランス文学は「一般教養」という科目で教えられる。

参考文献・資料

Darmon M., 2013, *Classes préparatoires: la fabrique d'une jeunesse dominant*, La Découverte.

Marbach Ch., 2010, « L'épreuve de français au concours d'entrée à l'École polytechnique », *La Jaune et La Rouge*, no. 660, pp. 28-31.

Rauscher J.-B., 2019, « *Des enseignants d'élite ? Sociologie des professeurs des classes préparatoires aux Grandes Écoles* », Le Cerf.

ブルデュー，ピエール（2012）『国家貴族：エリート教育と支配階級の再生産Ⅰ／Ⅱ』立花英裕訳, 藤原書店.（Bourdieu P., 1989, *La Noblesse d'État : grandes écoles et esprit de corps*, Minuit.）

増田真（2004）「ルソーの言語論と音楽論における国民とアイデンティティー」京都大学大学院文学研究科編『人文知の新たな総合に向けて──21世紀COEプログラム「グローバル化時代の多元的人文学の拠点形成」』第2回報告書4（文学篇1（論文）), 165-187頁.

【付記】

　本章は、山﨑晶子（2019）「グランゼコール受験準備学級におけるフランス語教育－教師たちの語りから－」『フランス教育学会紀要』31号, 51-64頁に加筆・修正を行ったものである。

第13章

グランゼコール準備級の学生募集
―選抜・選考・予見―

ミュリエル・ダルモン

（秋葉みなみ　訳）

はじめに

　本章は、L高校の理系および商業系の☞グランゼコール準備級〔以下、準備級〕を対象とする観察と面談による調査をもとに、準備級における入学者選考の手順ならびに過程、そして特にそこに現れる「教員の理解のカテゴリー（les catégories de l'entendement professoral）」〔教員たちが生徒の資質や能力を評価する際に作用する認識や判断の様式。Bourdieu, Saint Martin 1975の題名〕についての社会学的分析を提示する。本章では最初に、同カテゴリーが特殊な政治的・職業的コンテクストにどのように組み込まれているのかに言及する。この特殊な政治的・職業的コンテクストとは、準備級の諸問題の「政治化（politisation）」のことであり、これが「教員の理解のカテゴリー」の表出において、各時代の制約として働くのである。次に、同カテゴリーが、〔生徒の〕分類に関する教員間の対立（「勉強ぶり（travail）」と「学力水準（niveau）」という組になっている中心的カテゴリーを介した対立）において、どのような位置を占めているのかに言及する。そしてまた、同カテゴリーが、入学志願者の「学校的エネルギー（énergie scolaire）」〔著者がインタビュー内で説明しているところによれば「準備級の『理想的な受験生』の条件である、学習能力と服従の結合」〕[1] を探るなかで、各生徒の能力についてどのように評価と予

測とを組み合わせているのかに言及する。

　「選ばれた」学生（étudiants « sélectionnés »）。そう、準備級についての公
のディスクールにおいては、〔選ばれた、という〕過去分詞が、〔選ぶ、とい
う〕動詞の影を薄くしている。まさにこの表現によって、準備級の特殊な学生
集団の資質と特権の双方が、凝縮した形で、事あるごとに思い起こされるの
だ。しかし、社会的地位の証として機能するより前に、選抜とは一つの作業で
ある。

　準備級のケースにおける選抜作業の分析は、社会学もまた同様に過程に目を
かけず結果を優先してきたことから、一層必要である。準備級の入学者の選抜
について知られていることは、毎年その選抜の末に出来上がる準備級の編制に
ついて分かっていることで、特に上流階層の子どもたちが多いという恒常的な
社会的偏向が測定されている[2]。準備級の選抜に関しては、社会学的な対象と
社会的な課題が双方ともに、準備級制度の社会的再生産への貢献と、その行き
過ぎたエリート主義を巡って構築され、クローズアップされている。だからこ
そ、そこにとどまらず、視線を結果から、学生の募集をつかさどる作業へと移
す意義があるのだ。つまり、準備級の学生募集についての社会学的分析は、学
生の社会的偏向の統計的な解明に尽きるものではなく、また同様に、準備級に
ついての研究は、準備級が学校的・社会的な不平等に及ぼす影響だけにとどま
るものではない、というのが我々の主張だ。

　学生募集作業の観察によって得られた主な資料は、入学者の選考の場に現
れ、そして選考を誘導する「教員の理解のカテゴリー」である。「慣習的行為
により獲得され、実践的状態で適用される」これらの「認知、評価、行動の図
式」は、（学生募集作業の観察によってアプローチできる）教員による〔生徒
の〕分類および分類の学校的形式（formes scolaires）の中に組み入れられて
いる（Bourdieu, Saint Martin 1975）[3]。教員の理解のカテゴリーは本章の中心
を成すが、しかしそれでも、〔Bourdieu, Saint Martin 1975のなかで〕この概
念に与えられた本来の使命とは逆に、本章は同カテゴリーとその作用対象であ
る生徒の社会的出自との関係を明らかにすることを目指しているのではない。
というのも、その種の客観化に必要なデータを持ち合わせていないのだ。しか

278

し、同カテゴリーのシステムを分析する面白みは、幸いにもそれだけにはとどまらない。我々が本章で、今実際に行われている教員の仕事の一面として、活動状態にある同カテゴリーを捉えながらみせようとしているものが、その一例となろう。加えて我々は、同カテゴリーの分析を、教員の「価値感」あるいは教員の「表象」が（時間の流れのなかで）不変であり（個々人による）可変性もない一つのまとまったものだと捉える、普遍的で静的なアプローチから解き放つような方法を採用していこうと思う。「［カテゴリーが構造化されているという事実は］カテゴリーが厳密に内的な（『構造的な』（…）または何か他の）分析に服すべきという意味ではない。この内的な分析は、カテゴリーをそれが生み出され使われる環境から人為的に引き剥がすことで、その社会的機能の理解を自ら禁じているのだ」（Bourdieu, Saint Martin 1975）。こうした意識――人類学的という以上に社会学的と言えるだろう意識――を持って、本章は、教員の理解のカテゴリーが従っているいくつかの変化の原則を明らかにし、そうすることで同カテゴリーが、非学校的な様々な制約と、学校的な様々な慣習とに従っていることを示そうとするものである。そのため、まず初めに、同カテゴリーがその生成と表出において、（各時代の）制約として作用する一つの特殊なコンテクストの中に、どのように組み入れられているのかについて分析する。次いで、同カテゴリーそれ自体と、同カテゴリーによって明らかになる分類に分析を集中させる。ここにおいては、同カテゴリーが、〔生徒の〕分類に関する教員間の対立の中に、さらには学校的判断という社会空間に、どのように身を置いているのかを示し、また、生徒の能力の評価と予測に、どのように関わっているのかを示す。我々はつまり、教員の理解のカテゴリーが共有され合意のうえで成立しているという、そして純粋に評価的なものであるという、そうした一つのビジョンに対して、同カテゴリーの様々なバリエーションと、同カテゴリーの社会的利用の多様性を明らかにしようとしているのだ。

コラム13.1　調査と資料

　使用した資料は、L高校の理系準備級および商業系準備級についての2年間にわたる民族誌学的な調査の最中に集められた。準備級1年の4つの学級（理系

が2学級、商業系が2学級）の入学当初から、同じ生徒たちが2年の終わりに☞
グランゼコール入学試験を受けて結果が出るまで、この生徒たちを対象に100
件ほどの面談が行われ（94件。2年の間の様々な時期に実施）、また、同校の教
員たち（12件）と管理職たち（2件）を対象にしても面談が実施された。これ
らの面談は、同校で筆者が長い時間を過ごすなかで行われ、そして、授業、口
述試験（colle）〔教員に一対一で出された問いに口頭で答える試験で、かなりの
頻度で行われる。準備級のカリキュラムの大きな特色の一つ。例えば数学の場
合、生徒は通常黒板の前に立ち、答えを板書し、教員に解答に至るまでの論理
の道筋を口頭で説明する〕、学級委員会、様々な会合、各学級の公式・非公式の
場での大きな出来事の数々における、姿を直接見せた非参加型観察の場面（約
100時間）に結び付いている。

　特に本章においては、準備級の2つの入学者選考委員会での観察に絞ったフ
ィールドノートの抜粋と、教員、校長、高校の生徒指導専門員（CPE）との面
談を使用している。

　調査時に用いられていた新規入学者の選抜手順は、2003年から実施されてい
るもので、コンピュータ処理されている（入学志願者はインターネットのサイ
ト上で願書を出し、彼らの内申書は紙媒体と電子媒体の双方でやり取りされ
る）。最終級〔高校3年〕の受験生徒は最大12校まで希望して、それらを行き
たい順に配列することができる（志願者の見解、戦略、可能性の領域について
は本章では分析されていない）。それぞれの入学者選考委員会（原則的には、校
長、準備級担当の副校長、志願対象となった準備級の教員たちで構成される）
は、手元に届いた応募について合否を決める義務がある。観察対象となった入
学者選考委員会（一つは理系準備級の、もう一つは商業系準備級のもの）は、
片方は一日、もう片方は優に半日続き、それぞれの準備級の1年と2年の教員
たち（と、時折顔を出す副校長）を集めて行われたが、どちらの準備級につい
ても、「比重の大きい科目」の教員たちが時間的により長く出席し、また決定に
おいてより明らかな力を持っていた。

　調査対象の高校は、地方の「良い」高校の一つで、このことから、準備級の
象徴的ヒエラルキーにおいて、「パリの名門高校」（全国で知られ、最難関のグ
ランゼコール各校に生徒を「入れる」ことで有名）と「地方のあまり知られて

いない高校のあまり知られていない準備級」（生徒は例外的にしか最難関のグランゼコールに入らない）の間にある、言わば「中間」の位置を占めている。これに加えて、調査対象となった理系準備級と商業系準備級は、学生募集の点でも準備級の可能性の領域という点でも非常に大きな差があり、それがまた、地域の、そして全国の象徴的ヒエラルキーという面からも両者を分けている。L高校の理系準備級は「同校で最高の準備級」とみられており、いわゆる「特進クラス（classe étoilée）」〔同じ高校の同じ準備級のなかで複数学級あるところではたいてい、2年次に成績の良い生徒だけを集めた学級があり、それをこう呼ぶ。classe étoileとも呼ばれる。難関校合格が照準で、準備級内の花形〕の生徒たちは毎年「名門校」に何人も受かっている。一方の商業系準備級は校内で「劣っている」とみなされ、そう口に出して言われている。「劣っている」という形容は、ここでもまた、最難関の試験での生徒の合格（この準備級ではそれがもっと稀）が基準であることを意味している。

第1節　独特な選抜作業

　L高校において実施された観察は、今日において準備級の入学者選抜が行われている特殊な職業的・政治的コンテクストを可視化することを可能にする。このコンテクストとは、教員の理解のカテゴリーの生成と表出に枠をはめる、いやむしろ制約するものだ。本章のこの第1節では、今まさに討議中の〔準備級〕独特の選抜作業の性格付けを試みつつ、このコンテクストを明らかにする。選抜は、1）「書類選考」により、2）かなりの部分がコンピュータ処理され、3）学校運営的および政治的な制約下で、実施されている。

書類選考による選抜

　筆者が見学した2つの入学者選考委員会は、一日もしくは半日、それぞれの準備級の1年と2年の教員〔準備級は基本的に2年制である〕を一つの部屋に集めた。その部屋には審査のために、L高校の準備級を志願する高校生たちか

ら送られてきた書類が保管されていた。紙媒体であったり電子媒体であったりするこれらの書類が、委員会が審議する資料なのだ。

　例えば、選抜が受験生と顔を合わせた面接に基づいて行われないという事実は、すでに採用手段のタイプを明示している。面接が、教育機関や労働市場で当然ながら広く使われている選抜方式にもかかわらず、その手段は取らないのだ。しかし一方で、教育機関で行われている文書に基づく他の審査様式とは異なり、準備級のそれは、考査や競争試験の筆記課題の時のように「手を加えていない生の」評価材料をもとに行われるのではなく、生徒の内申書〔調査書〕という濃縮した評価をもとに行われる。つまり、これは明らかに、入学者選考委員会にとっては別の学校の判断をもとに自校の判断を行うことを意味しており、言い換えれば、ワンクッション置いて評価を下すことを意味している。

　そのことは、入学者選考委員会のメンバー教員たちが同僚である高校の教員たちの評価を「解読する」能力、婉曲的な判定を明確化する能力、共有化された教員の理解のカテゴリーが伝える言外の意味を特定する能力をみせる際に、取り立てて目につき、また、明示的である。その時、同カテゴリーはまるで秘儀を授かった人たちの言語のように働き、商業系準備級の入学者選考委員会による書類選考でみられた次の2つの事例が示すように、介在する書類を通じて意思疎通を可能とするのだ。

　　一人の教員がある内申書の最初の評価を読み上げる。「ポールは最終級S3クラスのリーダーだ…」。すると直ちに他の教員が口を挟む。「おっと、リーダーは成績トップとは違うね！」。最初の教員が続ける。「校長によれば『感じが良い生徒、窮地を巧みに切り抜ける』…」。この評価はわけ知りな笑いで受けとめられる。委員会のメンバーの一人がはっきりと口にする。「そうか、なるほどね、この生徒は面談したら良くできるんだろうな、抜け目がないんだから。でも、やはり筆記試験では問題があるんだろうね…」。

　　別の内申書について、1人目の教員が発言する。「数学では、先生はこの生徒が『好奇心がある』と言っている。生徒として好感が持てるけれど、これは『良くできる』のとは違うんだよね！」。2人目の教員がさらに続ける。「おまけに校

長によればこの子は『準備級の授業についていく能力がある』らしい。これは
必ずしも『予備試験（devoir surveillé）〔準備級で毎週１科目くらいのペース
で行われる、入試を意識した長時間の試験〕で良い成績を取る能力がある』っ
てことじゃないんだよなあ！」［フィールドノート］。

　選考作業の一部分はこのように、内申書により伝えられる現在までの評価を
解読することで構成される。そして解読は、内申書の作成主である〔高校〕教
員と、入学者選考委員会のメンバー教員との間で評価のカテゴリーが共有され
ることで、より容易となる。

ファイルによる選抜

　進行中の選抜過程の２つ目の大きな特徴は、情報処理に頼る部分がかなりの
割合を占めていることにある。志願者の紙媒体の内申書は予め審査室に置いて
あるが、まずは全員、コンピュータとそのEXCEL表（志願者の内申書が入力
されランク付けされている）の周りか、コンピュータ処理された一覧表とラン
キングの印刷媒体の周りに集まる。つまり、ソフトウエアにより作られたラン
キングが、出発点の役割を果たしている。言い換えれば、選抜がまだ行われて
おらず、また「最終」ランキングが入学者選考委員会の会合以前に存在してな
くとも、それでも選考委員会の作業はソフトウエアが作成した「たった一つ
の」ランキングに基づいて行われるのだ。

　とはいえ、〔ソフトウエアの作った〕このランキングは、考察に入れるデー
タならびにデータの処理のタイプそのものが、実際の学校と教員の評価様式に
よって支配されている限りにおいて、無作為でも単に技術的なものでもない。
つまり、ソフトウエアは、コンピュータ処理された教員の理解のカテゴリーの
縮図、もしくは結晶体として機能しているのだ。そのため、考慮に入れられる
指標の選択は、フランスの学校制度のなかで生徒の適切な指標とされているも
のと一致している[4]。具体的には、志願者の出身情報、つまり生徒の地理的な
情報（出身高校、町、県）および学校的な情報（高校の種類、最終級における
コース、１〜４段階による志願者の出身学級のレベル評価）、そして、校長の
所見（同じく１〜４段階評価）、生徒の最終級の科目ごとの平均点と順位、い

くつかの科目については第1級〔高校2年〕時の平均点と順位、あるいはまた
☞バカロレアの先行試験〔高校2年次に数科目のみ、本試験と分けて先に行われる。コースによって異なる科目が課される〕の成績である。

　加えて、ソフトウエアによりなされる生徒のレベルの作成は、パラメータ化の助けを借りて、この準備級にカスタマイズされている。つまり、生徒のそれぞれの平均点は科目に応じて変化する係数（coefficient）〔例えば数学はもともとの点に8を掛けて外国語は3を掛けるなど〕の影響を受け、また、ランキングに関するいくつかの特定の公式の導入が可能となっている。例えば、理系準備級の入学者選考委員会については、ふるい落としの公式が準備されており、数学の平均点、数学と物理・化学を足したものの平均点、フランス語または第一外国語の平均点が、定められた平均点より下の志願者は、もとになっているランキングから「つまみ出される」。

　ソフトウエアは、いまや規模的にケースバイケースの対処が非常に難しい状況で実施されているプロセスにおいて、必要不可欠な手段となっている。しかし、それは同時に入学者選考委員会にとって、かなりの部分ブラックボックスのように機能している。というのも、ソフトウエアが生み出すランキングをもとに作業している委員会は、その動作原則にアクセスすることもできず、ソフトウエアが足掛かりとしている基準を変更することもできない。つまりソフトウエアは、制約の大きな仕組みを構成する要素の一つであり、委員会はこの仕組みのなかで進められ、評価を行っているのだ。

学校運営上、制約される選抜

　これらの制約のなかでも、学校運営上の決定と命令の比重が特に目立っている。第一に、入学者選考委員会は法律上、入学決定を下すことはない。委員会は、志願者のランク付けを行い、その観点から校長に意見を通知する。しかし、高校の運営サイドは、最終決定にだけ携わるわけではまったくない。観察対象となった2つの入学者選考委員会において、校長と準備級担当の副校長の存在感は非常に大きく、委員会でなされる決定に影響力を持っている。こうして、委員会のうちの一つで、議論をオーガナイズする教員が「一番上の人間」が望んだ足切りラインについて触れながら話を始める。足切りラインとは、そ

れに満たない願書はすべて不合格とする平均点のことで、委員会では結局この
〔上が望む〕平均点が採択されることになる。もう一つの委員会では、ある教
員が討論の最初に、ソフトウエアのふるい落とし基準を変更して「レベルを上
げる」ことを求めた（そうすると各学級の人数が減り、内申書がより良い生徒
で構成されることになる）。しかし、議論がしばらく続いたものの、さほど時
間が経たないうちに、変更は「あまりに複雑」で、「副校長にお伺いを立て
る」必要がありそうだということになり、そして、実はこれらの基準が委員会
には変更不可能な（そして事前に固定された）データであることが明らかにな
った。つまりここでは、生徒の評価と選抜の作業に学校運営サイドが課す枠組
みが非常に明白である。

　各学級を「満杯にする」問題（準備級の場合、年間を通じて同じ人員数を維
持する問題と組になっている）は、より一般的に、観察対象の学校機関におい
て管理職と教員たちの間の不和、さらには対立の争点となる可能性がある。前
述のふるい落とし基準の変更を求めた教員は入学者選考委員会の後、彼による
ところの同委員会の「状況」を、2人の同僚に出入口の付近で説明していた。
その内容は次の通りである。年度途中で2人の生徒が学校をやめたことで、
〔準備級の主立った教員たちが〕副校長から「説教をされた」。副校長は教員た
ちに対し、2人の生徒を引き留めなかった、いやそれどころか退学「させた」
ことを責め、自分たち運営陣がこの件を大変に、非常に、注視していること、
準備級の生徒一人一人が恐ろしく高くつくことを口にした〔学生一人当たりの
年間の公財政支出をみると、少人数できめ細かい教育を受ける準備級の学生は
大学の学生よりも4〜5割高い〕。そして、今後は年の途中で本当に、誰一人、
退学しないようにしなければならず、また、全生徒が2年に進級しなくてはな
らず、準備級1年の生徒のコストからみて、採算が合うようでなければならな
いと言った…〔フィールドノート〕。

　ところで、学級を満杯にするというテーマの効力と説得力——満杯にするこ
とで逆に労働条件の面から損をしなければならない教員たち自身にとってのそ
れも含めて——は、満杯にすることが、学校運営上の必要条件を、「開かれ
た」準備級のビジョンという、より社会的な側面に結び付けているところから
来る。「開かれた」準備級、それは、より多くの生徒たちにチャンスを与えつ

つ、「かつての」エリート主義的な準備級の図式に暗黙のうちに対峙するもので、例えば、入学者選考委員会における次のやり取りにみられるようなものだ。「足切りライン」の決定についての討論の際、会合の責任者である教員は、ランクのもう少し下まで降りて、より多くの生徒を合格させるよう仕向ける。

> 「考えとしては、［学級を］満杯にして、［各学級の生徒数を］48人にするということ。満杯というのは公式な政策だし…」。別の教員が同意しながら言う。「それに、できるだけ大勢にチャンスを与えるのはいいことじゃないかな、チャンスに値する子たちかもしれないし。公財政の管理の問題からも、責任ある態度というのは［ランクを降り］続けることだと思う」［フィールドノート］。

上述の抜粋に透けて見える準備級の生徒一人当たりの「コスト」の問題もまた、この「学校運営」と「社会」という2つの面が合わさったもので、そしておそらく、まさにそのために、準備級に関する中心的な社会問題として、この問題がこうも目に見えて重要な地位を占めているのだろう。そもそも、同校の校長は毎年その点に言及しつつ新入生を迎えている。

> 「［新年度の生徒歓迎会の時に］私が経済的な問題に触れることに同僚たちは驚いていましたが、もはやこれは公的な問題ですからね。それに、きちんとやりさえすれば、君らが大学の学生より高くつくなんてことはないと伝えると、生徒たちはホッとするんですよ」（L高校の校長が新年度歓迎会の出口で著者に伝えた言葉）。

本章では少し前に、いかに「コスト」の問題も、運営側から教員たちへの厳重な注意に繋がっているかをみた。この問題はさらに、教員たちとの面談のいくつかにおいて、彼らの仕事について世間の監視の目が一番多く注がれていると感じる項目として現れている。

- ［職員室における、理系準備級の理系科目の教員との無録音の面談時］一人の教

員が筆者に「準備級への批判」について次のように詳細に説明する。高くつき過ぎるし、エリートしか享受していないから、準備級は廃止すべきだと言う人たちがいる。教員たちが視学局との会合を持ったところ、視学局から「あなた方は標的になっていますよ」「厳しく監視されていて」「ちょっとでも間違おうものなら消し去ろうと、みんな待ち構えているんですよ」と言われた［フィールドノート］。

- この教員が言う。「最近の論争における我々への大きな批判は、生徒一人当たり高くつき過ぎる、これですよ…。確かにこの論争は我々の悩みの一つなんです、これが今後何を引き起こすのかまったくわからないですし。論拠を用いてね…、我々にとっては完全に的外れの論拠なんですけど、メディアで、特に大学教授とか、ジャーナリストとか。これ、本当に、すごく苦しいな、と思うんです。

筆者（脇から）：『特権階級のため』、だと？

まさに、その通り。ですけどね、奨学生の割合はそんなに低くないんですよ。特にうちの学校は平均よりも割合が高い…。生徒一人当たりの金額がという話にいつもなりがちですけれど、〔準備級では〕確かに生徒一人当たりは高くつくかもしれませんが、どの生徒たちも終わりまでちゃんと行くんですよ。一方で、結局、単に☞大学一般教育免状（DEUG）を取得できる学生の数にしてみたって〔知れていますよ〕…」（理系準備級の理系科目の教員）〔準備級に比べて学生一人当たりの公財政支出が低い大学では中退や留年が多く、そうした点を勘案すると単純な比較は難しいところがあるという発言。ちなみに準備級で2年修了の暁には、たとえグランゼコール入学試験に失敗しようと、他の道に進もうと、2年間の高等教育を修了したものとみなされる〕。

　準備級の生徒一人当たりの「コスト」の問題というのは、実際には大学の学生一人当たりと比較しての準備級の生徒の「コスト」の問題なのだが、準備級問題の「政治化」（Lagroye 1997）と呼べるような、より大きなコンテクスト

の中に位置しており、行政による選抜手順の指導に影響を及ぼしている。この政治化は、1990年代半ば以降、政治問題あるいは学校政策問題として準備級がメディアに取り上げられていること（Allouch, Van Zanten 2008; Pasquali 2010）、また、国が学校決定にはめる枠を強化しているという教員たちの認識によって、注目を浴びている。こうしたことを背景に、準備級はもはや、自らを自律した学校世界として思い描くのをやめて、「社会的な」要求（例えば社会的混合、奨学生の比重の拡大、また、理系部門での女子の比率の増大）、そして「経済的な」要求（グランゼコールに、そして労働市場に、適切で、より「現実に即した」教育を受けた生徒を供給すること）に応えなくてはならない。こうしたことは、本章で今までみてきたように、入学者選考委員会の話合いの場に現れていたテーマである。

　これらの入学者選考委員会の最中に行われた選抜と評定の作業はつまり、ソフトウエアの利用により、あるいは行政的・政治的な指示により、枠がはめられた作業、いやむしろ制約された作業である。これらすべてが独特な選抜の作業を形作っており、その作業は一見単純なランキングの作成にみえるが、実際のところは、選考、ふるい落とし、予備審査通過、受け入れ、拒否といった一連の手順を織り交ぜたものだ。さて、この一連の手順について、コンテクストをはっきりさせた今、「教員の理解のカテゴリー」に集中しながらじっくり検討することが可能となった。同カテゴリーはこれらの作業の際に動員され、そして、これらの作業の最中に下される決定を支配し、あるいは裏付けているのである。

第2節　選考する、ふるい落とす
—— 「単純な機械」と「認知機械」 ——

　統計上、準備級に合格した生徒の社会的出自のみを考慮すれば、生徒の選抜手順の中に「暗示的な社会的ランキングに基づく階層化製品を受け取りながら、明示的な学校的ランキング（だが実際はもともとの社会的ランキングに非常に近い）に基づく階層化製品を吐き出す単純な機械のスキーマ」しかみないことになりかねない。そして、内申書のランク付けソフトウエアは実際、この

「単純な機械」の役割を大いに果たしている。しかしそこにおいては、まさにブルデューが哲学の答案の採点を分析した時のように、「一連の知覚と評定の作業を行うこの変わった認知機械の効果そのものを取り逃がしてしまう」（Bourdieu 1989）。言い換えれば、教員の理解のカテゴリーの効果、である。

　同カテゴリーの果たす役割について考えること、それはまず、同カテゴリーの活動領域の具体的な輪郭について考えることだ。生徒の内申書の「ケースバイケース」の議論と生徒の学校的な「人格」の吟味とが選考委員会の作業規範とされているが（委員会の業務を示す各文書にはソフトウエアの利用についてはほとんど記載がない）、委員会の採用している形態をみてみると、選抜が最初に、そして全体を通しても、このモデルに従って実施されていないことがわかる。つまり「認知機械」の介入する空間は、限られた空間なのである。

　確かに、教員の理解のカテゴリーはある意味、選抜手順の全体に介入している。なぜなら同カテゴリーは、第1級と最終級〔高校2年と3年〕の各生徒の内申書と成績評価の作成、ランク付けソフトウエアの構想自体、そしてソフトウエアのパラメータ化のなかに、制度化され客観化された形で存在するからだ。しかし、観察対象となった入学者選考委員会の例は、「内申書についての議論」、つまり同カテゴリーの実践的、明示的、討議的な形での表れが、学校的プロフィールの特定の空間に留まっていることを教えてくれる。この特定の空間とは、「平均的な」内申書、ある教員の言葉を借りれば「巨大な沼（« énorme marais »）」のことで〔沼は中道派を指す。フランス革命期の議会で大多数を占めた中道派を、議会内の低い位置に席があることから沼派（あるいは平原派）と呼んだ。右派勢力のジロンド派にも左派勢力の山岳派（ジャコバン派）にも属さない中道派には目立った主張がなく、目立った内申書を持たない多くの志願者たちのイメージに重なる〕、その客観的な特性は各学級によって異なるが、二重の排除によって定義されるという共通点がある。二重の排除とは〔中道派が左右両勢力に属さないように〕、自動的に（そして、原則的にソフトウエアにより作成されたランキングの順位に従って）合格となる内申書群にも入らず、定められた「足切りライン」の下にある不合格となる内申書群にも入らない、ということだ。

　実際、観察対象の2つの入学者選考委員会で行われた、この2つの排除に関

する最初の方の議論は、単純な機械と認知機械の分業を目的としているように読み取れる。この役割分担は、認知機械をランキングの「真ん中の」内申書に集中させる効果がある。「真ん中」とは具体的には、L高校が〔全国の準備級ヒエラルキーにおいて〕中間のポジションにあることから、同校の準備級がそのなかから生徒の大半を集めることになる漠然とした領域のことだ。入学者選考委員会で言及されることもなく、必ずしも意識されていることでもないが、一つ一つのケースについて個別に議論することは確かに限られていて、ただしそれは、志願者のなかで最も合格の蓋然性が高いグループに向けられているということである。

　つまり、この最初の方の議論は、選抜（ランクの上位者に関して、ソフトウエアの作成したランキングを委員会がそのまま受け入れること）、排除（ソフトウエアが計算した全体の平均値が、決められた「足切りライン」を下回る内申書を拒否すること）、そして教員の理解のカテゴリーの「認知機械」が稼働する「中間の場」の決定、その3つに同時にたどり着くのである。

評価ツールとしての教員の理解のカテゴリー

　評価ツールとしての教員の理解のカテゴリーを研究するために、観察対象となった理系準備級の入学者選考委員会が「平均的な」内申書に対して行う二重の作業を起点とすることができる。一つは救済作業で、平均点が良いが予備審査基準のどれか一つにひっかかってランキングから外された内申書をみることにある。もう一つは排除作業で、場合によってはランキングから外すという考えのもとで、平均点が最も低く、しかしランキングには残った内申書を見つけ出すことにある。どちらの作業にせよ、教員たちは志願者の紙媒体の内申書を吟味し、高校教員の書いた評価を大きい声で読み上げ、それを解読し、そこに自分たちのコメントを加える。教員の理解のカテゴリーはつまりここでは、入学者選考委員会の教員たちが拠り所とする素材（そして上述のように、教員から教員へのコード化された言語の役割を果たす素材）であり、同時に、教員らが個人的に活用する認知的・論証的ツールなのだ。

「比重の大きな科目」と「比重の小さな科目」

　救済作業に関しては、即座に科目のヒエラルキーが介入する。というのも、どの成績も同じ価値なわけではないからだ。ソフトウエアによって各平均点に割り当てられた係数は、科目のヒエラルキーを明確に表すが、救済作業においてはこのヒエラルキーは最終的なものではなく、合否すれすれのケースを巡る議論の結果がそれに加味される。救済作業は最初、ある教員により「基準の一つにひっかかった者を救う」方法として定義されたが、実際には、理系の平均点は良いもののフランス語や英語の成績で「沈没した」生徒を掬い上げることを特に意味している。文系が苦手で理系は得意な相当数の志願者が、こうして「救われる」。理系準備級で筆者が実施することができたすべての観察時（学級委員会、入学者選考委員会、会議等）にそうだったように、これらの科目間ヒエラルキーを呼び起こす常套手段はユーモアである。各人が、言わば自らの役割のようなものを陽気に演じる。既存の科目間ヒエラルキーについて、「比重の大きな科目」の教員は思い出させたりトーンをやわらげたり、「比重の小さな科目」の教員は受け入れたり抗ったりしながら。例えば次のように。

　　ある時、語学の成績が取り立てて悪い一人の生徒が「網で掬われた」。「X〔語学教員で、その場には居たが他のケースを討議していて聞こえていなかった〕にはこの生徒を隠しておこう‼」とある理系の教員がこっそり囁くふりをして言った。室内にいる理系の教員たちがみんなで笑い、うち一人が言った。「そうだな。でも、これ、まじめな話、僕たち語学の授業を酷いものにしているよね！」

　　昼になり、Xは帰ろうと立ち上がり、理系の同僚に笑いながら話しかける。「僕はもう行っちゃうから、君は語学がダメな生徒をみんな合格にできるね！」

第3節　｜　まじめさと従順さ

　調査対象となった準備級の〔「巨大な沼」から生徒を募集するという〕特殊

性に合わせた〔議論による合否決定という〕こうした調整には、教員たちによる入学志願者の「態度」にかかわる兆候探しが加わる。本調査は、実際に志願者の選抜が「少なくとも彼らの学業資質に応じてと同じくらい、学校に対する彼らの態度、つまり彼らの従順さに応じて」（Bourdieu 1989）行われていることを裏付けている。

　学校に対するまじめさや従順さの欠如の明らかな兆候はこうして、システマチックに志願者の救済を排する結果を生む。志願者の評価の中に、「校長の慎重な意見」や（委員会の反応：「この子たちは一人も入れるべきじゃない、〔『L高校で最良』とされる別の学級では〕あっちでは絶対に取らないよ」）、「テストの時に欠席する、おしゃべりする」といった言及や（委員会の反応：「この生徒は取らない‼」）、あるいは学校の規範や要請に対する隔たりのサインがあると（委員会の反応：「〔勉強に真剣に〕取り組むのが少し遅かったな」「この科目には興味がなさそうだ」）、その生徒は即座に落とされる。例えば次のやり取りのように。

> 「注意散漫、勉強においてまじめさに欠ける」とある教員が読み上げる。「これを見たら、もう決まりだね‼」[ランキングから外された生徒]

「比重の小さな科目」の成績ですら、それが学業の失敗としてではなく、学校に対する態度の悪さとして解釈された場合には重要になる。

> 「哲学ではまったくの勉強不足」…と、理系の教員が意味ありげな口ぶりで読み上げる。「うん、まあ、でも哲学だから、そう気にかけなくてもいいんじゃないか？」「とんでもない！　心構えの問題だよ…」「それって、この子がバカロレアでいい成績を取るために何でもやろうって気じゃない、そういう意味もあるぞ」[ランキングから外された生徒]

　対照的に、良い態度のサインによって、志願者はほとんど即座に救済されることがある。例えば次のように。

「『はきはきとして、熱心な生徒』、ああ、これはいいな…」[「網で掬われる」生徒]

[委員会の最中の教員同士の議論]「どの科目も〔20点満点中〕15点で、数学は10点、そしてまじめなら、この子は準備級で何か成し遂げられるんじゃないかな」「それに先生たちが〔エールに満ちた長文の評価で〕保証しているんだから、これは取らないと！」、「そうだね、どう見ても文系だけどね…」[受け入れられた生徒]

学校的な従順さの兆候探しはこうして、救済作業においても排除作業においても目についている。

第4節　「まじめ」だが「がり勉」ではない

しかしながら、学校的な従順さは、教員の理解のカテゴリーにおいて学校的な「まじめさ」の曖昧な性格と隣り合わせである。「労苦」「極限までの努力」は学校的なまじめさの良くない形であり、悪い面であり、まじめさの評価に常に悪い影響を与えかねない。教員たちはその上、まじめさについての学校評価の可逆性を十分に意識しており、同僚である高校教員たちの書いた文章の裏にあるものを実に平然と解読するのである。

- ある教員が声高に読む。「非常に苦労して…」。部屋全体で笑いが巻き起こる。「これはちょっとかわいそうな評価だなあ！」[落ちた女子生徒]

- [ある内申書のなかで]「まじめで勤勉な生徒で…」「うわ、これは猛烈な努力家だ!! この子は準備級で何も理解できないぞ、だって先生がここで言っていることは、この子が最終級の数学の試験で的外れな答えを書くってことだ！ まったくこれは、この子が何ひとつ理解していないってことだよ、準備級に入ったら大惨事だな、何もわからないぞ、この子は」[落ちた女子生徒]

- 教員が、超人的な勉強ぶりを伝える評価をゆっくりと確信に満ちた口調で読む。「非常にまじめ、努力により乗り越えた数々の困難」。[普通の声で]「がんばってるぞ、がんばってるぞ！　この子はガリガリのがり勉だ、猛烈な努力家ってやつだ！」[落ちた女子生徒]

- 「『適応に時間が必要…』、ああ、準備級ではこれは絶対ダメだね！」[落ちた女子生徒]

　学校的規範に対する過剰な服従がこうして不合格になることは、教員たちが、ゆとりのある支配的モデルからかけ離れた階級の性向を認識することの表れだとブルデューとパスロンは分析したが（Bourdieu, Passeron 1985）、ここに集められたすべての例において、猛烈な努力家は、猛烈な努力家の女子、であることに気付くだろう。教員の理解のカテゴリーは確かに、ジェンダーという側面によって大きく特徴付けられているように思われる[5]。入学者選考委員会そのものにおいても、「まじめ過ぎ」のカテゴリーはより頻繁に「まじめ過ぎな女子」に当てはまるという考えは実際かなり表立ったものであり、「まじめ、まじめ、まじめ」とみなされる内申書についての、次のある男性教員と女性教員とのやり取りがそれを示している。

― [女性教員] えっとそれから、これは女子生徒だわ、そりゃ当然よね！
― [男性教員] ああ、この子を合格にしてもいいよ、ほら、どっちにしろこういうまじめな女の子は邪魔にならないし…
― [女性教員] そうね、女の子たちって邪魔にならないわね、おしゃべりしない限りは。

　教員たちは、こうした過度なまじめさのケースを見つけた場合、2つのことをする。一方で、準備級についていく、あるいは準備級で成功するのがどの位難しいのかを推し測る。その意味では、最終級で男子生徒あるいは女子生徒がすでに「生まじめ過ぎる」と判断されることは、実際確かに、準備級での困難を予測させる。しかしもう一方で、こうして推し測ることで、教員たちは潜在

的な問題のうち、あるタイプを他のタイプより優遇しており、そうして、この
カテゴリーのジェンダー的な性格が原因で、理系分野における女子の（資料に
より裏付けもされている）排除様式および自己排除様式の影響を強化するに至
っている（Marry 2000; 2004）。このように、同等の成績でも、「まじめ、まじ
め、まじめ」な女子と、そのようにコード化されない男子では、選抜過程にお
いて同じように評価されない可能性が非常に高い。

　より一般的には、教員たちは、勉強熱心だが「猛烈な努力家」である生徒を
ランキングから「排除」させるこの学校的カテゴリーの反転の暴力を自覚し得
る。それでもなおこの暴力は、教員により考え得る、そして実行され得るもの
であり続けている。なぜかと言えば、この暴力には根拠があり、入学者選考委
員会で振るわれるこの暴力よりも、もっと酷い暴力を加えることを回避する方
法だと考えられているためだ。もっと酷い暴力とは、「自分に合った場所」に
いないような生徒たちに準備級のリズムとレベルがもたらす暴力のことだ。
「準備級に入ったら大惨事」という言葉は「この生徒にとって大惨事」という
意味でもあり、生徒を護る態度の表れである。ただし、この言葉はそれだけに
はとどまらない。退学処分、あるいは自主退学ですら学校運営的にも政治的に
もブレーキをかけられている以上、こういった生徒の不合格により保護される
のは、まさに準備級のレベルとリズムでもある。これは、後からふるい落とす
ことができないため前もって失格にすることを意味し、選抜の排除的な側面を
より決定的なものとしている。

認知機械内の分類の対立

　本章のここまでは、教員の理解のカテゴリーを共通で、全員が同意している
ものとして理解してきた。同カテゴリーは、同じ一人の教員がテストや生徒に
ついて下した評価のなかで動員されているところを分析した時に、特にそのよ
うにみえる。それは、ブルデューとド＝サン＝マルタンが分析対象とした「平
凡で」あると同時に「例外的な」資料の場合に当てはまる（ある男性哲学教員
により4年間にわたり彼の文系準備級2年の女子生徒たちに与えられた成績と
評価）（Bourdieu, Saint Martin 1975; Bourdieu 1989）。その一方で、入学者選
考委員会で実動している教員の理解のカテゴリーを観察することは、いくつか

の結論を導く。すなわち、方法論的に、同カテゴリーを、もっと集団的であり、討論の対象物であり、教員により変化するものであるとみなすことに至る。同僚の評価をたやすく解読するからといって、そしてそこから共通の結論を導き出すからといって（それが本章で今までみてきたことであり、コンセンサスを、そうでなくとも意思疎通を裏付けるものなのだが）、だからといってそれは、教員の理解のカテゴリーもまた社会空間のなかで変化し、そうすることで討論や意見対立を生むことを妨げるものではないのだ[6]。

　教員の理解のカテゴリーが従っているだろう変化の原則を捉えることはできるだろうか？　教えている科目が当然ながら関わってくる。上述において、発言が理系の教員か文系の教員かに応じた、いくつかのカテゴリーの可逆性をみた。すなわち、「文系」という言い回しは、例えば、「この生徒は文系だ」という表現において、それを口にする人間によって良い意味にも悪い意味にもなりかねない。

　同様に、それぞれの分野の特性が原因で、観察対象となった2つの入学者選考委員会ではすべての判定では意見が一致しない。商業系準備級の委員会は、「マネージメントの現実」との関係（たとえ微かであっても）に特徴付けられている（Abraham 2007）。例えば、外国で1年間を過ごしたことで蓄積された国際資本は、内申書の審査において大変高い価値を持つ（微妙な学校成績をカバーできるほどではないが）。あるいはまた、「抜け目がない」「口達者」などと認識されている生徒は、一部の教員から大目にみる判定、いやそれ以上に、プラスの判定を受ける（そして、学校制度との適切な距離の印として「凡庸なアカデミズム（academica mediocritas）」の伝統的な価値付けが求めるものとは対照的に、マイナスの判定だけ受けるということはない[7]）。

　しかし、教えている科目、コース、そしてその両者が引き起こす「カテゴリー的な」関心は、これらの教員間の差異の唯一の母胎ではまったくない。それは例えば、次のような学校的な「まじめさ」に関する問題についての教員間の活発な議論と、それが露呈させた意見対立に見て取れる。

[理系準備級、ふるい落としの基準に関する教員間で巻き起こった議論]
　— 準備級でダメな生徒っていうのは、必ずしも11点やそれより下の点の子のこ

とじゃなくて、最終級でもっとずっと良い点をとっていた子かもしれない！
生徒の本当のレベルを知るのは難しいな、11点の意味というのがね…。

— 11点だけどがり勉で、先生たちが「大変に勤勉で、大変にまじめ」と言っている生徒、これは合格させても仕方ないよ！

— ［怒りを含んだ声で］ということは、不まじめで、どうでもよくって、何もしない奴を取れと!? いくらなんでも、まじめな子が損するなんてあり得ない！
11点でまじめな子がいて、だけど11点でまじめじゃない、いい加減な子を合格させるなんて！ それはないよ！

　議論はここで終わるが、書類選考が進むなかで、評価の中にまじめさのカテゴリー、あるいは猛烈な努力のカテゴリーが出てくるやいなや、この議論は（態度、討論の激しさ、特定の言い回しの使用などによって）暗にまた繰り返される。

　この議論は遂に、午前中の会合が終わる直前、一つのケースを巡る最後の方の討論の折、はっきりとした形で現れた。

「［同僚である高校の］先生たちが『まじめ、まじめ、まじめ』とここまで強調したら、どうする？ これしか情報がなくて、こんなに念を押されたら??」

　教員たちは、「まじめ」と「必死の努力」の間の不明瞭な境界と、学校的従順さを証言するカテゴリーが悪い意味に振り当てられているという事実から成る実践的パラドックスとに直面している。教員たちは、この矛盾に各人異なる形で反応する。つまり、ここでは、ただちに共有されるカテゴリーというよりも、分類の対立というものが発現し、そのことは、何がこのような違いの土台になっているのか、何が違いを生み出しているのかについて考えることに繋る。

　この件に関しては、分類する人間自身が自分で行う分類によって分類される「評価様式空間」なるものが存在していると仮定できる。この「評価様式空間」は、生活様式空間と同じように、評価と同時に、下された評価についての評価を説明することを可能とする（Bourdieu 1979）。ここでは、この空間のアウトラインを示すことすらできないので、ただ単に、この空間を手掛かりとし

て、調査対象の教員たちと、一組のカテゴリーとの関係について調べるだけに
留めたい。その一組のカテゴリーとは、上述の「まじめさ」に関して繰り返さ
れる討論を組み込み、そしてたいがいは二者択一の様相を呈しているもの、つ
まり、学校的優秀度の基準としての「勉強ぶり」と「学力水準」である。教員
たちの属性はどの程度まで、この問題に関する教員各人の立ち位置を説明する
ことができるのだろうか？

　この評価様式空間における一人の教員と別の教員との違いはおそらく、様々
な属性に応じて出来上がっている。例えば、年齢、世代、勤続年数、自身が準
備級に通ったかどうか、その場合に学歴から得たもの、ジェンダー（特にそれ
に結び付いている子ども時代あるいは学校というものの見方）、社会的出自、
そして最後に、社会的出自が作り得る自由な教養および学校的な教養との関わ
りだ。本調査は教員の経歴に対してはなされておらず、ここでは教員たちの属
性とそれが教員の物の見方に与える影響とについて網羅的に説明できるよう
な、すべての要素を持ち合わせていない。その一方で、教員の変数のうちの一
つが与える影響を、目に見える形にすることは可能である。その変数とは、教
えている科目であり、なかでも特に、〔教えている科目に基づく〕教員間のヒ
エラルキーにおけるポジション、および教えている科目が引き起こし明確化さ
せている教員の業務分担におけるポジションという変数である。これは、考察
対象に取り上げるに間違いなくふさわしい他の様々な変数を考慮に入れるのに
比べて、見た目には非常に限られたものに映るだろうが、次に明らかになるよ
うに、教えている科目という変数はなおもそれ一つで、「勉強ぶり」と「学力
水準」との間の主張の散らばりを説明することが可能なのである。

　教員との面談の際、筆者は毎回、「彼らにとって」準備級における良い生徒
と悪い生徒とは何かについて聞いてみた[8]。この問いへの回答は、まじめさの
問題に関する明白な立場にたどり着かせてくれる。まじめさを巡る立場は、回
答教員の（特に科目間ヒエラルキーにおける）ポジションと、回答教員が教え
ている学級のポジションとに関連付けることができる。

　面談の分析は、生徒の「学力水準」を優先することが、教員陣のなかでの高
いポジション（重要な科目）、あるいは、象徴的なヒエラルキーのなかでの高
いポジション（同校の評判の高い専攻とコース）と、相関関係にあることを示

唆している。その一方で、準備級における良い生徒の正当な判断基準のなかでも「勉強ぶり」あるいは「従順さ」を前面に打ち出す教員たちは、より低いポジション（「比重の小さい科目」、評価がもっと低い学級）にいることが見て取れる。教員との面談の件数は少なく、一般化はできないが、これらの判断基準に応じた教員の分布は、評判の最も高い学級の比重の大きい科目の教員（コラム13.2の抜粋1）から、評価がもう少し低い学級において「最も重要ではない」ものの「比重が小さい」とも言えない科目を教えている教員たちの集まりである中間のポジション（同抜粋2）を通って、評価が低い学級の「比重の小さい科目」の教員（同抜粋3）まで、規則正しい連続性に従ってなされている。抜粋1は実際のところ、学力の認知的側面（論理、思考、直観）によって良い生徒と悪い生徒が定義されている面談の集まりである。抜粋3は、良い生徒と悪い生徒をもっと個人的で精神的な尺度で定義する傾向にあり、そのため、勉強ぶり、従順さ、あるいは「ルール」を遵守できることがより関係してくる。抜粋2は、良い生徒と悪い生徒の定義において勉強ぶりと学力水準が混じった、あるいは認知的なるものと行動的なるものが混じった、中間的な立場を集めている。

コラム13.2　勉強ぶりか、学力水準か？

　地域の評判と、それぞれの学級の成功の格差（コラム13.1参照）という点からみると、観察対象となった4つの学級を序列化することが可能だ。その序列とは、同校で「最良」と認識され、「難関グランゼコールに受かる」「上位の生徒」が集まっている学級（学級1）から、教員たちが、「難関グランゼコールに入学させる」必要はないが、「それぞれの生徒が自分のレベルに見合った学校を見つけなくてはならず」、学級1を教える同僚たちの役割とは明らかに異なる役割を担っていると考えている学級（学級4）までである。留意すべき点は、学級1から2、3、4までのヒエラルキーが、本調査を通じて、教員の発言のなかにも、学校管理者あるいは生徒の発言のなかにも、しかも観察対象学級の実際の合格状況においても、繰り返し、全員が合意する形で何度も出現したことだ。そしてこのヒエラルキーはまったくのところ、メディアやインターネット（こ

の両者はヒエラルキーを明らかにすると同時にヒエラルキーを作り出してもいる）の様々なランキングにおいて観察対象学級が占めるポジションにも当てはまっている。4つの学級はこうして、評価の高いもの（1と2）からより低いもの（3と4）とコード化されている。そしてこれらの学級の教員は、係数および／または象徴的重要度からみて「比重の大きい科目」（MI）、「比重のやや大きい科目」（MMI）、あるいは「比重の小さい科目」（PM）の教員とコード化されている。

抜粋1：学力水準の認知的側面

● 「良い生徒、それは論理的な生徒だ」

「[最終級の勉強ぶりに則して準備級での『良い生徒』とは何か定義することは難しいと言いながらの発言] 基準を作ろうとした教員たちもいて、基準自体はたくさんあるわけなんです。でも、そうですね、論理の習得という基準が一番大きいかな…」（教員、MI、学級1）。

● 「良い生徒、それは自問する生徒だ」

「優秀な生徒、それは理解の速い生徒でしょうね、理解が速く、加えて記憶力も良い。そうすれば他の子の先に行くことができるし、時折じっくり考えるため、足を止める時間が持てる。それから、直観に優れている子がいいですね、そして特に思考力が高い子、これはなかなかいませんよ。こういう子は自問するし、ただ問題を解くだけじゃないんです（…）。変だなと思うことに遭遇した時、それが合っていようが間違っていようが、そこで立ち止まって考えるわけです、『おや、ここはちょっと問題があるぞ』と。いるんですよ、こういう子が、毎年ここに数人いますよ」（教員、MI、学級2）。

抜粋2：中間のポジション

● 「良い生徒、それはのびのびとして、勉強をする生徒だ」

「一番のびのびとする生徒、それはすでに知的な面で困難に遭遇しない子で、入学してすぐに準備級を我が家みたいに感じるようになるんです。この子は何を求められているか即座に理解したわけです、自分の頭で考える、ということをね（…）。私は、勤勉な子も、ただ勉強家なだけじゃなくなるかもしれ

ない、先頭集団で走らないかもしれないけど成功するんじゃないかな、と思うんです…。そうですね、教師としては、同時にね、一つの価値を伝えたいわけなんですよ。つまり、勉強することで手にする成功…。こんな考えを持つのは、たぶん私たちが大昔の人間だからでしょうね！　[笑い]」（教員、MMI、学級3と4）

● 「良い生徒、それは質問をする生徒だ」

「私にとって［良い生徒の］正しい基準、絶対的な基準——十分ではないけれどほぼ十分な基準——は、質問をする生徒だということです…。逆に、絶対に質問をしないというのは、何も自問しないということなんです（…）。良い生徒を最もよく言い表す特徴は知的好奇心とある種の知的不安で、理解しようとすること、どうしたらこうであってああでないのかわかろうとすることなんですよ」（MMI、学級3と4）。

抜粋3：精神的、個人的、行動的な側面

● 「良い生徒、それは持っている資質を活かす生徒だ」

「ランクが低い子で、けれども、もしすごくやる気があって、勉強家で、そう難しくないグランゼコールに受かる可能性を感じた生徒は落とさず入れてしまいます（…）。良い生徒、それは持っている資質を活かす子で、悪い生徒、それは持っている資質を活かさず、そこから利益を得ない子です（…）。いずれにせよ学力の問題ではないですよ。なぜかと言えば、正直、このレベルになると、他の子たちより才能がある子たちがいるのは一目瞭然ですから…［でも、そういう子たちが自分の資質を活かし切るとは限りません］。ものすごく頑張っている子たちがいて、この子たちが難易度の低いグランゼコールに入って、もうそれは奇跡でね、これは私たちとしても嬉しいわけです。つまり、学力の問題ではないんですよ、本当にね（…）。逆に、学級にとって良い生徒と悪い生徒というのはありますよ。良い生徒、それはクラスを引っ張っていく子、クラスを一つにしてくれる子。悪い生徒、それはフラフラしていて、他の子が集中するのを邪魔し、チャンスさえあればおしゃべりする子です」（教員、PM、学級3と4）。

● 「良い生徒、それは身体も心も健康な生徒だ」

「準備級において良い生徒、それは、単純な話まずはスタートを切るために身体が健康な子です（…）。そして精神的に恵まれていて、強い子。理解力は附属品みたいなものですよ。だいたい書類選考ですから、普通は出来の悪い生徒はいないですね。（…）新しいヒエラルキーが出来上がるのですが、それは最早、必ずしも想定される知力に基づいたものではなく、身体的な資質、そしてはっきり言って精神的な資質にも基づいたものなのです。[前日に口述試験を受けた女子生徒で、筆者がその場を観察させてもらった]アンヌ[のように]、あの子は内心『全然できなかったけど、仕方ない、先に進もう』と思うわけです。（…）勇気、そうなんです、ごく単純に。これがすごく大事なわけです。私にとって、それは準備級の面白い基準の一つなんです」（教員、PM、学級1）。

- 「良い生徒、それはルールを守って行動する生徒だ」
  「私にとって[良い生徒]は、謙虚な子だと思うんです。つまり、すでに結構できるとしても、しっかりと基礎からやり直す必要性を認識している子、何かを学び取ることができるような子、ちょっと風変わりだけれどこれは一つのルールなんだなと理解した子のことです。（…）結局のところ良い生徒、それはこういうことに冷静に臨める子、ルールを守っていける子。（…）悪い生徒、それは自分の土台をしっかり管理できない子、土台をきちんと作り直そうとしない子、一人で上手くやれると思う子、つまるところ、ルールを守って試合ができない子のことですよ」（教員、PM、学級1と2）。

　つまり、これらの差異は単に分類の違いではない。良い生徒と悪い生徒の分類の基準が、それを分類する者のポジションを物語っているという意味で、これはヒエラルキーでもあるのだ。このことに照らせば、入学者選考委員会の際、あるいは学級委員会の際に出てくることのある、まだはっきり表面化していない論争さえも、そして、面談で明らかになった〔教員間の〕違いも、もっとよく理解できる。つまり、教員の理解のカテゴリーは、共通言語と共有世界の役割をしばしば、いや、明白に演じるが、それと同時に差異を免れず、また、自らが争いの種となる空間に身を置いているのである。

見抜く：教員の予見のカテゴリー

　教員の理解のカテゴリーは一律ではないかもしれないが、（本章でのここまでの取り上げられ方とは逆に）純粋に評価的なものでもない。最終級の最も優秀な生徒たちを選定しようとする選抜の作業には、実際のところ、準備級において将来的に最も優秀な生徒を特定しようとする人材募集の作業が付け加わっており、この人材募集作業は選抜作業とは同じものではないのだ。この点からみて、書類選考は社会的・学校的な「予測」の作業に似ている[9]。

　準備級で良い生徒となる素質を見抜くことは、内申書によって明示される能力の純粋な評価が与え得る保証とは違い、相対的な不確実性のコンテクストのなかで行われる。入学者選考委員会の際、いくつかのコメントを耳にすると、選抜の作業を支配しているのは確信だと思うかもしれないが、この自信に満ちた態度は何よりも運命論的な態度であり、教員たちが生徒が準備級で困難に直面するリスクが非常に高いと思われる内申書にだけ、関係している。このような態度は、問題点の多い内申書についての発言にちらほらみられる次のようなタイプの言い回しにおいて目につく。

　　「合格させたら、この子はもう［年中20点満点で2点だ、大苦戦する、この教
　　科で絶対に伸びない、ランクのいつも下位にいる、等］」。

　あるいはまた、将来の点数、さらには将来の「成績表」の予測において目につく。例えば次のように。

　　［商業系準備級の入学者選考委員会。書類選考の最初の3分の1、つまり、基本的には合格の内申書群。数学を除いて平均点が良い女子生徒の内申書に関して］ある教員が大きな声で読み上げる。「数学では、『要求に応えるレベルの勉強ではない』…、ああ、これは準備級では1点［数学で20点満点中1点］ということだ！　（…）来年の成績表はもう目に見えている、『あちこち基礎がなっていない』だよ！」。

　しかし、問題の多いケースが、それに関して行われる予測においてコンセン

サスを形成できるとしても、それは不確実性が目立つ大半のシチュエーション
にとって例外でしかない。

　「**［商業系準備級の入学者選考委員会。書類の終わりから3分の1の審査］**ある
　内申書について、一人の教員が尋ねる。『〔内申書に記されている志願者の出身
　学級の1～4段階のレベル評価が最低の〕レベル4の学級の数学14点って、
　どんな価値なんだろう？』。他の教員が答える。『だいたい最終級での14点な
　んて、何かを意味しているのか疑問だよ！』。

　［他の内申書について］『歴史の平均点が悪いのは不安なサインで、平均点がす
　ごく良いのは何のサインでもないね！』」。

　つまりこのように、これは後々現れるだろう優秀さや長所の「兆候」探しで
あり、そしてそれを読み取るのは簡単ではない(10)。上述の2つの例は商業系
準備級の選抜過程の抜粋であるため、確信というものは、理系準備級あるいは
理系教員のより大きな特性だと考えることもできるだろう。ところが、理系の
教員たちも同じように、学校的なサインの読解における予測の不確実性を口に
している。特に、この予測の不確実性を、本章上述ですでに準備級の知覚の中
心的カテゴリーとして特定された「勉強ぶり／学力水準」の図式と結び付けた
場合に。例えば次のように。

　「最終級の生徒の良いプロフィールって何なんでしょうねえ（…）。書類選考だ
　からプロフィールを知ることができない、なのでプロフィールを絞ろうとした
　けれどできなかったわけで。結局のところ、私には良いプロフィールというも
　のが未だにわからないのですよ。というのも、すでにたくさん勉強をしてきた
　子についての問題は、『この子はこのレベルに達するためにたくさん勉強する必
　要があったのか、それともたくさん勉強するのはこの子の性質だからなの
　か？』ということなんです。つまり、持って生まれた性質だからたくさん勉強
　する子で、そして高校の成績が良かった子、これは準備級でも素晴らしい生徒
　になりますよ。たくさん勉強をしてきた子で、なぜならこのレベルに到達する

ためにその必要があった子、これはたいてい平凡な生徒になるんですよね。こ
の子は不幸にも準備級ではリズムについていけない。最終級でこんなに勉強す
る必要があった子は、準備級ではリズムについていけないんですよ。一方それ
に対して、最終級でほとんど勉強していない生徒たちがいて、なぜかというと
結局我々教師があまりヤイヤイ言わなかったものでね。そういう子たちは準備
級に入ると、当然ながら、我々がもっと厳しく要求するようになり、勉強をし
出す、するとヒューっとなる〔羽ばたく〕わけです。最終的にこういう子たち
は優秀な生徒になるんですよ。そして、勉強になかなか取り組めない子たち、
この子たちは中程の生徒になります。さらに、勉強に取り組まない子たち、こ
れは言わば『悪い』生徒になるんです。ですから結局のところ、最終級の時の
勉強に対する生徒の態度は良い基準ではなく、上手い感じに生徒を見分ける基
準ではないんです、よく勉強していた子たちだって〔それだけでは判断できま
せん〕、これがややこしいところで。極端な話、こう言えるかもしれません。勉
強をしていない子たちは合格にする、どうなるかみてみよう、で、勉強してい
る子たちは合格にする、確実だから、と。ところが、ダメなんですよ、それで
は上手くいかないんです…」（教員、理系科目、理系準備級）。

　この抜粋が示しているように、書類選考による募集を支配する不確実性、あ
るいは高校の生徒のだれそれが準備級でどうなるかについての不確実性と言っ
た方がより正確だろうか、その不確実性は、基本的に、準備級における良い生
徒というものが、高校時代に成績優秀で、そうなるために「全力を尽くした」
生徒とは逆の、高校時代に「〔必死に勉強せずに〕余力のあった」生徒、そし
て、準備級2年まで「余力があり」続けさえする生徒だということに結び付い
ている（「余力がある」という表現は、準備級1年の学級委員会で非常に頻繁
に使われる）。

　「確かに、勉強し過ぎる子たちがいるんですよ、特に準備級一年で。バカロレア
と同じ論理です。バカロレアで「秀」を取る子たちで、だけど言わば燃え尽き
てしまって、力尽きている生徒がいます。この子たちが準備級に入ってきて、
一段階上に行くことを要求されると、もうこれ以上は無理なわけで…。準備級

の１年にこういう生徒が何人かいるんです」（教員、文系科目、商業系準備級）。

「勉強ぶり」と「学力水準」のサインはつまり、予見という視点からは本質的に可逆的である。「勉強ぶり」は学習能力のポジティブなサインにも、最終級の猛勉強の必要性というネガティブなサインにもなり得る。「高い学力水準」は学業的・知的能力のポジティブなサインにも、最終級の必要性に対して度の外れた努力、そしてそのために燃え尽き、備蓄がゼロという負の烙印にもなり得る。

　予測の不確実性のこうしたケースは、実は、教員のこれら予見作業の中核を成しているものをみせてくれている。すなわち、受験生の「学校的エネルギー」と呼べるべきものの（これもまた不確実な）探求である。エネルギーというこの用語を、そして「能力」および「服従」という観点からみたその二重の定義をフーコーから拝借するのは[11]、まさにそれが、準備級が受験生に同時に求める2つの要件（学業的要件と行動的要件）を集結できるからである。すなわち、教員の探求は、「身体の能力（habiletés）の増加やその服従の強化だけではなく、同一のメカニズムにおいて、身体を服従させればさせるほど有用にする関係を作り出すことであり、またその逆の関係も作り出す関係性の訓練を目指す人体の技芸（art）」（Foucault 1975）の一環をなしているのだ。たいていの準備級において、教員たちは、彼らの行った選抜作業が最終的にたどり着く集団を思い描く手段は持ち合わせていないため（準備級内のヒエラルキーのトップにいれば可能かもしれないが）、この生徒個人の持つエネルギーの探求は、準備級第一学年を構成することになる集団のエネルギーについて教員たちがアクションを起こすことができる唯一の事柄である[12]。このエネルギーは、いくつかの細かい特徴に応えるものでなければならない。具体的には、このエネルギーは生徒が持ち合わせていなければならない（つまり内申書から感じ取れないとならない）が、しかし、動員された形よりも、もっと隠れた形で持ち合わせていなければならない。というのも、生徒によりこのエネルギーが蓄積され、保存され、無駄使いされていないことを内申書が仄めかしてくれるようなのが理想だからだ。したがって、生徒の最終級の二学期の成績が一学期より下がることは非常に悪いサインで、逆に二学期に上がることは非常に肯定

的に評価されることになる。つまり、このタイプの指標の探求は、学力水準よりもポテンシャルが、現状よりもエネルギーが、すでに表出した能力よりも将来的に他の能力を伸ばすことができる能力が求められていることを、如実に表している。

　準備級入学者を学校的エネルギーの集まった鉱床として捉える考えは、実際のところ、本調査にみられるような準備級の課題および準備級の中心的な機能と一致している。つまりそれは、一つの集団を勉強に取り組ませるための装置なのである。実際のところ、入学者の選抜と、勉強に取り組ませる装置としての準備級の機能とは、矛盾している、または好意的にみても冗長だ、と思われるかもしれない。準備級が（選抜手順の重々しさによって）そんなにも上手く生徒を選定するのなら、自らは生徒の努力を勝ち取るために特別に何かすることなく、生徒の能力と素質を頼りにすればいいだけだろう。そしてそれは、生徒との間で、彼らに与えられた最終目標（どこそこの学校に入る、そして可能な限り「難関の」学校に）を分かち合っている、という事実を準備級が当てにできることから、なおさらそうだ。しかし、本章で分析した入学者の選抜は、生徒の協力と努力を確保するために準備級が拠り所とするメカニズムのうち、先頭に位置するもので、最後尾に位置するものではない。だからこそ教員たちは、逆説的に、高校の「良い生徒」よりも、まさに勉学に取り組むことができるだろう生徒、「余力があり」そして「燃え尽きていない」生徒を探求する、という事実がある。また、それが原因で、この探求が相対的な不確実性の中にあり、その探求のために内申書は、曖昧な情報しか提供しない。

おわりに

　準備級は実際のところ、綿密で、かつ社会空間において実に正確な場所にある能力に的を絞った人材募集（と自己選抜）の作業のうえに、そのようにして選抜された人材に対して最大限の組織的な管理と影響を確保することを目指す活動とを、重ねて行う組織の一つである。この点で小神学校〔カトリックの神学校。小神学校は中等教育機関、大神学校は高等教育機関〕（Suaud 1978）、軍隊（Pinto 1975）、あるいはボクシングジム（Wacquant 2000）と比較され得

るこの学校活動は、選抜作業にも、自らの行動の基盤となっている「人材」育成作業（Goffman 1968）にも、どちらにも尽きるものではなく、その双方を連続的に組み合わせているのだ。この点に照らし合わせて、本章で分析されたすべての作業を解釈するべきである。要するにこれは、勉強に取り組ませる集団を選抜しようとする手続きなのだ。しかし、どんなに注意深く釣り上げたところで、「魚に泳ぎを教える」（Bourdieu 1989）のは結局、そう簡単なことではない。

注

(1) https://www.societedesagreges.net/actualite/classes-preparatoires-muriel-darmon/.

(2) 例えばポンス（Pons 2007）とその他による、準備級の学生を特集した評価予測成果局（DEPP）発行『Note d'information』を参照のこと。

(3) ブルデューの発言内容も参照のこと。そのなかで同カテゴリーは「社会主体が知覚、世界の評価、実践において適用する、超越論的な、すなわちアプリオリな分類の形態」であるが、それでも「ある種の歴史的条件のなかで、および、ある種の歴史的条件によって生み出される」（Bourdieu 1993: 197-198）ものとして定義されている。

(4) この徹底した学校的特徴に基づく生徒の定義の確実性は、このやり方をアメリカの名門大学のそれと比較すると消失する。アメリカの名門大学の選抜過程では、例えばカリキュラム外の活動、スポーツの実践、卒業生の子どもであること、また、「人格の気高さ」「個性」あるいは「リーダーシップ」（Karabel 2006）といったような、入学者選考担当者たちにとってはいずれもが「測定可能な美徳」である、明らかに非学校的な基準が介入している（Stevens 2007）。

(5) 『国家貴族（La Noblesse d'État）』（Bourdieu 1989）において、性差や、学校エリートのほとんどすべてが男性であることについての意識が不十分だったという回顧的な批判についてはド＝サン＝マルタン（de Saint Martin 2008）を参照のこと。しかし、教員の理解のカテゴリーについては、問題はある意味で逆である。なぜなら、主に使用された資料（ある男性哲学教員による女子校の文系準備級2年の生徒たちについての評価）から考えて、生徒が全員女子であることが同カテゴリーの構造と使用に与える影響の問題について、いやそれ以上に（特にこのケースでは）学校の象徴的暴力と男性支配の効果との間で起こる交差の影響の問題

について、疑問を抱くことができるからだ。

(6) 教員の理解のカテゴリーが、教員たちの客観的な立場と、彼らの教育的な実践に応じて変化するという考えは、同様にメルル（Merle 1998: 29）にもみられる。

(7) 「平均的な美徳の総和」の重視は、「『学校的であること』の学校的な価値の低落と、文字通り学校的な美徳というものの不可欠な再認識」との間の緊張関係から生じる（Bourdieu 1989）。

(8) この質問とそれが引き出す回答の分析について、そして特に「生徒に下す判断に関して、教員の姿勢を形作る最たるもの、それは教員の学校的・社会的状況を定義する変数である」という結論についてはレジェ（Léger 1983）を参照のこと。

(9) 「予見」の重要性は、ソアレス（Soares 2007）とカラベル（Karabel 2006）によってほぼ一世紀に渡って分析されたアメリカの名門大学における選抜と学生募集の作業においても、中核を成している。

(10) 「呼びかけの合図の解釈」や、神学者の卵たちの選考手順における（行動の、あるいは「子ども的な価値」の）選考基準の使用（Suaud 1978）とは異なっているように思われる。

(11) 「規律は身体の力を（有用性の経済的な観点から）増大させ、その同じ力を（服従という政治的な観点から）減少させる。一言で言えば、規律は身体から権力を切り離す。規律は身体から、増大させようとする『素質（aptitude）』や『能力（capacité）』を作り出す。そしてその一方で、身体から生じるエネルギー（énergie）や、その結果として生ずる可能性のある力能（puissance）を反転させ、身体から厳格な服従関係を作る（…）。規律的強制〔権〕が身体に作り上げるのは、身体の中に、増大した素質と増加した支配の間の、拘束関係である」（Foucault 1975）と、筆者は強調する。

(12) この点に関しては、スティーブンスによって研究された（Stevens 2007）、「同期集団」もしくは「コホート」を集めるカレッジの入学者選考担当者たちとは異なっている――アメリカの選考にはスポーツコーチたちも加わっており、彼らは幾人かの受験生アスリートを個人ベースで選んでいる。

参考文献・資料

Abraham Y.-M., 2007, « Du souci scolaire au sérieux managérial, ou comment devenir un "HEC" », *Revue française de sociologie*, vol. 48, no. 1, pp. 37-66.

Allouch A., Van Zanten A., 2008, « Formateurs ou "grands frères" ? Les tuteurs des programmes d'ouverture sociale des Grandes Écoles et des classes préparatoires », *Éducation et Sociétés*, 2008/1, no. 21, pp. 49-65.

Bourdieu P., 1979, *La Distinction*, Minuit.〔ピエール・ブルデュー『ディスタンクシオ
　　ンI、II：社会的判断力批判（普及版）』石井洋二郎訳, 藤原書店, 2020年.〕

Bourdieu P., 1989, *La Noblesse d'État*, Minuit.〔ピエール・ブルデュー『国家貴族：エ
　　リート教育と支配階級の再生産』立花英裕訳, 藤原書店, 2012年.〕

Bourdieu P., 1993, « Actualité et fécondité de l'œuvre de Durkheim en sociologie de
　　l'éducation », Cardi F. et Plantier J. (textes réunis par), *Durkheim. Sociologue
　　de l'éducation*, L'Harmattan, pp. 197-214.

Bourdieu P., Passeron J.-C., 1985, *Les Héritiers*, Minuit.〔ピエール・ブルデュー／ジャ
　　ン＝クロード・パスロン『遺産相続者たち：学生と文化』戸田清／高塚浩由樹／
　　小澤浩明訳, 藤原書店, 1997年.〕

Bourdieu P., Saint Martin M. de, 1975, « Les catégories de l'entendement professoral »,
　　Actes de la recherche en sciences sociales, vol. 1, no. 3, pp. 68-93.

Foucault M., 1975, *Surveiller et punir*, Gallimard.〔ミシェル・フーコー『監獄の誕生：
　　監視と処罰（新装版）』田村俶訳, 新潮社, 2020年.〕

Goffman E., 1968 [1961], *Asiles*, Minuit〔E. ゴッフマン『アサイラム：施設被収容者
　　の日常世界』石黒毅訳, 誠信書房, 1984年.〕

Karabel J., 2006, *The Chosen. The Hidden History of Admission and Exclusion at
　　Harvard, Yale, and Princeton*, Mariner Books.

Lagroye J., 1997, *Sociologie politique*, PFNSP et Dalloz.

Léger A., 1983, *Enseignants du secondaire*, PUF.

Marry C., 2000, « Filles et garçons à l'école », *L'école. L'état des savoirs*, La
　　Découverte, pp. 283-292.

Marry C., 2004, *Les femmes ingénieurs. Une révolution respectueuse*, Belin.

Merle P., 1998, *Sociologie de l'évaluation scolaire*, PUF.

Pasquali P., 2010, « Les déplacés de "l'ouverture sociale". Sociologie d'une
　　expérimentation scolaire », *Actes de la recherche en sciences sociales*, 2010/3, no.
　　183, pp. 86-103.

Pinto L., 1975, « L'armée, le contingent et les classes sociales », *Actes de la recherche
　　en sciences sociales*, vol. 1, no. 3, pp. 18-40.

Pons A., 2007, « Les étudiants en classes préparatoires aux grandes écoles. Année
　　2006-2007 », *Note d'information*, 07-37, DEPP/MEN.

Saint Martin M. de, 2008, « Les recherches sociologiques sur les grandes écoles : de
　　la reproduction à la recherche de justice », *Éducation et Sociétés*, 2008/1, no. 21,
　　pp. 95-103.

Soares J. A., 2007, *The Power of Privilege. Yale and America's Elite Colleges*, Stanford University Press.

Stevens M. L., 2007, *Creating a Class. College Admissions and the Education of Elites*, Harvard University Press.

Suaud Ch., 1978, *La Vocation*, Minuit.

Wacquant L., 2000, *Corps et âme*, Agone.〔ロイック・ヴァカン『ボディ＆ソウル：ある社会学者のボクシング・エスノグラフィー』田中研之輔訳, 新曜社, 2013年.〕

【付記】

本章は、Muriel Darmon, 2012, « Sélectionner, élire, prédire : Le recrutement des classes préparatoires », *Sociétés contemporaines*, 2012/2, no. 86, pp. 5-29の全訳である。ダルモン氏および出版社Presses de Sciences Poの快諾に感謝申し上げる。

第14章

理系貴族

―グランゼコール準備級における学校の判断と志望の「自然化」―

マリアンヌ・ブランシャール/ソフィ・オランジュ/アルノー・ピエレル
（渡辺一敏　訳）

はじめに

　2008年から2013年にかけて600人近くの生徒〔☞グランゼコール準備級は高校に附設しているため、本章では「生徒（élève）」と呼ぶ〕が、（パリ市）ユルム通りの☞高等師範学校（ENS）に「研修公務員（fonctionnaire stagiaire）」として入学するための理系[1]の競争試験のいずれかに合格した。これらの合格者の89％[2]は☞バカロレアに合格した際に「秀」の☞特記評価を得ており、また半数近くが通常より1年以上早い年齢でバカロレアを取得した。この入学競争試験による選別は、それ以前の長期にわたる学校での選抜プロセスの仕上げとなるものだが、これは社会的な選別と重なり合っている。合格者の83％は、父親が上級管理職、自由業者、企業経営者、または教員であり、父親が一般事務職または労働者の合格者は3％のみである。さらに女子は合格者の17％に過ぎない。ノルマリアン（ENSの男子学生）とノルマリエンヌ（ENSの女子学生）の選抜は、入学競争試験によってだけでなく、それ以前の理系のグランゼコール準備級（CPGE）における2年間または3年間を通じても行われ、学歴的、社会的、性別的な序列の生産に貢献している。これはENSに限ったことではなく、2014年の☞エコール・ポリテクニック〔理工科

学校〕の入学者でも、一般事務職または労働者の子どもは1%のみで[3]、女子の割合はやはり17%近くだった（Floc'h 2014a）。

　最近の複数の研究が、統計的にありそうもない☞庶民階層の子どもの学業成功や、エリート課程で学ぶ庶民階層の生徒たちに関心を寄せているが（Pasquali 2014; Castets-Fontaine 2011; Allouch 2013）、本章では逆に、フランスの理系☞グランゼコールという男性中心的な学歴エリートの牙城を（再）生産する仕組みのいくつかを分析する。グランゼコールの入学試験に先立つ段階において、教育制度の生徒に対する要求は、生徒の主観的な希望と客観的な進路を、その性別や社会的出自に応じて、どのように差異化しつつ形成しているのだろうか。より正確に言えば、研究対象であるCPGEや、最上位のグランゼコールの一部が伝える「理想的受験者」のイメージを分析し、またこうしたイメージが、生徒に対する見方や生徒自身の自分に対する見方と、どの程度合致しているのかを調べることが本章の課題である。

　理系CPGEが学業の優秀さとは何かを定義し、それを通じて天才的な科学者像を描く仕方（それはつまり、生徒の「自然な」資質と考えられ、生徒自身もそのように受け止めてしまう資質に基づいて、学業の優秀さや科学者としての優秀さを判断する仕方ということだが）を明らかにすることで、学歴的序列の生産において、努力評価の原則を凌いで、天性重視のイデオロギーが行為と実践においてどのように幅を利かせているのかを知ることができる。理系CPGEでは、教え方も、教員による頻繁な評価と判断も、後天的資質に対する先天的資質の優位を生徒が内面化することを促し、社会的差異を志望校選択の「自然な」差異に転換することに貢献する。

第1節　高校とは性質の違うグランゼコール準備級における学業の優秀さ

　グランゼコール準備級（CPGE）は高校のなかに置かれているものの、CPGEでの教育的要求は中等教育との根本的な断絶をもたらすものであり、生徒がCPGEに進学した途端に、そこでの教育の全期間を通じて、すべてがこのような根本的断絶を強調する形で組織されている（写真14.1）。CPGEで課さ

Bilan intermédiaire n°1 (fin novembre)

Comment s'est passée cette première période ? Avez-vous pris le rythme ? Les méthodes de travail dans chaque discipline sont – elles acquises ? Vos impressions, difficultés rencontrées, efforts faits, organisation personnelle, points à améliorer, vos questions, vos réussites…

Cette première période s'est assez bien passée, bien que j'ai eu des difficultés à prendre le rythme au début. Je pense avoir acquis les méthodes de travail dans chaque discipline. J'ai aussi dû changer mon organisation personnelle et cela a été difficile mais je pense être plus efficace maintenant. Je dois encore améliorer mon apprentissage du cours mais je pense être sur la bonne voie.

Option envisagée au 2ème semestre : SI, chimie ou info : *SI*
Envisagez vous une réorientation à la fin du 1er semestre ?
Non

Avis de l'équipe pédagogique

Sérieux et motivation – Continuez les efforts.

Conseil de classe du 1ème semestre

Comment s'est passée cette deuxième période ? Avez-vous suivi les conseils donnés en fin de première période ? Y a-t-il eu des progrès ? Vos impressions, difficultés que vous n'arrivez pas à surmonter, …

Cette deuxième période s'est bien passée, j'ai continué mes efforts comme on me l'a conseillé et il commence à y avoir quelques progrès. J'ai cependant parfois du mal à gérer la quantité de travail, surtout quand elle devient très importante.

Option demandée au 2ème semestre : *SI*
Classe envisagée l'an prochain (MP,MP*, PC,PC*,PSI,PSI*) : *PSI*
Envisagez vous une réorientation dans APB pour l'an prochain, si oui, laquelle/lesquelles ?

Avis du conseil de classe : *Du sérieux et du travail. C'est encourageant.*

写真14-1　勉強方法の変更に関する指示と確認

れる授業時間の多さや、限られた時間内に消化しなければならないカリキュラムの重さのせいで、生徒は高校での学業成功に要した努力とは比較にならない多大な努力を強いられる。生徒への質問票で、CPGEにおける学業成功に必要と考えられる資質を6項目のリストから選んでもらったところ[4]、51％の生徒

が「勉強をたくさんこなす能力（capacité de travail）」を選択した。中等教育との断絶のこうした純粋に「量的」な側面は、生徒との面談や質問票の裏面に書いてもらったコメントでも再確認できる。

> 「高校でも勉強はしていました。でも、今と比べると、たいして勉強していなかったです」（ユーゴ君[5]、両親は労働者、地方の上位高校、数学・物理・理工学専攻＝MPSI）

> 「CPGEは不真面目ではついていけないです。バカロレアでは「秀」をもらいましたが、CPGEで要求される勉強の多さにはかなり参っています」（男子、父親は貨物トラック運転手、母親は家政婦、地方の中位高校、MPSI）

> 「勉強するためには食事を忘れてはいけない、と言われても、まったく笑い事ではないです」（男子、地方の上位高校、母親は自由業、物理・化学専攻＝PC）

　しかし、こなすべき宿題が多くて常に追い詰められた状況に置かれた生徒たちは、すぐに、努力の量を増やすだけでは十分でないことに気づく。勉強の量はCPGEでの学業成功の必要条件ではあるが、十分条件ではないことが明らかになる。バカロレア取得までは効果的だった勉強の仕方は、CPGEの教員により、最早通用せず、不毛だと判断される。教員は生徒に対して、学業だけに時間を使えとまでは言わないにせよ、学業に徹底的に時間を集中させることを求め[6]、さらに、勉強方法を本格的に変えるように要求する。つまり、新たな知識を獲得するためには、新たな勉強方法の実行が条件となり、ただ単にもっと努力すればいいというものではなく、別の形の努力が求められるわけだ。

> 「学年の初めに、先生がたは私たちをこきおろすんです。それは例えば、私たちの勉強法がダメだとわかっているからなんです。先生がたは私たちの『勉強の仕方がなっていないぞ』と貶します。でも、先生がたからそう言われ続けているうちに、結局は勉強ができるようになり始め、先生がたが正しくて、適切なやり方で教えてくれることが分かります。最後には、少しずつ、正しい仕方で

勉強できるようになります。正しい仕方で勉強できるようになると、段取りにも余裕ができて、すぐにもっとうまくいくようになります。」(アンヌさん、父親は木工職人、母親は中学校の校長、地方の上位高校、MPSI)

「最初は自分では気がついていなかったように思います。特に物理で一番大きな変化がありました。高校でやったことは［途中で言い直して］、どう言えばいいのかよく分かりませんが、CPGEで習う物理は、数学と同じように、単なる計算ではなく、それ以上のものです。高校ではそういうことに慣れていなかったし、最初はうまく理解できませんでした。それまでまったく知らなかったことを前にして、なかなか難しくて、授業をきちんと理解したり、練習問題を解くためのコツが分かりませんでした。それが一番大きな変化でした。」(セシルさん、父親は管理職、母親は職業訓練官、地方の下位高校、MPSI)

　この「方法序説」〔「discours de la méthode」は、ここでは勉強法に関する教員の指導とそれがもたらす生徒の意識の変化を指しているが、当然のことながらデカルトの『方法序説』とそれがもたらした根本原理の転換を想起させる表現として用いられている〕は本来の意味の学習技術よりも、「勉強の段取り(organisation du travail)」を組む技術に関わるものである。なぜなら、要求された勉強をすべてこなす術を学ぶことが先ず問題だからだ。そのため、CPGEでの学業成功とグランゼコールの入試での合格に必要な資質として、生徒が「勉強をたくさんこなす能力」に次ぐ2番目に選んだ(40%)のが、「段取りの良さ(organisation)」である。限られた時間内で要求される大量の勉強をこなすためには段取りの良さが必要だという認識は、ダルモン(Darmon 2013: 139)が明らかにしたように、CPGEに固有の時間的社会化という性質を帯びていると解釈することができる。ダルモンは実際、生徒がCPGEにおいて、時間との特殊な関係を学ぶことを示したが、この関係は「緊急性と、時間的パニックのコントロール」とからなり、特に勉強の段取りと、「計画力(dispositions planificatrices)」の習得を経て身につく。
　知識の伝達とある種のノウハウの伝達という二重の意味において、CPGEは個人の高度な養成機関であるが、同時に、ディスタンクシオン(区別)と格付

けの機関でもある。ディスタンクシオン（区別）というのは、まず、CPGEに所属する男女とCPGEに所属しないそれ以外の男女の区別である。実際、CPGEの生徒たちは「選ばれた生徒たち」であるが、これは「CPGEの特殊な生徒集団の資質と特権を同時に」総括する表現である（Darmon 2012: 5-30特に5頁; 本書第13章特に278頁）。しかし、こうして区別された「CPGEに所属する」男女の間でも、順位付けが起きる。グランゼコールの入試の本来の役割は受験者の順位付けにあるが、それに先立つ段階において、CPGEの生徒たちは、数多くの宿題、定期試験、あるいは口頭試験を通じて、絶えず評価され、序列付けされている。以前はクラスのトップであることに慣れていたのに、CPGEでは改めて順位付けが行われるので、中位や下位に振り分けられる生徒がいる。ところが、生徒の34％は自分がクラス内の順位付けで上位3分の1に属すと考え[7]、41％は中位の3分の1に属すと考え、下位の3分の1に属すと考えている生徒は24％に過ぎない。この数値は示唆的で、調査対象の生徒たちが「優等生（« bon » élève)」の地位から「ついていけない生徒（en difficulté)」の地位に転落することを受け入れる難しさを示しているだけでなく、序列という考え方の根深さをも証明している。クラス内での自分の位置付けを問われた生徒の、非回答率が非常に小さいことは（1％)、生徒が全員、順位の存在と、自分がランク付けされるという原則を認めていることを示している。

　CPGEの生徒たちは、それよりも前の学業歴においては、「優秀（très bon)」あるいは「非常に優秀（excellent)」と評価される力があったわけだが、いったんCPGEに集められた後では、最早それでは十分でないようにみえる。言い換えると、CPGEでは生徒たちは、「☞生徒のメチエ（生徒としての仕事 « métier d'élève »)」の単なる習熟とは別の基準により順位付けられるということだ。この「生徒のメチエ」とは、つまり学校での慣習、規則、振る舞いであり（Perrenoud 2010)、また、学校という制度が求めている時間と知識に対する関係でもある。こうした差異化の規則の再定義は、決してCPGEに特有なわけではなく、エリート養成機関の一般的特徴である。例えばカーン（Khan 2015: 213)は、アメリカのセント・ポールズ・スクール（ニューハンプシャー州）について、同高校では「懸命に勉強して、優秀な成績を収めるのは当たり前のことで、求められるのは飛び抜けて優秀であることなのだ」と指

摘している。あらゆる社会における例外性には、それ自体の基盤を隠すという本来的性質があるが、理系CPGEにおいて例外性が特別な形を帯びるのは、時間との関係だけでなく、特に知識との関係について、この制度が伝達しない資質にこそ大きな価値が付与されるからである。知識との（CPGEにより伝達されない）こうした関係は、「抽象化の力（sens de l'abstraction）」「物事に気づく力（voir les choses）」「直観（intuitions）」「能力（capacités）」など、一連の資質として言い表されるが、同時に、こうした用語が指し示す具体的なノウハウは秘密にされ、これらの資質は先天的性向に擬される。タンレ（Tenret 2011: 103）の研究は、このような個人的天性重視のイデオロギーが特にCPGEにおいて顕著なことを示した。CPGEの生徒は確かに、他の高等教育課程の学生よりも、学校が自分の努力を高く評価することを認める傾向が強いが（高等教育全体での平均は37％なのに対してCPGEでは53％）、同時に、学校が自分を高く評価するのは、自分の個人的能力によるものだと考える傾向も強い（高等教育全体での平均は55％なのに対してCPGEでは70％）。それだけではなく、我々の質問票は、CPGEで最も成績の良い生徒は、学校により伝授されたのではないこうした資質を備えていると考える傾向が最も強い生徒でもあるということを明らかにした。クラスの上位3分の1の生徒たちの内、35％は自分に「直観」があると考え、22％は「素早さ（rapidité）」があると考えているのに対して、クラスの下位3分の1の生徒たちでは自分に「直観」があると考えるのは18％、「素早さ」があると考えるのは8％である[8]。それに引き換え、クラスの下位3分の1の生徒たちでは、「生徒のメチエ」に関連した資質である「真面目さ（sérieux）」（55％）や「段取り（organisation）」（40％）をあげる割合が、クラスの上位3分の1の生徒たち（「真面目さ」は47％、「段取り」は30％）よりも多い。

　つまり、中等教育で学校が求めていたこととの断絶には、2つの側面があることになる。一つはCPGEで明確に伝達されるもの、すなわち「方法序説」である。他方は「天性重視のイデオロギー（idéologie du don）」で、こちらは暗黙のままにとどまり、詰まるところ、学校外の資質に基づき、知識との貴族的な関係を介入させる。前者は主に外向けの建前で、高等教育の内部におけるCPGEのディスタンクシオン（区別）に関わるレトリックで用いられる。後者

はCPGEの内部用で、「最良の生徒たち（les meilleurs）」を選定する狙いがある。実際、すでにCPGE以前の段階で、学校制度により優秀と認められた生徒のなかで、一部はさらに他の生徒と比べて「より優秀」と判断される。

第2節　科学的精神
—— 天性重視のイデオロギーの変化形 ——

　研究対象となったCPGEにおいて、この天性重視のイデオロギーは、より正確には、「科学的精神（esprit scientifique）」の重視を通じて現れる。「科学的精神」という用語が意味しているのは、「直観」「好奇心（curiosité）」あるいは「素早さ」のような資質であり、また、ある種の形式化を行う能力や、知識に対する抽象的な関係でもある。たしかに、これらだけが生徒に求められている資質というわけではないが、これらの資質はしばしば希少で、学習の成果というよりは一種の先天的な才能に由来するとみなされる。その意味で、これらの資質は、真面目さ、勤勉さ、あるいは勉強をこなす能力のように、苦しい努力や、時に単にがむしゃらな努力にむしろ結びついている一連の資質と対立している。こうした一連の資質もCPGEの生徒が持ち合わせていなければならないものとみなされるものの、生徒間の区別に繋がるものではなく、特別な優秀さを示すものでもない。資質のこのような分割は、ダルモン（Darmon 2013: 198-199）が理系CPGEの教育に関して行った「実践的社会化のスキーム」（入試の日に審査員の期待に適合するように標準化されたノウハウの伝達）と「数学の絶対性に準拠する」（これは、授業内容に対する『美的、倫理的あるいは知的な』ある種の関係の表現）「エリート的なスキーム」の区別に通じるものである。これら2つのスキームは対立し合うよりもむしろ補完し合うものである。というのも、最もエリート的なグランゼコールの入試においては、「知識のための知識」との関係が特に決定的に重要であり、より標準化された期待を超えて獲得すべき態度を構成するからだ。さらに、知識とのこうした関係は、文化資本を最も多く保有する社会階層の特徴でもあり、要求される技術を完全にマスターするための条件ともみなされうる。これについてブルデュー（Bourdieu 2016: 1025-1026）は「学校教育における数学的道具の習得は、こう

した（合理的な）態度が普通ではない社会階層出身の子どもの場合には、大きな障害に出会う。合理的態度の採用が、この態度を完全に実現するための道具の習得に必要な条件にほかならないからだ」と指摘している。

　入試科目中の「女王」とみなされ、CPGEでも特別扱いを受ける数学[9]に関連して（受験者に対して）何が期待されるかは、ENSユルム校とエコール・ポリテクニック（通称X）の入試における数学・物理（MP）専攻課程と物理・化学（PC）専攻課程の数学の筆記試験および口頭試験の審査官の報告に典型的に現れている。本章では2007年から2014年にかけての審査官の報告68件を分析した。両校を選択したことは、もちろん全体的な展望を示すものではないが、両校は理系グランゼコールの領域において支配的な地位を占めているので[10]、エリートの選抜と育成において働く判断を拡大してみることができる。

　数学に関連した一連の期待の性質は多様だが、明確に序列化されており、「出来の良い生徒（le bon élève）」と「優秀な受験者（l'excellent candidat）」を区別することを狙いとしている。授業で習った知識を習得していることはもちろん必須の前提条件だが、審査官の報告ではほとんど触れられておらず、わずかに「授業の理解不足による間違いはほとんど見当たらない」（MP入試、エコール・ポリテクニック、2013年）との言及があるのみだ。さらに受験者には計算能力が求められており、「この部分はかなり計算力が必要で、嫌がる受験者もいた（しかし良い数学者になるには計算力が必要）」（MP入試、ENS、2008年）とのコメントがある。また様々なテクニックを使いこなせることも要求され、「試験の大部分は、授業で得た知識の正確さを問うものではなく（援用する必要のある定理は極めて少数）、むしろ古典的なテクニックの活用を求めるものだった」（MP入試、エコール・ポリテクニック、2014年）や「求められていた記数法や計算の操作で、答案の技術的な質が判断できた」（MP入試、ENS、2012年）などのコメントがその例である。こうした知識やノウハウの習得度は、「トリビアルな問題」あるいは単なる「計算問題」と考えられ、差がつく問題ではないとみなされる設問において証明される。それは、「この試験に合格するには、『標準的』問題を解くだけではなく、より巧妙な問題に取り組んで本物の数学的能力を発揮する必要があった」（MP入試、

エコール・ポリテクニック、2008年）というコメントが示している。

　この「本物の能力（capacités réelles）」は厳密さと直観に対応している。「厳密さ（la rigueur）」（13回言及されており、「厳密な」という形容詞も14回言及されている）と、それに近い「細心さ（le soin）」（20回言及）や「正確さ（la précision）」（20回言及）は、必要な資質とされ、採点者は多くの場合に、その欠如を指摘する。厳密さについては、13回の言及のうちの10回が欠如を指摘するものであり、次のような例がある。「見慣れた問題に思えても、厳密さと正確さを忘れてはならない」（MP入試、ENS、2010年）。厳密さの欠如を意味する語彙も多彩で、「ぞんざい（désinvolture）」「だらしない（laisser-aller）」「大雑把（approximations）」「いい加減（négligence）」などのほかに、問題の「処理が粗雑（traitées paresseusement）」だとか「解き方が混乱している（de façon brouillonne）」などの表現がある。受験者に求められる二番目の資質は「直観」（13件の報告で合計20回言及）である。直観は多くの場合に（20回の言及中の13回）、論理の展開を促す意味合いで、特に口頭試験において言及される。直観は、「精錬（affiner）」したり「形を与える（donner forme）」必要のある未加工の素材であり、「そのビジョンを厳密な証明に変える（transformer cette vision en preuve rigoureuse）」ことを促される（PC入試、ENS、2012年）。直観は「想像力（l'imagination）」や「自主性（l'initiative）」（35回言及）と結び付いている。「受験者は自主性を発揮し、解決のプランを提示しなければならない。また、問題が難しすぎると思われる場合には、特別なケースに関して試してみて、必要に応じて、自分の直観に形を与えるために図を描いてみるべきだ」（PC入試、エコール・ポリテクニック、異なる5年間）。厳密さと直観へのこのようなこだわりは、19世紀末から徐々に構築された数学のイメージに合致している[11]。数学は発見であり、探検すべき領域であるという考え（Alexander 2002）に段階的に取って代わったのが、数学は人間精神の発明だという考えだった。フランスでは、数学者ポアンカレ（Pointcaré 1970: 37）が1905年に、「論理的精神（esprits logiques）」と、むしろ「直観に突き動かされる（poussés par l'intuition）」精神のそれぞれの貢献を区別したうえで、両方のアプローチの補完性を強調した。「両方とも不可欠である。確実性をもたらすことができるのは論理だけで、これは証明の道具で

ある。直観は発明の道具である」。ザルカ（Zarca 2012）は数学者に関する研究で、数学者たちの言説において、これらの2つの資質が「数学者のエートス（ethos des mathématiciens）」を成していることを確認した[12]。

　しかし、職業的数学者にとっては補完的であるこれら2つの資質は、審査官の報告においては序列付けがなされているように思われる。これは、徹底的な選抜を行い、受験者を可能な限り細かく区別することを目指す入試の学校的論理に合致している。受験者のうちで最も優秀な者たちは、決して彼らの厳密性によってではなく、彼らの直観によってこそ優秀者とみなされているのであり、その場合に、直観は「問題の微妙な点を把握し（saisir les subtilités d'un sujet）」「問題の狙い（son esprit）」を理解する能力と結び付けられている。さらに、厳密性はそれだけでは限界にもなりうる（一部の受験者は『自分自身に課した厳密性によって束縛され過ぎて、必要な距離を置いて考えることができない』、PC入試、ENS、2014年）のに対して、直観は厳密性が伴わなくとも価値があると評価される（審査官としては『直観を発揮して、幾何学的解釈を用いて問題を解こうとする受験者が多いことは、その次の段階で解法を必ずしも厳密に形式化できなくても、喜ばしいことだと思う』、PC入試、ENS、2014年）。

　入試において働く選抜の論理は、優れた受験者の中から最も秀でた者を選別することを目指しており、そのために、（必要な）厳密性と直観の間に内的な序列を設け、直観こそ数学貴族の真の証明だとみなすのである。直観という資質には、発明性や、少数だけの特権とされる創造力が結び付けられる[13]。したがって、科学的精神はここでは、個人を、道具の習得によってではなく、知識に対する生得の才能によって区別する一種のエリート主義に繋がっている。実際に、直観の重視のほかに、審査官の報告では、一方で「エレガント（élégant）」および「巧妙（subtil）」（それぞれ5回および10回の言及があり、一例は『逆の証明はより巧妙であり、線形代数を得意とする受験者を見極めることができた』、MP入試、ENS、2012年）、他方で「重い（lourd）」（10回言及）、「回りくどい（fastidieux）」（5回言及）、「不器用（laborieux）」（4回言及）、「長い（long）」（次の例のような意味で10回言及、『予備試験に出るような基本的な問題に対して、受験者たちが非常に苦労し、中には信じられないほど長くて重い答案もあった』、PC入試、エコール・ポリテクニックとENS、2012年）と

の間に対立があることも分かる。「エレガント」および「巧妙」はしばしば「必要な距離（recul）を取る能力」（12回言及、『問題文に対してもう少し距離を取ることができた受験者は、重い計算を避けて、エレガントな解法を見つけることができた』、MP入試、ENS、2007年）や「素早さ（rapidité）」（巧みな解法をすぐに見つけるという意味合いで、14回言及）とも結び付けられている。ここには、支配者のエリートと被支配者の大衆という対立のシステムと、その語彙領域が見いだされる（Bourdieu 1979：546）。これは、「科学的精神」を特徴付けるべき客観性と謙虚さ[14]とは別に、得られた結果に対してではなく結果の得方に対する判断が問題になった途端に、個人的資質と、それに伴う社会的資質とがまた頭をもたげることを示している。

第3節　直観 ── 持つ者と持たざる者 ──

　上で見てきたような学業優秀さの一連のカテゴリーを、研究対象のCPGEの生徒たちは、必ずしもそういうものとして認識しているわけではない。様々な高校で質問票に記入してもらった際に、優秀さという属性に対する距離の近さや遠さが明らかになることが何度かあった。パリの上位CPGEのある生徒のコメントは、この生徒が直観と学校の期待との間に明確な関係付けを行うことができることを示している（『定期試験は（高校時代とは）まったく違います。もっとアイデアと直観が必要です』、男子、父親はエンジニア、母親は教員、MPSI）。逆に地方の高校では、調査実施者に対して生徒から2回の質問があった。1回目は、CPGEの2年目（MP）にいる男子生徒で、「直観とCPGEにどういう関係があるのかがよく分かりません。僕の考えでは、直観というのは『明日は天気が良いと思う』というようなものです」と質問したが、この生徒は『直観』の意味を非常に実際的に解釈しており、入試で求められていることとの間にズレがあることが分かる。また、物理・化学・理工学（PCSI）の1年目のクラスでも、『直観』の意味は理解されず、「すみませんが、『直観』という言葉をどういう意味で使っているのですか」との質問が出た。CPGEとグランゼコールの入試で成功を収めるために必要な資質に関する質問への回答を、

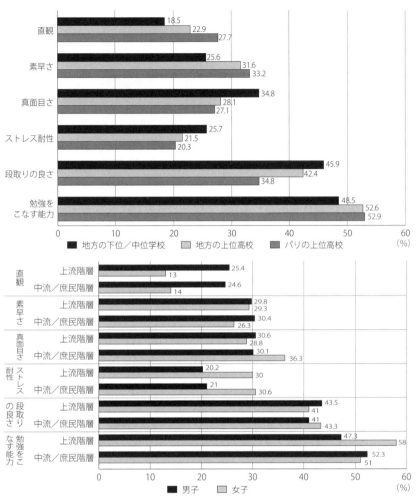

調査対象：MPSI/MP と PCSI/PC の生徒 1,778 人。
注：「CPGE の勉強と入試合格において最も重要と思われる資質を 2 つ選んで丸印で囲んでください」という質問
への回答。
出典：2013 年度 CPGE 調査。

図14.1　CPGE での勉強とグランゼコール入試合格において重要と判断される資質
　　　　（高校のタイプ、性別および社会的出自の違いによる分布）（単位：％）

高校のタイプ別に整理してみると、「勉強をこなす能力」は、各タイプの高校
における最頻回答であると同時に、タイプ間の相違が一番小さい回答でもあ

る。この資質は成功の必要条件ではあるが、十分条件ではないという位置付けがそれにより再確認される。これに対して、「直観」のほうは、高校の学業的かつ象徴的な序列の中に明確に位置付けられていることが分かる。パリの上位高校の生徒の4分の1以上（28％）が「直観」をあげたのに対して、地方の下位・中位の高校では18％の生徒があげたに過ぎない。より一般的に、高校のタイプにより異なる回答（「素早さ」は上位高校でよりしばしばあげられ、「段取り」と「真面目さ」は下位・中位の高校でよりしばしばあげられる）が示しているのは、一方では、どちらかといえば「天性（don）」に結び付く資質を重視する知識との関係、他方では「地道な努力（labeur）」に結び付く資質を重視する知識との関係があるということである〔図14.1上段参照〕。

　このような高校別の相違は、生徒が目指すグランゼコールと実際に入学するグランゼコールに対する高校の位置取りを反映している。実際、毎年エコール・ポリテクニックとENSの受験者と合格者が多いCPGEにおいては、生徒がこれらのグランゼコールが要求する資質に、より高い価値を認めることは驚くに値しない。しかし、学校による相違が、どこまで生徒の社会的出自の違いを反映しているのかという問題はある。入試に合格するために必要な資質を見極め、特定できるかどうかは、生徒の社会的に差異化された性向に左右されるのではないだろうか。我々が調査したパリの上位高校では、生徒の78％が上流階層、6％が庶民階層の出身だが、地方の下位および中位の高校では生徒の50％が上流階層、17％が庶民階層の出身である。女子の割合については、これほどの違いはなく、パリの上位高校では30％、地方の下位および中位の高校では25％である。図14.1下段は、CPGEとグランゼコールが要求する資質に関する質問への回答が、性別と社会的出自によりどのように条件付けられているかを示している。

　一見すると、社会的出自は回答にほとんど影響を及ぼしていないように思われる。中流階層と庶民階層の男子の24.6％、上流階層の男子の25.4％が「直観」を重要な資質にあげており、女子でも差は同じように小さい（中流・庶民階層で14％、上流階層で13％）〔原文の数値には誤りがあったため、著者に確認し修正した〕。全体的に、稀な例外を除くと、社会的出自による差は3パーセントポイント以内である。稀な例外としては、上流階層の女子と中流・庶民

階層の女子では「真面目さ」に関して7.5パーセントポイントの差があり、「勉強をこなす能力」に関して7パーセントポイントの差がある。「勉強をこなす能力」については、男子でもこれほどではないが、やはり差がある。

　しかし、ここで用いられたような大まかなカテゴリーでは、家族形態別のより微妙な相違（家族により異なる教育投資のあり方、知識と科学的教養に対する関係）を把握することはできない。そこで2人の女子生徒、アリックスおよびユアとの面談を通じて、出身階層が及ぼす影響を明らかにしよう。2人とも調査時にはMPSIの生徒で、（統計上の分類における）「上流階層（classes supérieures）」の出身である。アリックスの家族は、特に理系の大学の世界と非常に近い関係にあるのが特徴で、父親は数学の大学教員兼研究者、3歳上の兄は数学専攻のノルマリアン、母親は言語学の大学教員兼研究者である。アリックスは、家族からいかに多くを定期的に伝授されているかを語った。この伝授は、暗黙のものと、明瞭なものがある。暗黙のものについては「（父と兄が）数学の問題について議論する間、私も横にいたので、どんな風に議論するかを見ることができました。内容は分かりませんでしたが、見るだけで教わりました」という。明瞭な伝授は特に勉強方法に関するものである。

　　「家族は私の数学と物理の成績が上がるように、勉強法の習得を手助けしてくれ
　　ました。私の勉強法は大きく変わりました。中学では授業で習うことを覚える
　　だけでした。高校以後と、ここ（理系CPGEの1年目）では、授業を先取りし
　　ようと努力しています。」

　高校の最終学年で、数学のコンクール・ジェネラル〔高校の優等生が競い合う全国学力コンクール〕に参加するために、アリックスは父親とともに、9月の新学年が開始するとすぐに集中的な勉強計画を立てた。父親の関与は単なる学習支援にとどまらない。追加的な内容を教え、さらに勉強法や思考法も教えるからで、CPGEの1年目に進学して以来、父親から得ている支援についてのアリックスの次のような説明が示す通りである。

　　「具体的に言うと、練習問題を解こうとする時に、長く考えすぎて、自分で決め

　　　た時間を超えてしまうと、兄か父のところに相談に行くんです。［…］解き方を
　　　聞くんですが、すぐには答えを教えてはくれませんし、そのほうがいいんで
　　　す。そうでなければ意味がありません。私に考えさせて、どこで思い違いをし
　　　ているのか、どこをもっと考えないといけないのか教えてくれます。」

　より一般的に、アリックスの父親は彼女に知識との本物の関係を伝達する。
そこで重要なのは詰め込み勉強で成績を上げることではなく、問題の意味合い
を理解することなのである。

　　　「点数が目標ではないと私に気づかせてくれたのは学校の先生ではなく、本当に
　　　父でした。［…］準備級ではもちろん採点はいきなり厳しくなります。そして、
　　　もし良い点を取るためだけの勉強方法でやってきて、科学の本質を理解しない
　　　できていたら、アウトなんです。」

　実際、このように家族内での学びがあることが、アリックスが数学とスムー
ズな関係を持つことができる理由だが、この関係はテクニックや計算よりも直
観（「見える」こと）により高い価値を認めるのである。

　　　「私は物事を視覚化して、目で見て理解し、感じ取るのが好きですし、得意だと
　　　思います。計算は大嫌いです（とアリックスは強調）。典型的なのが、物理学と
　　　理工学で、面倒な計算があり、苦労するし、本当に嫌なんです！」

　家族によって培われたアリックスのこうした性向は、「科学的精神」の特徴
であり、最上位のグランゼコールの受験者に求められる条件に合致している。
こうした性向はCPGEにより一層強化され、アリックスはCPGEでの2年間を
終えた後に、エコール・ポリテクニックとENSの入試に「ダブル合格」した。
　ユアの家族も同じく「理系」である。父親はエンジニアで、留学生としてフ
ランスに来て、そこでユアの母親と出会った。母親は看護婦である。9歳上の
兄がおり、兄はCPGEから「下位の」エンジニア学校を経て、現在はIT部門
で働いている。ユアは「家族ぐるみで科学的世界に浸りきってきた」と考えて

いる。先ず雑誌『科学と生命（*Sciences et Vie*）』のジュニア版、次いで今は同誌の大人版を定期購読し、父および兄と一緒に「飛行機、衛星、ロケット」の模型を作った。家庭環境によって育まれた科学志向が、バカロレア後のMPSIへの進学の決め手となった（「物理と数学が大好きなので、そちらの方向を選びました」）。しかしCPGEへの進学後は、家族によって育まれた科学的性向は、以前ほどは役に立たなくなった。ユアは、以前は、特に数学の宿題で、両親と兄に助けてもらったが、現在は一人で勉強するか、同級生と一緒に勉強していると言う。父親も兄も最早、ユアの勉強を本当に手伝うことはできないからだ（兄は「CPGEを出たら、全部忘れてしまったんです」）。また、アリックスが「科学の本質を理解する」ことを目指しているのに対して、ユアは実際的な応用に一番関心がある。物理がますます好きになっており（「より具体的で、実際的だから」）、特に力学が好きだが（「自動車など日常的なあらゆる物を説明できて、とても面白いです」）、数学は「理論的過ぎ」、そのために「重荷」に感じ始めている。ユアは将来的には環境分野のように「役に立つ」分野で働くことを希望している。ユアはCPGEでの2年間を終えて、「中位にランクされる」[15] エンジニア学校に入った。

　このように、これら2人の女子生徒は知識、特に数学に対して異なる関係を築いており、これは2人の家族形態の違いと結び付けて考えることができる。アリックスの数学に対する「直観的」な関係は、家族の枠組みのなかで、繰り返される集中的訓練に加えて、数学へのアプローチの仕方（考えることの重視、特に「正しく考える」方法の重視）を通じて構築されたものだ。逆にユアの家族環境は、科学とのより具体的で、より応用的な関係（飛行機の模型など）を彼女に伝達したが、CPGEにおいて求められる思考法についての特別な手がかりを与えてはくれなかった。つまり2人とも科学と親しんでいることは確かなのだが、親しみ方の性質が違うのである。これが示唆しているのは、「科学的教養（la culture scientifique）」の構築における性別の影響（男性の優位）を示す研究（Détrez, Piluso 2014）と並行して、「科学的教養」の概念を複数化し、最も学校的に有益な資本を形成できるのは「どの」科学的教養なのかを明らかにする必要があるということだ。科学的教養でも、文学的あるいは芸術的教養でも同じことだが、結局のところ本当の区別を生み出すのは、実践

自体よりも実践との関係であり、それがここでも教養の獲得条件の名残——社会的条件によってではなく、自然に身についたものの名残——とみなされうるのである（Bourdieu 1979: 70-74）。

　社会的出自は細かいレベルで影響を及ぼすので、図14.1下段には現れないが、性別と結び付いた差異は特にストレス耐性（résistance au stress）に関してより明確であり、またとりわけ直観について際立っている。男子の4分の1が学業成功に直観が必要だと判断しているのに対して、女子では13％に過ぎない。またストレス耐性や直観のような資質を「自分が持っている」と考える生徒の割合をみると、男女差は一層広がる。直観を備えていると考える男子は女子よりも3倍多く（33％対11％）、ストレス耐性を備えていると考える男子は女子の1.8倍である（45％対25％）。逆に、女子は自分に真面目さ（74％）や段取りの良さ（49％）があると考える割合が、男子（順に46％と32％）よりも多い。

　女子の大半が自分を真面目だと考え、半数近くが段取りが良いと考えることは、過去の社会化の影響を反映している。幼い時から男女は同じ物的環境では育てられず（寝室、服装、玩具は性別により異なる[16]）、周りから期待されることも異なる。生まれる前からすでに子どもはその性別に応じた性格的特徴を割り振られる。上流階層に属し、第二子を待っている親を対象とする最近の調査で、これらの親が女子は「アプリオリに、よりおとなしく、聞き分けが良く、男子は逆により活発で、喧嘩好き」と考えがちなことが判明した。初期社会化で構築されたこのような差異は、次の段階で、学校空間でも再現される。早くも幼稚園において、女子は男子よりも「生徒のメチエ」を内在化する。それは女子が学校を勉強と訓練に結び付けるためで、それに対して男子は学校をむしろ遊びの場とみなす。初等教育でも、教員は女子のほうが学校的規範（「より熱心」「より勉強家」「静かで規律正しい」（Pélage *et al.* 2016: 30-45特に44頁））により合致していると判断する（Zaidman 1996: 87）。教員によるこうした評価は、過去の社会化に由来する実際の差異の反映であると同時に、差異をもたらす原動力にもなる。社会化の異なる形式が組み合わさることで、学校において伝達された形式的規則（la forme scolaire）により従順な女子生徒と、自主性を発揮し、学校の形式的規則を軽視することをより促される男子生

徒を生み出すのである（Baudelot, Establet 2006）。

　最後に、「勉強をこなす能力」は、男女全員により重要だと判断されているが［図14.1下段参照］、自分がこの資質を備えていると考える生徒は23％に過ぎない。この差は、「自分にこれこれの資質が備わっている」と答えることの意味合いを明らかにしてくれる。「勉強をこなす能力」があると判断する生徒が少ないのは、自分にこの資質が欠けているという気持ちの表れというわけではなく（「自分に一番欠けている２つの資質は何か」という質問に対して、「勉強をこなす能力」をあげた生徒は３分の１のみ）、むしろ誰しもがたくさんの勉強をこなさなければならず、この資質は他人との差には繋がらないという考えかたを示している。生徒はどちらかといえば、自分自身の特性だと考えている資質を重要な資質として選んだわけだ。この観点からみると、女子の多くが自分の特性として「真面目さ」や「段取りの良さ」をあげることは、自分たちの過去の学業成功の基盤だった「生徒のメチエ」のビジョンに忠実であり続けていることを示している。反対に男子は、理系CPGEという特別な状況において、「他人に差をつける」ことができる資質をむしろ選ぶ。

第4節　上位集団に入るかどうか
── 教員による判断の差異化 ──

　このように、過去の社会化に大きく左右される生徒間の教養や資質の違いは、入試合格にどのような資質が必要かという見方の違いを招くわけだが、同時に、自分にどのような資質があるかについての見方の違いも招く。CPGEにおける社会化もまた、生徒が「科学的精神」を構成する資質をどのように捉え、それに即してどのように自分を評価するかに左右される。CPGEにおいては、筆記と口頭での試問が頻繁に行われ、生徒間に序列があり、正確な順位付けが明らかにされる（答案はしばしば、点数だけでなく、順位も記して返される）。CPGEは学校の判断が文字通り「飽和状態」に達している教育課程であり、それだけに、教員による評価が担う役割が重要になる。

　本章では、県庁所在都市の中心部にある高校のMPSI/MPおよびPCSI/PC〔MPSIとPCSIはCPGEの１年目のクラス、MPとPCは２年目のクラス〕の生

徒の通知表を対象資料として教員による評価を分析した。この高校のCPGEか
らは毎年、最上位のグランゼコールに10人程度が合格する。2007年にMPSI
またはPCSIに進学した176人の生徒を対象として、学期（セメスター）ごと
の通知表を用いて、その後の2年間ないし3年間の動向を調査した(17)。各学期
について、主要科目（数学、物理学、場合により化学、フランス語）における
生徒の平均点、学年での順位、教員から受けた評価のタイプを調べた。評価の
タイプはしばしば標準化されており、繰り返し用いられることが多い。つま
り、様々な生徒の評価に教員たちは同じ文言を繰り返し用いているのだ。そこ
で、これらの文言を次の4つのカテゴリーにまとめた。a）勉強の努力と真面
目さ（例えば「非常に真面目」「真面目だが、少し物足りない」）、b）最優秀
と評価された生徒の優秀さと明敏さ（例えば「明敏さと数学への関心」「物理
学の具体的および概念的側面を容易く理解している」）、c）十分に活用されて
いない能力または潜在能力（例えば「持てる能力を完全には活かしていな
い」、「全体として確かな潜在能力がある」）、d）自信のなさ、またはストレス
（例えば「試験の圧力にうまく対処できないことが、持てる能力に見合った成
績を収められない理由だと考えられる」）。この最後の例でも分かるように、こ
れらのカテゴリーは相互排除的ではない。さらに、コーパスの長期的変化を追
う調査の性質上、CPGEの2年目にどのタイプのクラスに入るか（いわゆる
「エトワル（étoile＝星、スター、花形）」と呼ばれる特進選抜クラスかどう
か(18)）、「5/2」(19)（2回目の2年生の通称）としてもう1年やり直すどうか、
CPGE終了後にENS理系入試を受験するかなど、生徒らのその後の進路に関
する一連の情報を加味することもできる。この調査では生徒の社会的出自は不
明なままだが、性別は通知表に記された生年月日の男女別表記で知ることがで
き〔フランス語の「né＝生まれた」という語には男性形と女性形の区別があ
る〕、過去分詞の女性形の有無に基づいて識別可能である（個人の名前をもと
に解釈するのは危うい）。コーパスには52人の女子と124人の男子が含まれる。
　1年目は、女子と男子の学業成績は平均すると同じである。成績は最初の2
学期における順位と、年度末の「エトワル」クラスへの進級状況で測定した。
2年目の「エトワル」クラスへの進級者に関する学級評議会の決定は、1年目
の成績順位に厳密に従う。したがって、「エトワル」クラスに進級する女子と

男子の割合は完全に同じで（ともに29％）、「非エトワル」クラスへの進級者の割合も女子が46％、男子が47％とほぼ同じだった。他の可能性（中途退学、2年目への進級の不許可、「物理・理工学（PSI）」クラスへの移籍など）についても、女子と男子の間で違いはない[20]。ところが、1年目の女子と男子の同等の成績に対する教員の評価は同じではない。女子の場合には、1年目の前期または後期の通知表で少なくとも1回は「真面目な勉強ぶり（travail sérieux）」が強調されているケースが81％、「自信の欠如（manque de confiance）」が強調されているケースは62％に上るのに対して、男子ではそれぞれ40％と29％に過ぎない。逆に男子では、57％に対して、少なくとも1回は「潜在能力（potentiel）」が認められている（特に成績優秀者ほど「潜在能力」が認められている）のに対して、女子の場合には31％に過ぎない（特に中位にランクされている女子に対して「潜在能力」が認められている）。「優秀さ（l'excellence）」や「明敏さ（la finesse）」という評価を得たのは当然のごとく最上位の生徒たちだけだが（上位の4分の1の生徒が、こうした評価の3分の2を得た）、これについても、教員はよりしばしば男子に対してこうした評価を下した。上位4分の1の生徒のうちで、男子の58％（31人中の18人）がこうした評価を与えられたのに対して、女子では28％（14人中の3人）のみだった。

　2年目には、評価の構造には相変わらず性別による対立がみられるものの、成績には差が生じ、男子が優位になる。「エトワル」クラスの前期には、男子の36人中6人（17％）が上位4分の1に入ったのに、女子では15人中1人（7％）のみだった[21]。「エトワル」クラスには優秀な生徒が集められているうえに、「5/2」（2回目の2年生たち）との競争も働き、1年目の後期から2年目の前期にかけて、男子は平均で9ランク低下するが、女子は12ランク低下する（男女ともその後は年度を通じてほぼ同じ順位にとどまり、どちらも平均して0.8ランク上昇する）。男子の低下幅が女子よりも小さいことは、男子の「活かされきっていない能力（capacités inexploitées）」や「明敏さ」を1年目に強調した教員の「洞察力」が後からみて裏付けられたと考えることもできるが、逆の考え方も可能だ。つまり、このタイプの評価が、競争が強まった状況に置かれた場合に、男子のほうに自分の学校的価値に関する自信をより多くもたらすことで、激励的な役割を（さらに、予言の自己実現的な役割すらも）演じたと

考えることもできるのである。

　教員の評価によって、生徒が自分の学校的価値に対する自信を持つことは、2年目の終わりに、「5/2（2回目の2年生）をする」かどうかをめぐる決定を下す際にも再確認される。「エトワル」クラスでは、生徒が2年目の終わりにクラスの下位にいるほど、「5/2をする」ことを決断することが多い（翌年に5/2になった生徒の2年目の終わりの平均順位は22.4位だが、それ以外の生徒の平均順位は16.4位である）。しかし、それを決断するためには、さらに1年をかけて追加勉強をすれば入試でより良い成績を取れる可能性があると確信する必要がある。しかるに、このような確信は、教員の評価によって構築されるように思われる。何故なら、最初の2年間を通じての4学期分の通知表で潜在能力に関する評価が1回もないか、1回しかない生徒は、22％しか「5/2」を選択しなかったのに対して、潜在能力を2回以上強調された生徒では39％が「5/2」を選択したからだ。当然の結果として、37％の男子が1年の追加準備の後に再び入試に挑戦したのに対して、女子ではその割合は15％に過ぎない。

　以上の調査結果は、より広範な通知表のコーパスについて行われた語彙分析の結果とも合致する。その例として、ドゥムーランとダニエル（Demoulin, Daniel 2013）が高校1年生の1,500通以上の通知表を対象に実施した語彙分析は、「『真面目』という評価は（フランス語科目の場合と比べて）数学ではほとんど用いられないが、用いられる場合には女子の評価で明らかに多く用いられている」ことを示した。もう一つ、この語彙分析と近い点をあげると、本章の通知表コーパスでも（同じ高校のPCSIでの数学の口頭試験に際して行われた観察でも同じだが）、「『教員の性別』という変数と評価内容の間にみられた一連の差異に関して一致する解釈を得る」ことができず、「『教員の性別』変数と評価内容の間には有意の関連性は認められなかった」。そのため本章ではこの変数を考慮しなかった。

　MPSIの複数のクラスで、前期に首席だった生徒たちのその後の進路と、教員から受けた評価を比較すると、客観的には同じ成績でありながら、性別による特徴付けがあることがよく分かる（写真14.2）。レア（女子）は「真面目な勉強ぶり（travail sérieux）」と「素晴らしい結果（excellent bilan）」を褒められているのに対して、ロイック（男子）の数学の先生は「明敏さ」と「成熟ぶ

801-MPSI 1 (48 élèves)　　　　　　　　　**BULLETIN du 1er SEMESTRE**　　　　　Année 2007-2008

Matières	Coef.	Rang	Moyenne Élève	Moyenne Classe	-	+	Appréciations des professeurs
MATHEMATIQUES M.	35,00	1	17,57	11,18	6,91	17,57	Travail sérieux et régulier. Excellent semestre.
Écrit	6,00		18,00	10,80	5,90	18,00	
Oral	1,00		15,00	13,43	10,10	16,40	
PHYSIQUE M.	25,00	4	15,89	11,88	7,38	17,84	Très bon semestre; continue ainsi !
Écrit	21,00		16,10	11,48	6,80	18,00	
Oral	4,00		14,80	13,86	10,30	17,00	
FRANCAIS-PHILO M.	15,00	19	9,94	9,41	6,80	13,26	Un travail sérieux. Écrit correct. Un bon oral.
Écrit	4,00		9,67	9,15	6,00	12,67	
Oral	1,00		11,00	10,65	5,00	17,00	
ALLEMAND LV1 M.	15,00	8	11,36	10,82	5,90	17,70	Travail sérieux et des progrès à l'écrit. Oral de bon niveau.
Écrit	4,00		11,30	10,58	5,00	18,00	
Oral	1,00		14,60	11,80	6,70	16,50	
ANGLAIS LV2 Mme	1,00	14	8,69	7,50	2,00	19,00	Ensemble correct.
SCIENCES IND M.	10,00	3	14,00	10,83	4,90	15,79	Élève sérieuse, bonne participation. Bon semestre.
Moyennes générales Rang : 1er			14,75	11,09			

Avis du conseil de classe :　　　*Excellent bilan, Bravo, continuez.*

Absences : 2 demi-journées dont 1 est injustifiée
Retard : Aucun

802-MPSI 2 (46 élèves)　　　　　　　　　**BULLETIN du 1er SEMESTRE**　　　　　Année 2007-2008

Matières	Coef.	Rang	Moyenne Élève	Moyenne Classe	-	+	Appréciations des professeurs
MATHEMATIQUES M.	35,00	2	18,16	10,82	4,29	18,87	Beaucoup de finesse et de maturité mathématique. Vos résultats sont très bons et devraient encore progresser. Bravo!
Écrit	6,00		18,80	10,46	3,30	18,30	
Oral	1,00		14,30	13,00	9,00	16,90	
PHYSIQUE M.	25,00	2	15,87	11,37	5,62	16,12	Très bon semestre, continuez ! Soyez plus régulier sur la connaissance du cours.
Écrit	21,00		16,00	10,90	5,72	16,20	
Oral	4,00		15,17	13,89	11,00	16,00	
FRANCAIS-PHILO M.	15,00	7	10,84	9,07	3,00	13,16	Satisfaisant à l'écrit, perfectible en interrogation orale.
Écrit	4,00		11,30	8,95	3,00	12,70	
Oral	1,00		9,00	9,79	2,00	15,50	
ANGLAIS LV1 M.	15,00	16	9,40	8,79	2,10	13,20	Avec du travail régulier, vous pouvez progresser.
Écrit	4,00		10,00	8,76	2,00	13,50	
Oral	1,00		7,00	8,90	2,50	16,00	
ALLEMAND LV2 Mme	1,00	24	13,00	10,81	4,00	18,60	ensemble satisfaisant.
SCIENCES IND M.	10,00	6	13,00	10,10	1,20	17,50	assez bons résultats.
Moyennes générales Rang : 1er			14,64	10,38			

Avis du conseil de classe :　　　*Très beau bilan, profil et un ensemble prometteur.*

Absences : 2 demi-journées justifiées
Retard : Aucun

Le Président du conseil de classe

写真14-2　順位が同等の生徒でも、性別によって、教員の評価が異なる例
（数学・物理・理工学クラス第一学年1学期の通知表。上は女子、下は男子）

り（maturité）」を強調したうえで、「更に進歩する（encore progresser）」ように促している。MPSIの後期も2人の好成績は続き（レアは学年で4番、ロイックは2番で、彼の数学の先生は「才気煥発で、才能豊か」と評価）、ともに2年目はMPの「エトワル」クラスへ進んだ。ロイックは上位を保ち（各学期とも2番）、物理の先生によれば「名門校を狙える」。レアのほうは、前期は36人中の20番で（後期は12番に）、初めて「もっと頑張れる（capable de mieux）」という評価がなされたが、これは、「もっと伸びる」という意味ではなく、逆に、「低下を食い止めろ」という意味である。年度の終わりに、ロイックはENSの受験を志願したが（一次試験に合格）、レアに対しては、ドイツ語の先生が「成績が（クラスの平均を下回り）芳しくないのは、一番難しいグランゼコールの受験を目指して難問を選んでいるのが理由」と一見親切に説明して、暗に、ENSの受験を思い止まらせた。

　このように、CPGEが重視するような知識との関係に親しんできたかどうかとの違いが生徒間にあるうえに、さらに教員の評価というバイアスも付け加わり、男子に対しては自分の能力を信じるように励まし、理系科目に向いた個人的資質を積極的に認めてやり、女子に対しては勤勉さを評価するのである。このように生徒の自己イメージと教員による評価が合致することが、教員の評価が象徴的かつ実際的な効力を備えた宣告型言語行為として作用するための適切性条件だとみなすことができる。つまり、教員の評価は、男女の生徒のそれぞれに対して、学校的な意味で自分が誰であり、何を望むことが許されているのかを命じる判決の宣告であるわけだ。

第5節　主観的な希望から客観的な進学先へ

　教員の評価が、生徒の自己評価、希望する進学先、そして最後に客観的な進学先にどのような影響を及ぼすかを正確に測ることは難しいが、生徒の希望校と実際の受験先を通じて考察することはできる。受験の出願は、建前上は、生徒の自由な選択に任されており、どのグランゼコールを受験するかは、生徒の主観的希望の実際的表現という形をとる。主観的希望に教員の評価による指導

表14-1　性別および出自の社会的背景による志望の相違

		Xまたは ENS の受験を考えていると回答した生徒の割合（可能性の範囲）		合格が確実であれば、最も入りたい3校のうちに、XまたはENSをあげた生徒の割合（願望の範囲）	
		生徒数	%	生徒数	%
パリまたは地方の上位高校	上流階層の男子（456人）	357	78	323	71
	上流階層の女子（197人）	134	68	95	48
	中流／庶民階層の男子（244人）	158	65	146	60
	中流／庶民階層の女子（92人）	51	55	36	39
地方の下位高校	上流階層の男子（275人）	99	36	91	33
	上流階層の女子（93人）	28	30	22	24
	中流／庶民階層の男子（312人）	72	23	69	22
	中流／庶民階層の女子（92人）	18	20	20	22

調査対象：MPSI/MP と PCSI/PC の生徒1,761人。
注：十分な調査対象者数を確保するために、パリと地方の上位高校、庶民階層と中流階層を一緒にまとめた。
出典：CPGE での ENS 志望に関する2013年度調査。

が加わることで、実際に客観的な進学先が決まる。

　我々の質問票は男女の生徒に受験の希望校を尋ね、エコール・ポリテクニックとENSの受験に関して、生徒の高校のタイプによっても、性別や社会的出自によっても（これらの効果は累積する）、大きな差異があることを明らかにした（表14.1）。（少なくとも）エコール・ポリテクニック（通称X）かENSのどちらかを受験すると回答したのは、上位高校のCPGEで学ぶ上流階層の男子では78％だが、地方の下位と中位のCPGEで学ぶ中流および庶民階層の女子では20％に過ぎない〔原文の数値には誤りがあったため、著者に確認し修正した〕。

　もちろん、高校間の差異は、一部の下位高校のCPGEには「エトワル」クラスがなく、エコール・ポリテクニックやENSの受験を優先的に準備していないという事情も部分的に反映している。しかし、同時に、教員が生徒に対して特定のグランゼコールについて話をすることで（あるいは、話をしないことで）、生徒の可能性の地平を決める役割を演じていることも考慮する必要がある。地方の下位のCPGE（このCPGEからは毎年平均して5人か6人がENSを

受験している[22]）で質問票を配布した際に、一人の生徒が教員に「ENSって何ですか」と尋ねた。教員は「エコール・ノルマル・シュペリュール（高等師範学校）のことさ」と答え、それに対して、この生徒は「わあ、なんだか難しそうですね。エコール・サントラル〔中央学校とも訳され、ポリテクニックと鉱業学校と並び、理工系の3大グランゼコール〕と比べてどうなんですか。どちらが難しいのですか」とさらに質問した。これと対照的に、上位のCPGEにおいては、教員は最上位のグランゼコールを目標に掲げ、卒業生を招いて、「エコール・ポリテクニックに入った卒業生たちが軍服姿で、我が校に腕立て伏せをしに来たぞ。［…］いやあ、憧れるよね」などと、最難関校の受験を生徒に促す。以上のような民族誌学的な知見は、ダヴェルヌとデュテルク（Daverne, Dutercq 2013: 75-77）が2013年に指摘した「教員を通じた学校の影響は非常に大きな効果を及ぼすように思われる」という知見とも合致する。両研究者が調査したCPGEの生徒たちは、志望校の選択において、自分の個人的な成績水準よりも、CPGE内における志望校選択の慣行を先ず参考にしていた。

　志望校の選択は、CPGEの学年度に生徒が得た成績の違いを反映することもある。一部の生徒は「受かる可能性がまったくない」グランゼコールを受験することは時間の無駄だと考えるからだ。しかし、質問票への回答で、自分がクラスの上位3分の1に入っていると判断した生徒だけをとってみても、男子の74％がENSを受験したいと述べたのに対して、女子では62％にとどまった。より興味深いのは、学力水準の問題を捨象するために、生徒全員に対して、合格が確実だとしたら、どのグランゼコールを選ぶかを尋ねたところ（表14.1の2列目）、数値の開きが拡大したことだ。これを説明するためには2つの仮説が可能だ。一つは、マリ（Marry 2004）に倣って、女子は「優秀さの標準的なモデルに従って成功する」ことを男子ほど強く求められていないため、エコール・ポリテクニックやENSほどの名門でなくとも、自分の学業計画や職業計画により適したグランゼコールに行くことを望むのだろうという考え方である。もう一つは、女子（および庶民階層の生徒）における自分の学校的価値に関する自信のなさが反映されているという見方で、この自信のなさは、教員による学業成績の評価に起因しているとともに、これらの生徒の自己イメージと、名門グランゼコールに「相応しい受験者（le bon candidat）」のイメージ

の乖離にも原因がある。実は女子の場合でも、「合格が確実なら」入りたいグランゼコールのトップにはエコール・ポリテクニックが挙がり、エコール・サントラルとENSがそれに続いている。しかし、「合格が確実なら」どのグランゼコールに入りたいかという質問への非回答率は、女子（13％）のほうが男子（7％）よりも高く、地方の「下位」のCPGEの生徒（20％）のほうがパリの上位CPGEの生徒（5％）よりも高く、また庶民階層の子ども（17％）のほうが上流階層の子ども（12％）よりも高い。可能ならどのグランゼコールに行きたいかを言う資格が自分にあると感じるかどうかの差は、社会的に決まっているように思われる。

おわりに

　このように、社会的出自と性別による「選り分け」を行うグランゼコールの入試の前の段階ですでに（Blanchard *et al.* 2016: 103-125）、CPGEにおける教員と生徒の関係や、選択可能性の範囲の社会的に差異化された構築が、志望校の決定に影響するのである。

　逆説的だが、理系CPGEにおいて多くの勉強量が要求され、勤勉を重視する言説が普及していること自体が、実は天性と生徒間の生まれつきの差異による評価の押し付けを可能にしているのである。誰しもが非常に努力し（あるいは、非常に努力していると感じており）、したがって、誰しもが努力を認められてしかるべき世界において、CPGEの生徒たちは、成功する者としない者の差は、努力とは別の資質を備えているかどうかだと認めざるを得なくなる。しかし、違いを生むと評価されている資質はどこにでも見つかるわけではない。直観、好奇心、素早さなどは、男子において、また、最もエリート的な高校において、より多く認められるのである。教員の評価、通知表や答案に記された寸評は、指名と選出の本格的な形式であり、生徒の志望意欲を高めたり、逆に期待を抑えたりする判決の審級として機能する。科学者を努力家としてよりもむしろ天才としてイメージすることは、才能豊かな秀才と頑張り屋の生徒という古典的な対比と重なるもので、社会的不平等を生まれつきの差異に変換してしまう。究極的に、この指名と選出のメカニズムを分析することで分かるの

は、いかにしてCPGEが社会的境遇の客観的な強化と象徴的な正当化に貢献しているかだ。最終的に、超名門グランゼコールの入試は、この2つの動きを完成する。なぜなら、これらの入試の徹底的な選抜性（2008年から2013年にかけてENSの受験者の合格率は4%）は、統計的な例外と、特に学校的な例外性という二重の意味において、選抜というものが常に例外性の問題であることを示唆しているからである。

コラム14.1　本調査の概要説明

理系準備級の多様性を検討する

　我々の調査の一部は、理系準備級の1年目である、MPSI（数学・物理・工学）クラス、またはPCSI（物理・化学・工学）クラスおよび2年目であるMP（数学・物理）クラスまたはPC（物理・化学）クラスに在籍する1,778名の生徒に対して2013年から2014年に配布した質問票に基づいている。これらのクラスは理系準備級全体を構成するわけではないが[23]、最も古くからあり（それらのクラスはかつての高等数学、特別数学の後継クラスである）、そして、理系準備級に登録する生徒の58%を受け入れている。これは、学校的にも社会的にも選抜されたコースである。すなわち、我々の調査サンプルにおいて、調査に答えた生徒の99%がバカロレアで特記評価を得たと申告しており、「秀」評価[24]を得たのは66%であった。社会的出自の点からみると、国のデータは、2009年にPCSIクラス／PCクラスに登録した生徒の59%（我々の質問票では58%）は上流階層に所属している父親を持っているということ、そしてこの割合はMPSIクラス／MPクラスでは62%（60%）に達する[25]ということを示している。さらに、これらのクラスは非常に男性比率が高いという特異性を持つ。2013年から2014年において、全国レベルで、女子はMPSIクラス／MPクラス全体の21%（我々の質問票では23%）を占め、PCSIクラス／PCクラス全体の32%（同33%）を占めている。前述の括弧内に明示した、調査に答えた生徒たちの性別や社会的出自による分布は、このように既存の国のデータに非常に近い。

　準備級は、一般的に高等教育において、学校的、社会的なエリートを受け入

れている例外的な一集団とみなされ、首都や大都市の歴史的中心地に位置する一握りの高校という集団的想像の産物にしばしば帰する。しかし、調査時の2014年に130校以上の高校で分類されたMPSIクラス／MPクラスとPCSIクラス／PCクラスの約2万9,000人の準備級の生徒のプロフィールと経歴は、彼らの教育条件や特定の学校に到達する客観的な確率同様、およそ一様ではない。実際に、2014年にXに合格した受験生の4分の3は、パリ地域圏にある準備級の出身であり（Floc'h 2014b）、これは2008年から2013年の間のENSパリの理系合格者の64％にも当てはまっていた[26]。この多様性を捉えるために、質問票は異なる14の学校機関に配布され、次に地理的な位置付け（イル・ド・フランス／地方）により、また学校の威信（「上位」もしくは「中位／下位」）[27]により、分類された。「上位」もしくは「中位／下位」校という呼称は、以下、重要度順にその場限りの分類基準とみなして作られた。a）*L'Etudiant*誌［進学や学生生活に関する情報誌。高校の図書室で定期購読されており高校生によく読まれている］によって公表されたランキングにおける高校の順位、b）その高校のENSコンクール登録者数、第一次試験合格者数、第二次試験合格者数、c）地方の高校について、その高校がある街の地域的な重要性。調査を行なった14校の学校機関は次のように分類された。パリの2つの「上位」校、地方の4つの「上位」校、8つの「中位／下位」校。

　高校によって、回答率は65％から90％の間で変動しており、回答者のほぼ全員が期限までに質問票の回答欄を埋めた。生徒たちはまた質問票の最後に自由コメントを残すように依頼され、コメントを残したのは、回答者のうち17％である。別段の記載がない限り、生徒たちの社会的出自は、申告された父親の職業から測った。無回答（約5％）は、調査した母集団から除外し、残りの回答については、3つのカテゴリー（上流階層、中流階層、庶民階層）に分類した。庶民階層には、一般事務職と労働者を統合した。中流階層には、中間職、職人、商人、農業従事者を統合した。上流階層には、管理職、高度知的職業人ならびに会社社長を加えた。失業者は、最後に携わった仕事によって分類した。この質問票から抽出したデータを「2013年〜2014年準備級調査」と呼ぶこととする。質問票の補足として、14のインタビューが、質問票の最後に連絡先を残した生徒に対して行われた（彼らに連絡先を残すことを依頼していたため）。内訳

> は中位／下位校の女子6人と男子3人、パリの上位校の女子4人と男子1人である。そのほかの補足的な資料は本文の流れに沿って提示される。
>
> （山﨑晶子訳）

注

(1) 「理系（scientifiques）」という形容詞は、グランゼコール準備級（CPGE）およびパリ・ユルム通りの高等師範学校（ENS）の入試で用いられる「文系（littéraires）」と「理系（scientifiques）」の区別に準じている。

(2) 本研究中の数値は、ENSが2008年、2009年、2010年、2012年および2013年の入試に関して本研究の著者に提供したデータベースに依拠している。このデータベースを「入試データベース（Base concours）」と呼ぶことにする。

(3) Contrôle général économique et financier, *Revue des dépenses des écoles publiques d'ingénieurs*, juin 2015, p. 38. 情報源の違いや社会的出自別の生徒数の集計方法の違いにより、数値は多少異なるが、どのような集計方法でも、一般事務職または労働者の子どもが非常に少ないことに変わりはない。

(4) 質問内容は「以下の資質の内で、CPGEでの勉強とグランゼコール合格に一番重要と思われるものを2つ丸で囲んでください」というもので、あげられた6つの資質は、真面目さ、素早さ、勉強をたくさんこなす能力、段取りの良さ、ストレス耐性、直観。

(5) 生徒の名前が添えられた引用は、面談記録からの抜粋。それ以外は、質問票の裏面に記されたコメントからの引用。社会的出自や高校に関する記述は、どの言説が生徒たち全員に共通か、どの言説がこうした基準に応じて異なるかをみせてくれる。

(6) ブルデュー（Bourdieu 1981: 3-70特に7頁）はCPGEを他の教育課程と区別するものは「生徒の生活を集中的学業活動の絶え間ない連続に還元するために用いられる激励、強制、監督などの制度的手段のシステム」だと強調した。より最近では、ダルモン（Darmon 2013）が、生徒を「勉強させること」がCPGEの中心的な性格であることを明らかにした。

(7) 質問の内容は「これまでの成績によるクラスの生徒の順位付けで、あなたは、クラスの上位3分の1、中位3分の1、下位3分の1のどこに入ると思いますか」。

(8) 「次の様々な資質の内、あなたに一番適合するもの2つを丸で囲んで下さい」という質問への回答。あげられた資質の種類は、学業成功に必要な6つの資質と同じ。

(9) 数学の点数はENSの入試の最終成績では、MPで51％、PCで21％を占め、エコール・ポリテクニックでもMPで34％、PCで21％を占める。CPGEにおける数学の授業時間は他のどの科目よりも多く、MPSI/MPの時間割の3分の1以上、PCSI/PCのほぼ3分の1を占める。

(10) フィールズ賞やノーベル物理学賞のフランス人受賞者はほぼENSが独占しており、また、CAC40構成銘柄である大手上場企業の経営者の中にはエコール・ポリテクニックの卒業生が非常に多いことは次の論文が示す通り（Dudouet, Joly 2010）。

(11) カント的な意味でのアプリオリな直観（つまり、図式化が可能な観念の構築）としての、数学における直観の位置に関する問題は、19世紀末から、特に非ユークリッド幾何学の発展にともなって、数学界で多くの議論を招いた。より一般的には、1930年代末まで続いた数学の基礎付けをめぐる論争の一環として議論された（Grattan-Guinness 2001参照）。

(12) 「厳密さがなければ、数学はその特異性を失ってしまうだろう。直観がなければ、数学は進歩しないだろう」（Zarca 2012参照）。

(13) 次を参照。「直観は、論理の平衡錘または解毒剤としての役割を維持しなければならない」（Poincaré 1970: 35）、「直観は証明を可能にするだけでなく、発明も可能にする」（*Ibid.*: 39）。

(14) 「客観性とは、知る者の痕跡を一切残さない知識を望むことである［…］客観性とは盲目のビジョンであり、推理も解釈も知性もない眼差しである」（Daston, Galison 2012: 25）。

(15) この学校の入試は、「理工科共通試験（CCP）」という試験のプール制に参加している。このように入試の試験を共通化している理系グランゼコールのグループが複数あり、CPGEの生徒と教員の目には、序列化されたものと映っている。CCPと、「E3A」と呼ばれるエンジニア学校のグループが下位に位置し、その上に、中央学校と国立鉱業学校のグループがあり、さらにエコール・ポリテクニックとENSのグループが最上位に位置付けられている。

(16) ベロッティ（Belotti 1973）の研究以後、男女で差異化された子どもの社会化の具体的形態に重点を置いた諸研究を概観するには、le numéro « Les objets de l'enfance », *Cahiers du genre*, 49, 2010を参照。

(17) 調査が実施された2013年には、2007年と6年間の時間差があり、そのおかげで、一方で生徒の長期的調査が可能になり、他方では、通知表の入手を容易にした。これは、卒業生の通知表を校長が機密データとみなしていなかったためである。

(18) 「エトワル」クラスは、他のクラスと形のうえでは同じ教育プログラムに従うが、

　　　　最上位のグランゼコールの過去の入試問題に基づく演習問題を選択することなど
　　　　により、こうしたグランゼコールの入試を準備する特別クラスである。

(19) CPGEの2年生を「3/2」、2回目の2年生（3年目に相当）を「5/2」と通称する
　　　が、これは3/2が変数xを1から2まで積分して得られる値であり（xを1から2ま
　　　で積分すると$1/2 \times 2^2 - 1/2 \times 1^2 = 3/2$）、5/2が変数xを2から3まで積分して得ら
　　　れる値である（xを2から3まで積分すると$1/2 \times 3^2 - 1/2 \times 2^2 = 5/2$）ことが理
　　　由。「xの積分」を意味する「l'intégrale d'x」は「intégrer l'X」に通じる表現
　　　で、「（Xと通称される）エコール・ポリテクニックに合格する」ことを指してい
　　　る。

(20) これらの他の進路をたどった生徒は長期的調査の対象外とした。こうして1年目
　　　の終わりでの調査対象者の減少数は、女子13人、男子30人だった。

(21) 上位4分の1に入った生徒の数（7人）は、コーパス（2年目の「エトワル」クラ
　　　スでは51人）の4分の1よりも少ないが、これは、上位4分の1には、調査対象群
　　　よりも1年前に進学した「5/2」の生徒が多いためで、同じことは、「非エトワ
　　　ル」クラスについても言える。

(22) 入試のデータベースによる。

(23) 1995年からは1年目には7つのタイプの理系準備級が、2年目には8つのタイプの
　　　理系準備級がある。

(24) 回答者の大半が2012年と2013年にバカロレアを取得している。この2年を通し、
　　　科学系バカロレア取得者のうち、「秀」特記評価の割合は全国レベルではそれぞ
　　　れ12.5%、15.4%であった（出典：国民教育・高等教育・研究省、MENESR）。

(25) 同年、管理職や高度知的職業人の子どもはフランス人生徒全体の30%しか占めて
　　　おらず、労働者の子どもは11%である（出典：準備級についてはDEPPから直接
　　　取得、および国民教育統計年鑑2010）。

(26) ENS基礎コンクール〔一次試験のこと〕。

(27) しかしながら、調査した学校機関は、パリに関しては、パリの「下位」校を含ま
　　　ず、この調査はENSユルム校へ学生を最も多く「供給している者」である学校機
　　　関に集中した。

参考文献・資料

Alexander Amir R., 2002, *Geometrical Landscapes : the Voyages of Discovery and the Transformation of Mathematical Practice*, Stanford University Press.

Allouch A., 2013, *L'ouverture sociale comme configuration. Pratiques et processus de sélection et de socialisation des milieux populaires dans les établissements d'élite*

: *une comparaison France-Angleterre*, thèse de doctorat en sociologie, IEP.

Baudelot Ch., Establet R., 1992, 2006, *Allez les filles ! Une révolution silencieuse*, Seuil.

Belotti E. G., 1973, *Du côté des petites filles*, Ed. des femmes.

Blanchard M., Orange S., Pierrel A., 2016, *Filles + sciences = une équation insoluble ? Enquête sur les classes préparatoires scientifiques*, Ed. Rue d'Ulm.

Bourdieu P., 1979, *La Distinction. Critique sociale du jugement*, Minuit.〔ピエール・ブルデュー『ディスタンクシオンI, II：社会的判断力批判（普及版）』石井洋二郎訳, 藤原書店, 2020年.〕

Bourdieu P., 1981, « Épreuve scolaire et consécration sociale, Les classes préparatoires aux grandes écoles », *Actes de la recherche en sciences sociales*, no. 39, pp. 3-70.

Bourdieu P., 2016, *Sociologie générale, volume 2 : Cours au Collège de France, 1983-1986*, Raisons d'agir/Seuil.

Castets-Fontaine B., 2011, *Le Cercle vertueux de la réussite scolaire. Le cas des élèves de grandes écoles issus de « milieux populaires »*, Bruxelles: Ed. modulaires européennes.

Contrôle général économique et financier, 2015, *Revue des dépenses des écoles publiques d'ingénieurs*, Ministère des Finances et des Comptes Publics, et Ministère de l'Économie, de l'Industrie et du Numérique.

Darmon M., 2012, « Sélectionner, élire, prédire : le recrutement des classes préparatoires », *Société contemporaines*, no. 86, pp. 5-30.（本書第13章）

Darmon M., 2013, *Classes préparatoires. La fabrique d'une jeunesse dominante*, La Découverte.

Daston L., Galison P.（trad. par Renaut S. et Quiniou H.）, 2007=2012, *Objectivité*, Les presses du réel（*Objectivity*, Zone Books）.

Daverne C., Dutercq Y., 2013, *Les bons élèves. Expériences et cadres de formation*, PUF.

Demoulin H., Daniel C., 2013, « Bulletins scolaires et orientation au prisme du genre », *L'orientation scolaire et professionnelle*, vol. 42, no. 3, pp. 367-397.

DEPP, 2010, *Repère et références statistiques* 2010, MEN.

Détrez Ch., Piluso C., 2014, « La culture scientifique, une culture au masculin ? », *Questions de genre, questions de culture*, La documentation Française, pp. 27-51.

Dudouet F.-X., Joly H., 2010, « Les dirigeants français du CAC 40 : entre élitisme scolaire et passage par l'État », *Sociologies pratiques*, no. 21, pp. 35-47.

Floc'h B., 2014a, *L'École polytechnique, ce concentré d'inégalités*, https://www.lemonde.fr/campus/article/2014/11/25/l-ecole-polytechnique-ce-concentre-d-inegalites_4529264_4401467.html.

Floc'h B., 2014b, « Polytechnique cherche à "déparisianiser" son recrutement », *Le Monde*, 29 décembre 2014.

Grattan-Guinness I., 2001, *The Search for Mathematical Roots, 1870-1940, Logics, Set Theories and the Foundations of Mathematics from Cantor through Russell to Gödel*, Princeton University Press.

Khan Sh. R.（traduit par D.-G. et M.-B. Audollent）, 2011=2015, *La nouvelle école des élites*, Agone（*Privilege. The Making of an Adolescent Elite at St. Paul's School*, Princeton University Press.）

Marry C., 2004, *Les femmes ingénieurs. Une révolution respectueuse*, Belin.

Pasquali P., 2014, *Passer les frontières sociales. Comment les « filières d'élite » entrouvrent leurs portes*, Fayard.

Perrenoud Ph., 2010〔1984, 1995〕, *La fabrication de l'excellence scolaire. Du curriculum aux pratiques d'évaluation*, Librairie Droz

Poincaré H., 1970（1905）, *La valeur de la science*, Flammarion.（アンリ・ポアンカレ『科学の価値』田辺元訳, 岩波書店, 2005年.）

Pélage A., Brachet S., Brugeilles C., Paillet A., Rollet C., Samuel O., 2016, « " Alors c'est quoi, une fille ou un garçon ? " Travail de préparation autour du genre pendant la grossesse », *Actes de la recherche en sciences sociales*, 2016/4, no. 214, pp. 30-45.

Tenret É., 2011, *L'école et la méritocratie. Représentations sociales et socialisation scolaire*, PUF.

Zaidman C., 1996, *La mixité à l'école primaire*, L'Harmattan.

Zarca B., 2012, *L'univers des mathématiciens. L'ethos professionnel des plus rigoureux des scientifiques*, PUR.

【付記】

　本章は、Marianne Blanchard, Sophie Orange, Arnaud Pierrel, 2017, « La noblesse scientifique : Jugement scolaire et naturalisation des aspirations en classe préparatoires aux grandes écoles », *Actes de la recherche en sciences sociales*, 2017/5, no. 220, pp. 68-85（68, 73, 74, 82頁の資料等以外）の全訳である。著者および出版社Le Seuilの快諾に感謝申し上げる。

付録1

第5共和政（1959年）以降の
大統領・首相・教育大臣（任期）一覧

	大統領	在職期間	首相	在職期間	国民教育大臣・高等教育研究大臣	在職期間
1	Charles de Gaulle	59.1.8-69.4.28	Michel Debré	59.1-62.4	André Boulloche	59.1.8-59.12.23
					Michel Debré	59.12.23-60.1.15
					Louis Joxe	60.1.15-60.11.22
					Pierre Guillaumat	60.11.22-61.2.20
					Lucien Paye	61.2.20-62.4.15
			Georges Pompidou	62.4-68.7	Christian Fouchet	62.11.28-67.4.1
					Alain Peyrefitte	67.4.1-68.7.10
					Edgar Faure	68.7.10-69.6.23
					Olivier Guichard	69.6.23-72.7.7
			Maurice Couve de Murville	68.7-69.6	Joseph Fontanet	72.7.7- 74.5.28.
2	George Pompidou	69.6.20-74.4.2	Chaban-Delmas	69.6-72.7	René Haby	74.5.28- 78.4.5
			Pierre Messmer	72.7-74.5		
3	Valéry Giscard d'Estaing	74.5.19-81.5.10	Jacques Chirac	74.5-76.8	Christian Beullac	78. 4.5- 81.5.22
			Raymond Barre	76.8-81.5		
4	François Mitterrand	第1期 81.5.21-88.5.21	Pierre Mauroy	81.5-84.7	Alain Savary	81.5.22-84.7.19
			Laurent Fabius	84.7-86.3	Jean-Pierre Chevènement	84.7.19-86.3.20
			J.Chirac（保革共存）	86.3-88.5	René Monory	86.3.20-88.5.12
		第2期 88.5.21-95.5.17	Michel Rocard	88.5-91.5	Lionel Jospin	88.5.12-92.4.2
			Edith Cresson	91.5-92.4		
			Pierre Bérégovoy	92.4-93.3	Jack Lang	92.4.2-93.3.29
			Édouard Balladur（保革共存）	93.3-95.5	François Bayrou	93.3.29-97.6.4
5	Jacques Chirac	第1期 95.5.17-02.5.16	Alain Juppé	95.5-97.6		
			L. Jospin（保革共存）	97.6-02.5	Claude Allègre	97.6.4-00.3.28
					Jack Lang	00.3.28-02.5.7
					Luc Ferry	02.5.7-04.3.31
		第2期 02.5.16-07.5.16	Jean-Pierre Raffarin	02.5-05.5	François Fillon	04.3.31-05.6.2
			Dominique de Villepin	05.5-07.5	Gilles de Robien	05.6.2-07.5.15.

347

	大統領	在職期間	首相	在職期間	国民教育大臣・高等教育研究大臣	在職期間
6	Nicolas Sarkozy	07.5.16-12.5.15	F. Fillon	07.5-12.5	Xavier Darcos（国民教育大臣） Valérie Pécresse（高等教育研究大臣）	07.5.18-09.6.23 07.5.18-11.6.29
					Luc Chatel（国民教育大臣） Laurent Wauquiez（高等教育研究大臣）	09.6.23-12.5.16 11.6.29-12.5.10
7	François Hollande	12.5.15-17.5.14	Jean-Marc Ayrault	12.5-14.3	Vincent Peillon（国民教育大臣） Geneviève Fioraso（高等教育研究大臣）	12.5.16.-14.4.2 12.5.16-14.3.31
			Manuel Valls	14.3-16.12	Benoît Hamon（国民教育・高等教育・研究大臣）	14.4.2-14.8.25
			Bernard Cazeneuve	16.12-17.5	Najat Vallaud-Belkacem（国民教育・高等教育・研究大臣）	14.8.27-17.5.10
8	Emmanuel Macron	17.5.14-現在	Édouard Philippe（1次）	17.5-20.7	Jean-Michel Blanquer（国民教育大臣） Frédérique Vidal（高等教育・研究革新大臣）	17.5.14-現在
			Jean Castex（2次）	20.7-現在		

付録2

高等教育関連法ほか

年号	大統領・大臣名	高等教育関連法ほか
デクレ1966年6月22日付	フーシェ（Christian Fouchet）国民教育大臣	「フーシェ大学改革」
法律68-978号、1968年11月12日付	フォール（Edgar Faure）国民教育大臣	「高等教育基本法（フォール法）」
デクレ73-226号、1973年2月27日付	フォンタネ（Joseph Fontanet）国民教育大臣	大学一般教育免状（DEUG）制定
1999年6月	アレーグル（Claude Allègre）国民教育大臣	ボローニャ宣言
法律2001-692号、2001年8月1日付	シラク（Jacques Chirac）大統領	「予算組織法（LOLF法）」
2003年以降	フェリー（Luc Ferry）国民教育大臣	LMD（3-5-8）制導入（EPCU）
法律2006-450号、2006年4月18日	ドロビアン（Gilles de Robien）国民教育大臣	「計画・研究のための基本法」「研究・高等教育拠点（PRES）」
法律2007-1199号、2007年8月10日付	ペクレス（Valérie Pécresse）高等教育・研究大臣	「大学の自由と責任に関する法（LRU法）」
2010年3月	シャテル（Luc Chatel）国民教育大臣	欧州高等教育圏（EHEA）創設
法律2013-660号、2013年7月22日付	ペイヨン（Vincent Peillon）国民教育大臣	「高等教育・研究法（LRE法）」「大学・高等教育機関共同体（COMUE、ComUE、またはComue）」
法律2018-166号、2018年3月8日付	ヴィダル（Frédérique Vidal）高等教育・研究革新大臣	「学生の進路選択と成功に関する法（ORE法）」
法律2020-1674号、2020年12月24日付	ヴィダル高等教育・研究革新大臣	「2021-2030年のための研究計画法（LPR法）」

付録3

関連法令等解説（年号順）

① デクレ1966年6月22日付：「フーシェ大学改革」（Réforme Fouchet des universités）

　ド＝ゴール政権下の1966年、当時国民教育大臣を務めたフーシェが行った大学改革。旧来の予備課程を廃止し、大学の教育課程をバカロレア取得後2年間の第一課程、3〜4年次の第二（修士：maîtrise）課程もしくは3年次の1年間のみの学士（licence）課程、5年次以降の第三（博士：doctorat）課程に改編した。このうち第一課程に関しては、大学文学教育免状（diplôme universitaire d'études littéraires: DUEL）と大学理学教育免状（diplôme universitaire d'études scientifiques: DUES）という2種類の免状が新たに設けられた。両免状は、後のデクレ73-226号によって大学一般教育免状（DEUG）に取って代わられる。

② 法律68-978号、1968年11月12日付：「高等教育基本法（フォール法）」（Loi d'orientation de l'enseignement supérieur）
　☞ 17頁、159頁、201頁、237頁

　1960年代末に生じた大規模な大学紛争を受け、政府が取り組んだ抜本的な大学改革の結果として1968年11月に制定。参加と自治、学際性を基本原理とし、新たに設置された大学運営を担う全学評議会（Conseil d'établissement）への学生の参加が認められた。また、旧来の学部（faculté）に代わり、教育研究単位（unité d'enseignement et de recherche: UER）が新設された。これらを再編成した大学は、それ以前よりも小規模なものとなり、1つの大学区に複数の大学が並び立つようになった。

③ デクレ73-226号、1973年2月27日付：大学一般教育免状（DEUG）制定
　　☞ 48頁、85頁、154頁、287頁

　バカロレア取得後2年間の大学の第一課程修了を証明する新たな免状として、大学一般教育免状（diplôme d'études universitaires générales: DEUG）が制定。それ以前は、1966年のフーシェ大学改革で新設されたDUELとDUESに見られるように学部によって異なる免状が授与されていたが、DEUGはこれらに代わり、学部の違いに関わらず共通して授与される。ボローニャ・プロセスに伴うLMD改革により、第一課程としてのDEUG課程に代わってバカロレア取得後3年間の学士（licence）課程が新設されたが、その後もDEUGは中間的な免状として一部で残存している。

④ 法律84-52号、1984年1月26日付：「高等教育法（サヴァリ法）」（Loi sur l'enseignement supérieur）　☞ 237頁

　第一次ミッテラン政権下の1984年に制定。1968年のフォール法の基本原則を踏襲しつつ、高等教育改革を導入。当時の国民教育大臣アラン・サヴァリの名前をとって「サヴァリ法」と呼ばれる。この法律によって、大学は法人格を有する「学術的・文化的・専門的性格を有する公共施設」（établissement public à caractère scientifique, culturel et professionnel: EPCSCP）であり、教育、学術、行政、財政上の自治をもつと規定され、これにより、教育研究単位（UER）となった。サヴァリ法はまた、中期的な戦略計画にもとづき必要な資源を分配する国と大学との契約政策の導入への道を開いたほか、フランスにおける質保証機関の先駆けとなる大学評価委員会（comité national d'évaluation: CNE）の設置を定めるなど、フランスの高等教育制度に重要な変革をもたらしている。なお、サヴァリ法は、制定後度重なる修正を経たのち、2000年に教育法典に収録されている。

⑤ 1999年6月：ボローニャ・プロセス　☞ 48頁、151頁、231頁

　ヨーロッパ諸国の高等教育システムの比較可能性を高め、2010年を目処に欧州高等教育圏（EHEA）を創設することを目指して、1999年6月に29か国が調印したボローニャ宣言により開始。2020年現在でヨーロッパ48か国が参加する

他、ヨーロッパ大学協会（EUA）をはじめとする高等教育に関わる諸組織が諮問メンバーに加わる。EU枠外での政府間協調プロセスであり、2〜3年ごとに開催される高等教育大臣会合で活動方針の決定・進捗状況確認を行う。開始当初は、各国毎に異なる学位制度と教育課程の比較可能性向上を柱としていたが、その活動領域は年々広がり、質保証や資格枠組みをめぐる協力、学生モビリティや生涯学習の促進など、高等教育に関わるあらゆる領域に及んでいる。

⑥ **法律2001-692号、2001年8月1日付：「予算組織法（LOLF法）」（Loi organique relative aux lois de finances）** ☞ 139頁

　フランスの財政・会計制度全体を規定する法律。2001年8月に成立し、2006年より全面施行。LOLF法の下では、ミッション、プログラム、アクションという3段階から成る政策目的に応じた予算体系が組まれ、予算配分の効率化と財政の透明性の向上が目指されている。また、年次業績計画書（projet annuel de performance: PAP）において目標と指標をまず設定したうえでその達成のための予算を編成し、年次業績報告書（rapport annuel de performance: RAP）で業績評価を行うという成果重視型の予算への転換を特徴としている。

⑦ **2003年以降：LMD（3-5-8）制導入、大学協力機関（Etablissements publics de coopération universitaire：EPCU）**
　　☞ 20頁、82頁、154頁、227頁

・LMD（3-5-8制）導入

　ボローニャ・プロセスに伴い、ヨーロッパ諸国の学位制度との整合性をはかるため、フランスにおいて取り組まれた学位制度改革。学士（licence）課程（Bac+3）、修士（master）課程（Bac+5）、博士（doctorat）課程（Bac+8）の3段階からなる学位制度を指し、それぞれの学位の名称の頭文字を取ってLMDあるいはバカロレア取得後の年数から3-5-8制と呼ばれる。2002年4月の一連のデクレおよびアレテによって制度整備がなされた後、国と大学との契約政策を通じて現場レベルにおける新制度の導入が順次実施された。

・大学協力機関（EPCU）

　2003年に当時の国民教育大臣フェリーが提案した高等教育機関自治法案

（フェリー法案）のなかで規定された、法人格を有する大学連携の形態。近接する大学間のより緊密な連携をはかるものだったが、フェリー法案が最終的に廃案となったため実現しなかった。しかし、その構想は後の研究・高等教育拠点（PRES）に引き継がれている。

⑧ **法律2006-450号、2006年4月18日：「計画・研究のための基本法」**
（Loi de programme pour la recherche）、「研究・高等教育拠点
（PRES）」（pôles de recherche et d'enseignement supérieur）
　　☞ 18頁、159頁、195頁、247頁

　フランスの研究システムの改革をはかると同時に、2005年から2010年までの財政措置を規定した法律。このなかで、質保証機関である研究高等教育評価機構（Agence d'évaluation de la recherche et de l'enseignement supérieur: AERES）、および高等教育・研究機関の連携枠組みである研究・高等教育拠点の設置が定められた。PRESは、国際大学ランキングの影響力拡大の下、細分化されたフランスの高等教育・研究機関の地域的連携を促進し、国際的な知名度と魅力の向上をはかることを目的としている。2013年7月の高等教育・研究法（LRE法）により大学・高等教育機関共同体（COMUE）に取って代わられるまでに27拠点が設置。

⑨ **法律2007-1199号、2007年8月10日付：「大学の自由と責任に関する**
法（LRU法）」（Loi relative aux libertés et responsabilités des
universités） ☞ 17頁、110頁、140頁、237頁、367頁

　サルコジ政権が2007年5月の成立直後からプライオリティの1つとして取り組み、同年8月に成立した法律。フランスの大学の国際競争力強化のための政策の一環であり、従来、国家による直接の統制を受けてきた大学の裁量を、意思決定・予算・人事の面で大きく拡大した。また、学長を中心とする執行部の権限を強化するとともに、管理運営評議会（conseil d'administration: CA）の規模を縮小し、議決に必要な条件を緩和する（3分の2以上→半数以上）ことで意思決定の効率化・ガバナンスの強化をはかる。

⑩ 2010年3月：欧州高等教育圏（EHEA）創設（European Higher
  Education Area）☞ 152頁、231頁

　1999年6月のボローニャ宣言に謳われた目標期限である2010年3月、ボローニャ・プロセスの枠組みで開催された高等教育大臣会合で採択されたブダペスト＝ウィーン宣言によって欧州高等教育圏の創設が宣言。この時点での参加国は47か国。これにより、ボローニャ・プロセスは一つの区切りを迎えたが、前年4月のルーヴェン／ルーヴァン＝ラ＝ヌーヴ会合において次の10年間の活動方針が合意されており、EHEA創設宣言後も引き続きヨーロッパ・国・高等教育機関レベルでの取り組みを継続することが改めて確認された。

⑪ 法律2013-660号、2013年7月22日付：「高等教育・研究法（LRE法）」
  （Loi relative à l'enseignement supérieur et à la recherche）、「大
  学・高等教育機関共同体（Communautés d'universités et
  établissements：COMUE, ComUE ou Comue）」
  ☞ 108頁、247頁、367頁

　2012年5月に成立したオランド社会党政権下で成立。サルコジ政権時代に制定されたLRU法の見直しを掲げる。CAの定員増加、および教員採用に関する拒否権が学長からCAに移動するなど、大学の管理運営に関する規定の変更がみられるほか、計画・研究のための基本法（2006年）で導入されたPRESが廃止され、それに代わる新たな連携枠組みとして大学・高等教育機関共同体（COMUE）を導入。高等教育・研究法により、高等教育省所管のすべての高等教育機関は、一定の地域単位での①統合、②緩やかな連盟（association）、③より緊密な連携形態であるCOMUEのいずれかに参加するべきこととされた。

⑫ 法律2018-166号、2018年3月8日付：「学生の進路選択と成功に関す
  る法（ORE法）」（Loi relative à l'orientation et à la réussite des
  étudiants）☞ 28頁、106頁、137頁、247頁、367頁

　マクロン政権の下、2018年3月に成立。大学第一（学士）課程における学業失敗をめぐる問題の解決を図るため、従来の☞バカロレア取得後進路志望事前

登録システム（Admission Post-Bac: APB）に代わり大学入学者の振り分けを行う新たなプラットフォームとして☞Parcoursupを導入。APBに存在していた抽選による選抜制度は廃止され、学生は志望動機書を添えて専用サイトから希望する進学先を優先順位を付けずに10まで登録する。受け入れ側の高等教育機関は、求める適正や能力に照らして登録した学生を受け入れるか否か（条件付き受け入れも存在する）を回答する。

⑬ **法律2020-1674号、2020年12月24日付：「2021-2030年のための研究計画法（LPR法）」（Loi n° 2020-1674 du 24 décembre 2020 de programmation de la recherche pour les années 2021 à 2030）**
　　☞ 370頁

　マクロン政権の下、両院協議会での議論を経て2020年11月に国民議会と元老院で採択され、憲法院による裁定の後、同年12月24日に成立。研究職の魅力向上、研究をめぐる評価・組織・財政の強化、経済・社会における研究成果普及促進、高等教育・研究に関する公共サービス機能の合理化を目標に掲げる。具体的には、2021年から2030年までという長期に渡る予算の漸進的増額による研究への大規模な投資計画のほか、特定の研究プロジェクトのための無期限雇用やアメリカ型のテニュアトラック制度をモデルとした雇用などが導入される。同法に対しては、若手研究者の不安定な立場の改善をもたらさず、また研究予算配分における競争型資金への傾倒を強めるものであるとして、高等教育・研究従事者からの激しい反対運動を招いた。

（小畑理香）

付録4

用語解説（50音順）

「新しい学生たち」（Les nouveaux étudiants）

☞ 44頁、60頁、124頁、245頁

エルリシュ（Erlich 1998）の研究において、ブルデューの遺産相続者たちに対比した言葉であり、大卒未満の出身家庭の学生を指す。家系的に初めて大学に入学した大学進学第一世代を示した概念である。

アレーグル改革1998年（Réforme Allègre）　☞ 237頁

第二次ミッテラン政権下で国民教育大臣を務めたジョスパンおよびその高等教育担当顧問であったアレーグルによる大学改革。すでに☞サヴァリ法（1984年）で規定されていた契約政策の導入を1988年に発表し、翌1989年より実施に踏み切った。契約政策は、各大学が作成する中期的な戦略目標・計画にもとづき国からの予算の一部を配分するもので、国（国民教育省）と各大学は4年（2011年以降は5年）ごとに交渉を行い、契約を締結する。これにより、大学の自律性が拡大するとともに大学執行部の権限が増大した。（小畑）

「遺産相続者たち」（Les héritiers）　☞ 44頁、219頁、245頁

ブルデューとパスロンによる1960年代の学生文化研究から、学校が好む文化的継承の存在を明らかにし、文化的相続遺産とは、恵まれた家庭の恩恵にあることを示している。学業の成功や失敗がどのようなメカニズムで起こるのか。文化資本と（家族によって身体化される）ハビトゥスによって形成・継承され、学校はこれらと親和的である支配階級の生徒は成功しやすく、再生産されることを明らかにした。後にブルデューは「合理的教育学」を提唱し、学校

内部に不平等を増幅させる要因を減少させるための、文化資本の配分装置を再構築することを目指した。

欧州単位互換制度（ECTS）

　高等教育機関における学修量を国際的に対照し、互換できるように開発されたシステム。1989年から欧州各国で進められた。学修量を単位に換算して互換することで、学位取得に必要な単位認定を行う。1単位は25〜30時間に相当し、1年間のフルタイム学生の学修量は、1,500〜1,800時間、60単位に換算される。欧州共通学位である学士で180単位、修士で120単位の取得が必要とされる。

学術高等研究院（Grands établissements）　☞ 19頁、62頁、196頁

　各省庁が所管する（教育法典717条-1）、学術高等研究院が30校ほどある。代表的なのはコレージュ・ド・フランス、鉱業学校、土木学校、理工科学校（☞ポリテクニック）、パリ政治学院などである。

「学生というメチエ」（Le métier d'étudiant）　☞ 72頁

　メチエ（métier）はフランス語特有の表現であり、「職業、仕事、職人仕事」「職務、役目」「熟練、腕前」のことである（ロベール仏和 2013）。社会学においてはブルデューが『社会学者のメチエ』（1973=1994）他で、メチエは「実践的に身につく技術」であり、習慣的に発動される行為のこととしている。A.クーロンにおけるメチエの意味もこれを踏まえている。クーロンによれば、大学生に「なる」とは、学生というメチエを獲得することでありそれにより大学という場へ「自ら参入（s'affilier）」ができる、とした。（田川）

「隔離的な民主化」（La démocratisation ségrégative）
　☞ 33頁、229頁、364頁

　教育社会学者メルル（Merle 2000: 23-24）の言葉である。民主化には3つあり、一つは「平等な民主化（La démocratisation égalisatrice）」である。男女に等しく教育機会を提供した結果、男女ともに義務教育修了率が等しい場合を

指す。次に、「隔離的な民主化」とは、社会階層（出身家庭の職業分類別）に最終学歴における教育段階の差異あるいは、教育課程の差異があること。本書にみるように普通・技術・職業高校（バカロレア）の取得率には、社会階層によって異なる結果となっていることがその良い例である。3つ目に、「一律な民主化（La démocratisation uniforme）」が挙げられている。社会学者と経済学者であるグーとモラン（Goux, Maurin 1995）は、1970年から1993年の世代間において社会階層間格差が一律であったことを明らかにし、社会階層間に等しく民主化、つまり一律に学歴インフレが生じていることを示した。ここでは、社会階層間格差は維持されていることになる。

　メルルは、1985年から1995年にかけたバカロレア取得者が倍増した時期のレンヌ大学区を中心に隔離的な民主化が中等教育段階、さらに高等教育進学者の進路選択で起きていることを証明し、より全国レベルにおいてはデュリュ＝ベラ（2007）は、隔離的な民主化を支持する研究結果を示した。

技術短期大学部（IUT）

　1966年に創設された上級技術者養成を目的とする職業教育を行う短期高等教育機関。修業年限は2年。全国の大学に併設され、2019年時点で108校が存在。工業系（製造業）と商業・経営系（サービス業）の専攻領域に分かれている。大学に併設されているがバカロレアを取得すれば原則として入学できる大学の学士課程とは異なり、IUTへの入学に際しては独自の選抜試験が行われる。IUT修了時には、大学科学技術免状（DUT: Diplôme universitaire de technologie）が取得でき、大学の学士課程3年次やグランゼコールなどに進むことができる。なお、2021年度よりIUTに3年間の教育課程が導入され、従来のDUT（Bac+2）と職業学士（Bac+3）に代わり、これらが統合されたBUT（Bachelor universitaire de technologie, Bac+3）に変更される。（小畑、田川）

技術バカロレア（Baccalauréat technologique）

　1968年に設置され、科学と工業技術（STI）と、科学と実験技術（STL）、医療社会科学（SMSさらにST2S）、芸術デザイン、ホテル・レストラン業など8コースに分かれる。2021年度より教育課程はより専門科目に重点が置かれ

るなど変更はあるが8コースのままである。バカロレア取得後は、就職か、高等教育への進学の場合、STS、IUTなど短期高等教育課程への進学をする（IUTへの進学が割当て政策により推奨されている）が、大学の学士課程への進学者もIUT進学と同程度いる。

グランゼコール（Grandes écoles）、エコール（École）

　設置形態および規模、水準は様々であるが、入学選抜を行うのが共通点である。エコールとグランゼコールを区別する法的な根拠はないが、各省庁が所管する技術教育や専門教育を担った学校（1992年8月27日付省令、教育法典715条-1）は一般にグランゼコールと呼ばれ、18世紀創設の高等師範学校（ENS）のような、大学よりも高い威信を有しエリート養成を行う伝統的な名門校から、専門特化した映画の学校（FEMIS）までがある。また、近年では全国グランゼコール会議（CGE）に登録している学校を指す。200校近く、中央学校（École Centrale）をはじめとするエンジニア学校と、高等商業学校（HEC）などの商業・経営学校がある。

グランゼコール準備級（CPGE）

　グランゼコール入学試験を準備するために、伝統ある高校に設置される主に2年課程を指す。高等教育の課程として位置付けられ、終了後はグランゼコールに入学しなかった場合も大学3年次（学士課程）に編入できる。主に文系、理系、経済・商業系の3コースとなっている。

高等師範学校（ENS）／ノルマリアン・ノルマリエンヌ（パリ・ユルム校）

　1794年に教員養成を目的として設立された。学生はノルマリアンと呼ばれ、準公務員として手当も支給される。修業年限は4年。パリとリヨンに2校ある。セーヴルの女子高等師範学校は1985年にパリ・ユルム校に統合された。現在は、科学者を輩出している。

上級技手養成短期高等教育課程（STS）

　修業年限2年間で実践的な職業教育を行う短期高等教育機関。IUTが大学に併

設されるのとは異なり、STSは全国の公立・私立の高校に併設される。工学系（製造業）と商業・経営系（サービス業）の双方を対象としている点はIUTと共通しているが、IUTよりも細かな専攻領域に分かれている。2019年時点でSTSが設置される高校の数は全国で2,485校にのぼる。入学に際しては独自の選抜試験が行われ、修了すると上級技手免状（BTS: brevet de technicien supérieur）が取得でき、これにより大学の学士課程3年次やグランゼコールへの編入も可能である。（小畑、田川）

職業学士（Licence professionnel）　☞ 19頁、82頁、156頁、192頁、232頁
　1999年に制定されたBac+3レベルの職業教育課程修了を示す免状。大学、技術短期大学部（IUT）、上級技手養成短期高等教育課程（STS）等における2年間の課程の修了者を対象とした1年間の課程であり、大学、IUT、STS、見習い訓練生養成センター（Centre de formation des apprentis: CFA）で取得できる。なお、2021年度からは、IUTにおける職業学士に代わり大学技術教育学士（Bachelor universitaire de technologie: BUT）が導入される（Arrêté du 6 décembre 2019 portant réforme de la licence professionnelle：17条）。（小畑）

職業バカロレア（Baccalauréat professionnel）
　1985年に設置され、約100種類の資格別に分かれている。就職か、高等教育機関に進学することができる。進学する場合は、短期高等教育課程に進学するものが多い（割り当て政策でSTSへの進学が推奨されている）。

職業適格証（CAP）
　250種類の職業に向けた資格が取得できる。工業、商業、サービス業を中心としたコースが用意されている。中学校卒業後1年で取得が可能。高校での共通課程では、週14時間半から16時間の学習と、12時間から17時間の実践、研修が用意される。CAP取得者は、2000年に22万人数えたが、2019年では17万人に減少している。

職業教育免状（BEP^{ベゥベ}）

1969年制定。労働者の熟練度が高度化するに応じて、技術高校そして、1985年に職業バカロレアが設置されてからは職業高校に進学する人が増えたため、BEP専攻者は減少傾向にある。中学校卒業後職業高校における2年課程。CAPより職種の専門性が広くとらえられていて、約50程度の職業種に対応している。BEP取得者は2000年に23万人数えたが、2019年では14万人にまで減少している。

庶民階層（Classe populaire）

1990年末より労働者という概念に、社会変容（女性の社会進出、雇用状況の変化、大量の失業者の顕在化など）と同時に、社会学的アプローチの進展（父親の職業のみよりも世帯の性質を考慮にいれる）によるものが加わる。そのため、庶民階層は、かれらの財力と資産の小ささ、支配的規範からは区別される文化的行動から特徴づけられる個人および、または家庭を形容する。本書では、労働者と一般事務職を指す。

「生徒のメチエ」　☞ 318頁

☞「学生のメチエ」を参照のこと。

第一課程（le premier cycle）

高等教育の最初の3年間の課程（Bac+1, 2, 3）のこと。大学の学士課程（Bac+3）、2年課程のIUT、STS、CPGE（Bac+2）などがある。高等教育は現在LMDに対応した三段階（第一、第二、第三）の課程から構成され、第一課程（Bac+3）を修了するとLicence（学士）が取得でき、第二課程に進級できる。第二課程（Bac+5）修了でMaster（修士）を、第三課程（Bac+8）修了でDocteur（博士）が取得できる。なお、ボローニャ・プロセスを受け2002年にLMDが法制化されるまでは、第一課程は2年次修了のことを指し、2年次を修了しDEUGを取得することが3年次であるLicenceに進級し学士を取得することの条件であった。（田川）

特記評価（Mention）

　20点満点評価のうち、12点以上14点未満で「良」、14点以上16点未満で「優」、16点以上で「秀」となる。普通バカロレアの特記評価取得率は、平均で「良」が24.0％、「優」が16.8％、「秀」が11.7％で、技術バカロレアは、それぞれ26.7％、11.0％、2.5％で、職業バカロレアは、28.3％、11.3％、2.0％となっている（2019年度）。

バカロレア（Baccalauréat）

　中等教育終了後に受験する国家試験。1809年に最初の口述試験が実施された。1840年からは筆記試験が義務化される。1927年から男女共通の課程が制定される。2019年度現在、普通、技術、職業バカロレア課程の3つがある。いずれも2年間の教育課程である。

バカロレア取得後進路志望事前登録システム（APB）

☞ 28頁、108頁、137頁、247頁、354頁

　高等教育機関（選抜型、非選抜型いずれも）への出願を行うインターネット上のプラットフォーム。2009年に導入されるまでは、（非選抜型である）大学への入学手続きは、その居住区の大学区（現在の地方と同一行政単位）に登録し、定員を超えるときは抽選による選抜が行われるというものであった。APB導入後は、ウェブ上で自らが登録し、優先順位を付して志願先を入力し、APBは基準に基づいて、志願者を振り分けるシステムとなった（教育法典L612条-3）。増加する高等教育進学者の振り分けを迅速にすべく、アルゴリズムによる公平な算定方式によって、非選抜型である大学においても抽選による選抜を行うものであった。しかし、2012年以降大学側、学生団体等から批判がだされ、2018年に新たなシステムとしてParcoursupが導入された。

Bac±年数

　バカロレア取得年をゼロとし、例えば（Bac−3）は中卒を意味し、（Bac+3）は大（学士）卒を意味する。

普通バカロレア（Baccalauréat général）

　1993年より2020年度まで、文系（L）、経済社会系（ES）と、科学系（S）の3つの系がある。2021年度より上記系分けが廃止され、専門科目の選択によって、学習内容が決まる。生徒の将来設計を具体的に、主体的に選択させる仕組みに変更された。また出身高校内の成績（平常点）の重み（10%）が増す形になっている。さらに30%は全国共通試験を2年生の1月と4月、そして3年生の12月に実施する。残りの60%が年度末のバカロレア試験で評価される。新しいバカロレア試験では、評価を分散させることと、専門科目に重点をおく内容変更となっている。従来通り、2年生の終わりにフランス語の試験は実施される。新しいバカロレアでは、3年生の終わりの4月に専門科目、6月に哲学（3年生はフランス語の代わりに週4時間履修）の筆記試験と個人プロジェクト（専門教育に関するもので2年かけて準備する）の口述試験が課される。

Parcoursup（バルクールシュップ）　☞ 28頁、108頁、137頁、199頁、247頁、258頁、355頁

　APBに代わるシステムとして2018年度から導入された。進学希望者が志願先を最大10まで、優先順位をつけずに登録する。志望動機書以外に、高校の成績、高校の推薦書も添付することになっている。定員の範囲内であれば全員志願者を受け入れる。高校の成績が不十分な場合は、条件付き入学（Oui-si）となり、リメディアル教育を受講（☞第5章参照）。定員オーバーのときは、不可と判断されるが、志願先の再考を行うことになる。基本的にバカロレア取得者には、いずれかの進路先を提供する努力義務が高等教育機関にはある。また、自己評価質問書が2つの学問領域（数学と物理など）を選んで動員できるか調べるものである。

「内部からの排除者」（Les exclus de l'intérieur）　☞ 45頁

　ブルデューとシャンパーニュ（Bourdieu, Champagne 1992）は、教育の民主化が、中学校教育課程の統一をはじめ学校教育制度上、一見すると平等化されているが、実態としては制度内部に特別な教育課程や選択科目によるエリートコースとそれ以外という排除が生じたことを示す目的で作った概念である。1989年のジョスパン大臣の下に施行された教育基本法によって、自主自律的

な進路選択を促進したため、バカロレア取得80％計画と相まって、内部における排除、周縁化、進路選択の先延ばし、自己選抜、自己排除、リスク回避による合理的選択といったメインストリームからの冷却システムの存在が浮き彫りとなる。

ポリテクニック／国立理工科学校（École polytechnique, X）

国防省所管の技師学校として1794年に設立された。元々は士官養成が目的であったが、現在は科学者、技術者、技術将校を輩出している。

民主化（La démocratisation）

☞ 20頁、54頁、59頁、82頁、106頁、174頁、229頁

「平等な民主化」（☞「隔離的民主化」）と呼ばれる、社会的弱者にも平等な結果を保障することが究極の目標となる。プロ（Prost 1986）がその量的な民主化が一定程度達成されたことを明らかにしたように、1980年代以降中等教育そして高等教育の大衆化は政策上進められていく。しかし、本書で述べる民主化とは、非富裕層（庶民階層）と富裕層（管理職）には高等教育の進学率、専攻分野、所属機関に差異があるため、その差が経年比較した場合に縮小されることにある。ほかに、ジェンダーやエスニシティの格差を縮小することも民主化の目的となる。

理工科学校

☞ポリテクニックを参照のこと。

U－マルチランク

2008年下半期にEU議長国を務めたフランスの提案を契機とし、欧州委員会による資金提供を受けてドイツの高等教育開発センター（CHE）とオランダのトゥウェンテ大学高等教育政策研究所（CHEPS）を中心メンバーとするコンソーシアム「CHERPAネットワーク」によって開発されたヨーロッパ独自の国際大学ランキング。その特徴は、機関別および学問領域別に、①教育・学習、②研究、③知識移転、④地域連携、⑤国際化の5つの側面から高等教育機

関を評価する多元性と、利用者自らが評価指標を選べるユーザー主導性にある。2014年に公表された最初のランキングは、70を超える国々から850以上の高等教育機関を対象としていたが、その後網羅する機関数は年々増加している。（小畑）

参考文献・資料

児玉善仁ほか編（2018）『大学事典』平凡社.

デュリュ＝ベラ, マリー（2007）『フランスの学歴インフレと格差社会：能力主義という幻想』林昌宏訳, 明石書店.

日本教育社会学会編（2018）『教育社会学事典』丸善出版.

ブランシャール, マリアンヌ／カユエット＝ランブリエール, ジョアニ（2020）『学校の社会学：フランスの教育制度と社会的不平等』園山大祐監修, 田川千尋訳, 明石書店.

ブルデュー, ピエール／パスロン, ジャン＝クロード（1964＝1997）『遺産相続者たち：学生と文化』石井洋二郎監訳, 戸田清訳, 藤原書店.

ブルデュー, ピエール／パスロン, ジャン＝クロード（1973＝1994）『社会学者のメチエ：認識論上の前提条件』田原音和／水島和則訳, 藤原書店.

Alexandre-Bidon D., Compère M.–M., Gaulupeau Y., Verger J., Bodé G., Ferté P., Marchand P., Caspard P., 1999, *Le patrimoine de l'éducation nationale*, Flohic éditions.

Bourdieu P., Champagne P., 1992, « Les exclus de l'intérieur », *Actes de la recherche en sciences sociales*, no. 91-92, pp. 71-75.

Champy Ph., Étévé Ch., 2005, *Dictionnaire encyclopédique de l'éducation et de la formation*, (3e ed.), RETZ.

Coulon A., 1997, *Le métier d'étudiant*, PUF.

DEPP, 2020, *Repères et références statistiques sur les enseignements, la formation et la recherche*, MEN, 410p.

Erlich V., 1998, *Les nouveaux étudiants*, Armand Colin.

Goux D., Maurin D., 1995, « Origine sociale et destinée scolaire », *Revue française de sociologie*, vol. 36-1, pp. 81-121.

MEN, 2018, *Baccalauréat 2021*, Le dossier de presse du 4 mai 2018.https://cache.media.eduscol.education.fr/file/Bac2021/96/2/Questions_reponses_bac_2021_921962.pdf

Merle P., 2000, « Le concept de démocratisation de l'institution scolaire: Une typologie et sa mise à l'épreuve », *Population*, vol. 55（1）, pp. 15-50.

Prost A., 1986, *L'enseignement s'est-il démocratisé ?*, PUF.

Van Zanten A., Rayou P., 2017, *Dictionnaire de l'éducation*, PUF.

EDUSCOLホームページ：https://eduscol.education.fr/?./D0011/LLPDPR01.htm

ONISEPホームページ：https://www.onisep.fr/

（園山、田川、小畑）

付録5

人名索引（50音順）

あとがき

　本書を、緊急出版する決意に至ったのは主に2つの理由からである。2020年3月11日にコレージュ・ド・フランスで開催されたセミナー「フランス教育制度における移民青年の学業進路」に出席したのが一つである。2007年8月の☞「大学の自由と責任に関する（LRU）法」、2013年7月の☞「高等教育・研究（LRE）法」、そして2018年3月の☞「学生の進路選択と成功に関する（ORE）法」の制定により、かねてからフランス人研究者より、大学の教育・研究環境が悪化していると聞いていた。昨年、Parcoursup導入後の2019年7月のフランス教育研究学会（AREFボルドー大学開催）の分科会報告前後の会合にてボルドー大学のスタッフからも、社会学部の学生は実質選抜されていて、願書による書類選考が大変であることも聞いていた。フランスの大学には制度上入試はないが、バカロレアの成績を加味した高校の成績が、一部の人気ある学部の選抜に利用されている点は、フランス社会では周知のことであるが、それがバカロレア試験の合格者が同一世代の8割に近づくと、より公正で透明な選抜制度の必要性が求められたためである。そのため、2000年代より、APBの導入によって、機械的なアルゴリズムによる抽選が実施されるようになるが、より合理的な選抜方法としてParcoursupが導入された。しかし、この早急な制度の変更と導入、そしてその説明は高校生を始め、保護者、教師、大学関係者にも納得のいくものとはなっていない。編者は、その後、パリ東クレテイユ大学（UPEC）社会学部准教授のS. ショヴェル（Chauvel）氏から、2018年の法律改正およびParcoursupのシステムは、非選抜型を原則とする大学の伝統と歴史を根本的に見直すことになるため、庶民階層と富裕層の格差拡大に加担する改革であることを証明するエビデンスを示す必要があることを聞かされた。政府による「差異への無関心」（ブルデュー）に抗する研究発信の必要を強く感じた。その調査結果は、2020年9月に発刊された『社会学年報（L'Année Sociologique）』（第70巻2号）にまとめられている。本書にも、その研究グループの一部の執筆者たちの論稿を掲載させていただいている。先述した3月のコレージュ・ド・フラ

ンスにてS. ショヴェル氏から、中心的な研究者を推薦いただいたことに感謝申し上げる。とはいえ、すべてを紹介することはできなかったこと、紙幅の関係と日本人読者にも読みやすいものなど新たに選考をさせていただいたことをお断りしたい。上記の社会学年報の特集号は読み応えがあり、より最新のデータが掲載されているため本書と併せて読まれることを、強く推薦する。

　本書の刊行のもう一つの理由は、COVID-19にある。2019年秋に発見された新型コロナウィルスは、2020年3月11日のWHOによるパンデミック宣言によって広く周知された。編者は以前から、『フランスの社会階層と進路選択』（勁草書房）において進路選択および中途退学の要因分析をテーマにしていたため、今回のパンデミックによって、学生の海外留学・研究者の招へいができなくなることと、同時により多くの中途退学者および失業者が生まれることに強い危機感を持った。そのため、高大接続、大学入試改革、入学後の進路変更、中途退学は連動するため、今後より重要な課題となることは想定できた。故に、まずはフランスの現状と課題を整理することが急がれた。すでに2017年からフランスの現政権の重要な優先教育課題であったため、この間の高等教育と高校改革の問題点を明らかにしたうえで、先行研究のレビューを行うことの重要性は、COVID-19の今後の影響拡大を考慮すると、喫緊と考えた。同時に、日本においても旧大学入試センター試験に代わる大学入学共通テストの導入、推薦・AO入試から学校推薦型・総合型選抜への制度改革が実施されるなか、無視できない対岸の火事と考えた。フランスでは、全国統一国家試験であるバカロレア試験改革や、大学入学志望事前登録システムの変更に対する高校生と大学生の異議申し立てとストライキ運動は、日本における共通テストにみる記述試験問題の採点基準と方法や、英語外部試験の導入における「身の丈」発言に対する、本来日本の高校生や大学生においてもフランス人のそれに通じた関心事となると考えたからである。

　2020年5月より、田川千尋、山﨑晶子、小畑理香各氏には、短い期間に原稿を取りまとめていただき、翻訳にもコメントをいただいたこと、年表・用語解説・学校系統図の作成に感謝する。フランス人執筆者においては、ロックダウンあるいは、夏休みにもかかわらず、翻訳の許諾、質問への回答など真摯に応じていただいたことに感謝申し上げる。いずれの研究者も、未曾有の事態のな

か、迅速に対応いただくことがなければ、すべての原稿を揃えることは難しかったであろう。また翻訳においては、秋葉みなみ、渡辺一敏両氏のご協力なくして、実現しなかった。タイトな日程にもかかわらず、良質な翻訳を心掛けていただいたことに謝意申し上げる。なお、本書の図表の作成には、編者の研究室の院生である、中丸和さんに協力いただき、本書の校正においては清水久莉子さんに手伝っていただいた。お二人の貴重なコメントに感謝したい。

　なお、本書は、科研費（挑戦的研究（萌芽）19K21765）の成果の一部である。これまで編者がまとめてきたフランス教育の日仏共同研究の成果には、『学校選択のパラドックス』『教育の大衆化は何をもたらしたか』『フランスの社会階層と進路選択』（いずれも勁草書房）があるが、主に初中等教育を中核としてきた。本書では高等教育を対象としたところに特徴がある。これまで同様に、フランスの若手からベテランの社会学者と日本の若手研究者を同一書に収めることを心掛け、今後の日仏における比較教育社会学研究の発展に寄与すればと切に願う。さらに本書では取り上げることは出来なかったが、移民の背景を持つ大学生の進路選択については、『現代フランスにおける移民の子孫たち』（明石書店）を参考にされたい。また本書の第14章を執筆されたブランシャールら（田川千尋訳）の『学校の社会学』（同上）と併せて手にしていただくと、フランスの教育事情を深めることができるだろう。加えて、今回取り扱うことができなかった大学における障がい者の進路支援については今後の課題としたい。

　さて、最後にこうしたCOVID-19の影響は出版界にもみられ、いつになく厳しい状況下にある。先行きの見通しが悪い中、日仏修好通商条約150周年記念のシンポジウムをまとめた『日仏比較　変容する社会と教育』以来、お世話になっている明石書店に再度刊行のお願いをした。大江道雅社長のご厚情に深く感謝の意を表したい。今回は、取締役編集部長の安田伸氏に全面的な編集作業をいただいた。迅速かつ丁寧な仕事に、この場を借りてお礼申し上げたい。

　新型感染症の収束がいつになるか見通せないなか、本書を手にした学生には、最後まであきらめずに学業を終えてほしい。入学から卒業までは、直線的なのが唯一ではなく、多様な選択があることもまた、知ってほしい。そして教育・研究・行政者を始めとした社会には、より公正透明な進路を若者が自立的に選択できるよう、共に追求できればと期待する。

追　記

　本書の校正中に、フランスから教育誌、*Revue française de pédagogie* が届いた。その最新号の207号で高等教育における研究計画法の課題を特集している。高等教育を特集テーマとすることは珍しいだけに、本誌の編集委員会ならびに、フランスの学術界の危機感が感じられる。その数日後の12月24日に、2021年から2030年までの研究および研究職を巡る、評価、組織、財政の計画の合理化を目的とする法案（☞「2021-2030年のための研究計画（LPR）法」、法律2020-1674号）は、憲法院による裁定の後に成立した。先述したように、2020年3月のコレージュ・ド・フランスにおけるフランス人研究者との会合のときに、本法案の問題を聞かされたことが本書の刊行のきっかけである。残念ながら、法案は可決し、今後ますます、若手研究者の不安定雇用（フランスの高等教育の研究職の4分の1は非常勤職である）、あるいは政権の都合による特定の研究に偏向した高等教育予算編成、組織（人員の配置）、研究資金の投資が一層強化されることが予想される。2021年から、向こう10年間の高等教育予算の総額が縮小されなくても、人文社会科学系全般と、理系でも基礎科学における予算の縮小が危惧される。編者は、現政権の下、この法案が提案されてから、フランスの高等教育および研究機関から危機意識を共有してきたため、できることなら法案の施行前に刊行し、研究者の国際的な連帯を示したいと感じていた。人文社会科学においては、学問の基礎をなす学術誌、学会誌の刊行は、必須である。上述した教育誌においてもその危機感が記されているように、人文社会科学の季刊誌の発行は、今後さらに深刻な状況に追い込まれることは指摘されるところである。事実、2020年2月19日には、131の科学雑誌が連携して、法案に反対のキャンペーン「Revues en lutte」を実施してきた（ホームページ：universiteouverte.org）。

　日本でも「静か」だが着実な経済論理による高等教育改革が進んでいる。この四半世紀で、教養部の廃止、国立大学の統廃合と独立行政法人化、教員養成および文系不要論、さらには大学院重点化による院生定員増大とは逆に教育研究職の非正規・非常勤・任期付き採用は増加の一途をたどっている。基礎研究においては、中長期的な安定が何よりも重要と考えられ、こうした財政誘導型

改変、組織替えを目的とした短期的な外部評価による予算傾斜配分と外部資金の獲得競争、学生と教員の定員積算の在り方は、長期的には人文学と社会科学、あるいは基礎科学と応用科学の分離、縮小ないし科学の後退を意味する。

　西欧のなかでも、自由競争市場から教育、医療、福祉等は一定の距離をおいた社会福祉を基盤とした持続可能性を追い求めてきた例外国の一つとされたフランスが、いよいよ高等教育を市場原理に翻弄される改革に本格的に歩み始めた本LPR法は、世界の大学人にとってショックな出来事である。2015年6月に「教員養成系・人文社会科学系の組織見直しについて」とする文科省通知がだされ、日本学術会議の反対声明が出されたときには、数多くの海外の大学人から励ましと反対への賛同の声や署名をいただいた。今回、フランスの高等教育関係者たちにLPR法反対のエールを送りたいと思う。

　12世紀の大学（ウニヴェルシタス：教師と学生の団体）の誕生の原点である、基礎科学である学問（アカデミア）の保障という教養主義に立ち返って、大学の目的を考えてほしい。生産性とは異なる発想の基に世界の大学組織は国際的に連帯し、この危機的状況に対し、共闘する必要がある。これ以上、大学が、一時の政治による研究資金の獲得競争に勤しみ、「勝敗」やランキングに一喜一憂すること、何よりも学界の分断は避けなければならない。コロナ禍であるからこそ、大学の真の学びについて、学生も教師もウニヴェルシタスの精神と向き合ってみてはどうだろうか。

　　基礎科学は人類の生み出した文化であり、共有・継承すべき知的資産です。また、基礎科学は今すぐ社会の役に立たないかもしれませんが、いずれ役に立つと、私たちは確信しています。しかし、「役に立つ」を前提の研究からは、梶田隆章先生や大隅良典先生のような誰も踏み込んだことのない新たな発見は決して生まれません。（略）特に、若い世代に対する影響は甚大で、基礎科学を目指す若手の急激な減少をもたらしています。（国立大学法人理学部長会議声明　一未来への投資一、平成28年10月31日）

2020年12月末日

園山　大祐

編著者・訳者・執筆者プロフィール

［編著者］
園山 大祐（そのやま だいすけ）──はじめに、第1章、付録、あとがき
大阪大学人間科学研究科教授
研究分野：比較教育社会学、移民教育、フランス
主な業績：『世界のしんどい学校：東アジアとヨーロッパにみる学力格差是正の取り組み（シリーズ・学力格差 第4巻＜国際編＞）』（編著, 明石書店, 2019年）、『現代フランスの教育改革』（共著, 明石書店, 2018年）、『岐路に立つ移民教育：社会的包摂への挑戦』（編著, ナカニシヤ出版, 2016年）、『フランスの社会階層と進路選択：学校制度からの排除と自己選抜のメカニズム』（編著, 勁草書房, 2018年）ほか。

［訳者］
秋葉 みなみ（あきば みなみ）──第3章、第7章、第9章、第13章
翻訳家
主な業績：『日仏比較 変容する社会と教育』（園山大祐／J.-F.サブレ編著, 明石書店, 2009年）。

渡辺 一敏（わたなべ かずとし）──第4章、第10章、第11章、第14章
翻訳家
主な業績：『比較教育』（園山大祐監訳, 文教大学出版事業部、2011年）、『教育の大衆化は何をもたらしたか：フランス社会の階層と格差』（園山大祐編著, 勁草書房, 2016年）、『フランスの社会階層と進路選択：学校制度からの排除と自己選抜のメカニズム』（園山大祐編著, 勁草書房, 2018年）。

［執筆者］
セドリック・ユグレ（Cédric Hugrée）──第2章
ナント大学社会学部准教授
主な業績：*Sociologie des classes populaires*, Armand Colin, 2010.

フェレス・ベルジス（Feres Belghith）──第3章
学生生活観察局（OVE）局長
主な業績：Jean-François Giret, Feres Belghith et Élise Tenret (dir.), *Regards croisés sur les expériences étudiantes*, La documentation Française, 2019.

ジャン＝リュック・プリモン（Jean-Luc Primon）──第4章
ニース大学社会学部教授
主な業績：Jean-Luc Primon, Yaël Brinbaum et Laure Moguérou, « Educational Trajectories and Transition to Employment of the Second Generation », Dans : Cris Beauchemin (Dir.), Christelle Hamel (Dir.) et Patrick Simon (Dir.), *Trajectories and Origins: Survey on the Diversity of the French Population, Cham* : Springer, 2018, pp. 39-77.

田川 千尋（たがわ ちひろ）——第5章執筆、第2章・第6章翻訳
大阪大学高等教育・入試研究開発センター特任講師
主な業績：「進路形成における自律的生徒・学生像—ナント大学区を事例に—」園山大祐編
『フランスの社会階層と進路選択：学校制度からの排除と自己選抜のメカニズム』（勁草書房,
2018年）。

ロミュアルド・ボダン（Romuald Bodin）——第6章
ポワチエ大学社会学部准教授
主な業績：「フランスの大学の初年次における学業「中退」——社会的事実——」園山大祐
編『フランスの社会階層と進路選択：学校制度からの排除と自己選抜のメカニズム』（勁草
書房, 2018年）、「フランスの大学における教授実践、学生の歩みと学問分野ごとのマトリッ
クス」『日仏教育学会年報』（23号, 2017年, 4-11頁）。

ソフィ・オランジュ（Sophie Orange）——第6章、第14章
ナント大学社会学部准教授
主な業績：「上級技術者証書（BTS）という選択—庶民階層出身のバカロレア取得者におけ
る志望の構築と囲い込みの間で—」園山大祐編『教育の大衆化は何をもたらしたか：フラン
ス社会の階層と格差』（勁草書房, 2016年）、「高校卒業後の学業選択—社会階層による異なっ
たロジック—」園山大祐編『フランスの社会階層と進路選択：学校制度からの排除と自己選
抜のメカニズム』（勁草書房, 2018年）。

レイラ・フルイユ（Leïla Frouillou）——第7章
ナンテール大学社会学部准教授
主な業績：「イル・ド・フランス地域圏における居住地と大学選択—空間的セグレゲーショ
ンか？—」園山大祐編『フランスの社会階層と進路選択：学校制度からの排除と自己選抜の
メカニズム』（勁草書房, 2018年）。

クレマン・パン（Clément Pin）——第7章
パリ政治学院・LIEPP大学院生
主な業績：Leïla Frouillou, Clément Pin, Agnès Van Zanten, « Les plateformes APB et
Parcoursup au service de l'égalité des chances ? », *L'Année sociologique*, 2020/2（vol. 70）,
pp. 337-363.

アニエス・ヴァン=ザンタン（Agnès Van Zanten）——第7章
パリ政治学院・社会学名誉教授
主な業績：「他者を選ぶ—判断，戦略と学校のセグレガシオン—」園山大祐編『学校選択の
パラドックス：フランス学区制と教育の公正』（勁草書房, 2012年）。

小畑 理香（こばた りか）——第8章、付録3
大阪大学人間科学研究科助教
主な業績：「国境を越える学生モビリティと高等教育分野におけるヨーロッパ地域協力の歴

史的展開」『国際政治』（191号、2018年、127-142頁）。

ベルナール・コンヴェール（Bernard Convert）——第9章
リール第1大学社会学部名誉教授
主な業績：*Les impasses de la démocratisation scolaire*, Raisons D'agir, 2006.

セシル・ヴァン＝ド＝ヴェルド（Cécile Van de Velde）——第10章
モントリオール大学社会学部教授
主な業績：*Devenir adulte. Sociologie comparée de la jeunesse en Europe*, PUF, 2008; *Sociologie des âges de la vie*, Armand Colin, 2015.

ヴァレリー・エルリシュ（Valérie Erlich）——第11章
ニース大学社会学部准教授
主な業績：*Les nouveaux étudiants, un groupe social en mutation*, Armand Colin, 1998.

エリーズ・ヴェルレイ（Élise Verley）——第11章
ソルボンヌ大学社会学部教授
主な業績：Jean-François Giret, Cécile Van de Velde, Élise Verley (dir.), *Les vies étudiantes. Tendances et inégalités*, La documentation Française, 2016.

山﨑 晶子（やまざき あきこ）——第12章
一橋大学大学院社会学研究科特任講師
主な業績：「言語資本の獲得と読書習慣—フランス人エリートの語りから—」『年報社会学論集』（32号、2019年、107-118頁）。

ミュリエル・ダルモン（Muriel Darmon）——第13章
社会科学高等研究院（EHESS）社会学教授・フランス社会学会会長
主な業績：*La Socialisation, 3e édition augmentée*, Armand Colin, 2016; *Classes préparatoires. La fabrique d'une jeunesse dominante*, La Découverte, 2015.

マリアンヌ・ブランシャール（Marianne Blanchard）——第14章
トゥールーズ教職大学院教授
主な業績：M・ブランシャール／J・カユエット＝ランブリエール『学校の社会学：フランスの教育制度と社会的不平等』（明石書店、2020年）。

アルノー・ピエレル（Arnaud Pierrel）——第14章
高等師範学校社会科学部講師
主な業績：Marianne Blanchard, Sophie Orange et Arnaud Pierrel, *Filles + sciences = une équation insoluble ? Enquête sur les classes préparatoires scientifiques*, Éditions Rue D'Ulm, 2016.

フランスの高等教育改革と進路選択
学歴社会の「勝敗」はどのように生まれるか

2021 年 3 月 22 日　初版第 1 刷発行

　　　　　　　　　　　　編著者　　園　山　大　祐
　　　　　　　　　　　　発行者　　大　江　道　雅
　　　　　　　　　　　　発行所　　株式会社　明石書店
　　　　　　　　　　　　　　　　　〒 101-0021
　　　　　　　　　　　　　　　　　東京都千代田区外神田 6-9-5
　　　　　　　　　　　　　　　　　電　話　03-5818-1171
　　　　　　　　　　　　　　　　　FAX　03-5818-1174
　　　　　　　　　　　　　　　　　https://www.akashi.co.jp/
　　　　　　　　　　　　　　　　　振　替　00100-7-24505

装丁　金子 裕
組版　朝日メディアインターナショナル株式会社
印刷・製本　モリモト印刷株式会社

（定価はカバーに表示してあります）　　　　　　　　　　　ISBN978-4-7503-5172-8

現代フランスにおける移民の子孫たち

都市・社会統合・アイデンティティの社会学

エマニュエル・サンテリ 編
園山大祐 監修
村上一基 訳

四六判／上製／192頁
◎2200円

本書は、フランスにおける二〇年間の移民の子世代の研究についてまとめたものである。職業参入や社会移動、大人の生活に入ることやカップル形成、経済活動などのさまざまな側面から分析する。フランス社会や広く移民研究に関する入門書としても最適の一冊。

日仏比較 変容する社会と教育

園山大祐／ジャン=フランソワ・サブレ 編著
◎4200円

フランスの歴史を知るための50章

エリア・スタディーズ 179　中野隆生、加藤玄 編著
◎2000円

フランス人とは何か

パトリック・ヴェイユ 著　宮島喬、大嶋厚、中力えり、村上一基 訳
国籍をめぐる包摂と排除のポリティクス
◎4500円

フランスの図書館上級司書

岩崎久美子 著
選抜・養成における文化的再生産メカニズム
◎6800円

フランスの学歴インフレと格差社会

マリー・デュリュ=ベラ 著　林昌宏 訳
能力主義という幻想
◎2200円

ヨーロッパにおける移民第二世代の学校適応

山本須美子 編著
スーパー・ダイバーシティへの教育人類学的アプローチ
◎3600円

トライバル化する世界

クルト・ドゥブーフ 著　臼井陽一郎 監訳
集合的トラウマがもたらす戦争の危機
◎2400円

学力工場の社会学

小松崎利明、武田健、松尾秀哉 訳
クリスティ・クルッツ 著　仲田康一 監訳　濱元伸彦 訳
英国の新自由主義的教育改革による不平等の再生産
◎3800円

〈価格は本体価格です〉

学校の社会学

フランスの教育制度と社会的不平等

マリアンヌ・ブランシャール、
ジョアニ・カユエット=ランブリエール 著
園山大祐 監修　田川千尋 訳

■ 四六判／上製／232頁 ◎2300円

教育社会学研究の入門書として、多民族・多文化が混在するフランスを題材に、学校教育の諸課題、とりわけ教育と不平等のダイナミクスを扱った研究の歴史的展開と現在を俯瞰する。教育と人間・社会・文化の関連について初学者にもわかりやすくまとめた一冊。

右翼ポピュリズムに抗する市民性教育

ドイツの政治教育に学ぶ
名嶋義直 編

恐怖をあおる政治はどのようにつくられるのか
◎3600円

右翼ポピュリズムのディスコース

ルート・ヴォダック 著
石部尚登、野呂香代子、神田靖子 編訳
◎3500円

「黄色いベスト」と底辺からの社会運動

フランス庶民の怒りはどこに向かっているのか
尾上修悟 著
◎2300円

「社会分裂」に向かうフランス

政権交代と階層対立
尾上修悟 著
◎2800円

世界を動かす変革の力

アリシア・ガーザ 著
人権学習コレクティブ 監訳
ブラック・ライブズ・マター共同代表からのメッセージ
◎2200円

「人種」「民族」をどう教えるか

創られた概念の解体をめざして
中山京子、東優也、太田満、森茂岳雄 編著
◎2600円

日常生活に埋め込まれたマイクロアグレッション

人種・ジェンダー、性的指向：マイノリティに向けられる無意識の差別
デラルド・ウィン・スー 著
マイクロアグレッション研究会 訳
◎3500円

無意識のバイアス

人はなぜ人種差別をするのか
ジェニファー・エバーハート 著
山岡希美 訳　高史明 解説
◎2600円

■A5判／上製／368頁　◎5800円

現代フランスの教育改革

フランス教育学会 編

20年間継続したフランス保守政権下の教育改革を、政策理念、幼児・初等教育、中等教育、職業教育、高等教育、インクルーシブ教育、社会教育・生涯学習から分析し全体像を明らかにする。各教育段階の教育改革の成果と課題を精査することで、わが国の教育改革との比較に資する素材を示す。

● 内 容 構 成 ●

女性の世界地図　女たちの経験・現在地・これから

ジョニー・シーガー著
中澤高志、大城直樹、荒又美陽、中川秀一、三浦尚子訳

◎3200円

全国データ SDGsと日本

誰も取り残されないための人間の安全保障指標

NPO法人「人間の安全保障」フォーラム編
高須幸雄編著

◎3000円

多文化クラスの授業デザイン

外国につながる子どものために

松尾知明著

◎2200円

アンダークラス化する若者たち

生活保障をどう立て直すか

宮本みち子、佐藤洋作、宮本太郎編著

◎2300円

日本のオンライン教育最前線

アフターコロナの学びを考える

石戸奈々子編著

◎1800円

10代からの批判的思考

社会を変える9つのヒント

名嶋義直編著
寺川直樹、田中俊亮、竹村修文、後藤玲子、今村和宏、志田陽子、佐藤友則、古閑涼二著

◎2300円

在野研究ビギナーズ

勝手にはじめる研究生活

荒木優太編著

◎1800円

にほんでいきる

外国からきた子どもたち

毎日新聞取材班編

◎1600円

〈価格は本体価格です〉

シリーズ・学力格差 全4巻

志水宏吉 監修

■A5判／上製　◎各巻2800円

学力格差の是正は世界各国の共通課題だが、現時点の日本に、そして世界に、何が起こっているのか――それを教育社会学の観点から探究した本シリーズは、現代の学力格差研究の決定版といえる。

シリーズ――子どもの貧困 全5巻

シリーズ編集代表　松本伊智朗

■A5判／並製　各2500円

子どもとかかわるすべての人に

子どもの貧困の再発見から10年。この10年間の政策・実践・研究を批判的に検討し、"子どもの貧困を議論する枠組み"を提供する。新・スタンダードの誕生！

〈価格は本体価格です〉